우즈베키스탄의 고려인이 들려주는 디아스포라 이야기

멀리 떠나온 사람들

숭실대학교
한국문예연구소
문예총서 ⑦

우즈베키스탄의 고려인이 들려주는
디아스포라 이야기

멀리 떠나온 사람들

블라디미르 김(김용택) 지음

최선하 옮김

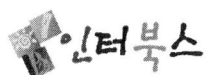

작가 김용택

작가의 최근 소설 『김가네』

▲ 작가의 맏형

▼ 작가의 맏형과 형수

Сов.секретно (Особая папка)

ПОСТАНОВЛЕНИЕ N 1428-326сс
СОВЕТА НАРОДНЫХ КОМИССАРОВ СОЮЗА ССР И ЦЕНТРАЛЬНОГО
КОМИТЕТА ВКП(б)

21 августа 1937 года

О выселении корейского населения из
пограничных районов Дальневосточного края

Совет Народных Комиссаров Союза ССР и Центральный Комитет ВКП(б) постановляют:

В целях пресечения проникновения японского шпионажа в Дальневосточный край проводить следующие мероприятия:

1. Предложить Дальневосточному крайкому ВКП(б), крайисполкому и УНКВД Дальневосточного края выселить все корейское население пограничных районов Дальневосточного края: Посьетского, Молотовского, Гродековского, Ханкайского, Хорольского, Черниговского, Спасского, Шмаковского, Постышевского, Бикинского, Вяземского, Хабаровского, Суйфунского, Кировского, Калининского, Лазо, Свободненского, Благовещенского, Тамбовского, Михайловского, Архаринского, Сталинского и Блюхерово и переселить в Южно-Казахстанскую область, в районы Аральского моря и Балхаша и Узбекскую ССР.

   Выселение начать с Посьетского района и прилегающих к Гродеково районов.

2. К выселению приступить немедленно и закончить к 1-му января 1938 года.

3. Подлежащим переселению корейцам разрешить при переселении брать с собою имущество, хозяйственный инвентарь и живность.

4. Возместить переселяемым стоимость оставляемого ими движимого и недвижимого имущества и посевов.

5. Не чинить препятствий переселяемым корейцам к выезду, при желании, заграницу, допуская упрощенный порядок перехода границы.

6. Наркомвнуделу СССР принять меры против возможных эксцессов и беспорядков со стороны корейцев в связи с выселением.

7. Обязать Совнаркомы Казахской ССР и Узбекской ССР немедленно определить районы и пункты вселения и наметить мероприятия, обеспечивающие хозяйственное освоение на новых местах переселяемых, оказав им нужное содействие.

8. Обязать НКПС обеспечить своевременную подачу вагонов по заявкам Далькрайисполкома для перевозки переселяемых корейцев и их имущества из Дальневосточного края в Казахскую ССР и Узбекскую ССР.

9. Обязать Далькрайком ВКП(б) и Далькрайисполком в трехдневный срок сообщить количество подлежащих выселению хозяйств и человек.

10. О ходе выселения, количестве отправленных из районов переселения, количестве прибывающих в районы расселения и количестве выпущенных заграницу доносить десятидневками по телеграфу.

11. Увеличить количество пограничных войск на 3 тысячи человек для уплотнения охраны границы в районах, из которых переселяются корейцы.

12. Разрешить Наркомвнуделу СССР разместить пограничников в освобождаемых помещениях корейцев.

Председатель Совета
Народных Комиссаров Союза ССР
В. Молотов

Секретарь Центрального
Комитета ВКП(б)
И. Сталин

소련 당국의 강제이주 지시 공문

소련사회주의공화국 연방최고회의의 포고문

추천의 글

　폭염(暴炎)이 불타오르던 칠월의 타쉬켄트.
　40도를 넘어가는 수은주에 우즈벡 사람들의 얼굴도 벌겋게 달아올라 있었습니다. 그러나 머언 천산산맥으로부터 불어오는 바람은 상큼하고도 달달했습니다. 시내를 가득 메운 씩씩한 나무들만이 그 바람과 더위를 즐기고 있었습니다. 타쉬켄트 대학에서 고려인들을 만났는데, 그 가운데 한 분이 블라디미르 김, 즉 김용택 선생이었습니다. 아담한 체구에 선량한 인상의 고려인 신사 김 선생께서는 고려인들의 중앙아시아 정착사(定着史)를 실감나게 말씀해 주셨습니다. 눈물 나게 하는 대목도, 두 주먹을 불끈 쥐게 하는 대목도 있었습니다만, 그 분 말씀의 핵심은 '끈질긴 민족혼'이었습니다. 그리고 초대 받아 간 김 선생 댁에서 이 원고를 받았습니다. 이미 오래 전에 썼고, 최선하 선생이 유려하게 번역까지 한 이 원고가 먼지를 뒤집어 쓴 채 널브러져 있는 모습을 보는 순간 제 마음은 참담해졌습니다. 대충 일별해 보니 고려인들이 구소련 치하에서 겪은 고난의 세월이 갈피마다 각인되어 있었습니다. 순간 저는 큰 감동과 함께 '이 원고가 드디어 임자를 만났구나!'라고 쾌재를 부르게 되었습니다. 이 책을 출판하여 우리의 피붙이들이 타국을 떠돌며 겪어 온 디아스포라의 고통을 대한민국 사람들에게 알려야겠다는 생각을 하게 된 것입니다.

김 선생을 만난 며칠 뒤 찾아간 김병화 꼴호즈에서 저는 김 선생 말씀의 진실을 얼마간 확인하게 되었습니다. 400여 호, 500여 명의 고려인들이 아직도 살고 있다는 그 마을엔 내가 어릴 적 고향 마을에서 보던 미루나무들이 하늘에 닿을 듯 서 있었습니다. 고려 말을 모르는 사람들이 대부분이었으나, 그 가운데 일부는 고려 말과 러시아 혹은 우즈벡 말이 반반씩 섞인 말들을 쓰고 있었습니다. 그 분들의 간절한 말씀을 들으며 대한민국에서 잘 살고 있는 우리가 '정말로 잘 해야겠구나!' 라는 생각을 갖게 되었습니다. 그들은 할아버지의 나라 대한민국을 자랑스럽게 생각하고 있었습니다. 그 분들의 기대를 저버리지 않기 위해서라도 우리의 마음을 더 조이고 땀 흘릴 필요가 있다는 판단을 내리게 된 것입니다.

***

이 책에는 20여 편의 체험 수기(手記)가 기록되어 있습니다. 그것들은 표면 상 독립적인 이야기들이지만, 전체를 관통하는 내용은 '디아스포라적 삶의 고통'과 '억척스런 극복의 역사'입니다. 김 선생 개인사에 그치지 않고 김 선생 개인을 통해 본 고려인들의 생활사라고 하는 것이 정확할 것입니다. 그 뿐인가요? 남북 분단의 민족 현실에 대한 아픈 지적과 함께 이념이나 체제경쟁에서 이겼다고 자만하는 우리에게 '무서운 일침(一鍼)'을 가한 점 또한 간과할 수 없습니다. 글 전체를 연결해서 읽다보면, 조분조분 건네는 '일인칭 화자'의 말을 통해 한 편의 자전적(自傳的) 소설(小說)을 짚어 나가는 착각에 빠져들게 합니다. 아들 '빠벨'에게 자신의 험하면서도 소중한 경험을 전하는 형식을 취하고 있지만, 실은 구소련 고려인들이 100년 가까이 겪어온 고통을 조국 특히 대한민국의 동족들에게 알려주고 싶었던 것이나 아닐까요? 우리가 언필칭 '해외 동포들을 끌어안아야 한다'고 외치지만, 그들의 지나 온 세월과 그들의 마음을 모른다면 모두가 구두선(口頭禪)일 따름입니다. 그런 의미에서 이 책은 한국인이라면 모두 읽어야 할 '해외동포의 교과서'라고 할 수 있습니다. 특히 학계의 인사들이나 해외동포 관련 정책에 관여하는 인사들은 안두(案頭)에 두고 밥 먹듯 펼쳐 보아야 할 책입니다.

오늘, 이 책을 대한민국 앞에 내어놓습니다. 김 선생이 대신 쏟아놓은 고려인들의 이야기에 부디 귀 기울여 주시기 바랍니다. 이 가을, 이 책을 통해 해외동포들과의 의미 있는 만남 이루시길 간절히 바랍니다.

2010. 가을

숭실대학교 인문대학 학장/한국문예연구소 소장 **조 규 익**

머리말

페레스트로이카의 해에 태어난
내 어린 아들 빠벨에게

내 아들아,

이 책을 네게 바친다.

아버지는 이 책을 통해서 나의 인생과 견해에 대해 이야기해주고 이들이 어떻게 형성되었으며 환경의 영향을 받아서 어떤 식으로 변해 왔는지를 보여줌으로써, 네가 앞으로 살면서 실수를 범하지 않게 하려고 한다. 어느 세대에게나 나이 많은 세대의 충고가 필요하단다. 물론 이 충고를 잘 들으려 하지 않지만 말이다. 하지만 우리는 운명의 힘으로 선조들의 땅에서 멀리 떨어져 나와 다른 나라의 말과 문화를 배우며 살고 있기 때문에 더욱 더 앞을 내다 볼 수 있어야 한다. 나는 신체상의 폭력을 염두에 두고 하는 말이 아니다. 신체상의 위협보다 훨씬 더 무서운 것은 정신이 꺾이고 용해되어 버리는 상태이다. 일본인들의 표현을 빌리자면 "체면을 잃는 것"이다.

어느 세대나 그 세대만이 겪는 분수령이 있게 마련이다. 우리 부모세대에게는 극동지역에 살고 있던 고려인들을 한꺼번에 강압에 의해서 중앙아시아지역으로 이주시켰던 1937년이란 해가 두말할 나위 없는 분수령이다. 한 번 상상해보아라. 우리 부모들이 소비에트 정권을 위해서 투쟁하며 새 삶을 건설하고자 열심히 노력하고 있는데, 어느 날 갑자기 충분한 근거도 없이 사상이 불온하다는 이유로 마치 가축들처럼 "화물차"에 밀어 넣어 다른 지역으로 옮겨 놓았으니 말이다.

나와 내 세대에게는 바로 이 소비에트 정권의 붕괴와 종말이 분수령이었다. 이상과 환상을 박탈당한 채, 우리가 태어나고 자라난 우즈베키스탄에 남아야 하는지, 아니면 정신적인 '나'의 바탕이 된 러시아말과 문화가 있는 러시아 땅으로 떠나야 하는지를 결정해야 하는 곤혹스러운 순간이었다. 아무튼 내가 아는 것은 단 하나, 어떤 결정을 내리든 상관없이 그 선택에는 항상 의문이 남을 것이라는 점이다. 우리는 아무런 방어력도 없이 상황의 무게가 결정하는 대로 따를 수밖에 없을 것이다.

자라서 너는 틀림없이 내게 묻겠지. 왜 네가 우즈베키스탄에 남게 되었는지, 또는 왜 떠나게 되었는지에 대해서 말이다. 그리고 다른 선택은 없었는가에 대해서, 또 해가 갈수록 점점 더 가깝게 다가오는 우리 선조들의 땅으로 돌아갈 수는 없었는가에 대해서도 물을 것이다. 어려운 질문이다. 우리 함께 생각해보기로 하자. 그래, 너와 나는 고려인이고 앞으로도 고려인으로 남을 것이다. 하지만 우리가 받은 교육이나 생각하는 방식과 습관들, 심지어는 이름까지도 이미 오래 전부터 한국적인 것이 아니었다. 낯선 땅에 옮겨 심은 식물조차도 겉모양은 별로 변하지 않는다 하더라도 다시 되돌리기 어려운 전혀 다른 특성을 얻지 않더냐. 이렇게 해서 정신적으로는 러시아인이면서 우즈베키스탄에 살고 있는 고려인이라는 이 어리석고 어이없는 상황이 벌어진 것이다. 이중 국적이나 삼중 국적을 취득할 수 있으면 좋으련만 이는 불가능한 일이고, 원하든 원치 않든 우리는 하나를 선택해야만 한다.

러시아로 떠난다. 무엇 때문에? 거기에는 나의 뿌리도 은신처도 없다. 단지 러시아말이 나의 주 언어라는 이유만으로? 게다가 러시아인들이 나를 러시아 땅에 받아줄 지도 의문이다. 예를 들어, 볼가강 지역에 살았던 독일인들의 경우에도 그들이 이 지역으로 되돌아가는 것을 러시아인들이 허락해주지 않았다. 더구나 이들 독일인들은 러시아 국가 형성에 엄청난 기여를 했던 사람들이고, 또 콜 수상이 사라또프 지방 전체를 재개발하는데 엄청난 돈을 투입하겠다는 약속까지 했는데도 아무 소용이 없었다. "흥, 독일 놈들, 제까짓 것들은 필요 없다고!"라고 말하는 판에 고려 사람들에 대해서야 오죽하겠느냐? 우리 부모들의 강제이주에 대한 연구의 깊이가 깊어질수록 연해주에 살던 러시아인들이 이민족을 몰아내는데 얼마나 비난받을 만한 역할을 했는지가 드러나고 있다.

그러면 남는다? 아들아, 그것도 어려운 일이다. 독립을 얻은 신생 국가는 예외 없이 민족주의란 마약에서 벗어나지 못한다. 문제는 이 마취 상태가 얼마나 강하게, 또 얼마나 오랫동안 지속되는가에 달려있다.

여기에 남는다. 그리고 우즈벡 말을 배우고 우즈베키스탄의 고려 사람이 된다. 아무래도 이 선택이 올바른 결정인 것 같다. 어쨌든 이 땅에서 내가 성장하지 않았느냐? 그런데 과연 우리가 남아있도록 내버려둘까? 이것이 문제다. 러시아인, 유태인, 독일인, 타타르인, 모두들 우즈베키스탄을 떠나고 있지 않느냐? 하지만 이들은 고국으로 돌아가는 것이다. 아무리 고국에서 멀리 떨어져 나왔어도 이들 민족에게는 유럽문화라는 공통점이 있기 때문에 우리 보다 훨씬 고국으로 돌아가기가 쉽다. 그러나 우리들과 한국의 동포들 사이에는 유럽문화와 아시아문화라는 엄청난 경계선이 가로 놓여있다. 그렇기 때문에 가령 우리 선조의 나라가 문을 활짝 열어준다고 해도 나는 그 땅으로 향하기 전에 세 번은 다시 생각해 볼 것이다.

아들아, 네게도 역시 러시아말이 주 언어이다. 그러나 너는 우즈벡말이 공용어인 나라에서 살고 있지 않느냐? 너의 미래에는 공부하며 자신의 인격을 형성해가고, 삶의 의미를 찾으며 많은 사람들과 교류하는 일들이 기다리고 있다. 나는 네가 틀림없이 더불어 함께 사는 민족의 언어를 배우리라고 생각한다. 러시아말은 네가 이미 할 수 있고 우즈벡 말과 영어는 학교에서 배울 것이며 기회가 있으면 한국말도 배우게 될 것이다. 아, 너는 여러 가지 언어로 의사소통이 가능한 정말 부유한 사람이 되겠지! 하나... 동시에 정말 가난한 사람이기도 할 거야. 왜냐하면 너는 우리의 역사적인 조국으로부터 점점 더 멀어질 것이니까.

물론 러시아말이 주 언어인 사람들 모두가 우즈베키스탄에 남아서 사는 것이 쉽지 않을 것이다. 쉬웠던 적은 한 번도 없었다. 항상 최고여야 하며 자기 분야에서 조금이라도 뛰어나야만 그 지역의 원주민들이 우리를 동등하게 대해 주었다. '우리'편인 사람들은 아무 것도 증명해 보일 필요가 없지만 다른 동네에서 이사 온 아이나 반에 새로 전학해 온 아이는 '무엇인가 할 수 있다는 것'을 증명해야만 한다는 것을 너도 보지 않았니? 아무 것도 증명하지 않으려고 해보아라. 틀림없이 다들 너를 비웃고 경멸하며 아무 것도 못하게 할 것이다.

세계 각국에는 선조의 땅에서 떨어져 나온 사람들이 뿔뿔이 흩어져 살고 있다. 나는 중국, 미국, 일본 등 많은 나라에서 살고 있는 우리 동포들을 만나 보았다. 이들을 만나면서 내가 항상 놀라는 점은 우리들의 운명이 비슷해서이기보다는 – 모든 이민자들의 운명은 유사하기 마련이니까 – 복잡한 인생의 굴곡에도 불구하고, 이들이 열심히 일하며 노인을 공경하고 다른 사람들의 신앙과 관습에 관대한 우리 민족의 전통을 충실하게 지켜왔다는 사실이다.

내 아들아, 끊임없이 네 생각을 하며 이 책을 쓰는 이유가 또 하나 있다. 나는 네 어머니와 헤어졌으며 너는 어머니와 살게 된 상황이 벌어졌다. 그러나 네가 그 곳에 남게 되었다는 것이 내가 너를 덜 사랑하기 때문인 것은 결코 아니다. 단지 선택을 해야만 했고 지금은 어른인 우리가 그 결정을 내렸을 뿐이다. 네가 자라면 네 스스로 모든 결정을 하게 될 것이다. 하나 지금으로서는 내게 이 세상에서 가장 가까운 혈육은 바로 너라는 사실을 네가 알았으면 한다. 그리고 바라는 만큼 우리가 그렇게 자주 만나지 못한다 하더라도 내 마음은 항상 너와 함께 있을 것이다. 조국과는 달리 부모는 언제나 자기 자식을 기억하는 법이다.

  네 인생에도 분수령이 있을 것이다. 남북한의 통합과 흩어진 민족의 재결합이 그 분수령이 될 수도 있고 또, 전 소연방공화국들간의 우호관계의 부활이라든가 그밖에 많은 일들이 있을 수 있다. 극단적인 민족주의의 히스테리나 종교적인 광신주의도 배제할 수 없다. 노획물의 자체 분배가 채 끝나지 못한 나라에서는 토착민족이 이민족들을 이등국민으로 끌어내리는 일도 생길 것이다. 그럴 때마다 너는 갈림길에 서게 될 것이다. 네 삶에서 이러한 어려운 변혁의 순간들이 닥칠 때, 나는 네가 이 역경들을 잘 헤쳐 나가는 참된 사람이 되기를 바란다. 만일 이 책이 네가 그런 사람으로 성장하는데 조금이라도 도움이 된다면 나는 정말 행복할 것이다.

네 아버지로부터

차 례

추천의 글 ___ 9

머리말 : 페레스트로이카의 해에 태어난 내 어린 아들 빠벨에게 ___ 13

꺼지지 않는 불꽃 ··· 21
우리에게 조국이 하나라면 ··· 29
"두 손 모아 부탁드립니다…" ·· 45
서명 받으러 다니면서 ·· 54
"긍정적인 해결을 바람…" ·· 70
"유령 신문사" 지국 ··· 92
대립의 시작 ··· 113
고관의 집무실에서 ··· 143
개들이 싸울 때는… ·· 158
인간관계의 끈 ·· 179
우리의 샘물에 대한 기억 ·· 210
끊어진 탯줄 ·· 234
조상의 나라에서 보내온 기념품 ··· 259
만일 전 세계의 한인들이… ·· 274
고향의 가야금 소리 ·· 300

외로운 돛단배 ·· 313
인간관계의 즐거움 ······································· 325
새 준비위원회 ·· 335
추측할 수 없는 미래 ···································· 361
백 년 후의 만남 ··· 378
맺는말 ··· 392

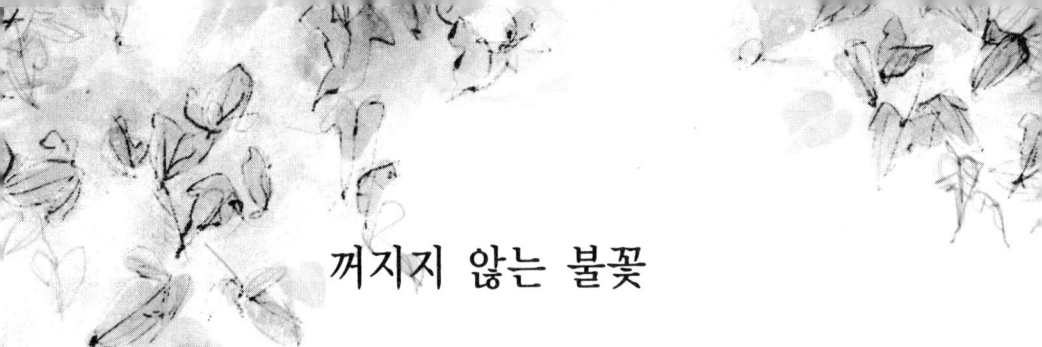

꺼지지 않는 불꽃

어떤 일을 시작하기 위해서 때로는 외부로부터의 충격이 필요할 때가 있다.

한 여자아이가 강물에 빠졌다. 사람들이 다리 위로 몰려들었다. 갑자기 어떤 사람이 강물에 뛰어 들어서 그 아이를 구해내었다. 기쁨의 환호성이 넘치고 기자들이 벌써 몰려 왔다. 그런데 이 영웅은 화를 내며 소리를 질렀다. "관두시오. 우선 누가 나를 다리에서 밀었는지 말하란 말이오!"

바로 이 일화에서처럼 나도 누군가에 의해 등이 떠밀려서 무엇을 얻으려는지도 모른 채, 어딘지도 모르는 곳을 향해 돌진하게 되었던 것이다.

그 날 아침도 여느 때와 마찬가지로 열 시에 신문사 지국으로 출근하였다. 지난 이십 년 동안 신문사에서 근무하면서 나는 일하는 부담 때문에 우울해본 적이 거의 없었다. 그 동안 나는 내가 분류하고 정의를 내린 세 단계를 다 경험하였다. 첫째는 아주 만족하며 출근하는 단계이다. 둘째는 출근하기 싫으면 안 해도 되지만 직장에서 빈둥대는 것이 집에 있는 것 보다 낫다는 생각이 드는 단계이다. 세 번째는 집에서 일할 수도 있지만 지국에 나가면 더 사기가 고무되기 때문에 출근하는 경우이다. 왜냐하면 신문사 지국에는 동료와 소식, 그리고 사람들과의 만남이 있기 때문이다.

자기 마음에 맞는 일을 찾는다는 것은 참 대단한 일이다.

당시에 나는 알마아타에서 발행되는 고려신문의 타쉬켄트 특파원으로 일하고 있었다. 타쉬켄트 지국에는 나 말고도 세 사람이 더 일하고 있었으며 나를 지국장 '처럼' 대접해주었다. 왜 지국장 '처럼'이라고 말하느냐 하면 나는 내가 쓰는 기사로 봉급을 받았으며 지국을 잘 이끌어 나가는 데 대한 대가는 너무 보잘 것 없었기 때문이었다. 한 마디로 말해서 나는 선수 겸 트레이너였던 셈이다.

우리 신문과 지국에 대해서는 다시 이야기하기로 하고, 지금은 이 운 나쁜 날로 화제를 돌리고자 한다. 사무실에는 여느 때와 마찬가지로 김 안또니가 이미 출근해 있었다. 김 안또니는 소위 "종달새" 부류의 인물로 누구보다도 먼저 일어나서 먼저 모든 일을 알고 있는 사람이었다. 말하자면 남들에게 유쾌하지 못한 소식을 먼저 알고 간교한 미소를 지으며 그 소식을 던져 주는 자였다.

"자, 읽어 봐요." 하면서 안또니가 내게 "쁘라브다 보스또까 (동방의 진실)"(1)라는 신문을 내밀었다. 상사가 자리에 앉아서 직장에서 피우는 첫 담배개피도 입에 물기 전에 말이다. "우리가 머리나 긁고 있는 사이에 딴 사람들이 벌써 신문에 글을 실었다니까요. 그런데 누가 이 기사를 썼는지 아세요? 곽 미하일, 바로 그 시인이 썼어요!"

친절하게도 붉은 매직으로 테까지 둘러놓은 그 기사의 제목을 보는 순간 나는 심장이 얼어붙는 것 같았다. "고려문화센터 설립". 빌어먹을!

나는 이 '일 백 줄 남짓한 기사'를 재빨리 훑어보고는 타오르는 분노를 금할 수 없었다. 그토록 내가 분노한 것은 신문쟁이들의 표현대로, 선수를 쳐서 "뒤꽁무니에 촛불을 갖다 대었기"때문이 아니었다. 그까짓 일에는 이미 다 익숙해졌다. 오늘은 네가 선수를 쳤지만 내일은 내 차례다 하는 식으로 말이다. 하지만 이 기사의 내용은 본질적으로 우리 지국

대한민국의 대기업 중의 하나인 '대우'가 우즈베키스탄의 합작자동차 공장이나 다른 공장들의 건설에 파트너로 참가한다는 양국 간의 협약이 여론을 바꿀 수도 있다는 희망을 갖게 한다. 경제, 기술, 물질적인 면에서는 모든 것이 순조로우리라고 확신한다. 그러나 내 개인적으로는 다른 면이 걱정이다. 이런 사업이 두 민족을 정신적으로 가깝게 하는데 과연 도움이 될까하는 걱정이다. 괜스레 이런 걱정을 하는 것이 아니다. 왜냐하면 실패하는 경우에는 우즈베키스탄에 사는 고려인들이 제일 먼저 타격을 입기 때문이다. 우리들이 얼마나 힘들게 우즈벡 사람들로부터 존경과 권위를 얻어내었는가? 그런데 우즈베키스탄의 고려인들이 한국에서 온 동족들을 벌써 비판하기 시작한다면 이제 희망이 없다. '대우'의 계획 입안자들이 이 점을 모르고 지나칠 리 없다. 그러나 그들의 실제적인 활동을 보면 이따금 의혹과 비애를 느끼게 된다. 사실인즉슨, 대우의 경영진들이 환심을 사기 위해서 '뽈리또쁘젤' 집단농장에 사는 고려인 가정마다 모두 텔레비전을 한 대씩 나누어주기로 결정했다. 이것을 보고 그 농장에 사는 한 나이든 고려인이 말했다. "우리한테 나누어 줄 것이 아니라 우리와 평화롭게 잘 살고 있는 우즈벡인이나 타타르인처럼 다른 민족 사람들에게 주어야지."

그러나 남한 사람들에게 이 노인의 현명한 생각이 필요나 하겠는가?

오랜 세월동안 소련고려인들은 다른 소수민족들과 마찬가지로 통합을 꿈꾸어 왔다. 영토상의 통합은 아니라 하더라도 적어도 문화적인 통합이라도 바랐다. 그 가능성이 센터와 협회와 운동이라는 이름으로 우리 눈앞에 보이기 시작한 것이다. 우리는 제2의 조국인 소련으로부터 도움과 지지를 받으리라고 기대했다. 그러나 소련은 붕괴되어 버렸으며 우리들을 더욱 분리시키는 형편이다. 우리는 조상의 나라로 눈을 돌렸다. 그러나 여러 다른 방향에서 우리를 끌어들이고 있다. 남한의 선교사들이 CIS 국가들에 수백 명씩 몰려왔던 만큼 고려인들은 그들에게 굴복하기 시작했다. 그러나 거기에도 단일성과 일치가 보이지 않았다. 모든 목사들이 자기의 신앙을 제일이라 하고 모두 함께 문선명의 통일교를 비난했다.

우리는 자연히 CIS의 고려인들로 남게 될 것이다. 우리는 자신의 힘으로 통합할 수 있으며 또 그렇게 해야만 한다는 사실을 명백하게 이해함으로써 우리의 정체성을 찾아내고 또 다른 민족으로부터는 더 나은 점을 받아들이면서 살 수 있을 것이다. 아니면 이제 막 통합을 시작한 전 세계에 흩어져 사는 한민족공동체의 일원으로서 아직은 그 요구가 없지만 한국의 해외전초 그룹이 될 수도 있지 않겠는가?

5년 전만 해도 우리는 한국어를 가르치는 수백 개의 소그룹들과 학교들, 그리고 대학의 학과들이 생겨나리라고는 상상조차 하지 못했다. 이 분야에서 남한과 북한의 도움이 대단히 현저하게 느껴질 것이다. 우리들에게 책과 잡지들, 카세트 테이프와 사전들을 보내준 선의의 손길에는 각계각층의 사람들이 포함되어 있다. 대학원생들, 학자들, 문학가들, 비즈니스맨들, 그렇다. 비즈니스맨들조차도 도움을 주었다. 모든 종류의 협회들, 학교들, 대중매체 기관들, 회사들... 일일이 이름을 다 적기는 불가능하지만 이들 모두에게 감사의 절을 올린다. 한국어를 배우면서 평양 억양과 서울 억양 중에서 어느 억양을 따를 것인가에 대한 논쟁은 그냥 내버려두자. 이것이 중요한 것이 아니다. 중요한 것은 우리의 아이들이 언젠가는 통역 없이도 조상의 나라를 방문할 수 있는 가능성을 가지도록 하는 것이다.

우리가 한국을 떠나온 이후 백 년의 세월이 흐르는 동안 잃어버렸던 말과 문화를 복구한다 하더라도 새 조국에서 얻은 말과 풍습을 상실해서는 안 될 것이다. 이는 독립국가연합에 사는 우리 고려인들의 자산이주의 노동영웅이었으며 우즈베키스탄 공산당최고위원회 대의원이자 소비에트 집단농장위원회의 간부회 임원이기도 했다. 황만금은 삼십 여년이 넘는 기간 동안 "뽈리또뜨젤" 집단농장을 이끌어 왔다. 몰락한 집단농장이 그 동안 소련에서 가장 훌륭한 농장으로 변신하였던 것이다. 흐루시초프와 브레즈네프가 이 농장을 방문했으며 다른 사회주의국가 지도자들과 우주비행사들, 유명한 예술가와 작가 등 수많은 이들이 이 농장을 다녀갔다. 농민들이 차린 환영 식탁에서 마음으로부터 우러난 대접을 받으며 이 모범농장에 매혹되었던 이들의 이름을 어찌 일일이 다 기억하겠는가?

    이렇게 유명한 집단농장이 생일 축하연을 베풀려면 그가 위대한 시인이든지 아니면 농장 위원장의 호감이라도 가지고 있어야 했다. 미하일에게는 어느 쪽도 해당되지 않았다. 게다가 한 일 년 전에 미하일은 한 가지 실수를 했다. 이 농장에는 공산주의청년동맹이 주는 레닌상을 수상한 적이 있는 매우 유명한 고려가무단이 있었다. 바로 이 가무단을 위해서 미하일은 자진해서 한국말을 모르는 대중들이 연주 내용을 이해할 수 있도록 시를 써서 주석을 달겠다고 나섰다. 이 일을 자청했던 이 시인이 나중에 내민 청구서의 액수를 보고 농장 위원장은 기겁을 했다. 목격자들의 말에 의하면 "대중문화"를 담당하는 부위원장의 얼굴에다 거의 청구서를 집어던질 뻔했다고 한다. 이 부위원장은 하필이면 그 시인과 같은 성씨였는데, 위원장이 그 청구서를 내던지면서 "곽씨들은 다 이러냐!"고 쏘아붙였다고 한다.

    미하일은 당연히 이 사건을 잊지 않았으며, 다른 사람들처럼 위원장을 직접 찾아가지 않고 라쟈쁘라는 공산당지역위원회의 서기를 끌어들였다. 그는 취미로 노래 가사를 지었는데, 그 가사에 곡을 붙여준 사람이 바로 미하일의 딸이었다. 라쟈쁘로프가 "뽈리또뜨젤"의 위원장에게 전화를 걸었다. 논지는 간단했다. 고려인 농민들이 이 고려인 시인에게 축하연을 열어주는 것이 당연하다는 것이었다. 이에 대해 황만금은 고려인들은 농장 인구의 4분의 1 밖에 되지 않으며 "이 고려인들이 곽 시인을 그렇게 생각하지 않는다고" 이치에 닿게 설명했다.

그러나 공산당지역위원회 서기의 요청은 명령이나 다름없었으며 황만금은 마지못해 동의할 수밖에 없었다. 그가 할 수 있었던 일이란 곽 미하일에게 농장은 단지 장소와 가구, 그릇만 제공할 뿐이라고 알리는 것이었다. 미하일은 이에 만족할 수밖에는 다른 도리가 없었다. 중요한 것은 전 고려인 사회가 언어의 마술사에게 감사의 뜻을 표했다는 사실이었다.

그러나 행사가 있기 2주일 전에 라쟈쁘프가 해임되었고 바람이 부는 방향도 바뀌었다. 집단농장은 생각이 변했다고 미하일에게 통고했다. 이 불쌍한 시인은 급하게 식당예약을 해야만 했으며 장소변경을 알리기 위해서 그 많은 사람들에게 일일이 전화를 돌릴 수밖에 없었다.

생일잔치 하루 전 날 미하일이 신문사지국에 들렀다. 내가 보는 데서 우리 신문사의 편집국으로 전화를 하더니 내게 수화기를 건네주는 것이었다. 귀에 익은 부편집장 목소리가 들려왔다. 카드를 사서 축사를 써넣어 편집국의 이름으로 시인에게 전하라는 명령이었다.

축문을 전달하기 위해서는 생일잔치에 가야만 했다. 미하일은 초대장도 주지 않고 단지 나가면서 지나가는 말로 "당신도 오지 그래" 하면서 한 마디 던질 뿐이었다.

마치 벌레나 쳐다보는 듯한 투로 초대를 했다. 나는 잔치에 가지 않았으며 안또니가 나대신 공식적인 문구로 채운 축문을 전달했다.

지난봄에 나는 한 번 더 곽 미하일과 만날 기회가 있었다. 우리는 다른 고려인 작가들과 함께 타쉬켄트 지역의 집단농장 사람들 앞에 서게 되었다. 우리는 모두 일곱 명이었으며 한 사람이 15 분씩만 이야기해도 2시간이 필요했다. 미하일은 한 번도 이 규칙을 지키지 않았다. 고려인들은 보통 자신을 3인칭 비칭으로 표현한다. 미하일도 자신을 3인칭 비칭으로 말했는데, 마치 자기가 아닌 어떤 위대한 천재시인에 대해서 말하는 것처럼 들렸다. 청중들은 문자 그대로 표정이 어두워졌으며 우리 발표자들은 혐오에 가득 찼었다.

또 한 번 그가 우리 뒤통수를 때린 셈이었다. 내가 너무 그에게 편견을 갖는 것일까? 그가 내 눈에 천사로 보였어도 과연 "내 배가 아팠을까?" 극단적인 질투를 표현할 때 고려인들은 "배 아프다"는 표현을 쓴다. 그럴지도 모른다. 여하튼 난 도저히 감당하지 못할 정도로 무지무지하게 "배가 아팠다." 그래서 나는 미하일에게 전화를 걸기로 결심했다.

"미하일 이바노비치, 안녕하십니까?"

"어, 안녕하시오? 이게 누군가? 아, 우리 기자 친구로군 그래..."

"고려문화센터 설립에 관한 기사를 읽었는데요..."

"아, 그랬어요. 누군가 이 문제를 제기해야겠지요? 그런데 당신들은 신문에 쓸데없는 글만 쓰고 있으니, 그래서 내가 이 문제를 거론해야겠다 하고 결심했죠?"

"미하일 이바노비치, 우리 지국에서도 그 동안 이 문제에 관해서 생각해왔습니다. 한 번 만나서 얘기를 나누었으면 합니다. 우리가 힘을 합치면 더 좋지 않겠습니까?"

"왜요? 우리는 벌써 준비를 끝낸 상태입니다. 이미 준비위원회 모임도 가졌고 이사회 선출도 끝났습니다. 그러니 괜히 방해할 필요가 없다는 말씀입니다. 알겠습니까?"

"그래도 우리 생각에는..."

"헤, 생각이 있으면 진작에 했어야지. 안녕히 계시오, 기자 양반."

그가 선수를 쳤다고 생각하니 몹시 기분이 나빴다. 고려신문사를 10년 동안 다니면서 나는 처음부터 우리 편집국이 모국의 언어와 문화를 부활하는 주도자가 되어야한다고 생각하며 일해 왔다. 그리고 페레스트로이카라는 신선한 바람에 고무되어 고려소수민족의 문제에 대한 소고를 작성하여 "리쩨라뚜르나야 가제따"(6)라는 신문사에 보내었다. 신문사는 이 보고서를 마음에 들어 했으나 바로 발표하지는 않았다. 당시는 나고르니 까라바흐(5)에서 사건이 돌발했던 시기였으므로 이 신문사의 기자인 블라디미르 소꼴로프가 내게 다음과 같은 신문사의 입장을 전달했다. 편집국에서는 당분간 민족들 간의 문제의 소용돌이에 고려인 문제까지 들고 나오지는 않을 것이라는 입장이었다.

그러나 나는 얼마나 내 글이 실리기를 기다렸는가? 만일 전국지에 이 글이 실렸다면 공화국에서도 분명히 반응을 보였을 것이고, 충분히 성숙된 상황에서 고려인들이 원할 때 당국이 고려문화 부흥문제를 쉽게 결정할 수 있었을 것이다.

나는 이 소고의 사본을 꺼내어서 쓰라린 가슴으로 다시 읽기 시작했다. 이 글을 쓸 때의 그 맹렬했던 영감을 회상하면서 말이다.

─ 역주 ─

(1) 쁘라브다 보스또까 ── 1917년부터 우즈베키스탄 공화국 수도 타쉬켄트에서 러시아어로 출간된 일간지의 이름.
(2) 갈루보이 아가뇩 ── 1960년대의 매우 인기 있었던 텔레비전 프로그램. 주로 휴일이나 경축일에 유명 인사들을 초청하여 진행하던 오락프로그램.
(3) 블록 ── 알렉산드르 알렉산드로비치 블록 (1880-1921), 러시아의 서정시인.
(4) 말라야 지믈랴 ── 제 2차 세계대전 당시 남서부 우크라이나에서 1943년 2월부터 9월 사이에 일어났던 일을 기록한 브레즈네프의 저서.
(5) 나고르니 까라바흐 ── 아르메니아 공화국과 아제르바이잔 공화국간의 민족분쟁 지역
(6) 리쩨라뚜르나야 가제따 ── 문예, 시사 주간지

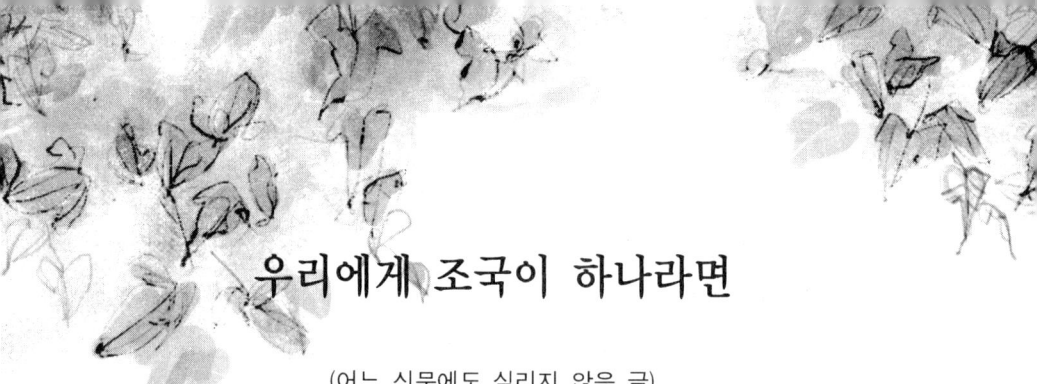

우리에게 조국이 하나라면

(어느 신문에도 실리지 않은 글)

1946년 공산당원이나 공산청년동맹원이었던 소련고려인의 아들딸 수백 명이 북한으로 들어갔다. 소련군대의 도움으로 일본식민지통치에서 벗어난 북한에 사회주의 건설을 도우라는 당과 정부의 명령이 있었다. 그로부터 4년 후 한국동란이 발발하자 이들은 신생공화국 인민들과 더불어 이 혹독한 시기의 고통을 함께 겪어야 했다.

"한국사" 제 2권에는 다음과 같은 구절이 있다. "처음으로 이 칭호를 (전쟁 초기에 제정된 "인민공화국 영웅"이라는 칭호를 말함) 받은 사람들 중에는 오산 전투에서 마지막 숨을 거둘 때까지 척후탱크부대 병사들을 격려하여 승전을 거두었던 부사단장 안동수라는 사람이 있었다."

타쉬켄트 지역에 있는 "자랴 꼼무니즈마(공산주의의 새벽)"라는 이름의 집단농장에는 트랙터기사 반장이었던 안동수를 잘 아는 사람들이 꽤 살고 있다. 이 농장에는 조선인민공화국 민족영웅인 안동수의 미망인인 천 이리나 니꼴라예브나가 아직 살고 있다. 미망인 천씨는 오랫동안 유치원 원장으로 일했는데 출산과 병고, 그리고 전쟁 때문에 남편을 못 따라갔다고 한다.

50년대 말에 북한으로 들어갔던 많은 고려인들이 다시 소련으로 돌아왔다. 그때 나도 부모를 따라서 소련으로 돌아왔다. 당시 나는 열두 살이었는데 특별히 소련고려인들을 위하여 세운 평양의 러시아학교에서 육 학년을 마친 후였다. 이 학교 학생들은 모두 스스로를 미래의 소련국민으로 생각했으며 친척들이 살고 있는 우즈베키스탄이나 카자흐스탄으로 돌아가기를 꿈꾸고 있었다. 우리는 소련 교과서로 공부하였으며 러시아 노래를 불렀다. 우리는 동네 아이들과 대체로 잘 어울리지 못했으며, (뭘 숨기랴, 동네 아이들은 우리를 싫어했다.) 교과 과정에 한국어과목이 정규과목으로 되는 것에 열렬히 반항하곤 했다. 우리는 소련국민이었으며 거의 러시아인과 다름없는데 어떻게 그들이 우리를 좋아할 수 있었겠는가? 1957년, 민스크의 축구단 "디나모"팀이 평양에 온 적이 있었는데 전교생이 모두 가서 이 팀을 열렬히 응원했던 기억이 난다. 그러나 불과 수 년 후에 조선인민공화국의 국가대표 축구팀이 중앙아시아에서 순회 경기를 가졌을 때는 나는 수천 명의 다른 고려인들과 함께 "파흐타코르" 경기장에 앉아서 조선인민공화국 팀을 위해 가슴을 졸였다. 언제, 어떻게 이런 큰 변화가 일어났을까? 대답은 정말 간단했다. 소련으로 돌아온 후 얼마 되지 않아서 과연 내가 누구인지를 깨닫게 만든 사건이 있었다.

"톨스토이의 작품에서 본 민중교육"이란 제목으로 학교에서 작문을 하게 되었는데, 어쩌다 보니 러시아의 농민이 "하늘의 관청"만 바라보는 한, 좋은 농민이 되기 어려우며 오직 천 년의 논농사 경험만이 진짜배기 농민을 길러낼 수 있다고 쓰게 되었다. 화가 난 문학선생이 오만하게 내 면전에다 대고, -네까짓 고려인이 근면하고 훌륭한 러시아인들을 때리겠다고 감히 손을 올려?- 라는 멸시하는 말을 내뱉었다.

이런 말들이 비수가 되어 내 심장을 찌르는 일이 한 두 번이 아니었다. 어느 지역으로부터 고려인들을 중앙아시아로 데려다 놓았는가? 나는 여러 민족의 사람들로부터 자주 이런 질문을 받아 왔다. 모스크바와 레닌그라드에서, 카프카즈와 시베리아에서, 백러시아와 중앙아시아에서

조차도 이런 질문을 받았다. 사람들은 어디에서도 우리들의 존재에 대해서 알 기회가 없었기 때문에 이런 질문을 할 수밖에 없었던 것 같다. 소련민족사 교과서에 보면 인구가 겨우 수천 명밖에 되지 않는 민족들에 대해서까지 언급하고 있다. 그런데 사십만 명에 달하는 고려인들에 관해서는 한 마디도 언급이 없다. 우리의 아버지들과 할아버지들이 도대체 하늘에서 갑자기 여기로 떨어졌단 말인가? 1937년에 이들을 극동지방에서 강제이주 시킨 사실을 아는 이들은 얼마 되지 않는다. 그로부터 벌써 반세기가 흘렀다. 만 오십 년이다. 어찌 수많은 생각들이 떠오르지 않겠는가?

영국에는 일정한 기간이 경과하면 정부가 국민들에게 비밀문서를 공개해야 할 의무가 있다고 들었다. 후손들이 눈을 멀게 하는 승리의 기쁨뿐만이 아니라 끔찍한 실수들까지도 알아야 하기 때문이다. 1937년의 사건에 대한 글들은 이미 적잖이 나왔지만 고려인들의 참혹한 강제이주 역사에 대해서는 아직도 명백하게 씌어진 것이 없다.

왜 고려인들이 대대로 살아왔던 거주지에서 쫓겨나게 되었는가? 공식적인 설명은 다음과 같다. 제2차 세계대전 전야에 수백만 명의 관동군들이 소련의 극동지방으로 진군해오고 있었다. 오랜 옛날부터 연해주 지방에 거주해왔던 고려인들과 중국인들, 한마디로 아시아인들 모두가 일본 간첩들이 숨어들 수 있는 보호막이 되어 버린 것이다. 누가 알 수 있으랴? 어느 날 갑자기 이들이 "다섯 번째 기둥"(1)으로 둔갑할 지? 바로 이런 이유로 강제이주정책이 가장 믿을 만 했으며 무엇보다도 가장 신속한 해결 방안으로 채택된 것이었다.

강제이주를 감행하기 전에 먼저 사람들을 잡아들이기 시작했다. 얼마나 많은 고려인들이 감옥과 수용소에서 목숨을 잃었는지 아무도 모른다. 이들 중에는 극동지방의 혁명군에 가담해서 싸웠던 사람들도 포함되어 있었다. 연해주 지방의 '기계, 트랙터 배급소'의 정치국장이었으며 레닌과 만난 적도 있었던 공산당원 김 아파나시 같은 사람이나, 프롤레타리아 조선인작가동맹의 창시자들 중의 일원이며 고려문학에 사회주의현실주의를 처음으로 도입한 시인 최명희 같은 사람, 그리고 블라디보스톡 원동조선사범대학의 교수들, 학교 교사들, 장교들 등 많은 이들이 체포되었다.

그리고 오로지 고려인이란 죄 때문에 우리 부모들은 수십 대의 화물열차에 실려 동쪽에서 남쪽으로 멀리 쫓겨난 것이었다.

1937년 가을이었다. 당시 중앙아시아는 제정러시아 시절에 이민족들의 집단거주지였던 황량하고 외진 변경지역이었다. 산 속에는 아직도 섬멸하지 못한 반정부군들이 있었고 회교도 여인들은 베일로 얼굴을 가리고 다녔으며 트랙터를 "악마의 마차"라고 부르던 외진 지역이었다. 정부는 이주민들을 공업 중심지에 풀어놓는 것을 금하는 지령을 연이어 내렸다. 모든 이주민들은 촌으로 가야 했다. 주택이 모자라서 토굴을 지었으며 외양간과 마구간을 지었다. 주변에는 온통 늪지와 삼림뿐이었으며 수백 명이 이질을 앓았다. 특히 아이들이 너무 많이 목숨을 잃었기 때문에 소련고려인들 중에는 1935년부터 1938년 사이에 태어난 사람들이 매우 적다. 언젠가 나는 스탈린에게 보낸 탄원서를 읽을 기회가 있었다. 그런데 가장 놀라운 사실은 탄원서를 쓴 사람들이 이 모든 일이 "인민의 아버지"의 승인 하에 일어났다는 사실을 믿지 않았다는 것이다.

모든 불운 중에서 가장 비통한 것은 "사상이 불순한 자"란 낙인이었다. 고려인 출신은 전방에 보내지 않았으며 현역 군인으로 복무하기 위해서 많은 고려인들이 자신을 카자흐인이나 우즈벡인으로 속여야 했다. 이들 중에서 민 알렉산드르와 한 세르게이는 나중에 소련의 영웅이 되었다.

1952년까지만 해도 이주민들의 주민등록증에는 영구거주지 이탈을 금하는 "검정 도장"이 찍혀 있었다.

"사상이 불순한 자"란 낙인이 그 잔혹한 강제이주를 정당화시켰다. 당시 몇몇 작품들 중에서 특히 께뜰린스까야(2)가 쓴 소설 "용기"라는 작품에는 고려인을 소련정권의 인민의 적으로 묘사하고 있다. 인민의 적이라는 말은 일본 사무라이들의 잠재적인 동맹자라는 것이다. 그러나 한국과 일본의 양국관계사를 무시하고서야 그런 논리가 가능한 것이다. 과거 수세기에 걸쳐서 일본은 한국에 대해 침략자 노릇을 했다. 1910년에 일본은 마침내 한반도를 합병했으며 그 이후로 우리 민족의 항일민족해방운동이 잠잠해진 적은 한 순간도 없었다. 독립운동은 한국에서, 중국에서, 만주에서 그리고 극동지역에서도 일어났다. 그런 상황에서 고려인을 일본인의 공범자로 선언하는 것은 혹독한 모욕이 아닐 수 없다. 사무라이들이 진주만을 기습하고 미국과 일본 사이에 전쟁이 시작되자 미국에서는 모든 아시아인들을 억류하기 시작했다. 그때 한국인들은 일본인들로 오해받는 모욕을 참지 못해서 가슴에 "나는 한국인이오"라는 표를 붙이고 다녔다고 한다.

우즈베키스탄의 고려인이주민들은 삼림이 우거진 늪지인 버려진 미개간지에서 집단농장을 세우기 시작했다. 이 땅은 오직 벼농사에만 적합한 땅이었는데 이 때문에 정확한 자리에 고려인들을 이주를 시킨 결과가 되었다. 나중에 정부는 이를 자신들의 통찰력 덕분이라고 해석했다.

1940년대에 타쉬켄트 지역은 끝없이 이어지는 논으로 뒤덮이게 되었다. 희생적인 노력으로 암담한 미개간지를 목화와 황마가 자라는 땅으로 개간해놓은 고려인들에게 기념비라도 세워주는 것이 당연한 도리일 것이다.

1937년에 대해 생각할 때마다 내가 놀라는 점은 강제이주의 그 모든 비통함과 의혹, 공포에도 불구하고 우리 부모님들이 선과 정의에 대한 믿음을 가지고 우리를 키우셨다는 사실이다. 이 놀라운 믿음의 근원은 아마 이 지역 주민들이 이주민들에게 베푼 친절과 동정이었을 것이다. 우즈벡인과 카자흐인들, 투르크멘인과 타쥐크인들, 키르기즈인과 카라칼파크인들이 고려인들과 함께 한 지붕에서 마지막 빵 한 조각까지도 나누었던 예를 나는 많이 들 수 있다. 이들에게 고개 숙여 감사드린다!

오늘날 크리미아의 타타르인들, 독일인들, 잉구쉬인들의 강제이주를 둘러싼 비밀의 장막이 많이 걷히고 있는 시점에 즈음하여, 고려인들에 대해서도 공식적인 설명이 있어야 옳을 것이다. 우리들이 아이들과 손자들에게 어떻게 중앙아시아에 와서 살게 되었는지를 이야기해줄 수 있도록 말이다.

강제 이주가 고려인들에게 이득이 되었는가? 이는 "우리" 고려인사회에서 종종 제기되는 질문이다. 니키타 흐루시초프가 "뽈리또뜨젤" 집단농장을 방문했을 당시 고려인들에게 다시 극동지역으로 돌아가기를 원하느냐고 물었다. 극동지역의 농업이 쇠퇴하고 있어서 마치 고려인들을 다시 그리로 이주시키면 문제가 해결되리라고 생각했던 듯했다. 고려인들은 '아니오'라고 대답했으며 이 제안에 어떤 열의도 보이지 않았다고 한다.

그렇다. 반세기의 세월이란 중앙아시아에 뿌리를 내려서 마음껏 실력을 발휘하는 새로운 세대를 탄생시키기에 얼마든지 충분한 시간이다. 사회 각 분야에서 고려인들이 이룩해 놓은 성공담의 예를 우리는 얼마든지 들 수 있다.

고려인들이 우즈벡인들로부터 수박, 멜론농사와 포도재배기술을 배웠다면 고려인들은 벼농사와 야채재배기술을 전해 주었다. 그리고 함께 목화재배를 확장시켰다. 그리고 케나프라는 황마과에 속하는 마를 우즈베키스탄에서 재배하기 시작한 것은 불과 60년 전의 일이다. 이 기간 동안 케나프의 수확량이 300킬로그램에서 20톤까지 엄청나게 증가했다. 여기에 고려인들의 공헌이 대단히 컸으므로 국가는 훈장과 메달을 수여함으로써 이들의 공적을 치하했다.

1960년대에 고등학교, 대학교 졸업생의 인구 천 명 당 차지하는 비율을 보면 고려인들이 소련에서 가장 높은 그룹에 속했다. 이주민들의 후예들은 누구나 고등교육을 받기를 꿈꾸었다. 이 꿈을 이루려고 부모들은 쉬지 않고 헌신적으로 일했다.

소련전역에 고려인 집단농장들의 명성이 자자했다. 잊을 수 없는 지도자들 중에는 지금까지도 그의 까다로운 성실성이 전설로 회자되며 사회주의 노동영웅칭호를 두 번이나 받은 김병화라는 사람이 있으며, 사회주의 노동영웅 최 이반 안또노비치, 옥수수를 재배한 이 류보비, 벼농사를 지은 김만삼 등이 있다. 어떻게 모든 사람의 이름을 일일이 다 열거하겠는가? 흐루시초프의 "해빙"이 불과 엊그제만 해도 아무 권리가 없었던 고려인들의 사기를 북돋아 주었다. 군대에서 고려인 출신을 뽑아갔으며, 나라 어디든지 자유로이 다닐 수 있는 권한을 부여해주었다. 그 시절에 타쉬켄트의 고리끼 공원에 고려인 젊은 남녀들이 주말이면 수백 명씩 모이곤 했던 기억이 난다. 이 공원에서 젊은이들이 서로 사귀고 춤도 추며 사랑에 빠지곤 했다. 미래가 그토록 아름답게 보였는데…

만일 언어가 민족의 혼이라면 고려인들은 자신의 혼이 없는 것이나 다름이 없다. 왜냐하면 이들은 조국의 언어를 잃어버렸기 때문이다.

"레닌 기치"라는 한국말 신문의 발행 부수는 대략 일 만 부 정도이다. 하지만 신문을 읽을 수 있는 사람의 숫자는 구독자의 5퍼센트도 안 될 것이다. 모국어를 알고 있는 이들은 주로 60세부터 65세 이상의 연령층이다.

우즈베키스탄에는 오직 몇 안 되는 학교에서만 한국어 교육이 지속되고 있다. 그러나 그 수준은 아주 낮다.

1960년대 타쉬켄트의 니자미사범대학(2)에서 러시아어문학을 전공한 학생들 중 한국어 교사자격증을 소지한 졸업생들을 배출했던 적이 있었다. 대략 60명 정도 되는 졸업생 중에서 단 두 사람만이 지금도 학교에서 한국어를 가르치고 있다.

1985년부터 타쉬켄트 국립사범대학에서 "한국어문학"을 전공할 학생들을 다시 받아들이기 시작했다. 한국어문학과를 다시 개설하는 데는 엄청난 노력이 들었으며 관계자들이 겪은 고생은 책 한 권을 써도 될 정도이다.

소련에서는 25년 전에 한국어교재와 사전들, 문학서적들의 출판이 중단되었다. 그래서 현재 학교에서는 옛날 교재를 그대로 사용하고 있으며 대학생들도 개인교재를 전혀 못 갖추고 있다.

작년에 "레닌 기치"신문의 타쉬켄트 지국에 어떤 집단농장 주민이 조선인민공화국에서 보내온 초청비자를 러시아어로 번역해달라는 요청을 한 적이 있다. 우리 공화국의 수도에 한국어공증번역가가 없는 것 같았다. 이는 우즈베키스탄의 어떤 해외교류단체가 우리 신문사 지국에 북한에서 개최할 전시회를 위한 자료들을 준비해달라는 부탁을 했을 때 명백하게 확인되었다. 우리는 두 명의 칠십대 노인들을 물색하였으며 이 분들이 어렵게 그 일을 끝마쳤다.

모국어를 잃어버린 사람은 보통 자기민족의 장점까지도 잃어버리게 된다. 오늘날 젊은이들이 고령의 부모들을 돌보지 않고 운명의 뜻에 맡겨버리는 경우가 많이 생긴다. 그러나 부모를 공경하는 것은 한국인들이 신성하게 여기는 일이 아닌가? 우리 민족의 또 다른 장점은 자식들에 대한 지극한 사랑이다. 그런데 지금 고려인들은 임시 일자리를 찾아서 각처로 떠나고 아이들은 기본적으로 돌보는 사람 없이 집에 남아있는 형편이다. 고려인 청소년들 사이의 범죄율이 해마다 증가하는 추세이다. 가정의 신성함을 지키는 것이 언제나 우리민족의 좋은 전통이었다. 그런데 지금 주위를 돌아보면 타락한 고려인 젊은이들의 모습이 끊임없이 눈에 띈다.

다른 나라의 언어와 풍습을 받아들이면서 우리가 좋은 점만 얻는 것은 아니다.

도대체 어떻게 우리가 모국어를 잃어버리게 되었는가? 소비에트 독일인과 유태인들 그리고 다른 소수 민족들도 우리와 마찬가지로 모국어를 모른다는 사실이 과연 우리에게 위안이 될 수 있는가? 단지 이는 자신의 뿌리를 보존하는 것이 얼마나 어렵고 힘든 일인가를 다시 한 번 더 상기시켜주는 사실일 뿐이다.

어쩌면 우리 고려인과 독일인, 그리고 유태인 등 다른 민족들은 소수민족을 동화시키려는 어떤 악의에 찬 실험의 희생자들일지도 모른다. 아니면 어느 누구도 우리의 존재에 대해 아무런 관심이 없기 때문이라는 끔찍한 생각이 들기도 한다. 러시아어를 배우는 것은 누가 강요해서가 아니라 모든 사람들에게 절실히 필요했던 반면에, 자기민족의 언어를 배우는 것은 몇몇 소수의 관심일 뿐이었으며 이 소수가 이에 대해 무엇을 하기에는 너무나 역부족이었다.

아니면 우리 민족은 천성적으로 다른 환경에 쉽게 동화하는 능력이 있는 것일까? "금도금을 입힌 수용소"라는 책에서 미국으로 이주해온 동남아시아 출신 이민자들의 생활을 묘사하면서 작가는 한국인이 중국인이나 일본인에 비해서 놀랄 만큼 빨리 미국의 언어와 생활양식을 받아들인다고 말한다. 좋다, 우리 민족이 다른 민족들보다 빨리 성공한다고 말할 수도 있다. 그러나 우리에게 마치 기공이 많은 설탕처럼 물에 쉽게 녹아버리는 성질이 있단 말인가? 아니다.

나는 미국, 일본, 중국에서 살고 있는 한국인들을 만난 적이 있다. 이들은 비록 이민 2세대, 3세대라 할지라도 다들 훌륭하게 한국어를 구사했다. 얼마 전에 우즈베키스탄으로 재미동포들이 찾아 온 적이 있었다. (한국어로 '동포'라는 말은 해외에 살고 있는 동족을 칭하는 말이다.) 이 재미동포들이 간단한 실험을 했는데 길에서 김가나 박가를 만나면 한국어로 말을 건넸다. 그런데 제대로 대답하는 사람이 한 명도 없었던 것이다.

소련공산당 제22차 당 대회의 정치보고서에는 다음과 같은 언급이 있다. "우리가 이룩한 업적이 민족문제는 더 이상 문제가 없다는 생각으로 이어져서는 안 된다. 모든 발전과정에 내재해있기 마련인 저항이 소수민족문제에서도 불가피하다는 점을 우리는 명심해야 한다. 중요한 점은 우리가 끊임없이 모든 상황을 주시하고 그때마다 제기되는 문제를 적시에 발견하여 해결해야 한다는 점이다."

당의 방침은 명백하다. 그러나 우리는 왜 우리자신들에 대한 일들을 그렇게 소심하게 대처하는가? 왜냐하면 우리가 민족주의자라는 비난을 두려워하기 때문일 것이다. 우리는 소수이고 당장 눈에 띄기 쉽다. 어떤 고려인 지도자라도 어떤 목적이 있어서 고려인들을 동원할 때는 적어도 세 번 정도는 숙고해 볼 것이다.

이미 오래 전에 우리 민족문제를 해결할 소련고려인연맹을 결성하자는 의견이 대두되었다. 고려인연맹이 교과서와 사전을 편찬하고 모국어 교육을 담당하고 축제를 조직하며 해외에 있는 친척들을 찾는 것을 도와주고 문화 교류를 담당하는 등 여러 가지 일을 하는 것이다. 문제는 이미 제기되었지만 누가 실제로 이를 실행할 것인가? 고려인들 스스로? 당국의 허가 없이? 안되지, 1937년의 공포가 주는 멍에가 아직도 내 동료들의 가슴에 깊숙이 자리하고 있는데.

해마다 농사철이 되면 수만 명의 고려인들이 일-양파, 쌀, 수박, 멜론을 재배하는-을 찾아서 각처로 떠나고 있다. 카프카즈와 우크라이나, 러시아와 시베리아의 중부지역, 중앙아시아의 공화국들에서 이들 고려인 소작인들을 -고려인들이 고본지라고 부르는(3)- 볼 수 있다. 그 수가 전부 얼마나 되는 지는 아무도 모른다. 이들 중에는 예전의 집단농장 농민과 노동자, 기술자와 교사, 학자와 예술가도 포함되어 있다. 오직 물질적인 고려 한 가지만이 이들을 양파 밭으로 내몰고 있는가? 더구나 이들이 모두 다 운이 좋아서 일이 잘되는 것도 아니고 많은 사람들이 얼마나 고통을 겪고 있는지 모르는데 말이다. 그래도 고려인들은 계속 일을 찾아 떠나기만 한다. 거기에는 여러 가지 이유가 있을 것이다. 사회적, 정치적, 민족적인 이유들이 있다. 연구해 보면 많은 요인들이 드러날 것이다. 아르메니아에서는 계절노동자들이 2만 명을 초과하자 곧 이 문제를 조사하는 연구소가 설립되었다. 우리공화국의 양파공급을 해결해준 고려인들을 위해서는 그런 연구소가 없다. 나는 우리 동족 수만 명이 계절노동자로 전락하고 있다는 점을 전적인 책임을 지고 단언할 수 있다. 오늘날 고려인 젊은이들은 이미 고등교육에 관심이 없다. 고등교육의 붐이 양파 붐으로 바뀌었다. 도덕적인 가치가 물질적인 가치로 끊임없이 바뀌고 있다. 고려인들 사이에 카드놀이, 음주, 마약복용이 늘어나고 있다. 우리 공화국에서 처음으로 지하 포르노비디오사업을 시작한 이들도 우리 동족들이었다.

언제 그리고 어떻게 이 모든 변화가 시작되었는가?

고려인 이주자들의 집단농장에서는 항상 가족단위로 일을 나누었다. 이는 벼농사가 지닌 특성 때문이기도 한데, 한 가족이 파종에서 추수까지 전체 과정을 다 해낼 수 있기 때문이다. 1헥타르에 10킬로그램의 쌀을 생산해내는 높은 수확고가 힘든 육체노동-특히 김매는 기간의-을 보상해주었다. 1950년대에 면화재배가 도처에 그 뿌리를 내리면서 농장들이 비대해져 갔다. 간단한 이치였다. 강한 농장이 약한 농장을 병합하는 것이다. 당시 고려인 이주자들의 집단농장들이 모두 중심역할을 했다는 사실이 이들 농장들의 경제적인 수준을 말해준다. 예를 들어 "뽈리 또뜨젤"이라는 집단 농장의 경우 10개 의 주변 농장들을 흡수했다. 그래서 방문객들을 놀라게 하는 상황이 발생하게 된 것이다. 집단농장에서 고려인 인구가 소수인데도 불구하고 많은 고려인들이 농장의 간부자리를 맡고 있었다. 이런 상황은 당연히 오래 지속될 수 없었다. 종종 "다민족주의 실현"이라는 명목 하에 진행되었던 집단농장의 대규모화가 진행되면서 고려인들은 더부살이하는 기분이었을 뿐만 아니라 민족 간의 충돌까지도 불러 일으켰다. 한 때 타쉬켄트 지역에서만 고려인 출신 집단농장위원장들의 수가 열다섯 명 이상이었으며 이들 중 여섯 명이 꼼무니체스끼 구역의 여섯 개 집단 농장을 이끌고 있었다. 오늘날 이들의 숫자는 삼분의 일 이상으로 줄었다. 그뿐만이 아니라 유능한 전직, 현직 위원장들이 민족주의자라는 죄목으로 비난받기에 이르렀다. 이들이 중앙에 택지를 정비하여 대부분 고려인들을 이곳에 거주하게 하였으며 우즈벡인이나 카자흐인들이 사는 다른 구역에는 신경을 쓰지 않았다는 비난을 받았다. 이 다른 구역들이 이전에는 독립적인 별개의 농장이었다는 사실을 망각한 채 말이다.

　오늘날 집단농장위원장의 선출은 누가 자기사람을 앉히느냐 하는 대단한 경쟁거리가 되어 버렸다. 지역위원회가 다음 타협안을 제시하면서 상황을 완화시켰다. 즉 위원장이 고려인이면 위원회 간부는 다른 민족이 맡으라는 식이었다. 무슨 논리가 이러냐고 아무리 골똘히 생각한들 누구에게 불평하랴. 우리는 정말 다민족주의자들이며 우리에게 제일 중요한 것은 도덕적이며 사업상의 자격을 갖춘 지도자들을 만나는 것뿐인데 말이다.

가족노동의 상실과 집단농장의 비대화, 지도자들의 잦은 교체, 이 모든 상황이 초래하는 결과라는 것은 뻔한 것이다. 뛰어나고 열성적인 농민들이 집단농장을 떠나는 것이다. 우크라이나와 쿠반, 스따브로폴 등 다른 곡창지역에서 고려인들이 고도의 기술 집약 농업으로 야채재배에 종사하고 있다. 소문 상으로는 실제보다 훨씬 부풀려 놓은 높은 임금의 유혹이 이런 상황을 초래한 것이다. "양파 붐"은 스스로를 기만, 강탈, 소외당했다고 생각하는 고려인들을 모두 흡수해 갔다. 물론 약삭빠른 사람들과 나쁜 방식으로 돈을 챙기는 사람들도 함께 말이다. 다른 일들은 생각할 필요도 없으며 임금의 균등화도 없고 오로지 자기가 빌린 땅만 존재하는 양파 밭의 자유로운 바람을 한 번 쐬고 난 사람은 더 이상 집단농장이나 공장, 건설 공사장으로 돌아가지 않았다.

그러나 이 양파농사의 선구자들이 얼마나 많은 고난을 겪었는가? 공공연한 박해로부터 공개적인 강탈에 이르기까지. 계절 노동자들의 높은 임금과 반은 "비합법적인" 처지가 땅을 빌려준 농장이나 지역의 부정직한 지도자들의 탐욕을 부채질했다. 소작인들은 뇌물수수라는 혹독한 수업을 받아야했다. 다른 이들을 부패시켜 가며 자신들도 타락해 갔다.

계절노동자 조장들의 이름을 둘러싸고 전설 같은 이야기들이 많이 떠돈다. 그들의 보호 하에 들어가려면 수천 루블의 돈을 내야 한다. 땅주인들과의 협의, 인부의 구성, 비료, 종자 등 모든 사항을 조장이 결정한다. 누구는 술로, 누구는 돈으로, 또 누구는 약속으로 뇌물을 주는 것이다. 그런데 가을이면 무슨 일이 일어나는가? 마치 그 지역당국이 그렇게 힘들게 노력해서 거둔 수확을 이 불쌍한 소작인들이 내다 파는 것을 방해하기로 작정한 듯하다. 이 모든 장애물을 뛰어넘는 유일한 길은 뇌물이다. 각 지역마다 검사에게는 얼마, 교통경찰대장에게는 얼마, 하는 식으로 나름대로의 금액이 정해져 있다는 이야기를 한두 번 듣는 것이 아니다.

양파 밭에는 그 곳만의 법이 존재한다. 어디선가는 조장이 소작인들에게 돈 한 푼 남겨두지 않고 야간도주를 했으며, 형제들끼리 수확을 나누지 않으려고 서로 죽였으며, 아들이 노름판에서 돈을 잃은 아버지를 구타했다. 남편과 아내가 서로 다른 사람들과 동거를 하며 이로 인해 이혼도 하고 또 화해도 한다. 어떻게 벌든 그 돈에서 더러운 냄새가 나지는 않는다. 고려인들이 모인 자리에서 양파재배가 거론되면 이런 이야기들이 얼마든지 나온다. 고려인들은 항상 양파재배에 대해 이야기한다.

나는 100톤의 양파를 수확한 지역의 통계 지도를 본 적이 있다. 1헥타르 당 2천 자루의 수확을 올린 것이다. 정말 대단하지 않은가?

양파재배는 소량의 살수, 식물 성장 촉진제, 그리고 최신 일본제 제초제의 도움으로 지독한 노동을 통해서 수확을 올린다. 당원이나 공산청년동맹, 노동조합처럼 사회주의생산의 영원한 상징들이 없는 외진 지역에서 이 모든 일이 일어난다. 늑대에게는 한 가지 법이 있을 뿐이다. 뼈를 물었으면 숲으로 달아나는 것이다. '소작인'의 법은 돈을 벌면 떠나는 것이다. 그리고 그 땅은 풀 한 포기도 자라지 못하도록 황폐하게 될 것이다.

나는 적황색의 죽어버린 땅을 본 적이 있다. 어떤 '소작인'이 파종해 놓은 것을 한 지역 주민이 가축을 풀어 뜯어먹게 했다고 그 보복으로 솔러 기름을 뿌려 못쓰게 만들어 놓은 땅이었다. 수박밭을 돌면서 삽으로 익은 수박을 부수고 다니는 불쌍한 소작인을 만난 적도 있다. 국영농장이 수확물 반출허가증을 내주지 않자 아예 아무도 못 먹게 해버린 것이다.

어떻게 변해버린 건가, 내 형제들이여!

어떤 우크라이나 간호원이 심하게 병든 '소작인'을 우즈베키스탄에 있는 그의 집으로 데려다 주고는 탄식을 했다고 한다. 밭 변두리에 대충 지은 보기에도 딱한 오두막에서 살았던 극도로 쇠약해진 이 계절노동자에게 온갖 세간이 다 갖추어진 방 다섯 칸의 근사한 집이 있었던 것이다. "도대체 무엇이 당신을 그 외딴 곳의 그런 움막으로 내몰았어요? 아무리 돈이 좋다지만 짐승처럼 유랑하는 생활을 어떻게 견디어 낸단 말입니까?"라며 이 간호원은 경악을 금치 못했다고 한다.

그래, 정말 무엇이 이들을 내몰고 있는가? 스베르들로프농장에는 고려인 가구가 600호가 넘는데도 작업반장들이 일손이 딸려서 고민하고 있다. 일부러 꾸며낸 이야기가 아니다. 농장 사람들은 양파 밭으로 떠나고 타인들에게 목화재배와 황마재배를 맡긴다. '레닌'집단농장 위원장인 임 레오니드의 비탄에 잠긴 탄식을 들어 보라. "누구와 일하라는 건가, 누구와? 유능한 사람들은 모두 양파 밭으로 떠났으니 어떻게 하란 말인가? 집단농장의 월급이 양파 밭의 보수보다 열 배나 적은데 어떻게 이 사람들을 돌아오라고 한단 말인가?"

지금은 김병화라는 이름의 집단농장인 '북극성'은 한 때 유명한 농장이었다. 고려인 출신 사회주의 노동영웅들의 사진이 스물 네 장이나 행정 사무실에 걸려 있다. 이 영웅들의 자식들은 이미 오래 전에 양파 밭으로 떠났다. 아직 농사철이 한창이고 면화 건조기에 매달려 일하느라고 잠도 모자랄 때에 '소작인'들은 일을 끝내고 집으로 돌아온다. 최신 모델의 '쥐굴리' 차를 타고 유명메이커에서 만든 진 바지를 입고 수입가구와 일제 비디오카메라를 들고 말이다. 이 모든 것이 더욱더 계절노동을 부추긴다.

내 누님은 오래 전부터 이 집단농장에서 살았다. "밭의 꼴랴"라는 별명을 가진 누나의 남편은 사회주의노동영웅이었으며 농사의 베테랑이었다. 어렸을 때 나는 무엇 때문에 매부에게 그렇게 높은 칭호를 주었을까 하고 생각한 적이 많았다. 언젠가 매부와 함께 김매기를 한 적이 있었는데 그 때 매부는 남보다 한 가지 일을 더 하느라고 계속 시간을 낭비하고 있었다. 빽빽한 곳에서 벼를 뽑아 계속 성긴 곳으로 옮겨 심었다. 나는 매부에게 돈을 받는 것도 아닌데 이 일을 왜 하냐고 물었다. 그는 웃으면서 대답했다. 만일 수확이 없으면 어디서 월급이 나오느냐 하고 말이다.

이주민들이 세운 집단농장들이 누구에게 방해가 되었는가? 왜 이 농장들을 붕괴시키려고 애쓰는가? 결국에는 무너뜨리지 않았는가? 만일 고려인들이 함께 모여 살 수 있었더라면 우리 언어와 문화를 더 잘 보전하지 않았을까?

운명의 힘으로 우리 조상들이 러시아로 건너왔으며 우리에게는 소비에트연방공화국이 유일한 조국이다. 그러나 이 사실이 우리가 우리민족의 언어와 문화를 잃어버려도 된다는 것을 의미하지는 않는다. 만일 우리에게 조국이 하나라면, 만일 세계가 한 가족이 되어 살 수 있다면, 만일 누군가가 큰형의 역할을 해서 아무도 소외되지 않게 동생들을 돌보아준다면...

...이른 봄이면 때를 씻어내고 겨우내 휴식을 취한 '소작인'들이 꾸일륙으로 모여든다. 길가에 나란히 쭈그리고 앉아서 담배를 피우며 어디로, 누구와, 언제 떠날 것인가를 작은 소리로 의논한다. 꼭 먼 길을 떠나려고 전깃줄에 앉아 기다리는 제비들처럼.

철새에게도 자기 집이 있으며 조국이 있을까?

1988년 2월

─ 역주 ─

(1) 베라 꼐뜰린스까야 (1906-1976) ─ 소련의 작가. 소설 "용기"는 공산청년동맹 원들의 건설 활동에 대해 쓴 작품임.
(2) 니자미 갼제비 (1141-1209) ─ 아제르바이잔의 시인이며 철학가
(3) 고본지 ─ 고려인들이 '소작지'란 뜻으로 만들어 썼던 단어. '고본(股本)'이란 한자어에서 유래한 듯.

"두 손 모아 부탁드립니다…"

이 글은 결국 신문에 실리지 못했으며, 곽 미하일은 같이 일하자는 제안을 거절했다. 한 가지 길이 남았다. 공화국에서 제일 높은 사람에게 편지를 쓰는 것이다. 편지에 우리 소수민족의 문제점들을 호소하고 저명한 고려인들의 서명을 받아서 소위 공식적인 "허락"을 얻는 것이다.

이 아이디어가 기상천외한 것은 아니다. 청원서는 언제 어디서나 있어 왔으며 특히 러시아에서는 더 자주 이용되는 방법이다.

나는 사회주의 체제의 산물이다. 이십 년 동안 내 글은 신문사 편집국뿐만 아니라 해당검열기관의 엄격한 검열을 받아 왔다. 시인은 "돈에서 레닌을 쫓아내시오."(1)라는 시와 같이 장난을 할 수도 있지만, 언론인은 공산당 이념의 선도자가 되어야 한다. 언론인은 특히 민족 간의 관계에 대한 문제를 거론할 때 세심한 주의를 기울여야 한다.

십 년 전쯤에 나는 청년신문의 책임서기였는데 "아비쩨나(2) 탄생 천주년을 기념하며"라는 제목 하에 "꼼소몰스까야 쁘라브다" 신문의 공보국에서 만든 기사를 실었던 적이 있다. 이 기사를 쓴 이는 두산베 의과대학 총장으로 위대한 학자 아비쩨나의 기념일 행사를 위해 만든 유네스코 준비위원회 부위원장을 맡은 인물이었다. "꼼소몰스까야 쁘라브다"의 공보국에서 나온 기사는 틀림없는 그로 간주되었으므로 특별히 정독하지 않은 채 이 기사를 식자 작업에 넘겼다. 신문이 나온 후에 어떤 예민한 자원자가 친절하게도 중앙위원회의 선전부에 전화를 걸어서 청년신문에 아비쩨나를 마치 타쥐크인들의 위대한 아들인양 소개했다고 일렀다. 선전부는 당연히 편집장에게 전화를 했으며 편집장은 나를 불렀다. 나는 원고를 들고 들어가서 문제의 신비로운 문장을 자세히 읽어보았다. "이븐 시나(아비쩨나)는 모모 타쥐크 왕조가 통치하던 시기에 모모 해에 모모 지역에서 태어났다…" 바로 이 구절에서 이 모든 일이 시작된 것이었다.

한데 편집장은 고개를 설레설레 흔들면서 말했다.

"모르겠소? 아비쩨나는 타쥐크인이 아니라 동방의 위대한 아들이요, 동방의 아들."

"하지만 이 문장에 그가 타쥐크인이라는 언급은 없는데요."

"그렇게 쓰진 않았어도 명백하게 암시하고 있지 않은가? 이 기사를 쓴 이가 타쥐크인이란 말일세."

"도대체 이것 때문에 무슨 문제가 생기겠어요?"

"문제는 이미 생겼지. 원고를 넘기기 전에 잘 보았어야지. 제발 무사히 통과했으면."

하필이면 언론의 날에 이 기사가 나왔다. 저녁에 편집장이 언론인들을 위한 축하 리셉션에 갔다가 공포에 떨면서 곧장 편집국으로 왔다.

"대체 자네가 무슨 일을 저질러 놓았는지 알기나 해? 지금 막 식당에서 중앙위원회 부장대리를 만났는데 이 기사가 민족주의 성향을 지닌 것으로 생각한다고 말했어. 이게 무슨 말인지 알기나 해? 당원증을 반납해야될 지도 모르는 일이란 말이야."

아직 조금 더 히스테리를 일으킬 모양이었다. 갑자기 증오심이 일어났다. 이런 사람이 편집장이란 말인가? 나는 문을 닫고 그의 눈을 똑바로 쳐다보면서 말했다.

"보십시오. 나는 물론 편집장님을 존경합니다. 하지만 지금은 남자답게 행동하시는 게 아닙니다. 만일 편집장님께서 제게 '우리가 실수를 했네'라고만 말씀하시기만 하셨어도, 저는 모든 잘못이 제게 있다고 상부에 보고했을 것입니다. 그런데 이젠 그렇게 하지 않을 것입니다. 반대로 편집장님께서 제게 이 기사를 게재하라고 지시하셨다고 말하겠습니다. 사실이 그렇지 않습니까?"

편집장은 망연자실해서 '자네와 무슨 얘기를 하겠어'라고 중얼거리면서 편집실에서 나가버렸다.

아무 일 없이 지나갔다. 백치들이나 파리들을 이용해서 코끼리를 자극시키려고 할 것이다. 나는 아비쩨나가 우즈벡인이든 타쥐크인이든 그것이 무슨 대수인지 도통 이해가 안 된다. 물론 자기 조상들이 바보가 아니었다는 사실이 자존심을 세워주기는 하지만 그렇다고 자기 것이 아닌 것을 자기 것이라고 우기는 것은 완전히 애들이나 하는 짓이 아닌가. 사비르 라히모프 장군이 우즈벡인인가, 타쥐크인인가 하는 케케묵은 논쟁을 예로 들어보자. 내게는 아무래도 상관이 없으며 중요한 점은 그가 지나간 전쟁의 영웅이었다는 사실이다. 내가 고려인이기 때문에 그렇게 생각하는지도 모르지만 말이다.

이제 이해가 되는가? 당국이 그렇게 미미한 일까지도 일일이 신경을 쓰는데, 언제나 조용하기만 하던 고려인들이 갑자기 자발적으로 문화센터를 만들기 시작하면 어떤 일이 일어나겠는가? 안되지 안되고 말고. 절대 서둘러서는 안 되며 정부의 승인을 꼭 얻어내야 한다. 편지를 작성하는 것이다. "존경하여 마지않는 당신에게, 너무나 간절한 마음으로 이를 허가해주시기를 바라는 바입니다."

우즈베키스탄 공산당중앙위원회 서기장은 라픽 니샤노비치 니샤노프였다. 그가 이 고위직에 막 선출되었을 때, 더 정확히 말하자면 그가 방금 모스크바의 임명을 받았을 때 민족문제를 논의하는 대규모 회의가 열렸다. 이 회의에는 신문, 라디오, 텔레비전 관계자들도 참여하였다. 기자들이란 검열로 짓밟히고 단련된 사람들이라 무슨 말에도 잘 속아 넘어가지 않는다. 아, 그렇겠지. 여느 회의처럼 수다쟁이들이 떠들어대고 열변을 토하겠지. 그러나 마음 한 곳에는 언제나 희망이 도사리고 있었다. 혹시 모르지. 페레스트로이카를 한다니 정부가 정말 개혁을 할지도 몰라.

니샤노프 동지가 근사하게 작성한 보고서를 읽었다. 이따금 원고에서 눈을 떼고 무엇인가 자기 말도 덧붙였다. 아마 다음과 같은 말이었던 것 같다.

"크리미아의 타타르인들이 모두 크리미아로 돌아가겠다고 요구하고 있습니다. 그러면 지금 그 곳에서 살고 있는 사람들은 어떻게 합니까? 우크라이나인들과 러시아인들은 흑해에다 집어던지라는 말입니까?"

물론 회의장에는 아부하는 듯이 웃음소리가 들렸다.

니샤노프가 이 문제를 제기했는지, 아니면 타타르인들이 집요하게 이 사항을 물고 늘어졌든지 간에 회의에서 타타르인들에 관한 이야기가 많이 거론되었다. 고려인들과는 달리 타타르인들은 크리미아에서 추방된 것을 그대로 받아들인 적이 한 번도 없었다. 추방된 이후로 타타르인들은 고향으로 돌아가기 위한 비밀조직을 만들어서 자금을 모으고 편지와 호소문들을 돌렸다. 만일 고려인들이 조금이라도 이들과 닮았더라면 우리 민족 고유의 덕성과 언어와 문화를 잃어버린 애통함에 통곡하지 않아도 되련만!

크리미아의 타타르인들이 무슨 죄를 지었나? 많은 타타르인들이 전쟁기간 동안에 파시스트들의 공범자들이었다. 그러면 발트해 연안 사람들, 우크라이나인들, 백러시아인들, 그리고 러시아인들 중에는 파시스트의 공범자들이 적었단 말인가? 그런 논리라면 얼마나 많은 독일인들을 독일 땅에서 추방해야 될까?

물론, 타타르인의 대표로 나온 이는 이 사실은 언급하지 않고 단지 그들의 요구만 말했다. 다른 민족들의 대표도 "어떤, 어떤 문제에 주의를 기울여서 긍정적으로 해결해 주기를" 요청하였다.

갑자기 나는 발표하고 싶은 마음이 간절해졌다. 거의 무아지경으로 행동하는 적이 가끔씩 있지 않은가? 쪽지를 적어서 앞에 앉은 사람들에게 건네주었다. 이 쪽지가 의장단에 전해지는 것을 초조하게 바라보았다.

중앙위원회의 부서기장이 회의를 진행하고 있었다. 쪽지를 받더니 몇 번 만지작거리다가 한 쪽 옆으로 밀어 놓았다. 발표할 기회를 안 주려나 보다 하고 생각했다. 그러나 공산당 간부들이 이를 알고는 있어야 한다. 회의가 이미 거의 끝나고 참석자들이 토의와 요청을 하고 공통결론을 내리느라고 시장기에 지쳤을 때 갑자기 진행자가 말했다.

"토론을 마쳐야 할 것 같습니다. 아 참, 그런데 고려신문(3) 지국장님께서 발표할 것이 있다고 하셨지요? 어떻게 생각하십니까? 기회를 드리는 것이 좋을까요?"

질문 자체에 이미 해답이 정해져 있었고 회의 참석자들은 '아니오' 라고 제대로 반응하였다.

나에게 일어서라고 하고서는 다음과 같이 말했다.

"보시다시피 다수가 반대하는군요. 이렇게 합시다. 당신 의견을 적어서 중앙위원회로 보내주십시오. 동의하십니까?"

내가 더 이상 어떻게 하겠는가? 물론 이렇게 호소할 수도 있었을 것이다. "동지들! 어떻게 이럴 수가 있습니까? 우리는 타타르인, 유태인, 터키인, 독일인에 대해서 다 거론하였습니다. 그런데 고려인에 대해서는 한 마디도 없었습니다. 고려인들의 문제를 보고할 수 있도록 저에게 십 분만 주십시오!" 틀림없이 내게 말할 기회를 주었을 것이다. 그러나 나는 아무 말도 못하고 자리에 앉아 버렸다. 복종하는 노예근성과 두려움이 내게 잠재해 있었다. 노예는 말이 없는 법이다.

나는 너무도 심기가 불편하여 집에 돌아오자마자 백지를 꺼내어 가슴속에 끓어오르는 분노를 모두 토해내었다. 그때 쓴 글을 어디에도 보내지 않았지만 나중에 니샤노프에게 보내는 편지의 출발점으로 사용하였다.

나는 이미 우즈베키스탄 공화국의 일인자이며 오랫동안 공산당중앙위원회 서기장을 지낸 라쉬도프 샤라프 라쉬도비치에게 편지를 보낸 경험이 있었다. 당시 나는 고려가무단 "가야금"의 운명에 대단한 관심이 있었는데, 단원들 중 많은 이들이 집이 없어서 고생하고 있었다. 어떻게 이들을 도와줄까 고심하다가 라쉬도프에게 직접 편지를 쓰기로 작정했다. 하지만 내 이름이나 악단의 이름으로 편지를 보내지는 않았다. 그런 편지는 단순히 서기장의 손으로 전해지지 않기 때문이다. 만일 이 편지에, 예를 들어, 소비에트연방 최고위원회 대의원이 서명을 한다면 이것은 전혀 다른 문제이다. "나는 같은 대의원의 자격으로 당신에게 부탁드립니다..."

면화재배반의 반장, 강오남은 아마 사회주의노동영웅이란 높은 칭호를 받은 마지막 고려인일 것이다. 적어도 이 이후에 고려인이 그 상을 받았다는 이야기를 나는 못 들었다. 첫 대면부터 나는 그가 마음에 들었다. 그는 어떤 환상도 심어주지 않고 매우 합리적으로 말했다.

"글쎄요, 내가 무슨 대의원입니까? 나는 농장 사람들을 위해서 무엇인가 해야 하면 그 때 대의원의 권한을 이용하면서 그저 면화나 심을 뿐이죠?"

내가 부탁을 드리자 그는 편지 초고도 읽어보지 않은 채 선뜻 동의해 주었다.

"만일 이것이 악단을 돕는 길이면 누구에게든 이야기해야지요."

이 편지를 작성하는 과정에 나는 편지 초고를 반 바실리 빠블로비치에게 보이는 것이 좋겠다고 생각했다. 그는 라쉬도프 밑에서 이동기계화 부대의 기술자에서 장관직에 상응하는 "스텝 건설"의 회장으로 승진한 성공적인 인물이었다. 기자들 사이에는 이 사람에 관해서 호기심을 자극하는 이야기가 떠돌았다. 그가 공화국 의회에 선출되었을 때 선거위원회에서는 그의 이력서를 다시 검토했다고 한다. 그런데 오데사의 수질 및 토지개량연구소에서 답장이 오기를, 무슨, 무슨 해 졸업생 중에는 그런 이름이 없다는 것이었다.

이 사실이 라쉬도프에게 전해졌으며 그는 아주 독특하게 이에 반응했다고 한다. "저런 바보들이 있나! 그런 졸업생이라면 자랑을 해도 모자랄 판국에!"

실제로 그랬는지 나는 잘 모른다. 이런 이야기는 라쉬도프의 총애를 받는 사람을 싫어하는 이들이 만들어낸 이야기일 수도 있으니까.

어쨌든 나는 고려가무단 단장과 함께 반 바실리를 찾아갔다. 화려한 응접실에서 우리는 네 시간 가량을 기다렸다. 그 동안 끊임없이 사람들이 사무실로 들어갔다. 협의회로, 중앙위원회의 호출로 여기저기 왔다 갔다 하는 사이에 반 바실리는 우리에게 미안한 듯이 미소를 지으며, "아직 조금만 더 기다리세요. 괜찮겠지요?"라고 말했다. 우리는 우리 문제가 그의 공무에 비하면 얼마나 하찮은 것인지 잘 알고 있었기 때문에 인내심을 가지고 조용히 기다렸다. 거의 근무시간이 끝날 때쯤 해서 마침내 그렇게 기다리던 짬이 났다.

그는 편지의 초고를 읽더니 안경을 벗으며 피곤한 듯이 작은 바퀴가 달린 등이 높은 안락의자에 몸을 기대었다. 잠깐 침묵하더니 그의 얼굴에 가벼운 미소가 떠올랐다.

"여보게들, 여러분이 고려예술의 부활 문제를 거론한 것은 건전한 일이네. 하지만 자네들의 편지는 정말 초고에 불과하네. 라쉬도프는 정말 바쁘고, 또 민족 문제 뿐만 아니라 모든 문제를 다 처리해야하기 때문에 부정적인 톤의 편지에는 무조건 병적으로 반응한다네. 크리미아 사람들이 얼마나 편지를 써대는지, 불평하고 비난하고 요구하고 협박까지 하지. 타타르인들이 그를 얼마나 괴롭히는지 아는가? 그래서 말인데, 여보게들, 편지는 좀 더 따뜻하게 써야 한단 말일세. 마치 라쉬도프가 우리 모두의 아버지인 것처럼 말일세..."

나는 무슨 말인지 알아들었다. 실제로 내 편지에는 그들이 해결하지 못한 문제들과 요구사항들만 있었다. 이렇게 써야 했었다. '문제들이 있지만 모두 해결되고 있으며 우리는 이에 대해 당과 정부에, 특히 존경하는 당신에게 감사드리는 바입니다...' 그리고 거의 끝에 작은 부탁 하나를 마치 하찮은 것인 양 첨가하는 것이다. '재능 있는 예술가들에게 아파트 몇 채만 주십시오' 하는 식으로 말이다.

한 달 후에 타쉬켄트시 집행위원회가 고려가무단 단장을 불러서 아파트가 필요한 이들의 이름을 제출하라고 지시했다. 너무 기쁘고 놀란 그는, 그 와중에도 많이 요구할수록 많이 거둔다는 것을 기억하고는 거의 모든 단원의 이름을 다 포함시키기로 작정했다. 서류상의 처리가 아직 남았는데 라쉬도프가 사망했다. 항상 그랬듯이 죽은 지도자에 대한 탄핵이 시작되기 전에, '가야금' 가무단은 세 채의 아파트를 받아내는데 성공했다.

나는 이 교훈을 명심하면서 니샤노프에게 보내는 편지를 작성하였다. "페레스트로이카, 민주주의, 다민족간의 우정, 모든 것이 다 잘되고 있습니다. 단지... 이 작은 '그러나'가 있습니다. - 바로 고려문화센터 설립에 관한 승인문제입니다. 이 문제만 해결되면 만사가 형통할 것입니다."

이제 가장 권위 있는 고려인들이 이 편지에 서명하는 일만 남았다.

— 역주 —

(1) "돈에서 레닌을 쫓아내시오." —— 전 소연방 시절의 모든 지폐와 동전에는 레닌의 초상화가 그려져 있었는데 이를 빗대어 한 말이다.

(2) 아비쩨나 (이븐 시나) —— 대략 980-1037년에 살았던 철학자이며 유명한 의사로 중앙아시아와 이란 등지에서 활동했다.

(3) 고려신문 —— 당시 우즈베키스탄에는 한글로 씌어진 고려인 신문 "레닌 기치"가 발행되고 있었다. 1991년 1월 1일 자로 "고려일보"로 개칭되었다.

서명 받으러 다니면서

지난 여러 해 동안 고려인 신문 '레닌기치' 기자로 일하면서 나는 저명한 고려인 인사들을 많이 만났다. 이들은 당과 소비에트정부의 일꾼들과 학자들, 공장장들과 집단농장 위원장들, 또는 예술가들이었다. 그런데 이들 중에서 누가 니샤노프에게 보내는 편지에 서명하고 고려문화운동에 적극적으로 참여하는가는 다른 문제였다. 여하튼 이들은 일반적인 여론의 큰 줄기에서 멀리 벗어나지 않는다는 점 때문에 인정을 받은 사람들이다. 내가 알기로는, 잃어버린 모국의 언어와 문화를 부활하자고 공공연하게 이야기하는 사람은 이들 중에서 한 명도 없었다. 비록 페레스트로이카가 결국에는 공화국의 원주민이 아닌 다른 혈족의 사람들에 관한 문제를 건드리기 시작했으며 소수민족들의 문화센터 설립에 관한 연방정부의 결의까지도 나왔지만, 누가 알겠는가? 내일이면 이것이 모두 어떤 방향으로 변해버릴지. 중립성을 지킴으로써 상당한 성공을 거둔 사람들이 과연 결과를 예측할 수 없는 편지 서명에 연루되는 위험을 무릅쓰려고 하겠는가?

실제로 서명을 받으러 다니면서 이미 그런 생각들이 들었다. 그러나 나는 서명인들의 권위가 높을수록 편지에 무게가 실린다는 단순한 원칙에 입각해서 일을 진행하였다.

우즈베키스탄의 고려인들 중에는 특히 세 사람이 공직과 사회적인 지위가 높았다. 이들은 원주민이 아닌 다른 민족에 속하는 사람으로서는, 물론 러시아인들은 제외하고, 올라갈 수 있는 데까지 올라간 것이다. 이미 언급한 적이 있는 황만금, 반 바실리 빠블로비치와 천 시몬 띠모삐예비치가 이 세 사람이다. 천 시몬은 장관직에 해당하는 국가어업위원회 위원장이었으며 우즈베키스탄 공화국 최고위원회 대의원이기도 했다.

그런데 황만금은 이 당시 "면화사건"(*)에 연루되어 이미 3년째 독방에 감금되어 심문을 당하고 있었다. 그가 투옥될 당시 어떻게 저런 사람을 구속할 수 있을까 하며 많은 이들이 탄식을 금치 못했다. 이유는 간단했다. 라쉬도프의 뒤를 이어 중앙위원회 서기장으로 취임한 우스만호쟈예프가 그 범죄행위와 구속이 전 연방 언론의 탐닉 대상이 되었던 아딜로프(**)라는 인물로부터 사회의 주의를 딴 데로 돌리기로 결심했던 것 같다. 태고 때부터 써오던 방법인 다른 "희생양"을 발견한 것이다.

황만금은 물론 주변에 두꺼운 구름이 끼는 것을 감지했다. 중앙위원회 사무국이 그의 체포를 결정했을 때, 친한 친구들이 귀띔을 해주어서 그는 보호를 받으려고 모스크바로 도망을 갔다. 그러나 크렘린까지 다다르지는 못했다. 집단농장 위원장이 '로시야'호텔의 객실에서 체포된 사실이 전국에 보도되었다.

일이 시작되었다. 우스만호쟈예프는 어떤 회의에서 공식적으로 황만금이 5백만 루블을 착복했다고 비난했다. 공화국의 검찰총장도 수치만 백만 루블로 낮추었지 서기장의 말을 그대로 반복했다.

만일 이 혐의가 사실이라면 이는 고려인들에게 말할 수 없는 재난을 의미하는 것이다. "보라, 공화국의 제일가는 도둑이 누구인가를. 1937년에 그 불쌍한 사람들을 도와주었더니 지금 무슨 나쁜 짓을 벌이고 있는가?" 하고 수군댈 것이다.

황만금의 집을 수색하여 재산명세서를 작성했다. 가옥과 자동차를 포함한 전체 재산이 겨우 7만 루블밖에 되지 않았다. 십 수 년 동안 나라에서 제일 부유한 집단농장을 이끌어온 사람에게는 결코 많지 않은 액수이다.

조사반이 몇 달씩 외출도 않고 집단농장을 샅샅이 뒤졌지만 법정은 세 번이나 증거 불충분으로 추심을 명령했다. 그런데도 황만금은 여전히 감옥에 구금된 상태였다.

이제 반 바실리 빠블로비치의 경우를 보자. 라쉬도프가 사망한 후에 그의 보호를 받던 사람들에 대한 탄압이 시작되었다. 시나리오는 뻔했다. 신문에 폭로기사들이 실리고 당에서 쫓겨나고 면직되며 훈장과 상을 도로 빼앗기는 것이다. 이런 형 집행이 반 바실리를 피해갈 리가 없었다. 그런데 재미있는 사실은 마치 대학졸업장 위조가 그에게 제일 큰 죄인 듯이 취급되었다는 것이다. 만일 반 바실리가 정말로 고등교육을 받지 않고 그렇게 높은 자리까지 올라갔다면 라쉬도프가 한 말이 백 번 옳은 것이다. "그런 졸업생은 자랑을 해도 모자라지 않은가."

바실리 빠블로비치는 당에서 쫓겨나고 모든 상과 훈장을 박탈당했다. 대의원 자리를 박탈당하고 물론 일자리까지 빼앗겼다.

천 시몬 띠모뻬예비치가 남았다. 우스만호쟈예프처럼 그도 나만간 지역에서 경력을 시작했다. 그는 나만간 지역의 국영농장 위원장이었으며 공산당 지역집행위원회 부위원장이었다. 천 시몬은 우즈벡말을 대단히 잘 구사했으며 상스러운 말을 섞어가며 말하는 것을 좋아하는 사람이었다. 별로 크지 않은 키에 건장한 체구를 가진 그는 유쾌하고 결단력이 있는 사람이라는 인상을 풍겼다.

높은 자리에 오를수록 무엇을 해야 하는지 더 잘 안다고 사람들은 생각한다. 그러나 이론상으로만 그렇다. 실제로 우리 관리들은 온갖 종류의 지시에 얽매여서 무엇을 해야 하는지 보다는 무엇을 해서는 안 되는지를 더 잘 꿰뚫고 있다. 우리 사회에서 독립성이란 제멋대로 하는 행동이며, 창의성이란 주제넘은 짓으로만 보는 경향이 있는데 이는 결코 우연이 아니다.

천 시몬은 나를 반갑게 맞아 주었다. 편지를 다 읽더니 왠지 기분이 안 좋아 보였다.

"도대체 누가 당신에게 문화센터 설립을 허가했습니까?" 하고 그는 회의적으로 물었다. 그리고선 자기가 대답하는 것이었다. "아무도 허락하지 않을 겁니다."

"하지만 결의문이 나오지 않았습니까?" 하고 나는 씩씩하게 대답했다.

"결의문이라. 이것이 아직 문제를 해결했다는 말은 아닌데요. 그리고 그런 서류에 나 같은 사람이 서명해서는 안 되지요. 나는 중앙위원회와 최고위원회 대의원이며 장관이자 특권계층에 속하는 사람입니다. 그래서 말인데 내 서명은 빼고 일을 진행시키지요."

"시몬 띠모뻬예비치, 그런데 기억하십니까? 일 년 전에 당신께서 직접 고려인 복권문제에 대해서 소련공산당 중앙위원회에 보내는 편지에 서명해야한다고 말씀하지 않으셨습니까?"

"그래서요?"

"그런 편지에는 서명을 하셨지요?"

"글쎄, 그랬겠지요."

"우리가 요구하는 것도 바로 복권문제와 같은 맥락이 아닙니까? 우리가 잃어버린 것을 되찾자는 것입니다."

"어, 이보시오. 고려인 복권문제는 이미 과거지사이고 문화센터 문제는 현재의 일입니다. 지금 상황으로 보아 아무도 문화 자율화를 찬성하지 않을 것입니다."

"그런 식으로 문제를 제기하지는 않을 겁니다." 하며 나는 다시 설명

서명 받으러 다니면서

하려고 했다. 그런데 그의 꺾일 것 같지 않은 강한 눈빛을 보는 순간 나는 아무 소용이 없다는 것을 알았다. "그래서 서명하지 않겠다는 말씀이지요?"

"하면 안 되지요. 이해하겠습니까? 나는 못 합니다. 고려인들 중에 다른 저명인사들도 있지 않습니까?"

이런 상황을 벌써 예견했어야 했다. 이미 모든 것을 가진 특권계급 사람들이 왜 새삼스럽게 다른 일을 벌이겠는가? 자기들끼리 모든 것이 다 해결되는데. 그렇다. 이것으로 끝이다. 더 이상 연방 정부와 당에서 일하는 사람들은 찾아가지 않을 것이다. 결국 이 사람들은 소수민족들의 처지를 소련정권이 모국어를 가르치는 문화센터 설립을 실현시키는 데 만도 칠십 년의 세월이 걸리게 만들어 놓은 이 체제의 작은 나사못에 불과한 존재들이 아닌가.

나는 언제나 소수민족 출신임에도 불구하고 출세를 할 수 있었던 우리 고려인들을 자랑스럽게 생각했으며 기사에 자주 그들의 이름을 언급하곤 했다. 그러나 이들이 과연 고려인으로 남아 있는 것일까? 그들에게 고려인들과 동족이라는 신성한 감정이 보존되어 있을까? 아니면 자신들의 출세를 위해서는 고려인이라는 특성까지도 지워버릴 준비가 되어 있는 사람들인가?

갑자기 이 빅또르 세르게예비치라는 사람이 생각난다. 내가 그를 처음 만났을 때 그는 일리체프스까야 지역의 공산당 부서기장이었다.

접견실에 있던 여비서의 태도가 우선 나를 놀라게 했다.

"고려인 신문사에서 오셨어요? 안녕하세요? 당연히 당신 신문을 알지요. 우리 부서기장께서 구독하시는 신문인데요. 어서 들어가세요."

지적인 인상을 풍기는 깔끔하고 정확하게 보이는 작은 키의 고려인이 책상 뒤에서 일어났다. "반갑습니다. 사업은 잘 되십니까? 신문사는 요즘 어떻습니까? 그렇지요. 우리말과 전통을 잃어버리니 정말 큰일입니다. 나도 우리말을 읽지도 쓰지도 못하니 이것 참 안 된 일입니다. 그래도 신문은 받아 봅니다. 어떻든 신문사는 유지해야 할 것 아닙니까?"

대화가 한 참 중일 때 여비서가 살짝 들어와서는 호출한 누구누구가 왔다고 보고했다.

"들어오라고 해요."라고 그가 말했다.

나이 든 우즈벡인이 인사를 하느라고 얼마나 등을 구부렸는지 거의 기다시피 사무실로 들어왔다. 마치 창으로 그 자리를 찔리기나 한 것처럼 두 손으로 배를 꽉 누르고, 머리에 쓴 모자가 거의 떨어질 것 같은 모습이었다. 맙소사! 도대체 무슨 죄를 지었으면 저렇게 몸도 펴지 못할 지경일까?

그런데 나를 더 경악하게 했던 것은 이 빅토르의 태도였다. 그는 작은 주먹을 책상 위에 올려놓고는 준엄하게 자세를 바로 하고 이 노인을 마치 이무기가 집토끼를 노려보듯이 쳐다보는 것이었다.

이 순간이 얼마나 긴지 겁이 날 지경이었다. 그리고 갑자기 큰 소리가 났다.

"자네, 도대체 왜 내 명령을 수행하지 않는 건가?"

"케체라시스, 케체라시스. (죄송합니다, 죄송합니다.)"

"핑계를 대겠지, 응? 우리 고르바초프 서기장께서 하신 말씀을 벌써 잊어버렸나? 다시 말해줄까? 일하고 싶은 이는 그 방책을 찾고, 일하기 싫은 이는 핑계를 찾는다고 하지 않으셨나? 내가 자네에게 핑계를 찾아주지. 자네는 지금 어떻게 하면 당원증을 내놓을까 하는 핑계를 찾는 거지!"

"케체라시스, 케체라시스. (죄송합니다, 죄송합니다.)"

"이틀을 더 주지. 또 못해놓으면, 날 보라고." 하면서 그는 주먹으로 책상을 몇 번 나지막하게 두드렸다. "나가게!"

"라흐마트, 라흐마트. (감사합니다, 감사합니다.)"

"이 손님에게 감사하게. 손님 앞에서 화내고 싶지 않네. 내가 한 말을 잘 기억하고 나가게."

"라흐마트, 라흐마트. (감사합니다, 감사합니다.)"

이 노인은 조금도 틀리지 않게 마치 황제 앞의 신하인 양 뒷걸음질을 치며 사무실에서 나갔다. 이 빅또르가 내게 얼굴을 돌렸다. 찌푸렸던 얼굴에 다시 희망에 가득 찬, 지적인 미소가 떠올랐다.

"이 사람들에게는 다른 식으로 대하면 안 됩니다. 우즈벡 사람들은 우즈벡 식으로 대할 때 말을 듣습니다." 그는 확신에 차서 말했다.

나는 무슨 말을 해야 할지 몰랐다. 나는 극도의 혐오와 분노로 온 몸이 마비될 지경이었다. 왜 그 때 내가 침묵했을까? 왜 내가 그의 면전에 대고 소리치지 않았을까? "이게 도대체 무슨 짓이냐고? 당신이 개, 돼지 짐승이냐? 게다가 우즈벡인들은 그렇게 대하는 것을 좋아한다고 헛소리를 떠벌리다니. 마치 노예근성이 우즈벡인들의 민족성인 것처럼 말입니다."

아니지. 일본인들이 천 번 옳지. 일본에 거주하는 한국인들에게 아무리 낮은 자리라도 공직을 절대로 주지 않았으니까. 빅또르와 같은 사람들은 출세를 위해서 어떤 모습으로도 다 변했을 테니까?

나는 물론 그에게 아무 말도 하지 않았다. 나 역시 무엇은 하면 안 된다는 것을 너무도 잘 알고 있었으니까?

아마 연방정부나 당에서 일하는 고려인들 중에도 자기 부엌에서뿐만 아니라 다른 곳에서도 민족문화 부흥을 주창하는 이들이 있을 지도 모른다. 그러나 나는 그런 사람들을 아직 만나보지 못했다. 오히려 자기 동족을 피하려고 하는 반대 종류의 사람들을 더 자주 만났다. 마치 누군가가 자기를 민족주의자라고 비난하지나 않을까 두려워하면서. 그렇지. 시몬 띠모뻬예비치가 제대로 충고해준 게지. 서명할 자격이 있는 다른 사람들이 얼마든지 있다고.

나는 고려인 학자들을 찾아보기로 작정했다. 우즈베키스탄에는 박사 모자를 쓴 고려인들이 꽤 많이 있다. 언어학자, 경제학자, 지질학자, 의사, 철학자 등 일일이 다 열거할 수 없을 정도이다. 그러나 무슨 이유 때문인지 특히 역사학자들이 많았다. 이 주목할 만한 사실이 고려인들의 특성을 여러 면에서 잘 설명해준다.

관제사학은 누구나 다 알고 있듯이 항상 정치화된 학문이었다. 냉담하게 사실들과 사건들을 서술하면서 과거가 현재를 정당화시킬 수만 있다면 항상 주관적으로 역사를 서술할 수 있었다. 간단하다. 필요한 어조로 사건을 유리하게 채색하여 서술하기 위해서 지적하고 싶지 않은 역사의 다른 순간들을 침묵한 채 지나가 버리는 것이다.

관제사학을 하면 학계에서 쉽게 출세할 수 있다. 그래서 고려인 출신 역사가들이 많은 것이다. 여기서 슬픈 결론이 나온다. 우리 동족들 중에서 천성적으로 기회주의적인 사람들이 많다는 사실이다.

이런 결론에 이르니 정말 기분이 좋지 않다. 사회활동을 하는 학자들 중 어느 누구도 마르크스-레닌주의의 창시자들이 말한 어리석은 관용구들을 인용하며 공산당을 찬양하는 것을 피할 수는 없었다는 점을 염두에 두더라도 전혀 마음에 위로가 되지 않는다. 객관성이 모든 학문의 가장 중요한 기준이 아닌가? 역사의 어느 한 기간을 완전히 없애버린 저서를 가지고 우리가 무엇을 배우고 무엇을 가르칠 수 있겠는가?

사학박사 김승화가 저술한 "소련고려인 역사개설"이란 책이 있다. 이 책은 우리 부모들이 극동지방에서 어떻게 살았는지에 대해 아주 자세하게 서술하고 있다. 짜르의 전제정치 하에서의 어려웠던 삶들, 용감하게 내란에 참전했던 사실, 사회주의 건설을 위한 열성적인 노동, 이 모든 것들이 상세하게 서술되어 있다. 저자에게 감사하는 바이다. 그러나 1937년이란 비운의 해와 탄압과 이주에 대해서는 단 한 마디의 언급도 없다. 나는 그를 책망하지 않는다. 그 당시 그가 진실을 서술할 수 있도록 내버려두지 않았을 것이라는 것을 내가 너무도 잘 알고 있기 때문에. 그렇다 하더라도, 그렇다 하더라도...

무엇 때문에 예를 찾으러 멀리까지 가는가? 내 큰형이 바로 역사학자였는데. 1970년대 초에 큰형은 "고려인 이주민 집단농장의 경제적인 안정을 위한 우즈베키스탄 공산당의 투쟁"이란 제목으로 박사논문을 제출하였다. 그는 문서보관소에서 고려인에 대한 소비에트 정권의 경악할 만한 횡포에 관한 사실들을 파헤쳤다. 근거 없이 고려인들에게 단체로 간첩 혐의를 붙이고 재판, 심리도 없이 고려인들을 감옥에 투옥한 사실까지. 학계에 경험이 없는 형은 있는 그대로 다 논문에 적어 넣었다. 나중에 형이 이야기해주었는데 형의 지도교수가 논문을 다 읽고 나더니 머리를 움켜쥐고 어쩔 줄 몰라 했다고 한다. 물론 논문은 모두 다시 써야만 했다.

내 형은 정말 소심한 사람이 아니었다. 1936년에 그는 극동에서 사마르칸트 사범대학에 유학을 온 열 일곱 살의 청년이었다. 일 년 후에 고려인들을 우즈베키스탄으로 이주시킨다는 소문을 듣고 아리시라는 역으로 나와서 기적적으로 우리 가족들을 만났다. 1946년에 그는 다른 소비에트 고려인들과 함께 북한으로 떠났다. 그는 한국전에 참전했는데, 이 전쟁을 동족상잔의 비극이라고 말하면서 그렇게 비통해할 수가 없었다. 그는 소비에트정권의 선전을 싫어했으며 뉴스시간에는 격분해서 텔레비전을 꺼버렸다. "오로지 자기들 자랑밖에 할 말이 없지. 언젠가는 제대로 밝혀지겠지." 라고 말하곤 했다.

내 형은 생각은 이렇게 하면서 말은 다르게 하고 책은 더 다르게 쓰는 역사학자들의 전형적인 표본이었다.

만일 내가 글로 쓰고 자랑했던 모든 것들을 내 마음 속 깊이 신봉하지 않았더라면, 먼저 나부터 비난해야 옳을 것이다. 나는 자본주의에 대한 우리의 정신적인 우월성에 대해서는 논쟁의 여지가 없다고 생각했다. 공산주의를 건설한 이들의 도덕규정을 보라. 얼마나 훌륭한 말들인가? 나는 비꼬는 심리는 하나도 없이 이 말을 하는 것이다. 두 체제의 경제적인 성과의 비교를 이야기할 때, 나는 물론 다른 언론인들과 마찬가지로 공중에 붕 떠버렸다. 왜냐하면 저쪽에서는 실제로 어떻게 하고 있는지 본 적도 없고 알지도 못했기 때문이다. 가끔씩 양심에 어긋나게 거짓말을 할 때도 있었다. 한 번은 우르겐치에 있는 견사방적공장에 관한 기사를 쓸 때였는데 일본의 기술자들이 새로운 기계를 설치해주려고 와있었다. 나는 이들 자본주의의 대표들을 정말 조롱해주고 싶었다. 그래서 이들을 로봇에 비교하기로 생각하고 일본 노동자들은 융통성이 너무 없어서 점심시간 종이 울리면 반쯤 돌린 너트도 돌리다 만 채 내버려두는 정도라고 썼다. 그 정도로 열정이 없는 사람들이란 말을 하고 싶었다.

후회하고 있다. 일본인들이 어떻게 우리사회에서 말하는 노동의 열정을 이해할 수 있단 말인가? 계획에 따라 틀림없이 사회주의 목표달성 -기한 전에 목표에 도달하는 -을 해야하는 열정을 말이다. 어떤 경축일이나 무슨 행사에 맞추어서 목표달성을 보고하는 것이다. 이렇게 시기를 앞당겨 목표를 달성함으로써 결국에는 형편없는 질의 결과를 얻게 되었지만, 누가 여기에 관심을 기울이겠는가? 중요한 것은 열정과 목표달성 보고였다.

니샤노프에게 보내는 편지도 본질적으로는 목표달성 보고인 셈이었다. "우리 고려인들은 당과 정부의 지시에 따라 모국어를 배우고 민족문화를 부흥시킬 준비를 끝내었습니다. 아무개 고려인 단체의 위임을 받고 아무개 씨가 서명함." 이런 보고서인 셈이었다.

학자들 사이에서는 철학 박사, 한 세르게이 미하일로비치가 높은 명망을 누리고 있었다. 나는 그가 타쉬켄트 문화연구소 총장으로 막 임명되었을 때 그를 만난 적이 있었다. 인터뷰를 했다. 물론 공화국에서는 역사상 처음으로 고려인이 고등교육기관의 총장으로 임명되었기 때문이었다.

그 이후로 반년이 지났다. 검소한 사무실도 그대로이고 변함없이 그 녹차를 대접하는 여비서도 그대로인데, 내 앞에 앉은 이는 전혀 다른 사람이었다. 예전의 열정적인 목소리와 빛나는 눈동자는 사라지고 피곤에 찌든 모습이었다. 어떤 감흥도 없이 내 이야기를 듣더니 생기 없이 낮은 소리로 말했다.

"안된 일이지만 서명을 삼가야하는 이유가 있습니다. 사실은 사직서를 제출했습니다. 내일 모레면 결론이 나겠지요."

나는 잠시 실망하였다.

"무슨 일입니까, 세르게이 미하일로비치? 물론 실례가 되지 않는다면,..."

"설명하려면 오래 걸립니다. 그러니까 며칠 후에 다시 연락하기로 합시다. 그래도 늦지는 않겠지요?"

"네, 아닙니다. 그 동안 다른 분들의 서명을 받도록 하지요."

그 다음 서명 후보자는 지질광물학 박사인 박 안드레이 인소노비치였다. 레닌상을 수여한 첫 고려인이었다. 이 사람은 전혀 이익을 계산하지 않고 망설임 없이 서명을 해주었다. 그는 성공을 빌면서 힘이 닿는 대로 돕겠다고 약속했다.

그 다음 사람은 고가이 드미뜨리 꼰스딴띠노비치였다. 그는 소비에트연방 최고위원회의 대의원이었는데, 그의 선배처럼 목화재배 반장으로 일했으며 선배와 똑 같은 길을 밟았다.

내가 이미 앞에서 이야기한 적이 있는 강오남 씨는 자신의 명의뿐인 최고위원회 대의원의 역할을 잘 파악하고 있었으며 자신의 승진에 대해서 항상 아이러니로 이야기했다. 그런데 고가이는 아직 그 정도의 깨달음에는 다다르지 못하고 이 행운을 어린애처럼 기뻐하며 대의원들의 특권들과 접견, 연회 등에 대해서 신나게 이야기했다. 그러나 내가 이 편지에 관해 화제를 돌리자 그의 지위는 별 중요하지 않으며 그의 집단농장은 목화재배나 관여할 뿐이라고 말했다. 중간 정도의 지위에 이른 지도자들과 전문가들, 농장 위원장들 정도는 검사들이 얼마든지 휘두를 수 있다. 더구나 1헥타르에 6톤의 목화수확이라는 불가능한 목표량을 달성했던 작업반장으로서는 당연히 태연할 수가 없었을 것이다. 고가이는 제일 먼저 다음 질문을 했다.

"만일 내가 서명하면 이 때문에 내게 무슨 일이 안 생길까요?"

"그 반대이지요. 영예와 칭찬만 있을 것입니다. 당신이 당면한 소수민족 문제를 거론하였으니 말입니다."

"어떻게 생각하십니까? 다음 임기에도 나를 최고위원회 대의원으로 뽑아 줄까요?"

"모든 것이 당신이 어떤 대의원인가 하는 점에 달렸겠지요. 니샤노프가 이 편지를 읽을 텐데 아마 당신 이름을 기억할 지도 모르지요. 훌륭한 대의원이구나 하고 말입니다..."

"그래요? 뭐, 좋습니다..."

아마 그가 신자였더라면 성호라도 그었을 것이다. 말이 나온 김에 얘기인데, 소련고려인들만큼 더 신앙이 없는 사람들은 세상에 없을 것이다. 부처님으로부터는 멀어지고 예수께는 아직 다가가지 못한 채. 비록 우리 부모 세대의 사람들이 세례를 많이 받았고 플라톤, 니끼포르, 이그나뜨, 세라핌과 같은 러시아인들에게도 드문 이름인 세례명도 얻었지만 말이다.

어쨌든 주제에서 이야기가 잠깐 빗나갔다.

그 다음 사람은 오가이 알렉세이 빅또로비치였다. 그는 경제학박사이며 타쉬켄트 농업기술연구소의 교수이자 부총장이었다. 그가 타쉬켄트로 이사온 것은 얼마 되지 않은 일이며 그 전에는 스따쁘로폴에서 살았다. 이 사실은 당연히 많은 사람들의 관심을 끌었는데 왜냐하면 현재 공산당 서기장인 고르바초프가 오래 동안 이 수도에서 일했기 때문이다.

나는 오가이를 우리 두 사람의 아내들이 동시에 입원한 산부인과 병동에서 알게 되었다. 젊지 않은 나이에 아버지가 된다는 생각에 조금 들뜬 상태에서 처음부터 이야기를 늘어놓기 시작했다. "그럼요, 그럼요. 고르바초프는 물론 개인적으로도 아는 사이지요. 우리 농업연구소에서 통신교육을 받았으니까요." 오가이는 이 연구소에서 12년을 가르쳤으며, 그것뿐만 아니라 고르바초프의 아내도 그의 밑에서 일했다. 교수는 이런 이야기를 하면서 마치 별로 중요하지 않은 사실에 대해서 말하는 것처럼 했다는 사실을 여기서 주목할 필요가 있다.

실제로 아무 일도 아니지 않은가? 나는 유명한 어떤 양파재배 반장으로부터 직접 그가 얼마나 허물없이 스따쁘로폴 지역공산당 서기장인 고르바초프의 사무실을 드나들었는지에 대한 이야기도 들었다. 거의 발길질로 문을 열면서 말이다.

그리고 고르바초프에 대해서 말이 나왔으니 말인데 또 한 가지 일화를 이야기하지 않고 그냥 넘어가기가 어렵다. 사실은 내 둘째형이 모스크바 국립대학에서 언젠가 고르바초프와 함께 같은 학과에서 동일한 과정을 수학한 적이 있다.

1985년에 모스크바국립대학에서는 법학과 출범 30주년 기념식이 열렸으며 고르바초프 부부도 이 행사에 참석하였다. 신문에 이 행사에 관한 작은 기사가 실렸다. 언젠가 형과 함께 다차(여름을 보내는 시골집)에 있을 때, 이 신문기사가 생각이 나서 이야기를 꺼내었다.

"초청했지요. 이 사람도 초청했다니까요." 라고 형수가 말했다. "직장으로 공식초청장까지 보내왔어요. 그런데 이 사람이 안 갔어요."

"형, 왜 안 갔어요?"

"글쎄, 시간이 없었어."

어떻게 시간이 없을 수 있겠는가? 직장에서 일부러 모스크바 출장까지 마련해주었는데. 그래도 형은 가지 않았다. 상상할 수 있겠는가? 고르바초프와 만나는 저녁 모임인데! 어떤 형인지 한 번 만나보고 싶지 않습니까? 여러분, 호기심으로라도 말입니다...

처음 알렉세이 빅토로비치와 만났을 때 나는 그에게 왜 타쉬켄트로 옮겨왔느냐고 물었다. 그의 대답이 기억난다. 해가 갈수록 고향이 그립고 동족들과 가까이 살고 싶어지더라고.

오가이는 내 제안에 열렬한 반응을 보였으며 편지를 끝까지 읽어보지도 않고 한 줄만 수정하면 서명할 준비가 되어 있다고 말했다. 나는 당장 이에 동의했다. 사실 나는 이 편지를 교묘하게 작성하였다. 첫 페이지에 거의 본문 전부를 넣었으며, 둘째 페이지에는 기껏해야 몇 가지 제안들과 저자들의 이름을 적어 넣었다. 오가이는 첫 부분부터 반대하는 점을 발견하더니 내가 금방 그 의견에 동의하자 다시 읽기 시작하여 둘째 페이지에서 무엇인가 걸고넘어지는 것이었다. 여기서는 나는 고집을 피웠다. 그의 의견이 문제의 본질을 바꾸는 것은 아니었지만, 만일 고쳐 쓸 경우 나는 이미 서명을 받아낸 이들의 서명을 받으려고 다시 뛰어다니게 생겼던 것이다. 오가이는 자기 뜻을 절대 굽히지 않았으며 우리는 타협을 보지 못한 채 헤어졌다.

나는 나머지 서명을 모두 받아낸 후에 한 번 더 그를 찾아갔지만 그때도 자기 원칙을 굽히지 않았다. "한 번 동의하지 않았으면 그 뿐입니다" 하고 그가 말했다.

나는 한 세르게이와 다시 만났다. 우리는 그의 제안에 따라 작은 벤치들이 있는 길거리의 소공원에서 만났다.

"내가 서명하는 것이 바람직하지 않다고 생각합니다." 하고 그는 바로 말을 꺼내었다.

"왜입니까? 나는 놀라서 물었다."

"내가 총장직을 사임했기 때문이죠. 내 희망에 따라 간신히 나를 놓아준 것이죠. 그래서 중앙위원회와 니샤노프 자신도 이 한 세르게이 교수가 자리를 내놓자마자 벌써 다른 곳에서 나타나는구먼 하고 생각할 수도 있죠. 나에 대해서 그리고 고려인 전체에 대해서 사람들이 그런 생각을 갖는 것을 원하지 않습니다."

이 말에 내가 어떤 반박을 할 수 있겠는가? 그런 선견지명에 오히려 감사드릴 뿐이었다.

"그런데 총장직은 왜 사임하셨습니까?"

"나는 연구소가 총장을 자기 사람으로 만들려는 자들의 "먹이통"인 줄은 생각도 못했습니다. 처음에는 한 사람 두 사람 해고시키면서 질서를 잡아보려고 했지요. 그러고 나니 내게 불평과 익명의 편지와 비난이 쏟아지는 거예요. 심장병까지 얻었습니다. 그래서 생각했지요. 도대체 내게 이 모든 일이 무슨 소용인가 하고 말입니다. 과연 내가 혼자서 수십 년간 쌓인 먼지를 다 치울 수가 있을까? 하고 생각했지요. 떠나기로 했습니다. 건강이 더 중요하지 않습니까?"

"뜻을 같이 하는 사람들은 없었습니까?"

"어떻게 분간하지요? 말로는 다 협조자들이지요, 그런데 실제로는... 알고 보니 나는 누군가가 벌리고 있는 게임의 카드에 지나지 않더군요. 한 쪽 옆으로 비켜서는 것이 낫습니다. 그렇지 않으면 나를 짓밟아버릴 것입니다. 명색이 교수인데 밥벌이는 하지 않겠습니까?"

"그런데 문화센터에 대해서는 어떻게 생각하십니까?"

"대찬성입니다. 이제 내게 남는 시간이 많아질 것입니다. 같이 한 번 해봅시다. 하지만 내 서명을 넣는 것은 바람직하지 못합니다. 내 말을 믿으십시오."

나는 당시 앞으로 고려문화운동의 지도자를 누구로 할 것인가에 대해서 아직 생각 중이었다. 내가 만나본 많은 학자들이 한 세르게이 교수를 현명하고 정직하며 권위 있는 사람으로 평가하였다.

서명을 다 모으는데 일주일 이상이나 걸렸다. 큼직한 흰 봉투에 떨리는 가슴으로 편지를 넣고는 그 위에다가 "우즈베키스탄 공화국 공산당 중앙위원회 서기장, R.N. 니샤노프 동지에게"라고 정성을 다해서 써 내려갔다.

이 편지가 과연 그의 손에 직접 들어갈 수 있을까? 만일 들어간다면 어떻게 반응할까?

만일 반대한다면 그 때는 어떻게 하지? 아, 그런데 이 질문은 누군가가 '타락한' 지식인이라고 제대로 이름을 붙인 러시아 지식인들의 '어떻게 하지?'라는 영원한 질문이 아닌가.

— 원주 —

* 목화사건 —— 1980년대에 우즈베키스탄에서 소연방 대검찰청이 목화재배의 허위통계와 목화산업의 부정을 파헤친 사건.
** 아딜로프 —— "목화사건"의 주범 중의 한 사람.

"긍정적인 해결을 바람…"

　　니샤노프의 손으로 청원서가 들어갔다. 어느 날 타쉬켄트시 집행위원회로부터 청원서 작성자 몇 명과 함께 와서 부위원장을 만나보라는 전화를 받고 그렇게 짐작할 수 있었다. 전화 목소리는 다분히 호의적이었다. 나는 온갖 촉각을 곤두세우고 전화를 받았다.

　　나는 세르게이 미하일로비치와 띠모뻬예프 천소노비치에게 연락을 취했다. 세르게이에 대해서는 이미 이야기한 적이 있다. 청원서를 보낸 후 회답을 기다리는 동안 신문사 지국에서 다시 그를 만날 기회가 있었다. 그는 미래의 문화센터에 대해서 의견을 나누러 왔는데 우리는 매우 흥미롭게 대화를 나누었다.

　　황 띠모뻬예프 천소노비치는 십 년 전쯤에 "레닌스끼 뿌찌(레닌의 길)"라는 집단농장에서 알게 되었다. 그는 당시 농장에서 통신관계 기술자로 일하고 있었다. 그 후로 우리는 아주 가끔씩 만났는데 매 번 만남이 기억에 남는 것이었다. 그는 교육을 잘 받은 사람이었고, 여러 가지 문제에 대해서 자기의견이 있었으며, 때로는 독창적인 의견을 말하기도 했다. "뽈리또뜨젤"이란 집단농장에서 태어나서 자란 그는 연구소를 졸업한 후에 다시 이 농장에서 일했다. 또한 그는 "청춘"이라는 아마추어예술인협회를 이끌어나가기도 했다. 얼마 후에 그는 황만금과 무슨 일인가 마음에 맞지 않아서 옆의 다른 농장으로 옮겨갔다. 여기서 그는 여가 시간을 이용하여 관악 연주단을 만들기도 했다. 그 자신이 상당히 만족할 정도로 피아노와 아코디언, 나팔 등을 연주할 줄 알았다. 한국 노래도 자주 부르지는 않았지만 꽤 많이 알고 있었다. 사십 대 고려인들 중에는 드물게 고려 말을 읽고 쓸 줄도 알았다.

나는 그와 함께 민족문화의 부활에 대해서 한두 번 이야기를 나눈 것이 아니고 이 문제가 그에게 얼마나 귀중한 것인지를 잘 알기 때문에 서명을 받으러 다니면서 그를 빼놓을 수가 없었다.

당시 황 띠모뻬예프는 집단농장 부위원장이었다. 그는 양계, 메추라기 양육, 채소재배, 생활 서비스업 등등에서 열성적으로 임대사업을 도입하기 시작하였다. 이로 인해 그는 공동 소유권 지지자들로부터 이유는 막연하지만 대단히 맹렬한 저항을 불러일으켰다. 언제나 그러하듯이 그의 주소로 익명의 편지들, 불만과 협박의 편지들이 쏟아져 들어왔다. 공격이 너무나 집중적으로 가해지자 "평화를 교란한 자"는 사직서를 제출하기로 결심했다. 농장에서 통신관계 기술자로 계속 근무해달라고 요청했으나 그는 이 제안을 거절했다. 그의 마음속에는 이미 자유기업의 정신이 자리하고 있었다.

한 세르게이 교수와 황 띠모뻬예프는 비슷한 경우를 당한 처지여서, 타쉬켄트시 집행위원회에 같이 가자는 내 제안에 기꺼이 동의했다. 출발하기에 앞서 우리는 지국에 모여서 차를 마시면서 무슨 이야기가 나올지 예측하며 희망을 가져보기도 했다.

"글쎄요, 갑자기 너그러워져서 고려인들에게 건물 하나를 다 줄지도 모르지요. 만약의 경우에 어떤 건물을 달라고 할지도 다 생각해 두었 니까요." 하며 한 교수가 농담을 했다.

"어떤 건물이요?"

"민족우호친선궁전 옆에 있는 짓다가 그만 둔 '살롬'식당 말입니다."

"네? 도대체 누가 우리에게 그런 건물을 주겠어요?" 하며 황씨와 내가 놀라며 소리쳤다.

"안될 것도 없지요. 정말 우리 고려인들은 이 짓다가 만 건물 한 채보다 훨씬 더 많이 받아야 마땅한 것이 아닙니까? 우리가 반세기 동안 빼앗긴 것을 다 계산해 보면 이 건물뿐만 아니라 도시 하나를 지을 수도 있을 겁니다. 1937년에 문을 닫은 원동조선 7사범대학을 예로 들어봅시다. 국가가 그런 고등교육기관 하나를 운영하는데 일 년에 대략 2백만 루블이 필요합니다. 한 번 계산해봅시다. 50년이면 얼마가 되겠습니까? 일억 루블입니다. 보십시오, 국가가 얼마나 많은 돈을 절약했는지요."

"우리에게 백만 루블이라도 줄까요, 세르게이 미하일로비치. 아마 안 줄 것입니다." 황씨가 웃으며 말했다. "내 말이 맞습니다. 안줄 것입니다. 아마 우리에게 말하겠죠, 돈 쓸 곳이 너무 많다고요. 고려인, 타타르인, 위구르인, 유태인을 들먹이면서 말입니다. 하지만... 뭐 꿈꾸는 거야 나쁠 것도 없죠."

하지만 누가 알랴? 갑자기 건물도 주고 돈도 주면서 도와줄지. 교실과 연습실과 전시장, 그리고 식당도 있는 우리 센터를 하나 가지면 얼마나 바람직하겠는가? 고개 숙여 교과서를 보고 있는 가느다란 눈을 가진 소년 소녀들, 장기를 두고 있는 노인들, 한국무용을 연습하는 예술가들, 이런 목가적인 전경들이 눈앞에 떠오른다.

파이줄라예프 아크바르 파이줄라예비치는 품위 있고 말쑥한 얼굴에 이제 막 살이 찌려고 하는 비교적 젊은 사람이었다. 많은 지방 관리들이 높은 자리에 앉기만 하면 먼저 배부터 나오니 참 이상한 일이다. 파이줄라예프는 러시아어를 탁월하게 구사하는 것으로 보아 우즈벡 학교를 나오지 않은 것 같다. 1950년대와 60년대에 우즈벡의 고위관리들은 자식들을 러시아어로 교육시키는 유치원과 학교에 보내는 경향이 있었다.

그는 우리를 마치 오랜 지기나 되는 듯이 맞이했다.

"이렇게 와주셔서 대단히 기쁩니다. 곧 차를 내올 테니 그 동안 서로 인사나 나누도록 합시다."

우리는 서로 자기소개를 했다. 파이줄라예프가 서류철에서 낯익은 편지를 꺼내었다.

"우리한테 편지가 넘어왔습니다. 서기장께서 편지에 의견을 적어 놓으셨습니다. 무척 고무적인 내용이군요. 직접 보시겠습니까?"

첫 페이지의 왼쪽 상단에 커다란 글씨로 다음과 같이 적혀 있었다. "당사무국 임원들에게 알릴 것. 긍정적으로 해결하기 바람. 니샤노프".

가슴에서 숨이 꽉 멈추는 듯했다. 한 숨을 내쉬고 나니 웃음이 나왔다. 소리를 있는 대로 지르고 노래라도 부르고 싶은 심정이었다.

"사실은 이미 오래 전에 소수민족의 요구에 신경을 써야 했는데 말입니다." 우리의 흥분이 가라앉기를 기다린 후에 파이줄라예프가 말했다. "그래서 당신들은 문화센터 설립을 어떻게 생각하십니까?"

한 세르게이 교수가 교수답게 서두르지 않고 마치 강의하는 것처럼 질문에 대답했다.

"우리는 문화센터를 고유의 정관과 프로그램을 가진 사회단체로 만들 생각입니다. 센터는 당연히 타쉬켄트에 있고 변두리에는 지부를 만들 것입니다. 이 단체들이 언어와 문화를 복구하는 실질적인 작업을 시작할 역량을 갖출 것입니다. 문화센터에서 교재를 만들고 어학 강좌와 학교를 개설하며 사회학적 연구도 수행할 것입니다. 예를 들면 먼저 우리 고려인들에게 남아 있는 것이 무엇인가, 그리고 어디에서 출발해야 하는가를 모두 밝혀내는 것입니다. 센터 자체는 건물 한 채이거나 아니면 여러 채의 건물이 모인 단지이거나, 아마 한국식으로 지은 건물이면 더 바람직하며 그 안에는..."

한 교수가 아직도 자기 의견을 피력하고 있을 때 나는 우연히 파이줄라예프가 생각에 잠긴 채 시선이 멀리 다른 곳에 가 있는 것을 알아채었다. 마치 간부회의에 참석하여 무슨 보고를 해야 하며 회의에서 무슨 이야기가 오갈 것인지 다 알고 있는 사람처럼.

"모두 참 훌륭한 생각입니다." 흥분해서 이런 저런 이야기를 많이 늘어놓은 한 교수를 지지하며 파이줄라예프가 말했다. "그러나 지금 현재로는 준비위원회를 만드는 것이 중요합니다. 빨리 고려인 사회가 한 번 모여서 정관과 프로그램을 만들 집행위원회를 선출하십시오. 한 사흘 정도면 충분하겠지요? 해내어야 합니다. 다음 달 초까지는 내가 보고를 올려야 하니까요. 그 후에 창립회의에 관해서 생각해 보도록 하지요. 동의하십니까? 좋습니다. 성공을 빌겠습니다!"

우리는 파이줄라예프와 이야기를 나눈 후에 무척 용기를 얻어서 지국으로 다시 돌아왔다. 한 두 시간 동안 어떻게 모임을 소집하고 이끌어 나갈 것인가에 대하여 의논했다. 한 교수는 고려인 학자들 전체를 모임에 참석시키기로 했다. 황 띠모뻬이는 집단농장들을 돌면서 사람들을 초청하기로 했다. 그리고 내게는 강당을 빌리고 아는 사람들은 모두 연락하라는 임무가 떨어졌다.

"사회주의 노동영웅 중에 한 사람이라도 참석한다면 정말 좋겠습니다." 한 교수가 말했다. "그러면 우리 모임에 무게를 실어줄 것입니다. 공화국이나 지역 수준에서 고려인 대의원들도 많이 있습니다."

"미하일 꼰스딴띠노비치까지 모든 분들에게 전화를 드려 보겠습니다. 참석하실 지는 잘 모르겠지만 말입니다. 노인 분들도 초청하는 것이 좋겠습니다. 우리 원로 특파원들이 훌륭한 참전 용사들을 많이 알고 있습니다."

"예술계의 지식인들도 초청해야 합니다. 화가나 조각가들, 그리고 음악가들을 좀 아십니까?"

"물론 알지요. 다 통지하겠습니다."

무엇보다도 먼저 가장 권위 있고 존경할 만한 인사들을 모셔야 한다는 점은 우리 모두가 확실하게 염두에 두고 있었다. 회의에 중요성을 부여하려면 필요한 일이다. 이들은 이미 민족문제와는 거리가 먼 사람들이라는 사실을 생각하지 못했다. 문화센터 창립 문제가 모든 사람의 심금을 울릴 것이라는 순진한 생각을 하면서, 신호만 주면 이 고결한 목적을 위해서 모두가 합심할 것이라고 생각하면서 말이다.

우리 신문사 지국은 다른 수십 개의 신문 잡지사들과 함께 우즈베키스탄 공산당중앙위원회의 출판사 건물인 고층 빌딩에 들어 있었는데 이 건물에 회의실이 하나 있었다. 회의장소를 확보하겠다고 나섰을 때 나는 이 방을 염두에 두고 있었다. 그러나 출판사사장에게 허가를 맡으러 막 나서려는데 갑자기 긍정적인 대답을 얻어낼 수 있을지 자신이 없어졌다. 만일 거절하면 어떻게 하지? 무슨 일로 방이 필요한가 묻고서는 아주 예의 바르게 거절하겠지? 물론 독서회를 연다고 거짓말을 할 수도 있겠지? 하지만 무엇 때문에 허위정보를 말해서 혼란스럽게 하나? 그래서 나는 "이즈베스찌야"신문의 특파원인 디모프 게오르기 바실리예비치의 도움을 요청하기로 마음을 먹었다. 디모프라면 사장이 분명히 거절하지 않을 테니까.

내가 이런 결론을 내리게 된 과정을 설명하자면 여기서 약간 주제에 벗어난 이야기를 해야 한다. 중앙의 신문사, 라디오, 텔레비전방송국에서 일하는 사람들은 모두 어떤 공산당조직에 속해 있는데 공화국 레벨에는 그런 당 조직이 없었다. 왜냐하면 소비에트 연방에서 유일한 당인 공산당의 최하급 조직은 전반적으로 볼 때 직업과 영토의 원칙에 의거하여 만들어졌기 때문이다. 각 노동집단에 자체의 당 조직이 있었으며,

이 조직들이 모여서 지구별, 지역별, 등등, 여러 급의 당 조직들을 구성하게 된다. 바로 이런 조직원칙 덕분으로 공산당은 생산을 통제하며 당원정치를 할 수 있는 것이다.

우리 특파원들은 공화국 범위를 벗어난 여러 부서들에 이미 소속되어 있었다. 그러나 모든 공산당원은 등록의 의무가 있었으므로 보통의 경우와는 전혀 다른 성격의 최하급 당조직이 따로 만들어졌다. 사람들은 자연히 이 특파원 당조직을 매우 중요하게들 생각하였다. 특파원 당조직 회의에는 지구당 위원장이나 중앙위원회 부서의 장까지도 초청할 수 있었다. 이런 모임들에서는 당간부들이 마치 생각이 자유로운 사람들인 척 하면서 우리 특파원들을 갖고 놀려고 하는 것을 볼 수 있는데, 언제 보아도 재미있는 광경이다. 신참 특파원들은 보통 이 술책에 넘어가서 용감한 질문들을 던지고 비판을 하기도 한다. 하지만 대부분의 특파원들은 능구렁이가 다 되어서 어떤 꾐에도 넘어가지 않는다.

주요 일간지인 "쁘라브다"(공산당 기관지)와 "이즈베스찌야"(소비에트 최고위원회 기관지)간의 전통적인 경쟁이 이 두 신문사 특파원들 간의 관계에도 그대로 반영되었다. 두 사람 다 유명기자들이었으며 스스로의 가치와 위치를 잘 알고 있었다. 쁘라브다 특파원인 무끼모프 율다쉬 무끼모비치는 항상 무관심한 듯 냉담하게 행동하였다. 작가 특유의 고립성 때문에 그는 모임에 참석해도 마치 존재하지 않는 것처럼 조용히 있을 때가 많았다. 회의에서도 요청을 할 때만 발언했다. 간혹 말하는 도중에 멋진 동양식 표현들이 불쑥 불쑥 나타나긴 하지만 러시아어가 모국어가 아닌 탓에 액센트가 많고 다소 힘들게 이야기하는 편이었다. 반면에 디모프는 기꺼이 열렬하게 웅변을 토하는 사람이었다. 무끼모프는 "쁘라브다"란 신문의 지위 때문에 존경을 받는 편이라면, 디모프는 날카로운 기사를 써서 명성을 얻은 사람이었다.

무끼모프와 개인적인 친분이 있었던 우즈베키스탄 공산당 중앙위원회 서기장 라쉬도프가 사망하자, 이 쁘라브다 특파원의 존재가 웬일인지 퇴색되어갔다. 고인이 대한 비난선전이 뻔뻔스럽게 진행되고, "제1급" 특파원에 대한 공화국 새 지도자의 태도가 냉랭하다는 이야기들이 돌았다. "쁘라브다" 신문의 편집국까지도 이상하게 행동했다. 한 8개월 동안 무끼모프의 기사를 한 편도 게재하지 않고 그가 사임하기만을 기다리는 것이었다.

우리는 명예 퇴직한 무끼모프를 전통적인 고별사와 선물로 배웅해주었다. 하지만 아무도 그의 퇴직을 특별히 슬퍼하지 않는 것이 당장 느껴졌다. 우리 기자들에게는 인간적으로 비열한 일에 익숙해 있다. 무끼모프가 힘이 있는 동안은 모두들 그와 지내는 것을 자랑스러워했으나, 그가 일자리를 잃자 당장 그를 하대하기 시작하였다.

그러나 쁘라브다의 신임특파원으로 그루지아에서 파견된 안또노프가 도착하자, 우리는 모두 전임자가 얼마나 지적인 사람인가를 깨닫게 되었다. 이 신참내기는 마치 네안데르탈인처럼 비무장 상태의 사람들에게 몽둥이를 마구 휘둘러댔다. 그래서 그는 얼마 되지 않아 적을 산더미같이 많이 만들어 놓았다. 그러나 안또노프는 전혀 개의치 않았다. 그는 외지에서 온 침입자였으며 폭로하고 비판하고 파괴하는 것을 사명으로 여기는 사람이었다. 언젠가 그가 어떤 부서의 장관에게 전화하는 것을 지켜본 적이 있다. 이 특파원은 인사도 소개도 없이 대뜸 소리를 냅다 질렀다. "왜 당신이 직접 전화를 받지 않는 거요? 어떻게 처신하는 거요? 중앙위원회 서기장도 그렇게 제멋대로이지는 않소. 왜 전화를 안 받는 거요? 묻고 있지 않소? 왜 내가 당신하고 이야기하려면 비서를 통해야 하는 거냐 말이오?..." 등등, 대체로 이런 식이었다. 통화중인 상대방이 막 자기 소개나 겨우 할까 말까 할 때였다. 그러나 장관은 한 마디

반박도 없이 안또노프의 이야기를 계속 들어주었다. 삼척동자도 아는 사실이다. 힘 센 자만이 그런 톤으로 이야기할 수 있다는 것을.

아마 외지에서 온 사람이기 때문에 더 제멋대로 처신하는지도 모른다. 이 동네 사람이면 감히 그렇게 처신할 수가 없다. 계속 여기서 살아야 하는데. 하지만 침입자는 다르다. 와서 부수고 떠나면 된다.

이 신참 '쁘라브다' 특파원은 공개적으로 디모프와 충돌하기 시작했다. 디모프는 벌써 2년 째 우리 당 조직의 서기장을 맡고 있었다. 안또노프는 우리 당 조직이 '쁘라브다'의 명의를 더 이상 사용하지 말라고 요구하기 시작했다. (우리는 당 조직의 비중을 높이기 위해서 조직 명칭 옆에 "쁘라브다 지국에 소속된"이란 말을 붙여 놓은 죄를 범했었다.) 이 사건으로 많은 특파원들이 그에게 반항했지만 그는 전혀 개의치 않았다. 러시아인들은 앞으로 돌진할 때는 아무 것도 쳐다보지 않는다.

우리 당 조직에는 또 다른 전통이 있었는데, 레닌기치 지국장이 차석 서기로 선출되어 일하는 것이다. 나는 서류를 관리하고 회비를 거두며 특파원들에게 여러 가지 공지사항을 알리고 초대장이나 허가증 같은 것을 관리하는 일을 맡았다. 이 일은 시간을 무척 요하는 일이었지만 한편으로는 주위에서 일어나는 많은 일들을 알 수 있어서 좋았다. 더구나 우리 신문이 전혀 비중이 없었기 때문에 이런 일이라도 함으로써 조금은 권위를 세울 수가 있었다.

특파원들 중에는 가지가지의 사람들이 다 있었지만 대체로 모두 기자로서의 자질이 높고 펜의 힘으로 중앙 언론으로 나가는 길을 개척하려고 애쓰는 사람들이었다. 많은 이들이 온갖 경험을 다 했기 때문에 무엇에 대한 글을 써야하는지 훤히 알고 있었다. 아니, 어떤 주제들을 건드리면 안 되는지를 더 잘 알고 있었다.

편집국에서 "근무 시간마다 끝없는 열광의 도가니"를 겪으면서 받는 특파원의 월급은 특히 더 꿀맛인 것 같다. 잘난 체하며 무엇인가 비판하고 문제를 제기하는 특파원들이 있는가 하면 조용히 삶을 관망하며 양질의 정보와 기사를 써내는 특파원들도 있다. 특파원들은 제각각 그 개인 자체만으로도 흥미로운 사람들이며 많은 이야기 거리들을 갖고 있다. 뻬뜨로프를 예로 들어보자. 그는 키나 체격이나 목소리, 어느 것도 외견상으로는 평범한 사람이었다. 게다가 언론사에서 파견된 것도 아니고 어떤 농업관계 출판사에서 일하는 사람이었다. 말수가 적고 조용한 사람처럼 보이나 실제로는 이 세상에서 보기 드물게 똑똑한 사람이었다. 그는 당 조직의 회비를 내러 우리 지국에 들러서는 오래 동안 머물다가 간 적이 여러 번 있었다. 그러면 우리는 아이러니와 날카로운 의미로 가득 찬 그의 이야기를 아주 만족스럽게 즐기면서 듣곤 했다. 브레즈네프가 사망한 시점의 일이 하나 생각난다. 모두들 무엇인가 긴장되고 흥분한 상태에 있었다. 그런데 뻬뜨로프가 예기치 않게 갑자기 애수에 잠겨 이야기를 시작하는 것이었다.

"우리나라가 이렇습니다. 20년 동안 브레즈네프에게 갖은 아첨을 다 하더니 인제 그가 없다고 기뻐하지 않습니까? 하지만 나는 인간적으로 레오니드 일리치가 참 불쌍하다고 생각합니다. 그는 한 때 내 인생에서 큰 은인이었습니다. 무슨 일이냐고요? 아, 참 오래 전 이야기입니다. 당시 나는 알마아타에서 공산당 학교에 다니고 있었습니다. 그런데 한 여자를 만나게 되었고 이미 결혼한 공산주의자도 언제든지 다시 사랑에 빠질 수 있다는 것을 증명해 보이려고 결심했지요. 그런데 내 전처가 나에 대해서 온갖 이야기를 다 써서 이를 모스크바에까지 보낸 것입니다. 거기서 공산당 중앙위원회가 관할하고 있다는 뜻으로 빨간 줄이 쳐진 편지가 내가 다니는 공산당 학교로 부쳐져 왔습니다. 물론 나는 목덜미를 붙잡힌 것이지요. 도덕성에 관한 의문이 제기되고 해고될 것 같은 낌

새였지요. 그런데 공산당 학교는 공화국 중앙 위원회 관리 하에 있었고 당시 중앙위원회의 제2인자였던 브레즈네프가 마침 공산당 학교에서 교육받고 있는 요원들을 담당하고 있었습니다. 그가 나를 학교 총장과 함께 사무실로 호출하였지요. 거기는 장관들이 결재를 받으려고 잠깐 잠깐 드나드는 방인데, 내가 당시 누구였습니까? 도덕적으로 타락한 공산당 학교 수강생이었습니다. 레오니드 일리치가 사건의 핵심을 듣고 나더니, "학업 성적은 어떤가요?" 하고 묻더군요. 나 때문에 고민을 많이 한 총장이 즉각 "성적도 우수하고 열성분자입니다."라고 대답했습니다. 브레즈네프가 말하더군요. "그렇다면 무엇 때문에 우리가 이미 길러 놓은 간부요원을 잃습니까? 물론, 다시는 그런 실수를 하지 않도록 엄하게 질책해야 하겠지만 당과 학교에서 축출하는 것은 더 기다려 봅시다." 나중에 브레즈네프가 이 사건으로 깊이 깨달은 바가 있었는지, 이혼과정을 간편하게 만든 법령이 나오게 되었습니다. 물론 우리는 이 법령이 나오기까지 15년을 더 기다려야 했지만 이 이야기는 또 다른 문제이고, 어쨌든 당시 브레즈네프는 나를 그 진흙구덩이에서 구해내어 주었습니다. 한 마디 덧붙인다면, 브레즈네프는 건전한 분별력이 있는 사람이었습니다. 어쩌면 그랬기 때문에 총서기장이 된 후에 전혀 다른 사람으로 변해버렸는지도 모릅니다."

아딜로프는 아부하는 글을 병적으로 좋아했는데, 그가 체포된 후에 언젠가 우리 당 조직 회의에서 그의 "교황령 같은 봉건 통치"가 화제에 올랐다. 한 고참 특파원이 아딜로프에 관한 기사들을 자기가 쓴 것이 아니라고 부인하기 시작했다. 그러자 뻬뜨로프가 일어나서 말했다.

"무엇 때문에 자기정당화를 하려고 합니까? 당신이 정말 썼습니다. 다른 이들도 썼고요. 나와 디모프는 쓰지 않았지요. 그런데 당신은 썼지요. 그래서 선물을 받고는 자랑까지 하지 않았습니까?"

뻬뜨로프는 그런 사람이었다. 외견상으로는 눈에 띄지 않고 마치 생활에 찌든 사람처럼 보이지만, 불명예와 비겁함과는 결코 타협하지 않는 영혼이 있었다.

특파원들 모두 마치 이중적인 삶을 사는 것 같았다. 우즈베키스탄에 살지만 글은 어딘가 다른 곳으로 보내야 했으니까. 조금 비판하는 기사를 쓰면 여기서 눈살을 찌푸리고, 아첨하는 기사를 쓰면 본사에서 못마땅하게 본다. 원하던 원치 않던 간에 우리 특파원들은 서로 뭉칠 수밖에 없다. 만일 당 조직이 없었더라면 우리를 함께 묶어주는 또 다른 조직을 만들었을 것이다. 특파원들 간의 동지애는 각자가 거기에 기여한 바에 비하면 측정할 수도 없이 많은 것을 각자에게 부여해준다. 어떤 기자와는 비슷해지려고 끊임없이 노력하게 만드는가 하면 또 어떤 기자에게는 필요할 때 도움을 청할 수도 있다. 그래서 회의장소를 물색해야 했을 때 나는 오래 생각할 것도 없이 디모프를 찾아갔다. 그에게 출판사사장에게 전화를 하도록 부탁할 참이었다. 내가 직접 전화할 수도 있는 문제이지만 이즈베스찌야의 기자이며 중앙신문, 라디오, 텔레비전 특파원 당 조직의 서기인 디모프의 전화가 훨씬 희망적이었다.

"말할 필요가 있습니까?" 게오르기 바실리예비치는 즉시 동의했다. "지금 당장 전화하지요."

문제를 해결한 다음 그는 회상에 빠졌다.

"우리 부친께서는 고려인들을 괴롭힌 자들은 천벌을 받을 것이라고 말씀하시곤 했습니다. 우리도 극동지역에서 살았기 때문에 고려인들이 얼마나 열심히 사는 사람들인지 압니다. 여름에 그 습한 더위에서 모기들이 물어뜯는데도 고려인들은 논에서 종일 일합니다. 그들은 어떻게 모기를 쫓아내는지 고안까지 했습니다. 반쯤 마른 짚을 밧줄로 엮어서 한 쪽 끝에 불을 붙입니다. 그리고 다른 쪽 끝은 모자 밑에 묶습니다.

그리고는 머리를 까딱까딱하면서 일하는 것입니다. 밧줄에서 연기가 나서 모기가 도망가는 것이지요."

디모프는 마치 이 묘안을 자신이 궁리해내기라도 한 것처럼 마음껏 웃어댔다.

"우리 이웃에도 고려인들이 살았습니다. 한 집의 가장은 금광에서 일을 했는데 거기서는 월급으로 수표 같은 것을 받았습니다. 그런데 어느 날 고려인 전부를 연해주에서 추방하라는 명령이 떨어진 것입니다. 이웃이 망연자실하여 우리 집으로 찾아왔습니다. 수표를 돈으로 바꾸어야 하는데 이미 마을 밖으로 못나가게 한다는 것입니다. 아버지께서 내게 말했지요. "고샤(게오르기의 애칭), 도와야 한다." 나는 그 때 열 한 살이었습니다. 금광으로 출발했지요. 왕복 오십 리가 넘는 길이었습니다. 그 이웃 사람이 얼마나 고마워하는지 거의 울 지경이었습니다. 그런데 이십 년이 지나서 그 사람의 아들이 내게 전화를 했습니다. 아마 신문에서 내가 쓴 기사를 읽고 내가 그 디모프인지 아닌지 확인하려고 했던 것 같습니다. 그는 페르간에서 살았는데 나중에 나를 만나러 타쉬켄트로 찾아왔습니다."

게오르기는 이야기를 계속하면서 울적해 했다. "맞습니다. 밝은 미래를 건설한다는 명목으로 모든 것을 다 파괴해 버렸습니다. 관습도 문화도 세대 간의 끈도 모두 말입니다. 제 부친은 제일차세계대전 때 포로로 잡혀서 어떤 독일인 농가에서 머슴살이를 했습니다. 1920년에야 돌아오게 되었는데 무엇을 갖고 오셨는지 아십니까? 배낭 한 가득 씨를 잔뜩 넣어서 왔습니다! 독일인에게서 배운 경험이 제일 중요한 재산이라고 생각하셨던 게지요. 그런데 나중에 집단농장이 세워지기 시작하자 아버지는 일에서 손을 놓아버렸습니다. 이제 러시아농민은 다 못쓰게 되었다며 한숨만 푹푹 내쉬곤 하셨죠. 사실 그렇게 되었습니다. 빵도 자체적으로 해결 못하지 않습니까? 그런데 고려인들은 대단합니다. 이 모든 것을 다 겪어 내고 이겨냈습니다. 자기 언어와 문화에 대해서 생각하는 것이 바른 일이지요. 중요하고 필요하기도 한 일입니다. 나는 레닌기치 지국이 직접 이 일에 관여하게 되어서 참 기쁩니다. 나뿐만 아니라 우리 당 조직 전체가 당신을 지지하겠습니다."

이틀 동안 나는 세르게이 미하일로비치와 황 띠모뻬이와 함께 우리가 아는 사람에게는 모두 전화를 돌렸다. 어떤 이들은 회의 초청을 흔쾌히 수락하고 아는 사람들에게 알음알음으로 연락을 취해 주었다. 반면에 우선 누가 더 참석하는지, 허가는 얻었는지를 묻고는 확실한 답변을 주지 않는 사람들도 있었다.

이 기간 내내 곽 미하일을 초청해야 한다는 생각이 내 머리를 떠나지 않았다. 아무리 내가 그 사람과 관계가 안 좋다고 하더라도 그에게 회의에 대해서 통지는 해야 했다. 그러나 아직도 내 마음에 상처가 남아 있어서 쉽게 그의 전화번호를 돌릴 수가 없었다. 그런데 이상한 일은 전화를 하기 싫으면 싫을수록 더 양심의 가책을 느끼는 것이었다. 나는 이 양심의 소리를 들어야 한다는 것을 경험으로 알고 있다. 나중에 얼마나 자신에게 혐오감을 느낄 텐데.

회의 전날 저녁 나는 결국 마음을 먹고 전화를 걸었다. 시인의 부인이 전화를 받았다. 정말 나를 쉽게 해주느라고 미하일 이바노비치는 출타 중이며 며칠 후에야 타쉬켄트로 돌아온다고 했다. 나는 아무런 설명도 없이 전화를 끊었다. 그렇게 일이 처리된 것이다. 중요한 사실은 나는 전화를 했는데 미하일이 출타 중이었으니 내 잘못이 아니라는 것이다.

그러나 나는 물론 교활하게 굴었다. 일단 전화를 했으면 전화한 목적을 설명해야 했으며 어쩌면 곽시인이 시간에 맞춰서 올 수도 있었을 것이다. 그에게는 만 하루라는 시간이 있었다. 만일 그래도 그가 우리 일에 관심이 없다면 그 때 나는 정말로 양심이 깨끗하다고 여길 수 있었겠지.

드디어 회의가 열리는 저녁이었다. 중앙위원회 출판사가 생긴 이래 처음으로 그렇게 많은 고려인들이 강당을 메웠다. 초청된 사람들은 정말로 관심 있게 서로 서로를 대하였다.

우리 고려인들은 인구 2백만인 이 도시에서 서로 잘 아는 사이라는 것이 판명되었다. 직접 아는 사이거나 한 사람 건너 다 아는 사이였다. 파고 들어가면 아마 거의 전부 다 친척 관계일 것이다. 겉모습으로는 다를지 모르지만 혈통으로 따지면 멀리 가지 못한다. 나는 혼혈 결혼으로 태어난 사람들을 적잖이 만났다. 생긴 모습으로 보아 그들을 러시아인이나 우즈벡인, 또는 타타르인이라고 부를지 모르지만 그들은 고려민족을 선택하였다. 왜일까? 우리들이 유태인이 아니며 천 년을 남의 땅에서 살아온 경험이 없었기 때문일까? 아니면 유전적으로 그런 사람들이기 때문인가? 나는 우리 부모들이 아이들에게 "고려말로는 죽 한 사발도 벌기 어려운데, 말 배우는 헛수고는 왜 하느냐? 러시아말을 배워라. 학교를 졸업하고 직업을 가지면 밥벌이는 충분히 하지 않느냐."라고 말하는 경우들을 보았다. 그러나 자식들에게 그 모든 편의에도 불구하고 다른 민족으로 출신민족을 바꾸라고 권하는 고려인 부모는 거의 보지 못했다.

그래도 역시 고려인들만 모인 자리에서는 이상야릇한 기분이 든다. 어떻게 처신해야할지를 모르는 것이다. 우즈벡인들, 러시아인들, 유태인들과 만날 때는 어떻게 처신하는지 모두들 잘 안다. 그러나 온통 우리 고려인들만 모일 때는 아니다. 아마 한국에서 온 동포들이 우리들 모습을 보면 이상할 것이다. 러시아말을 하며 서로 껴안기도 하고 입도 맞추며 서로서로 어깨를 툭툭 치니 말이다. 이 사람들이 과연 한인들인가?

나는 아는 얼굴들과 낯선 얼굴들을 둘러보았다. 과연 이 사람들 모두가 우리 미래의 운명을 위한 고민과 불안을 가슴에 안고 이 자리에 모인 것일까? 글쎄, 모국어를 잊었다. 그래서 무슨 큰 문제란 말인가? 러시아 말로 서로 의사가 통하니 다행이지 않은가? 우즈벡 사람들 중에도 모국어를 잘 못하는 이들이 있는 판국에. 원하기만 하면 아무도 모국어를 배우지 못하게 막지도 않는데.

그러나 아무리 모국어라 하더라도 새 언어를 습득하는 것이 보기처럼 그렇게 쉽지 않다. 불가피한 이유가 있어야 배우게 된다. 소련에 사는 독일인들의 경우를 보자. 그들은 필요한 도구는 다 손에 쥐고 있었다. 학교에서도 대학에서도 독일어는 다 가르치지 않는가? 그래도 소용이 없다. 많은 독일인들이 자기 모국어를 모른다. 아마 앞으로도 불가피한 이유가 생기기 전에는 알게 되지 않을 것이다. 모국어를 모르는 것이 부끄럽게 여겨질 때, 같은 동족들끼리 다른 나라 말로 대화하는 것이 예의에 어긋나게 여겨질 때, 모국에서 온 동포들과 의사소통이 안 된다는 사실이 참을 수 없이 괴로울 때, 한 마디로 말해서 정말 필요성을 느낄 때, 그 때는 문제가 다르다.

이번 모임에 특히 지식인들이 많이 모였다. 공화국 학술위원회 준회원인 천 알렉세이 블라디미로비치, 명예예술인이자 소연방에서 유일한 고려인 무용수인 예가이 블라디스라브, 화가 김 사무일, 명예발명가 신뱌체슬라브를 비롯하여 기술자, 교사, 경제학자, 건축가 등이 모였다. 노동자들과 집단농장 사람들이 적어서 유감이었다. 그러나 어쩌겠는가? 그들이 소련고려인의 얼굴을 대표하지 않으니 말이다.

별도로 의장단을 선출하지 않았다. 그냥 세르게이 미하일로비치가 자연스럽게 이 사람 저 사람을 빨간 천이 덮인 긴 탁자 뒤로 초청하였으며, 모두들 이를 당연하게 생각했다.

긴 탁자 중앙에 이미 시몬 띠모뻬예비치가 능숙하게 회의를 주재할 준비를 갖추고 있었다. 솔직하게 말하면 난 그가 오리라고 기대하지 않았으며 그를 보고 놀라기까지 했다. 그런데 그는 사람 좋게 내 어깨를 툭 치는 것이었다. 세르게이 미하일로비치가 실수하지 않고 바로 그에게 회의 주재를 부탁했다. 시몬 띠모뻬예비치는 많이 해본 솜씨로 마이크를 자기의 키에 맞게 조종하더니 고압적인 자세로 펜을 들어 물병을 탁탁 치며 주의를 환기시켰다.

"동지 여러분! 우리는 고려인 사회의 삶과 관련된 문제들을 논의하려고 이 자리에 모였습니다. 여러분들이 다 아시다시피 당과 정부는 소수 민족 문제에 항상 많은 관심을 가져왔습니다. 바로 지난 번 공산당 대회에서 고르바초프 동지께서 말씀하시기를…"

상투적인 시작과 상투적인 이야기들이었다. 하지만 잘 생각해보면 당장 의문점이 생긴다. 만일 당과 정부가 그토록 많은 관심을 가졌다면 왜 문제가 생겼겠는가? 고르바초프가 말했다면 안드로포프는 말하지 않았던가? 브레즈네프와 흐루시초프, 스탈린과 레닌은 그런 이야기를 안 했단 말인가? 그들의 말이 정치사회과목 교과서들과 박사논문들, 슬로건과 현수막들을 화려하게 장식하지 않았던가?

"…이리하여 오늘날 우리가 고려문화센터 창립을 논의하기에 이른 것입니다. 자세한 사항에 관한 설명은 철학박사 한 세르게이 미하일로비치 교수에게 위임하는 바입니다."

강당에는 정적이 감돌았다. 회의라면 이미 익숙해진 사람들이 모인 자리였다. 그러나 이번 회의는 특별한 것이었다. 처음으로 소련고려인들이 우리 민족문제를 논의하기 위해서 한 자리에 모인 것이다. 도대체 우리가 왜 이 문제를 해결하지 못한단 말인가? 바로 이 강당에는 어떤 민족이라도 영예롭게 생각할 만큼 명석하고 뛰어난 머리들이 얼마나 많이 모였는가. 이 지구상에 어떤 민족 집단도 그렇게 짧은 기간에, 그리고 그토록 어려운 여건 속에서 그만큼 많은 숫자의 교양인들을 배출해 낸 경우를 찾기는 쉽지 않을 것이다. 세르게이 미하일로비치를 예로 들어보자. 여기 이 연단에 키가 크고 건장하며 확신에 찬 그가 서 있다. 그는 다른 수천 명의 동갑내기들과 마찬가지로 시골에서 태어나서 자랐다. 학교를 졸업한 후, 일하면서 대학원 과정을 마치고 모스크바에서 박사학위를 받았다. 그의 운명은 우리 부모세대 사람들에게는 전형적인 것이다. 강제이주와 농촌에서의 고된 노동, 전쟁과 늦은 학업이 그들이 걸어온 길이었다. 우리 부모들을 구태여 한 가지 비난한다면, 그들이 러시아말을 배우고 공부하느라고 너무 바빠서 모국어를 잃어버리고 우리에게 전달해주지 못했다는 점이다. 비난할 수도 있겠지. 하지만 그럴 필요가 없다. 왜냐하면 그들의 잘못이 아니기 때문이다. 단지 우리들의 고민으로 남아 있을 뿐.

세르게이 미하일로비치가 간단명료하게 발언을 마쳤다. 나는 좀 더 열정적인 말들을 원했으나 그는 교수답게 조용한 목소리로 확신과 희망을 불어넣어 주었다. 나는 그의 연설이 마음에 들었다.

그는 자신의 발언을 다음과 같은 말로 마무리 지었다. "그런 상황에서 이 일을 시작한 우리에게 오직 한 가지 길만이 남아 있었습니다. 이 모든 문제를 우즈베키스탄 공화국 공산당중앙위원회 서기장이신 니샤노프 동지에게 호소하는 것이었습니다. 우리가 보낸 편지에 대해 그는 "사무국 임원 모두에게 이 문제를 알리고 긍정적으로 해결하라"는 결정을 내린 것입니다. 그래서 우리가 여기에 모이게 된 것입니다. 왜냐하면 먼저 우리 자신이 해결해야할 문제들이 있기 때문입니다. 우리는 오늘 정관과 프로그램을 만들고 창립회의를 소집하는 일을 맡을 준비위원회를 조직해야 합니다. 그런 의미에서 오늘 우리의 모임에는 다소 역사적인 감도 없지 않습니다."

사람들은 세르게이 미하일로비치의 말에 따뜻한 박수를 보내었다.
"질문 있습니까?"
"그런데 편지 내용이 무엇이었으며 어떤 분들이 서명하셨는지 알 수 있을까요?" 둘째 줄에 앉은 한 야윈 남자가 질문했다. 목소리가 하도 날카로워서 옆에 앉은 이들이 자기도 모르게 옆으로 몸을 비킬 정도였다.
세르게이 미하일로비치가 나를 보더니 고개를 끄덕였다. "연단으로 나오게나."
나는 편지 내용을 거의 외우고 있었다.
"존경하는 라픽 니샤노비치!
당신에게 보내는 편지를 쓰면서 우리는 우리 동족의 운명에 관련된 오래된 고민과 불안에 대해서 생각해보았습니다. 당신이 우즈베키스탄의 창작 지식인들과 만나는 자리에서 감동적으로 말씀하셨던 바로 그런 고민입니다.
우리는 모두 페레스트로이카가 민족정치의 침체현상을 얼마나 깊이 노출시켜 주었는지 잘 알고 있습니다. 민주주의와 공개성, 이 모든 것이 우리 삶에 점점 더 뿌리를 내리고 있으며, 크고 작은 소수민족들이 당면한 문제들을 사회의 심판에 맡길 수 있는 기회가 마련되었습니다. 이 문제들을 해결하기 위해서는 의심할 바 없이 신중한 태도와 현명한 인내가 필요합니다. 인위적으로 강행하거나 필요 이상의 긴장으로 압박감을 조성하는 것은 문제해결에 한 번도 도움이 되지 못하였습니다. 히스테리와 대립과 극단주의가 아닌 다른 길이 정말 있습니다..."
그 다음 내용은 고려인들이 우즈베키스탄 공화국에 나타나게 된 역사와 우리들이 이룬 업적, 우리가 안고 있는 제반 문제들, 그리고 마지막으로 문화센터를 창립함으로써 우리의 문제를 해결할 수 있는 방법들에 관한 것이었다. 나는 편지내용을 모두 내 식으로 고쳐서 발표했다.

그렇지 않으면 끝없이 나오는 "당과 정부의 배려에 감사하며"라든가, "이해심이 많은 지도자"라든가, "특히 니샤노프 동지에게 개인적으로"라는 등의 표현으로 참석자들의 귀를 거슬릴 것이 분명하기 때문이었다. 끝 부분에 가서야 다시 원문을 그대로 낭독하였다.

"라픽 니샤노비치 님, 시작 단계에 있는 저희는 조직과 재정상의 지원, 그리고 정신적인 도움이 필요합니다. 그리고 우리는 우리의 고민과 불안이 전 소련국민의 마음에 동감을 불러일으킬 것이라고 확신하는 바입니다. 이미 오래 전 일이지만 우즈벡인들이 고려인들을 비롯한 여러 소수민족들에게 보여 주었던 환대와 따뜻한 도움의 손길들이 바로 그런 것입니다. 지금의 젊은이들이 그러한 형제애가 주는 교훈을 잊어버리게 해서는 안 될 것입니다. 예로부터 지금까지 우리 인류에게는 고난 그 자체보다는 고통을 함께 나누고 위로하는 일에 더 많은 의미가 있었습니다. 바로 이러한 이유 때문에 형식으로는 한 민족의 부흥이지만 내용상으로는 우리 모두의 부흥을 위한 문화센터 설립이 오로지 고려인들을 위해서만 필요한 것이 아니라는 생각입니다. 문화센터는 우리 모두에게 필요한 것입니다."

그 다음은 편지에 서명한 사람들의 이름이었다. 몇 사람을 제외하고는 모두 이 자리에 참석하였다. 여러 가지 이유로 서명하기를 원치 않았던 사람들도 나와 있었다. 이는 그들 사정이었다. 하지만 그 날 저녁에 나는 그들이 상부의 반응에 민감한 만큼 더욱 더 자신들의 짧은 생각을 개탄하고 있을 거라는 생각이 들었다. 아마 그래서 내가 더 감격적인 어조로 서명자들의 이름을 읽어내려 갔는지도 모른다.

"소비에트 연방 공화국 최고위원회 위원이시며 작업반장이신 고가이 드미뜨리 꼰스딴띠노비치, 레닌상 수상자이시며 지질광물학박사이신 박 안드레이 인소노비치, 언어학박사 헤가이 미하일 아나똘리예비치,

경제학박사 헤가이 아나똘리 예브게니예비치, 타쉬켄트 지역위원회 위원이시며 연장 생산 공장 총감독이신 헤가이 아나똘리 블라디미로비치, 지역위원회 위원이시며 "자랴 꼼무니즈마" 집단농장 위원장이신 반 레보미르 다비도비치, 가무단 "청춘" 예술감독이신 진 뾰뜨르 그리고리예비치, 기술자 황 띠모뻬이 천소노비치, "셸스까야 쁘라브다" 신문 부편집장이신 유 게나지 이바노비치."

마지막으로 내 이름이 들어갔다.

회의는 세 시간이나 진행되었다. 사람들은 울분을 참지 못하는 듯 했으며 발표를 원하는 사람들이 대단히 많았다. 우리가 우리 민족성을 잃어버린 것을 누구에게 탓하겠는가? 나는 모르겠다. 우리 모두가 말로만 떠들지 말고 행동으로 가정에서라도 우리가 고려인이라는 사실을 항상 잊지 않고 살았더라면, 지금 사정은 많이 다를 것이다. 어떤 민족 집단이라도 질식시켜 버릴 만큼 그토록 체제가 강했는가? 일본인과 중국인도 우리처럼 소비에트 사회에 융화되어 버렸을까? 하지만 모든 것을 다 잃어버린 것은 아니다. 이제 시작될 문화운동이 우리들에게 다시 말과 덕성을 찾아줄 것이다.

여러 사람이 발표를 마친 후에 회의의 마지막 순서로 준비위원회를 선출하였다. 세르게이 미하일로비치가 제안한 후보자들에 대해서 특별한 이견이 없었다. 항상 그렇듯이 후보자들의 명부는 미리 작성되어 있었으며 이 점에 놀라는 사람은 아무도 없었다. 만장일치로 위원장으로 선출된 한 세르게이 교수와 서명자들의 대부분이 준비위원회를 구성하였다. 나와 띠모뻬이 천소노비치가 부위원장이 되었다.

선거 도중에 편지내용에 관해 질문을 했던 남자가 다시 발언권을 얻어서 열변을 토했다. 너무나 자랑스럽게 자기는 한국말을 한 마디도 못한다고 선언하고 나서 스스로를 준비위원으로 뽑아달라고 부탁했다. 이 발언으로 강당에는 잠시 관용을 베푸는 척하는 분위기로 활기가 돌았으며 김 멜스 미하일로비치가 위원으로 선출되었다.

준비위원회의 본부로는 레닌기치 지국이 선정되었다.

"유령 신문사" 지국

극동 지방의 고려인 사회에는 한국어로 된 출판물들이 몇 부 발행되었다. 그러나 강제이주 이후에는 여러 고려학교들, 교원대학, 사범대학 등이 문을 닫았으며, 이 출판물들도 더 이상 나오지 않았다. 겨우 1939년에야 카자흐스탄 지역의 끄질-아르드 시에서 "레닌 기치(레닌의 깃발)"란 신문이 나오기 시작했다. 이 신문은 나름대로 독특하게 이주민들의 구심점이 되었다.

이 신문의 역사는 머리 위에 봉지를 덮어 씌워 공기가 점점 모자라서 죽어 가는 것처럼 고통스러운 긴 임종의 역사라고 할 수 있다. 해가 갈수록 구독자 수가 줄고 모국어로 글을 쓰는 기자들의 수는 더 줄어들었다. 1960년대 말에 동남아시아 지역 최초의 사회주의 국가 건설을 도우라고 소련정부가 북한으로 파견했던 고려인들이 되돌아오면서 편집국 인원이 대대적으로 보강되었다.

소련고려인들은 조선인민주의공화국에서 당과 정부, 또는 군대에서 높은 지위에 있었다. 소련으로 돌아온 후 이들은 어쩐 일인지 지역 주민들에 섞여 모습을 드러내지 않았다. 다시 공부를 해서 새로운 길을 찾으려고 노력하는 이들은 겨우 열 손가락도 안 되었다.

"레닌 기치" 신문사에는 북한에서 돌아온 이들이 편집장에서 기자에 이르기까지 여러 자리를 차지했다. 게다가 우연인지 아니면 당연한 이치인지 이전에 했던 일과는 전혀 상관없이 신문사에 들어왔다. 그래서 조선인민공화국 노동당중앙위원회 기관지인 "노동신문" 편집장이었던 사람은 타쉬켄트 지국의 특파원이 되고, 교육부의 부국장을 지냈던 사람은 편집장 자리를 차지했다. 물론, 그런 운명의 굴곡을 견뎌내는 것이 쉬운 일은 아니었을 것이다.

물론 편집장 자리를 두고 불꽃 튀기는 경쟁이 벌어졌다. 나쁜 것이 없으면 좋은 것도 없듯이 음모와 경쟁 덕분에 신문의 지위가 상승되는 결과를 가져왔다. 사건의 전말은 다음과 같다.

전 노동신문 편집장인 기석복이란 사람의 경력에 한 가지 특별한 점이 있었다면, 언젠가 사마르칸트 대학에서 바로 그 라쉬도프란 이와 함께 공부했던 적이 있었다는 사실이었다. 그는 이 저명한 동창생에게 우즈베키스탄에 고려신문을 발행하겠다는 구상을 이야기했다. 라쉬도프는 "우즈베키스탄의 고려인들은 민족 신문을 만들 충분한 자격이 있다."고 대답했다.

물론, 소비에트 연방에 사는 고려인의 절반 이상이 우즈베키스탄에 거주하고 있다는 객관적이 사실이 새 신문이 나오게 된 근거가 되기도 했다. 다른 측면에서 보면 새 출판물의 발행은 민족문제 해결을 위한 긍정적인 노력의 지표로 보일 수 있기 때문에 정권의 정치적인 자산에 작은 도움이 되는 일이었다. "우즈베키스탄의 고려인들은 당과 정부의 끊임없는 노고 덕분으로 마침내 자기 민족의 언어로 된 출판물을 보유하게 되었습니다…" 등등. 통계상으로도 공화국의 출판물 부수에 하나를 보태는 격이므로 '상부'에서 크게 감사할 일이기 때문에 전 노동신문 편집장은 의기양양하였다. 한 마디로 두루두루 좋은 일이었다. 그러나 고려인의 2-3 퍼센트만이 이 신문을 읽을 수 있다는 사실은 어떻게 하고, 아니지, 도대체 누가 이런 걱정을 하랴! 신문을 새로 창간하는 문제는 물론 모스크바에서 결정한다. 타쉬켄트는 얼마나 성공을 확신했는지 중앙위원회 출판사에 한국어자판까지 들여왔다. 그러나 크렘린에는 나름대로의 저울이 있었다. 이 저울에서는 카자흐스탄공화국 공산당중앙위원회 서기장인 꾸나예프가 라쉬도프보다 무게가 더 나갔다. 둘 다 공화국 서기장들이었지만 꾸나예프는 정치국의 정 멤버였던데 반해 라쉬도프는 아직 후보 멤버에 불과했다. 신문을 새로 창간하는 대신 "레닌 기치" 본사를 알마아타로 옮기고 타쉬켄트에는 다섯 명이 일하는 특파원지국을 설립하도록 결정이 내려졌다. 양도 다치지 않고 늑대도 배가 부르니 모두 만족스러운 일이었다.

"지국 설립"이 서류상으로는 쉬운 일이었다. 그러나 어디서 한국말을 구사하는 고려기자들을 구한단 말인가? 해결책은 하나밖에 없었다. 러시아말로 기사를 쓰는 사람을 채용할 수밖에. 그래서 기사는 러시아어로 쓰면서, 신문은 한국어로 출판하는 이상한 형태의 공생이 시작된 것이다.

원칙적으로 "레닌 기치"의 지국에는 어떤 민족 출신 기자도 다 일할 수 있었다. 하지만 그렇게 되면 더 웃기는 일이 아닌가?

지금까지 구독자들 중에서 우리 신문을 실제로 읽는 이들이 몇 명이나 되는지 모르지만 그 비율이 정말로 보잘것없었을 것이라고는 추측할 수 있다.

한마디로 말하자면, 신랄한 유머감각을 지닌 안또니가 붙인 이름처럼 우리는 "유령신문"을 발행했던 것이다.

자연히 이런 상황에서는 구독자수에 신문의 사활이 걸렸다. 매 번 신문 구독 운동을 벌일 때마다 사람들을 성가시게 해야 했다. 이용할 수도 없는 것에 돈을 내라고 강요하는 것이 쉬운 일이 아니다. 이는 우리나라에서 뿐만 아니라 어떤 나라에서도 해결할 수 없는 성질의 문제일 것이다. 우리나라는 그래도 신문잡지의 구독이 항상 다분히 강제적으로 이루어졌으며, 당 조직이나 직업연맹 조직에서 이를 관리하였다. 원하든 원치 않든 간에 무엇이든 구독해야 했다. 그렇지 않으면 당 조직과 직업연맹 조직에서 써주는 추천서에 "신문이나 잡지는 전혀 읽지 않으며 정치사회 문제에 어떤 관심도 없음…"이라는 말이 들어갈 수도 있다. 그렇게 되면 그 사람은 출세 길이 막히는 것이다. 만일 "모든 출판물을 허위라고 생각하며 소비에트의 신문과 잡지를 무시함"이라는 형태로 문장이 약간 바뀌는 경우에는 이미 충분히 심각한 결과를 초래하게 된다.

집단농장과 국영농장에서는 구독문제가 매우 간단히 해결되었다. 상부의 지시대로 할당량이 정해진 신청서에 모든 사람이 아무 출판물이나 신청을 하면 구독료는 봉급에서 자동으로 공제되었다. 물론 당 기관지가 우선 순위였으며 간혹 우리 신문이 목록에 포함될 때도 있었다. 만일 그 집단농장의 위원장이 고려인이면 그 자신이 스스로 "레닌 기치" 구독에 협조하거나 아니면 상부에서 누군가가 그를 도와줄 수도 있었다. 그 과정에서 온갖 일이 다 일어났다. 애국심에 호소하기도 하고 당 지역위원회를 통해서 직접적인 압력이 가해지기도 한다.

도시에서는 문제가 조금 더 복잡해진다. 시민들이 훨씬 독립적이기 때문이다. 문제가 돈에 있는 것이 아니라 무의미하게 진행되는 구독선전이 더 문제인 것이다. 해가 갈수록 문제가 더욱 더 명확해졌다. 이대로는 더 이상 지탱할 수 없으며 무엇인가 구독자들을 만족시킬 수 있는 조치를 마련해야 했다. 예를 들어 한국어강좌 코너를 마련하든지 아니면 한 페이지라도 러시아어로 발행하든지 하는 식으로 말이다. 그러나 이 "유령신문"은 그런 혁신적인 편집자를 배출해내지 못했다. 1980년대에 언론과는 거리가 멀고 한국말은 전혀 못하는 사람이 편집국을 맡고 있었는데 다른 말은 해서 무엇하겠는가? 카자흐스탄 공산당중앙위원회가 그 사람을 임명하는데 누가 감히 반대하겠는가?

침체기에 붕괴되어 가는 나라의 경제를 '석유달러'가 잠시 동안 구제해주는 것처럼 이 넓은 소련 땅 온 사방에 흩어져 사는 고려인 소작농들이 고려인 신문의 임종시간을 질질 끌게 해주었다. 해마다 신문사는 카프카즈와 스따쁘로뽈 지역과 우크라이나 등 여러 지역으로 사람을 보내서 고향에서 멀리 떨어져 사는 이들에게 구독운동을 벌이곤 했다.

편집부가 문자 그대로 영웅적인 노력을 했음에도 불구하고 구독률은 계속 떨어졌다. 애국심에 호소하거나 상부의 압력에 의존하는 것도 점점 더 어려워졌다. 고려인 집단농장 위원장들의 수도 점점 줄어가기만 했다.

해마다 점점 쉬워지는 일이 딱 하나 있다면 그것은 기사 쓰는 일이었다. 타쉬켄트 지국의 설립초창기에 우리 동료들은 전문성을 살리고자 꽤 노력했다. 기사내용과 제목, 문체 등을 더 잘 다듬으려고 무척 고민했다. 그러나 이런 노력이 누구를 위해서 필요하단 말인가? 편집부에는 줄 당쳐서 돈을 받는 번역가들이 있었다. 그들이 걸작을 산출할 수 없는 것은 당연했다. 원문이 복잡하면 할수록 번역이 어려워진다는 점을 생각할 때 이들이 우리가 러시아어로 쓴 기사들을 어떻게 다루었는지 짐작할 수 있다. 문장을 간단하게 만들어 버리고 생략하기도 하며 바꾸기도 하고 한마디로 원하는 대로 다 한 것이었다. 우리 특파원들이 전혀 한국어를 모르고 겨우 제목이나 어렵게 읽을 정도이니 자기들 마음대로 했던 것이다.

불과 몇 해 지나지 않아서 나는 직업상 남들에게 뒤떨어지고 있다는 것을 느꼈다. 이전에 일하던 러시아 신문사에 보내는 기사조차도 준비하기가 쉽지 않게 느껴졌다. 중앙 언론에 기고하는 출판물에 관해서는 말할 필요도 없었다.

지국에는 앞에서 언급한 김 안또니와 나 외에도 이 발레리, 손 라쁘미르, 오가이 빅또르가 같이 일했다. 오가이는 사진기자였는데 정말 실력 있는 사람이었다. 우리 직원들은 나름대로 언론인의 길을 열심히 걸어온 사람들이며 모두 당시 우즈베키스탄 고려인들이 인력을 공급하기 시작했던 러시아 언론계의 일류 일꾼들이었다.

나는 1968년에 타쉬켄트국립대학 신문방송학과에 입학했는데 그 과에 고려인은 나 혼자였다. 그러나 고려인 동지들이 오랫동안 나 혼자 있게 내버려두지는 않았다. 예를 들면 발행 부수가 상당히 많은 타쉬켄트국립대학 신문 편집장 자리를 7년 연속하여 고려인 학생들이 맡았던 시기도 있었다. 물론 이스라엘의 자손들처럼 오스딴끼노(전 소연방 시절의 국영방송국)를 점령하기는 아직 요원하지만 현재 여러 신문, 방송에서 일하고 있는 수십 명의 고려인 언론인들의 업적은 대단한 것이다. 특히 1937년에 이주해온 고려인들의 압도적인 다수가 러시아어를 몰랐다는 사실을 생각해보면 정말 대단한 일이다.

일 년 전에 핀란드에서 남한출신인 고송무 교수가 찾아왔었다. 이 사람의 운명도 독특했다. 한국전 당시 아직 소년이었던 고 교수는 유엔군 장교로 와있던 어떤 터키인을 알고 지냈다. 이 국제기구가 북한의 선제공격을 인정하고 남한에 지원군을 보내었던 것이다. 이 터키인과의 우정이 어린 고송무에게 많은 영향을 미쳤으며, 시간이 지나면서 그는 이스탄불로 가서 터키어를 배우려고 결심하기에 이르렀다. 그러나 어떻게 하다 보니 그는 터키 대신에 핀란드로 오게 되었으며 헬싱키대학을 졸업하고 터키어과에 교수로 남게 되었다. 그런데 이 터키계통의 말을 공부하는 중에 고 교수는 우연히 중앙아시아에 우리 고려인들이 살고 있다는 것을 알게 되었으며 이에 비상한 관심을 갖게 되었다. 그는 "레닌기치"를 주문 구독하며 이 신문의 기사와 자신의 연구를 기반으로 세

권의 책을 저술하였다. 그는 우리 부모들이 극동에서 강제이주 당한 지 오십 주년이 되는 해에 세 번 째 책을 바치기도 했다. 요점을 말하자면 소련에 거주하는 고려인의 운명에 대한 진실을 최초로 남한 사람들에게 알린 사람이 바로 이 고송무 교수였다.

우리가 처음 만났을 때 그는 서면 상으로 이미 많은 기자들을 알고 있었는데 개개인에게 모두 감사의 말을 아끼지 않았다. 솔직하게 말하건대 기분이 좋았다. 유일한 예였지만 그는 우리의 무의미한 일에 스스로 정당성을 부여하기 위해서 필요한 사람이었다.

하지만 다른 면에서는 이 일이 나로 하여금 모국어를 배우는 일에 발을 들여놓지 않을 수 없게 하였다. 이 공부는 지금까지도 계속되고 있고 끝이 날 것 같지도 않다.

그 동안 신문사는 조금도 변함없이 항상 해오던 일을 하면서 지내 왔다. 똑 같이 당 기관지의 문체와 내용과 제목을 그대로 베끼고, 일주일 늦게 구독자에게 배포되기 때문에 농촌이든 도시든 누구한테도 더 이상 필요하지도 않은 공식자료를 발행하면서 말이다. 그런데 정말 이상한 일은 편집장이 비판기사를 준비하라고 요구하는 것이었다. 상상할 수 있겠는가? 누군가를 비판하고 한국말을 모르는 이 사람은 꿈에도 이런 사실을 모르고 있는 상황에 우리가 기사를 오려서 번역문을 첨부하여 그 사람에게 보낸다. 그리고는 기사를 읽고 본인이 취한 조치에 대한 설명을 달라고 요구하는 것이다.

이런 일은 우리 신문사에만 국한된 일이 아니다. 다음은 한 지역신문의 부편집장으로 일했던 내 친구 박 레프 니꼴라예비치가 해 준 이야기다.

"어느 날 공산당지역위원회 선전부장이 나를 부르더니 당황한 목소리로 - 우리는 이제 끝났소. 외국에서조차 우리를 비판했으니- 라고 말하더니 독일어로 쓴 신문기사를 하나 건네주더군요. 이 기사의 번역문과 편집부의 편지도 함께 말입니다. 나는 부장에게 이것은 외국신문이 아니라 소비에트 독일인들을 위해 모스크바에서 발행하는 신문이라고 이야기해 주었지요. 그리고 기사를 쓴 이도 "반동"이 아니라 우리 편집부에서 일하면서 그 신문에 가끔 촉탁원고를 쓰는 우리 공화국 기자라고 이야기했습니다. 짓다가 그만 둔 클럽에 대해서 썼더군요. 사실은 사실이지요. 짓기 시작했으면 끝까지 지어야지 않습니까? 답변을 해야 되니 부장이 안절부절못하더군요. 그러면 같이 답장을 쓰자고 말하고 나는 그와 함께 앉아서 '여차여차해서 비판을 검토했으며 책임자들을 질책하였고 건축노동자들을 동원하여 일을 진행하고 있습니다'라는 답장을 썼지요. 편집부에서 하는 식대로 편지 끝을 "공산주의식 인사를 드리며, 누구누구가"라는 말로 마무리했지요. 그랬더니 부장이 아주 만족해합디다. 특히 끝 문구를 아주 마음에 들어 하더군요."

한편, 민족문제를 조금이라도 건드린 기사는 무조건 편집부의 휴지통으로 들어갔다. "왜?", "가치 없음", "중요하지 않음", "이해할 수 없음"… 등의 문구와 함께. 탄압과 강제이주, 언어와 문화의 상실, 민족의 박해에 관한 진실들은 금지된 사항이었다. 무엇 때문에 소련고려인들의 문제에 관해서 신문에 언급을 하겠는가? 선조의 나라에 대해서, 심지어는 가까운 조선인민공화국에 대해서도 언급하는 기사들을 싣는 것을 두려워했다. 하물며 남한에 대해서야 아무 말도 못했으며, "괴뢰정권"이란 말 외에는 아무런 언급도 하지 못했다.

항일투쟁의 전설적인 영웅들 중의 한 분이며 고려인 빨치산 부대 대장으로 외세에 대항하여 극동지역의 내란에 참전하였던 홍범도라는 분의 장례식이 끄질 아르드에서 거행된 적이 있다. 1983년에 영웅들의 유골을 이장하자는 문제가 나와서 도시 거주민들이 돈을 거두어 기념비를 세우기로 결정한 것이다. 신문사가 이에 대한 자료수집에 앞장서기에 얼마나 좋은 기회인가? 그러나 한심하게도 "레닌 기치"는 옆으로 비켜섰다. 편집장은 아예 이 문제라면 들으려고도 하지 않았다. 활동가들이 돈을 거두어 기념비를 세웠다. 페르간의 조각가인 혜가이 블라디미르가 무료로 홍범도의 흉상을 조각해 주었다. 기념비개막식을 거창하게 끝내고 나서야 비로소 우리 신문은 이에 대한 기사를 싣기 시작했다.

올해는 페레스트로이카를 시작한지 삼 년 째 되는 1988년이다. 소수민족들이 아우성치며 자신들의 문제에 주의를 기울여달라고 요청하고 있다. 그러나 "레닌 기치"는 재정 지원을 받는 안락한 의자에서 졸고만 있을 뿐 어떤 수를 써도 잠에서 깨어나지를 않았다.

그럼에도 불구하고 타쉬켄트지국이 공화국의 고려문화센터설립 준비위원회의 본부로 지정된 것이 우연한 일은 아니다. 어떻게 일을 했던 간에 바로 우리 특파원들이 우즈베키스탄의 많은 고려인들에 대한 정보를 모아왔다. 그들이 어떻게 살고 있으며 무엇으로 숨 쉬고 있는지에 관해서 말이다. 내가 지금 아래에 게재하려고 하는 기사가 지금 유용하게 쓰이듯이 때가 되면 이 정보들이 쓸모가 있을 것이다. 이 기사는 세르게이 미하일로비치가 언급한 사회학적 연구의 한 부분이다. 우리에게 남아있는 것이 무엇인가 알고 거기서부터 출발하는 것이다. 이 기사는 5년 동안이나 빛을 보지 못한 채 편집부 책상서랍에 놓여 있었다. 그런데 지금은 이 기사가 여러 공화국신문에 러시아말과 우즈벡말로 게재되었다. 기사의 제목은 다음과 같다.

우리 동족의 뿌리

"오래 전부터 우즈베키스탄에 사는 고려인들의 생활양식을 다루어보고 싶었다. 예를 들어 비교적 젊은 연령층의 가족이 생활양식에 우리 민족의 특징을 얼마나 보유하고 있는지를 보여주는 것이다. 언어는 어느 정도 보존하고 있으며 사라진 전통은 무엇이고 다른 민족들로부터 받아들인 전통은 어떤 것들이 있는가?

무엇보다도 먼저 주인공이 될 가정을 물색해야 했다. 우리는 처음부터 농촌의 가정이어야 한다고 결정을 내렸다. 우즈베키스탄공화국 고려인들의 사회계층분화에 관한 통계자료를 보면 우리가 왜 이렇게 결정했는지 납득할 수 있을 것이다. 20만 명의 고려인들 중에서 절반 이상이 시골이나 타쉬켄트 지역의 작은 면 소재지 등에서 살고 있다. 수도인 타쉬켄트에 5만 명 정도의 고려인들이 거주하고 있으나 대도시에서는 보통 민족의 전통적인 생활양식이 더 빨리 사라지므로 도시의 가정은 우리 연구의 표본으로 선택할 수가 없다. 설사 이 도시의 가정이 농촌에 사는 수십 명의 친척들과 아직 연계를 갖고 있다 하더라도 말이다.

나는 우리 주인공이 집단농장에서 일하며 부모와 함께 살고 두세 명의 자녀가 있는 사람이면 좋겠다. 남편이나 아내가 (또는 둘 다) 중등 내지 고등 교육을 마쳤으며 물론 같은 동네 사람들의 신뢰와 존경을 받는 가정이어야 한다.

그러한 가정을 찾는 일이 그렇게 쉽지 않았다.

"과연 지금 고등교육까지 받은 젊은이들이 농촌에 남으려고 하겠습니까?"라고 타쉬켄트 지역의 "레닌스끼 뿌찌" 집단농장 사람들이 말했다. "게다가 도시가 저렇게 쉽게 보이는 곳에 있는데 말입니다. 글쎄요, 부모들과 살고 있는 젊은이들은 아직 미혼이거나 아니면 나이가…"

"스베들로프" 집단농장에서는 또 다른 문제점이 있었다. 내게 몇 젊은 가정을 추천해 주었지만 통상대로 다들 계절노동을 찾아서 공화국 밖으로 떠나버린 상태였다.

젊은이들이 농촌을 떠나서 도시로 이주하는 현상은 언제나 있었고 앞으로도 그럴 것이다. 그리고 사실 농촌에는 고등교육을 받은 전문가들이 그렇게 많이 필요한 것도 아니다. 그러나 60년대에 고등학교를 졸업한 고려인들은 누구나 대학을 꿈꾸었다. 어떤 대학인가가 중요한 것이 아니라 무조건 들어가기만 하면 되는 것이다. 하지만 나중에 실망이 따랐다. 나는 대학 졸업장을 가진 많은 전문 인력이 자기의 전공분야를 바꾸는 경우를 적잖이 보았다. 60년대 세대의 쓰라린 경험이 지금 고등학교에 다니는 학생들에게 좋은 본보기가 되어야 한다.

우리 주인공의 집을 찾아가기에 앞서 한 가지 더 지적하고 넘어갈 사항이 있다. 농촌에서 도시로 이주해온 고려인들은 어떤 분야의 일을 선호하는가? 공장이나 건축업, 의약계나 교통 부문에서 주로 일한다. 서비스업이나 상업에 종사하는 경우는 훨씬 적다. 예를 들어 고려인 남성이 장사를 하거나 미용사나 요리사 또는 식당종업원으로 일하는 경우는 거의 없다. 더구나 우즈베키스탄에서는 남자들이 이런 직업을 갖는 것이 전혀 부끄러운 일이 아닌데도 그렇다.

이런 사실이 무엇을 시사하는가? 아마도 고려인들 사이에는 아직도 남자들 일과 여자들 일이 엄격하게 구분되어 있으며 직업에 귀천이 있음을 말해주는 것일 게다.

머리를 써야하는 많은 전문 직종들 중에서 나는 많은 고려인 교사들과 회계사들을 보았다. 회계사들은 보통 위 세대에 속하는 사람들이다. 학계에서는 거의 모든 분야에서 고려인들이 활동하는 것을 볼 수 있다. 그러나 여기서도 인문계에서는 역사학을, 자연계에서는 수학을 대단히 선호하는 경향이 있다.

예술분야에는 모든 연배의 우수한 예술가들이 많이 있다. 최근에 들어서 눈에 띄게 화가들과 음악가들, 언론인들의 수가 증가하였다. 그러나 여기서도 우울한 생각을 불러일으키게 하는 면이 없지 않다. 소련의 고려인들 중에는 응용예술이나 민속공예업에 종사하는 이가 거의 없다는 사실이다.

이제 우리 주인공을 찾아가 보기로 하자. 이들을 소개하면 1946년생인 이 보리스는 중등교육을 마쳤으며 집단농장 기계 작업실에서 선반공으로 일하고 있다. 1947년생인 그의 아내 발렌찌나는 고등교육을 받고 유치원 원장으로 근무하고 있다. 세 아들을 자녀로 두고 있다. 이들은 남자의 부모를 모시고 살고 있는데 이동금씨와 황 알렉산드라씨는 두 분 다 은퇴하여 연금을 받고 있다. 이 가족은 타쉬켄트 지역에 있는 "쁘라브다" 집단농장에서 살고 있다.

몇 가지 인적 사항을 더 살펴보기로 하자. 보리스는 안디쟌 지역에서 태어나 학교를 마친 뒤 타쉬켄트로 이사와서 "타쉬켄트 농기구 공장"에서 일했다. 결혼 후에 집단농장에 정착했으며 나중에 부모들을 이리로 모셔왔다. 그는 농촌을 떠나 도시로 나갔다가 다시 농촌으로 돌아오는 현재 중년 세대의 한 무리를 대표하는 사람이다. 보리스와 같은 사람들이 농촌에 정착하여 모든 업종에서 주역의 역할을 하는 것이다.

발렌찌나는 '쁘라브다' 농장에서 태어났다. 이 농장에 그녀의 어머니가 맏아들과 함께 살고 있으며 친척이 무척 많다. 발렌찌나는 눈에 띄는 직업 때문에 이 농장 사람들 전부가 그녀를 안다고 해도 과장이 아니다.

우리 주인공들이 사는 집의 마당에 들어서면 고려인들은 항상 무언가 다르게 보이려고 노력하는데도 불구하고 이웃집 마당들과 다른 점이 거의 없다. 이름을 보더라도 고려인들은 얼마나 다른 이름을 가지려고 애를 쓰는지 놀랄 정도이다. 스탈린 개인숭배 시절의 임금의 균등화와 천편일률적인 정책이 초래한 침체 현상이 집 마당들을 보아도 느껴진다. 대문과 작은 쪽문, 울타리와 담쟁이 넝쿨, 콘크리트를 깐 앞마당, 수도관 등, 모두 잘 정돈되어 있고 양호한 상태이다. 특별히 깨끗하지는 않지만 아무렇게나 내버려둔 공간이 하나도 없다.

마당만 보아서는 고려인 가정이 얼마나 부지런한지 알 수 없다. 근처의 채소밭을 보아야 한다. 밭이 눈에 덮여 있는데도 가을에 얼마나 땅을 잘 일구어 놓았는지 알 수 있다. 여기에 무엇을 심는가? 보통 푸른 채소들이다. 고려인들은 과일 재배에는 특히 강한 편이 아닌데 버찌, 사과, 자두, 복숭아 등이 보통 고려인들의 정원에서 볼 수 있는 과일이다. 하지만 지역 주민들에게 포도재배를 잘 배운 고려인들도 있다. 마당 전체가 포도나무 받침대로 가득한 집들이 꽤 많다.

나는 우리의 주인공이 채소밭에 딸기 종류의 과일도 기르는지, 꽃도 심었는지 관심을 갖고 보았다. 꽃은 물론 심었지만 아직 딸기까지는 손이 닿지 않은 것 같다. 이씨네 가정은 가축 중에는 닭만 기르고 있다.

집과 마당, 그리고 다른 부속 건물들을 보면 이 가정이 유복한 것을 금방 알 수 있다. 방이 네 칸이며 온수 난방이 되어 있다. 넓은 부엌은 현대식 부엌 가구가 세트로 갖추어져 있고 큼직한 가스오븐이 있다. 집안을 둘러보면서 나는 내부 장식을 통해서 집주인이 고려인임을 짐작할 수 있을까 하는 의문을 가져 보았다. 전혀 아니다. 옷장이며 응접실의 벽장, TV세트, 탁자와 의자들, 양탄자... 이 모두가 유럽식 가구이다. 주인의 민족성을 알게 해주는 물건은 단 하나도 없다. 오로지 "온돌간"(바닥을 데우는 방)만이 이 집이 고려인 집임을 말해준다.

이씨 가족은 유럽식 식탁에서 식사를 한다. 다리가 낮은 상은 손님들을 한꺼번에 많이 대접해야 할 때만 헛간에서 끄집어낸다.

자, 여기 식탁에 그릇들이 놓여 있다. 아마 여기서 무엇인가 민족적인 것을 찾을 수 있을 지도 모른다. 역시 여기도 아니다.

"옛날에는 놋그릇도 있었고 한국에서 가지고 온 얇게 파인 숟가락들이 있었는데 어디론가 없어졌어요." 발렌찌나가 말했다.

"그런데 젓가락은 사용합니까?"

"무슨 말씀이세요? 어떻게 쓰는지 알아야 하고, 또 어디서 젓가락을 구합니까?"

나는 젓가락과 포크 중에서 무엇이 더 좋은지 말하고 싶지는 않다. 하지만 고려인들의 음식이 거의 변하지 않았기 때문에 젓가락이 더 쓰기에 편할 것 같다. 아아, 그런데 고려인 가정의 절대 다수가 이미 젓가락을 쓰지 않은 지 오래이다.

아시아 가정에서는 항상 쌀이 부유함의 상징이었다. 오늘날 고려인들의 식탁에는 언제나 쌀밥이 놓인다. 이씨 부부는 보리죽을 어렴풋이 기억한다. 나이 많은 세대는 "보릿고개"가 무엇을 뜻하는지 잘 알고 있다. 즉 곡식 중 가장 일찍 거두는 보리를 수확할 때까지 기다린다는 말은 배고프고 어려운 겨울을 살아낸다는 뜻이다.

이 젊은 부부는 수수죽을 먹어보지는 않았다. 이 부부에게 수수죽이란 러시아인들에게 있어서는 무로 만든 크바스나 마찬가지로 들어보기는 했으나 무슨 맛인지는 아무도 모른다. 한 마디로 말해서 부의 증가가 고려인 가정의 음식에도 그대로 반영된다는 것이다. 한 옛날이야기에 양반의 음식에 관한 언급이 있다. 생달걀을 깨뜨려 얹어 놓은 따뜻한 쌀밥이 그것이다. 오늘날 이 음식에 놀라는 사람은 아무도 없다.

우즈베키스탄에서는 "김치"의 인기가 대단하다. 김치는 동양 배추를 절여서 만든 고려 음식의 걸작이다. 도시의 많은 시장에서 비닐봉투로 잘 포장한 김치를 팔고 있다. 재미있는 것은 김치의 수요가 대단하기 때문에 많은 우즈벡 농부들이 배추를 재배한다는 사실이다.

고려음식에서 필수적인 요소는 콩으로 만든 된장과 간장이다. "된장이 맛있으면 그 집 음식은 다 맛있다."라는 우리 속담이 그저 생긴 것이 아니다. 예를 들어 일본인들은 세계 어디를 가나 자기 간장병을 들고 다닌다. 도시에서는 된장 간장을 만들기가 쉽지 않다. 익숙하지 않은 냄새에 이웃이 화를 낼 지도 모른다. 또 된장을 담글 줄 아는 젊은이들이 많지 않다. 발렌찌나도 간장은 못 담근다고 솔직하게 인정했다. 담그는 것을 보기도 하고 여러 번 돕기도 했지만, 한 번도 스스로 담아 본 적이 없다고 한다. 시어머니가 계시니 다행이라고 한다.

그래서 꾸일륙 시장의 "고려코너"는 항상 활기가 넘친다. 도시민들은 여기서 마른 나물에서 간장 된장에 이르기까지 온갖 종류의 고려 음식 재료를 다 구입할 수 있다. 극동에서 가지고 온 미역과 고사리도 여기서 살 수 있다. 지금 시골에는 쌀가루로 만든 속이 빈

달콤한 강정을 만들 줄 아는 사람이 아주 적다. 하지만 꾸일룩에서는 이러 것을 다 주문할 수 있다. 주문하면 공화국 곳곳으로 배달을 해준다. 강정이 없는 명절 상을 상상하기가 쉽지 않기 때문이다.

각종 명절을 준비하면서 고려인 가정이 이 모든 음식을 다 직접 만들던 시절이 있었다. 지금은 돈과 파는 곳이 있으니 사는 것이 더 편하다. 그러나 쌀로 만든 음료인 "감주"와 특별한 종류의 찹쌀을 두드려 만든 "찰떡"은 사지 않는다. "감주"는 안주인의 마음이며 "찰떡"은 남자의 힘이다. 옛날 고려인들은 아이의 돌날에 젊은 아버지가 혼자서 이 찰떡을 치던 관습이 있었다고 한다.

나는 이씨 집에서 쌀밥과 배춧국으로 맛있게 식사를 하고 안주인에게 김치 맛을 칭찬하였다. 안주인이 만족스러워했다. 그리고 우리는 가정생활에 대해서 더 이야기를 나누었다.

아주 오래 전부터 여러 다른 나라에서도 맏아들이 나이 든 부모를 먹여 살리는 관습이 있었다. 그러나 우리 시대에 맞게 적절하게 표현하자면 "나이 든 부모를 추하지 않도록 잘 돌보아 드리는"것이다. 물론 지금은 세태가 많이 변했으며 어떤 사회학적인 연구에 의하면 딸들이 아들보다 부모를 더 잘 돌보아 드린다고 한다. 그렇지만 지금도 집안의 큰아들이 부모를 모시려고 애쓴다. 이씨 가정의 예가 이 사실을 뒷받침해준다. 보리스는 일찍 직장 생활을 시작하였으며 그에게 일에 관련된 것은 모두가 신성한 것이다. 그는 말이 많지 않으며 기댈 수 있는 사람이고 말을 하면 실천에 옮기는 사람이다. 직장에서도 그를 존경하며 따라서 부모님이 그를 아주 자랑스럽게 생각하신다. 나이 드신 분에게는 정말 중요한 일이다.

그런데 집안에서 보리스는 어떤 사람인가? 몇 해 전에 소련 전체 인구조사가 있었는데 설문지 처음에 호주가 누구인지를 묻는 항목이 있었다. 여성해방이 이전의 부부 사이의 서열 관계와 전통적인 남자 중심의 가족관계를 많이 바꾸어 버렸기 때문에 이 항목을 넣는 것이 필요하다. 보리스와 발렌찌나는 약간 독특한 쌍이다. 아내는 고등교육을 받았는데 남편은 아니다. 게다가 발렌찌나는 아들 둘을 돌보며 타쉬켄트 문화연구소를 졸업하였다. 남편의 외조 없이 이것이 가능했겠는가?

이러한 사실이 이 부부의 관계에 대해서 많은 것을 말해주는데 신문용어로 말하자면 "동등한 권한과 상호존경의 원칙에" 입각한 관계이다. 그러나 외관상이라 할지라도 고려인 가정의 특징이었던 남편을 공경하는 모습이 남아 있지 않을까? 가령 따로 상을 차린다든지 별도의 밥그릇이 있다든지.

발렌찌나가 웃으며 말했다. "우리 집에는 그런 것이 없어요. 남편에게 항상 따로 밥상을 차리는 친구가 한 사람 있기는 해요."

부부 사이에 서로 존칭으로 대하는 아름다운 관습은 이미 과거로 사라졌다. 이 관습은 오직 나이 든 부부들에게만 남았는데 이것도 그 가정에서 한국말을 주로 사용하는 경우에만 그렇다.

지금 사십대인 사람들은 보통 형제가 많은 가정에서 자랐다. 집단농장의 영웅적인 어머니들은 주로 고려인들이었다. 열 명의 자녀를 둔 집도 있었다. 그런데 지금은 보통 두 세 자녀만 둔다.

동양에서는 항상 노인들과 부모들에 대한 공경을 두드러지게 한다. 우리는 모두 노인들에게는 인사를 해야 하며 물건을 주실 때는 두 손으로 받아야 한다는 것을 알고 있다. 자식이 부모를 버리는 사례는 극히 드물다.

현재는 자식들이 다른 민족과 결혼한 경우가 적지 않다. 고려인 부모들은 아들이나 딸이 다른 민족의 사람과 혼인하는 것을 관대하게 받아들인다.

이씨 집안에도 다른 농촌 가정들과 마찬가지로 노동의 분배가 정확하다. 채소밭을 일구고 수리를 하며 집을 증축하는 일은 남자의 일이며 세탁, 요리, 청소는 여자 일이다. 고려인 여자들은 대단히 옛날식으로 부엌일을 한다. 온갖 종류의 가전제품들이 아직은 고려인 가정에서 자기 자리를 차지하지 못하고 있다.

그럼에도 불구하고 요리를 못하는 고려인 남자는 거의 없다. 고려인 남자 한 사람이 죽으면 위대한 요리사가 한 사람 사라진다는 말이 그저 나온 것이 아니다. 예를 들면 우즈베키스탄에서는 쁠롭**(쌀에 고기, 야채를 넣고 만든 요리)은 남자가 만들며, 그루지아에서는 사쉴릭***(긴 꼬챙이에 고기와 야채를 번갈아 끼워 구운 요리)은 여자 손을 타면 안 된다는 말이 있다. 고려인들에게도 보통 남자가 만드는 요리가 있다. "회"라는 요리인데 날 생선이나 날고기, 또는 내장들을 식초와 갖은 양념으로 절인 음식이다. 말이 나온 김에 덧붙이는데 이 요리도 공화국에서 매우 인기가 있는 음식이다.

몇 해 전에 이씨 가족이 자동차를 구입했다. 자동차는 보리스가 운전하며 발렌찌나는 운전 배울 생각은 안 한다. 여기서 우리는 남자의 "권한과 자존심"을 상하게 하지 않으려는 고려 여자의 지혜를 너무나 잘 엿볼 수 있다. 마지막으로 고려인들의 스포츠에 대한 태도에서도 우리 민족의 성격을 잘 알 수 있다. 고려인들은 많은 운동 종류들 중에서 일 대 일로 하는 운동을 더 선호한다. 예를 들면 권투나 레슬링, 가라테 같은 운동이다. 그래서 소련의 고려인들이 단체경기 종목에서는 그렇게 탁월한 재능을 나타내지 못하는 지도 모른다.

고려인들의 피에는 여행에 대한 특별한 열정이 흐르는 것 같지 않다. 실용적인 성격이 명확한 용도 없이 떠나는 여행과 서로 맞지가 않는다. 그러나 최근에 들어서 여행에 대한 동경 역시 증가하였다. 불과 15년 전쯤 만 하더라도 고려인 농민들에게는 여러 가지의 여행증명서들을 억지로 떠맡기다시피 해야 했었는데 지금은 수요가 공급을 초과한다. 많은 고려인들이 조상의 나라에 다녀오는 것이 꿈이다.

집단농장에서 살고 있는 고려인 가정에게 자동차란 아직 필요한 물건이기보다는 자랑거리에 더 가깝다. 많은 사람들이 큰 필요성도 못 느끼면서 자동차를 사들인다. 농장에서는 자전거로 어디든지 다닌다. 칠십 대 노인들도 자전거를 타고 다니는데 이는 방문객들이 한결같이 경탄하는 풍경이기도 하다.

고려인들 사이에서 자동차 여행은 아직 겨우 수줍은 발자국을 몇

발 내디딘 상태이다. 이씨 가정을 보더라도 아직 한 번도 자가용을 타고 여행한 적이 없다. 물론 이는 농촌노동의 특수성 때문이기도 하다. 여름이 되면 일 년 중 가장 바쁠 때이고 겨울에는 자동차여행을 하기에는 번거로운 점이 많다.

그 대신에 겨울은 농민들이 결혼식을 올리고 여러 축일을 지내는 계절이다. 아이의 첫 돌과 마찬가지로 이런 축일이나 장례식과 제사는 많은 면에서 민족적인 특성을 유지하고 있다. 물론 시간이 흐르면서 이런 특성들이 사라져가고 있다. 모든 것은 흐르고 변하기 마련이다.

가정에 경조사가 있을 때면 우리는 수백 년간 내려오는 관습과 전통을 특히 더 따르는 것을 본다. 도시의 한 아파트에서 차린 혼례상이 기억에 남는다. 아직 상당히 젊어 보이는 신랑의 부모가 수탉을 어떻게 장식하는지 몰랐다. 그래서 친척들의 도움으로 겨우 그 일을 마쳤다. 수탉의 부리에는 빨간 고추를 하나 물리고 눈은 삶은 달걀 흰자를 둥글게 빚어서 붙이고 몸통은 여러 가지 번쩍이는 색실들로 장식했다. 그러나 한 노인의 기억에 의하면 옛날에는 수탉이 아니고 학으로 혼례상을 장식했다고 한다. 학은 부부사이의 정조를 상징하는 새라고 한다.

학이 수탉으로 바뀌었다. 그런데 도대체 이 수탉이 필요한 것인가? 이런 질문은 아무도 하지 않았다. 당연히 필요한 것이다. 우리의 관습이다. 요즘은 노인들조차도 그 수탉과 장식이 상징하는 바를 설명하지 못한다. 다음 설명은 어떤 결혼식에서 누가 축배를 들면서 한 말이다. 부리에 넣은 고추는 신랑 신부에게 인생이 달콤한 것만은 아니라는 것을 알게 하는 것이며 눈을 가린 것은 사소한 것을 보지 말고 넘어갈 줄 알아야한다는 뜻이다. 그리고 색실 장식은 신랑 신부를 묶어주는 수십 가닥의 끈을 말한다.

다른 면에서 보면 고추가 의미하는 바가 아마도 고려 음식의 주된 양념인 고추가 집에 있으면 나머지는 다 있을 것이라는 뜻인지도 모른다. 여기서 절대 손으로 매운 고추를 주고받지 않는 우즈벡인들의 관습이 갑자기 머리에 떠오른다.

하지만 우리가 혼례상에 놓이는 수탉 장식의 의미를 어떻게 설명하든 간에 이 수탉이 없이는 잔치가 안 된다는 사실에는 모두 동의하지 않는가? 러시아 결혼식은 삐로그(만두) 없이 안 되며 우즈벡 결혼식은 쁠롭 없이는 안 되듯이. 모든 것이 다 사라진 것은 아니니 얼마나 좋은가?

물론 이상적으로는 관청에서 혼인신고를 한 날 결혼식을 올려야 한다. 그러나 나는 젊은 남녀가 이미 일 이 년을 함께 산 다음에 올리는 혼인 잔치에 한두 번 가본 것이 아니다. 물질적인 이유 때문에 자주 이런 일이 생기며 이에 놀라는 사람은 아무도 없다. 결혼의 청순한 이미지를 잃어버리는 것은 또 다른 문제이다. 하지만 우리는 자식들이 부모의 돈을 과도하게 쓰게 만들고는 얼마 안 가서 이혼해 버리는 경우를 얼마나 많이 보는가? 그런데 "지각" 결혼식은 두 사람이 성격상으로 잘 어울릴 것이라는 것을 보장해준다.

보리스와 발렌찌나도 관청에서 혼인신고를 한 후에 일 년 반이 지나서 결혼식을 올렸다. 그 때는 이미 첫 아이가 태어나서 옹아리를 할 무렵이었다. 그렇지만 혼례절차는 철저하게 다 지켰다. 먼저 보리스가 부모님과 함께 모든 음식과 주류를 다 준비해 가지고 신부 집으로 갔다. 신부 집에서 먼저 혼례를 올리고 그 다음에 신랑 집에서 또 식을 올렸다. 지금은 식당에서 신랑 신부 측이 함께 혼인 잔치를 올리는 경우가 더 많은 것이 사실이다.

보리스 부부는 세 아들에게 모두 돌잔치를 해주었다. 돌잔치에는 매 번 필수적으로 재미있는 행사를 치른다. 찰떡, 책, 연필, 가위, 돈을 늘어놓은 상에 돌을 맞은 아이를 데리고 가서 무엇을 집는지 보는 것이다. 물론 아이가 무엇을 고르는 것이 그 아이의 미래를 결정한다고 믿는 사람은 아주 적다. 그러나 얼마나 좋은가? 실용적인 고려인들이 돌잔치에는 변함없이 활기를 불어넣어 주는 이런 익살맞은 관습을 보존하고 있으니.

소련에 살고 있는 고려인들은 거의 종교가 없으며 이런 행사들에 종교적인 성향이란 거의 찾아볼 수가 없다. 그럼에도 불구하고 고려인들 중 상당한 부분이 징후나 예언들을 믿는다. 장날에는 손으로 베껴 쓴 점술 책을 가진 노인들이 주위를 빙 둘러싼 손님들의 앞날을 한문으로 길게 늘어뜨리며 읽는 모습을 드물지 않게 볼 수 있다.

손님들은 생일, 결혼식, 기념일, 장례식 등에 보통 부조를 한다. 이는 모든 민족에게 다 있는 관습이다. 이런 일에 수백 명의 손님들을 초대해서 이문을 남기려는 사람들이 있으니 참 안된 일이다.

부모의 생신에 잔치를 차려드리는 것은 자식이 할 도리이다. 고려인들의 이런 회갑연이나 칠순잔치에 다녀간 많은 러시아인, 우즈벡인, 카자흐인, 유태인 동료들이 자식들이 부모의 생신을 축하드리면서 술잔을 올리며 절을 드리는 아름다운 관습에 대해서 자주 언급한다.

새로운 시대에는 새로운 예식이 있기 마련이다. 그러나 아이들이 할아버지 때의 관습들을 잃어버리지 않는 것이 얼마나 훌륭한 일인가? 어떤 잔치에 전부 여덟이나 되는 딸들과 며느리들이 자신들이 직접 지은 민속의상을 입었던 일이 기억난다. 너무나 감동적이고 아름다웠으며 더구나 고려여자들의 전통복장을 보기가 쉽지 않았기 때문에 더 예사롭지 않게 보였다. 발렌찌나는 당황하면서 시어머니도 자신도 한복이 없다고 말했다.

새로운 시대에는 새로운 예식이 있다. 장례식과 같이 예로부터 보수적으로 지켜오던 예식도 많은 변화를 겪어야 했다. 현대적인 추도식의 요소들인 장송곡과 검은색 상장들과 묘비들이 우리 식의 흰 깃발(아시아인의 슬픔을 상징하는)들과 주문을 외우고 고인의 옷을 태우는 샤머니즘 시대 때부터 전해져 오는 다른 예식들과 함께 공존하고 있다. 조금도 서로 서로 방해가 되지 않는다.

작가 김 아나똘리가 고려인 집단농장들을 방문해서 제일 먼저 한 일이 전설과 민화를 수집하는 것이었다. 그의 말에 의하면 민화와 전설들이 거의 원래 모습 그대로 보존되어 있다고 한다. 그러나 관습과 생활양식은 사정이 다르다. 어떤 것은 사라지고 어떤 것은 남

앉으며 다른 민족으로부터 배워온 것도 있다. 가능하면 더 크게 남기 위해서 필요한 일이다. 현자도 이렇게 말했다. "자기 것을 아끼지 않는 이가 어떻게 남의 것을 귀중하게 생각하겠는가?" 다른 면에서 보면 소련의 다민족 문화가 우리 모두의 공통자산이며 각 민족이 자기민족의 문화를 잘 보존하고 발전시킬수록 우리의 공통 자산이 더 풍부해진다는 것이 명백한 사실이다.

이제 글을 끝맺으려고 한다. 이씨 부부와 이야기를 나누는 중에 그들의 아들이 학교에서 돌아왔다. 할아버지에게 한국말로 씩씩하게 인사를 하더니 내게는 러시아말로 "즈드라스부이쩨!"라고 말했다. 그러자 나도 모르게 이런 생각이 들었다. 이 아이가 자라서 아버지와 할아버지의 문화유산을 보전할 수 있을까?

이는 우리 모두의 손에 달린 일이다.

대립의 시작

 오랜 기간 동안 신문사에서 일했지만 내가 직접 행사조직을 하고 또 큰 역할을 맡았던 일에 관한 기사를 쓴 것은 처음이었다. 기자라면 누구나 지진이 일어나기 바로 5분전에 그 자리에 있었으면 하고 바랄 것이다.
 고생 끝에 얻은 자료를 게재하고 나면 자연히 독자의 반응을 기다리게 된다. 반대하거나 분개하는 것은 얼마든지 좋다. 다만 침묵하는 무관심만 아니면 된다.
 내 기사에 대한 최초의 반응이 내 기사가 실렸다는 그 사실 자체보다도 내게 더 큰 기쁨을 주었던 것을 기억하고 있다. 내 글이 다른 사람을 흥분시켜서 그로 하여금 시간과 노력을 들여 편집부에 편지를 써 보내도록 만든 것이 아닌가.
 이런 독자의 반응 중에서 모든 기자들이 지긋지긋하게 싫어하는 부류가 있다. 이는 편집부의 명령으로 기자가 직접 날조하여 쓰는 반응기사이다. 당과 지도자들의 활동을 찬성한다는 내용이다.
 아, 미리 다 짜고 쓰는 "찬성합니다. 주인나리" 같은 글들은 꺼져버렸으면! 하지만 언론의 자유가 없는 나라에서는 다른 도리가 없다. 민주주의가 없는 나라일수록 임의로 조작한 찬양이 많은 법이다.
 고려인 사회의 모임에 관한 기사가 나간 후 이틀 동안 나는 여느 때와는 다른 반응들이 쇄도할 것이라고 기대하며 지냈다. 모두 여덟 건의 전화가 왔다. 부모와 자기 세대의 쓰라린 경험을 통해 앞으로 나서지 않는 것이 안전하다는 것을 습득한 고려인들에게는 여덟 건의 통화가 결코 적지 않은 숫자였다.

니키타 세르게예비치 흐루시초프는 연설 도중에 "동무들, 내가 한 말이 맞습니까?"라고 묻는 습관이 있었다. 그러면 반드시 누군가가 일어나서 "맞습니다. 니키타 세르게예비치 동지"라고 큰 소리로 대답했다. 신문에 기사를 쓸 때 꼭 이 답변들을 언급해야 하는 데 게다가 답변을 한 사람의 이름과 직책까지 기재해야 했다. 어느 날 이 "찬성자들" 중에 고려인 성인 박씨가 보였다. 그는 카자흐스탄 공화국에서 농업의 어떤 중요한 분야에 책임을 맡고 있었다. 나중에 나는 그가 모스크바로 불려 갔다는 이야기를 들었다. 그런데 그 후에는... 이야기하지 않아도 짐작할 수 있다. 흐루시초프는 실추되었고 물론 박씨도 그냥 두지 않았다. 고려인들은 이 사건을 두고 서로 서로에게 "나서지 말라니까, 굴러 떨어지지 않으려면"하고 말하면서 비웃었다.

고려인들이 왜 정치에 무관심한지를 알고 나면 여러 다른 일에서 그들이 보이는 무관심을 쉽게 이해할 수 있다. 그렇기 때문에 이틀 동안 여덟 건의 통화가 적지 않다는 말이다.

이전에는 우리 동족들이 어떻게 전화로 이야기하는지에 대해서 신경 쓰지 않았다. 그러나 이번 전화들을 받고는 별 유쾌하지 못한 생각을 하게 되었다. 고려인들이 교양을 갖추고 전화통화를 못한다는 생각이 들었다. 한 예를 들면 이런 식으로 통화를 한다. "여보시오, 여보시오! 지금 누구요? 나요? 그건 중요하지 않고 당신은 누구요? 거기가 신문사지국이요? 그렇게 바로 말할 것이지. 그러니까 문화센터요? 뭐라고요, 아직 안 만들었다고요? 그런데 왜 신문사지국이라고 썼소? 내 말은 왜 지국 전화번호를 썼냐 말이요? 문화센터가 아직 안 만들어졌다고요? 아-

지금 조직하고 있는 중이라고요. 그러면 내가 이 전화를 괜히 했네. 한 번 찾아오라고요? 아니오, 아니오. 못 가죠. 내가 무척 바쁜 사람이요."

그리고는 전화를 끊는다. "안녕하시오"나 "안녕히 계시오"라는 말도 없이.

고려인은 교양 있고 겸손한 사람들이라는 견해가 있으니 더욱 이상한 일이다. 물론 서로 만나서는 미소를 지으며 인사를 한다든지 정중하게 안부를 묻는 등 겉으로 보아 예의바른 특성이 보인다. 그런데 전화로는 다른 그림이다. 첫째로 왠지 인사할 필요가 없다고 생각하며 둘째로 자기소개를 안 하며 셋째로 '부탁합니다', '죄송합니다', '감사합니다' 등과 같은 말을 사용하지 않는다. 간단히 말해서 예의를 갖추지 않는다. 예의 없는 말투에 아시아 억양까지 겹치면 정말 불쾌하게 들린다.

무엇이 문제인가? 만나서는 겸손하고 인사도 잘하는 고려인들이 전화로 이야기할 때는 왜 그렇게 변하는가? 우리에게 본래 위선적인 면이 있는 것일까? 거의 모든 고려인들이 마음 속 깊이에 서로 자기가 더 낫다고 믿고 있는 것일까? 등 뒤에서 험담하는 것이 습관인가? 아마 그럴지도 모르지. 그런데 이 모든 것이 남의 말을 배우면서 그 말의 문화까지는 습득하지 못한 탓일까? 문화란 정말로 많은 면에서 전통과 계승과 교육이라고 할 수 있다. 교육이란 무엇보다도 먼저 말과 관련이 있다. 그런데 우리 부모들이 어디서 러시아어를 배웠겠는가? 연장자에게 인사를 하면서 두 팔을 밑으로 내리고 고개를 숙이지 않는 고려인을 우리는 물론 상상하기도 어렵다. "안녕하십니까"라는 인사말 자체가 무의식적으로 몸을 구부리게 만든다. 그런데 바로 그 고려인이 아버지뻘 되는 사람에게 러시아말로 "즈드라스쩨(안녕하시오)" 하면서 담배를 입에 문 채 태연하게 고개만 끄덕이는 모습을 흔하게 볼 수 있다.

우즈벡 사람들이 서로 인사를 나누는 모습은 언제나 나를 매혹시킨다. "아살롬 알레이꿈"! 하면서 존칭을 뜻하는 "...시스"라는 말이 끊임없이 나온다. 그 다음에는 서로 껴안는데 복도 한 가운데이든, 엘리베이터 문 앞이든 개의치 않는다. 만남의 기쁨을 표현하는데 지나가는 사람들을 화나게 하는 것쯤이야 그들에게는 아무 상관이 없다.

우리 준비위원회 위원들은 거의 매일 지국에 모였다. 미래의 고려문화센터의 정관과 프로그램의 초안을 작성하는 동안에는 특히 자주 모였다.

공화국 국가계획위원회의 법률부장이었던 천 빅또르 니꼴라예비치가 자진해서 이 문서들을 작성하겠다고 나섰다. 우선 그는 어딘가 있을지 모르는 사회단체에 관한 법규를 찾으려고 시도했다. 나름대로 문화센터와 유사한 단체를 찾아보았던 것이다.

그가 웃으면서 설명했다. "이 방법이 가장 신속하고 효율적입니다. 볼셰비키가 이 방법을 매우 좋아했습니다. 옳은 선택이었지요. 선원 나부랭이 출신들이 어떻게 법에 대해서 알 수 있었겠습니까?"

그러나 며칠이 지난 후 그는 고민스럽게 말했다.

"도대체 이럴 수가 있습니까? 1951년부터 지금까지 사회단체에 관한 법규가 하나도 바뀐 것이 없습니다. 전소연방 육해공군 후원회(DOSAAF) 창립과 관련해서 만든 법규들 그대로 변한 것이 없습니다."

"아르메니아 라디오 방송에서 이렇게 물었다.(1) 무엇 때문에 덜레스 CIA 국장이 해임되었는지 아십니까? 그러면서 답하기를 "DOSAAF이 무엇을 하는 곳인지 몰랐기 때문입니다."

소련 사람은 누구나 "자발적"이란 말을 들으면 속으로는 "강제적"이란 말을 생각한다. 회의나 모임, 자원봉사노동의 날이나 집회 등에 출석하는 것은 어디까지나 자유의사에 달려있다. 그러나 한 번 출석하지 말아 보라. 이런 모임에 출석하지 않은 이유로 인민의 적으로 낙인찍히던 시절이 있었다. 소년단, 공산 소년단, 공산 청년동맹, 직업연맹 등에 가입하는 것이 의무적이지는 않다. 그러나 다들 함께 혹사당하고 있는데 어떻게 혼자 빠질 수 있겠는가? 공산당은 별다른 이야기다. 노동자와 농민이 지식인 보다 당에서 항상 더 많은 비율을 차지하도록 엄격하게 관리되었기 때문에 지식인들은 마치 휴양지에 가는 특혜순서를 기다리는 것처럼 공산당에 가입하려면 순서를 기다려야 했다.

당은 소비에트사회제도의 피라미드에서 정점이다. 나머지 모든 조직은 "영도적인 당"의 예를 따라 만들어진다. 그래서 특별히 따로 생각해낼 것이 없다. 당의 정관과 강령이 있으니 이를 창조적으로 개작하면 된다.

사회단체는 어디에 등록해야 하는지 아무도 몰랐다. 하지만 등록하지 않으면 안 된다는 것은 모두 알고 있었다. 왜 그런가? 언어강좌를 개설하고 예술동호인 모임을 만들고 민속명절을 기념하겠다는 데 누가 방해하겠는가? 아무도 방해하지 않는 것 같다. 그러나 우리는 이 모든 일을 독립적으로 알아서 조직할 수도 있다는 것을 감히 생각할 엄두도 내지 못했다. 소비에트 국가에서 문화, 정치, 스포츠 등 어떤 단체이든 승인 없이 이런 조직을 만들다가 민족주의자라는 혐의를 받으면 어떻게 되는지 우리는 너무나 잘 알고 있었다. 이미 '정치적인' 문제가 되고 감옥으로 가기 일보 직전이 되는 것이다.

전체 소연방에서 소수민족들이 유린된 권리와 손상된 민족의 자부심을 회복하려는 운동을 전개하고 있는 만큼 사회단체에 관한 새 법이 곧 제정될 것이라는 확신이 있었다. 물론 문화센터설립을 허락해주는 것으로 고려인 같은 민족은 달랠 수 있을지 모르나 독일인이나 크리미아의 타타르인, 잉구쉬인 같은 민족들은 이 정도의 팁으로 과연 만족할지 모르겠다. 우리 고려인들과는 다르게 이들은 강제로 쫓겨난 자기 땅이 있지 않은가?

그러고 보니 이런 생각도 든다. 수백만의 사람들이 고향에서 쫓겨나고 이들의 집과 재산이 다른 사람들의 손으로 넘어갔다. 이 다른 사람들의 기분은 어땠을까? 그러나 부농말살에 가담한 이들과 그들의 자손들까지 여기에 보탠다면, 놀랄 것이 하나도 없다. 소비에트 국민의 절반이 남의 것을 강탈하고도 평안하게 잘 살고 있는 것이다.

우리 준비위원회는 특히 경제활동에 관한 문제를 놓고 이견이 있었다. 문화센터가 경제활동을 해야 하는가? 현재의 시점이 독립채산제와 자립을 권장하는 듯하다. 그러나 문화부흥이라는 이익과 상관없는 일을 하면서 어떻게 장사 잇속까지 챙긴단 말인가? 마치 벌벌 떠는 사슴과 힘센 말을 한 수레에 매다는 것과 같은 꼴이 아닌가? 특히 김 미하일 알렉세예비치 교수가 경제활동에 반대하였다. 그는 머리를 설레설레 흔들면서 "모든 범죄가 돈과 연결되는데 문화 활동과 비즈니스를 섞어서는 안 됩니다"라고 말했다. 그러나 젊은 사람들은 혹시 무슨 일이 생길까봐 두려워하기는 했지만 다른 생각이었다.

세르게이 미하일로비치는 이 점에 관해 확고한 의견을 제시했다. 우리 스스로 돈을 마련해야한다는 것이었다. 그래서 그는 처음 시작부터 띠모삐이 천소노비치에게 협동조합을 만들어야 한다고 부추겼다.

기억에 남을 고려인사회의 모임이 있은 지 2주일가량이 지났을 때이다. 이 시기에 타쉬켄트시 집행위원회 부위원장인 파이줄라예프에게도 보좌관이 생겼다. 세월의 명령인가 보다. 보좌관의 이름이 아리뽀프 유수프였는데 이 사람이 어느 날 내게 전화를 해서 잠깐 들러달라고 부탁했다.

보좌관이 그가 모시는 사람보다 더 위풍 있게 보이는 경우는 당연히 드물다. 아리뽀프는 크지 않은 키에 얼굴이 둥글고 수다스러운 사람이었다.

"무슨 일인지 아시겠습니까? 곽 미하일이라고 아시지요? 시인이며 작가인 미하일 말입니다" 하면서 여러 가지 의미를 내포하는 억양으로 보좌관이 말했다.

나는 그렇다고 대답하면서 속으로 긴장하기 시작했다. 바로 이 자가 우리 모임에 대해서 가장 큰 반응을 보인 것이다.

"그가 어제 여기를 다녀갔습니다. 얼마나 소란을 피웠는지! 준비위원회가 가짜이고 이미 오래 전에 자기가 만든 위원회가 존재한다는 것입니다. 그리고 서류도 우리 집행위원회에 한 달 전에 제출했다고 하더군요. 제가 일 시작한 지가 얼마 되지 않아서요, 그래서 찾아보니까 이 서류철이 하나 나오더군요. 보세요. 회의 의사록과 정관의 기안입니다…"

나는 의기소침해졌다. 우리 일에 열성적인 사람을 또 발견했으니 기뻐해야 할 판국인데, 사람에게는 알량한 자존심이 그토록 강한 것이다.

"다 끝난 일이라뇨? 그러면 왜 이에 관해서 파이줄라예프가 우리에게 한 마디도 하지 않았습니까? 우리는 다 그 분과 상의해서 이 일을 추진하고 있는데요?"

아리쁘프는 잠깐 당황하는 듯 했다. 나는 그가 무엇인가 숨기고 있다는 것을 알아챘다. 그와 딴 직원들이 이 서류를 소홀히 지나쳐버리고 이미 늦은 지금에 와서 일을 무마해 보려고 하는 것이다.

그는 소리를 낮추어서 말했다. "아닙니다. 아니죠. 우리가 곽 미하일과 그 발기인들을 승인했다는 이야기가 아니고요. 단지 이들에 관해서 알려 드리고 두 그룹이 연합하시면 좋지 않을까 해서 말씀드리는 것이지요."

아리쁘프 동지, 이미 늦었군요. 곽 미하일은 동등한 자격으로 함께 일할 수 있는 그런 사람이 아닙니다. 그러나 나는 아무 말도 하지 않은 채 서류를 좀 볼 수 있느냐고 물었다.

서류철에는 시 집행위원회 위원장의 이름으로 된 고려문화계몽단체의 등록 제출서와 두 차례의 회의 의사록이 있었다. 하나는 아홉 명으로 구성된 추진위원회 결성에 관한 것이고 다른 것은 문화단체의 결성에 관한 것이었다. 두 가지 서류에 똑 같은 이름들이 적혀있었다. 그리고 정관과 프로그램도 있었다. 나는 곽 미하일의 독선적인 어조를 온 몸으로 느끼면서 서류들을 대충 훑어보았다. 예를 들어 이런 정관의 조항은 도대체 무엇이란 말인가? "고려민족문화부흥에 탁월하게 공헌한 업적으로 말미암아 이 단체의 회장에게 종신연금을 수여할 수도 있다." 그가 누구를 의미하는지는 뻔한 일이다.

나는 단호하게 말했다. "잘 들으시오, 아리쁘프씨. 이것은 정말 웃어야할 일입니다. 남편과 아내, -맞습니다. 김 안또니나 안또노브나가 곽씨의 부인입니다.- 이웃과 친구들, 이렇게 아홉 사람이 모여서 자기가 자기들을 뽑은 것입니다. 정말 그런 식으로 아무나 단체를 만들 수 있는 것입니까? 아십니까? 우리 모임에는 2백 명이 넘는 사람들이 모였습니다. 어떤 사람들이 모였는지 아십니까! 모두가 타쉬켄트의 지도적인 고려인들입니다!"

"원칙상 숫자는 상관이 없습니다. 사회단체에 관한 법규가 없어서 우리도 몇 사람이 모여야 단체를 조직할 수 있는지 모릅니다." 아리쁘프가 얼버무렸다.

"법규가 없으니 더욱 더 아무렇게나 하도록 내버려두면 안 되지요"라고 반박하다가 나는 이런 이야기를 하는 것이 아무 소용이 없다는 것을 알아챘다. 누구나 친구든지 이웃이든지 마음에 맞는 사람들끼리 모여서 어떤 단체든 만들 수 있다고 우기고 요구하고 증명해야하는 사람은 바로 내가 아닌가? 그리고 관료인 아리쁘프가 내게 무질서는 절대 허락할 수 없으며 주의해야할 조치들을 들먹이면서 활동에 제약을 걸어야 하는 것이 도리가 아닌가? 도대체 내 자신이 스스로 나서서 악평이 붙은 관료들의 관점에서 이야기해야 할 정도로 곽 미하일을 싫어한단 말인가?

아리뽀프가 난데없이 내 말에 동의했다. "글쎄, 그렇지요. 미하일이 잘못했지요. 내가 그렇게 말씀드렸지만 도통 들을 생각을 안 합니다. '내가 중앙위원회에 이 문제를 갖고 가겠소, 니샤노프에게까지 보고할 셈이요'라면서 소리만 지릅니다. 어떻게 당신이 곽씨와 타협해보지 않겠습니까, 네?"

내게 더 이상 무슨 할 말이 남아 있겠는가? 물론 노력해보겠다고 대답하는 수밖에. 그러나 나는 마음 속 깊이 곽씨와 합의하는 것이 불가능함을 알고 있었다.

왜 아리뽀프가 어조를 낮추었는지 이해가 갔다. 이 시인이 집행위원회에 와서 위협을 한 것이었다. 정말 갑자기 그가 상부에 불평이라도 하면 어떻게 한단 말인가?

하지만 다른 면에서 보면 아리뽀프 당신은 조용하게 넘어가는 것이 좋겠지만 우리들은 진정한 지도자가 필요한 것이다. 그런데 우리의 지도자는 "말라야 지믈랴"(브레즈네프의 저서)를 칭송하고, 고려문화단체의 탁월한 지도자로서 종신연금을 받아야한다고 자신을 높이 평가하고 있는 이 사람은 아니다.

그 후에 열린 준비위원회에서 나는 곽 미하일에 대해서 보고했다.

그러자 이 스테판 니끼포로비치가 말했다. "아, 그 사람 알아요. 세르게이 미하일로비치, 생각 안 나셔요? 그 때 부인과 같이 와서는 누군가 도와달라고 부탁하지 않았습니까? 그 사람을 두고 사람들이 지은 시 구절을 아셔요? -신부에게 개가 한 마리 있었네. 신부는 그 개를 무척 사랑했다네. 그 개가 곽씨의 시를 읊었다네. 신부는 개를 죽여 버렸다네.-"(2)

모두 다 웃음을 터뜨렸다. 무슨 말을 하랴. 우리는 험담에 뛰어나지 않는가, 동기만 주어 보라.

　김 교수가 불난 데다 부채질까지 했다. "그가 사범대학에 다닐 적에 그와 만난 적이 있지요. 학식은 없으면서 아주 집요한 사람입니다. 그와 충돌하지 않을 길을 모색해야 합니다. 안 그러면 우리가 조용히 일하도록 내버려두지 않을 것입니다."

　아파나시 니끼띠치가 끼어 들었다. "고려인들은 일반적으로 편 나누기를 정말 좋아합니다. 항일 투쟁사만 보더라도 그렇습니다. 얼마나 많은 파벌들과 지도자들이 있었습니까? 모두 자기가 우두머리가 되기를 원했습니다."

　"그런데 곽씨는 상부의 지지를 받고 있습니다" 세르게이 미하일로비치가 지적했다. "물론 곽 미하일을 염두에 두지 말고 일할 수도 있지만 그것이 방책은 아닙니다. 여하튼 우리가 준비위원회에 불과하며 우리의 임무는 창립회의까지 일을 끌고 가는 것임을 잊지 맙시다. 창립회의에서 누군가를 선출하겠지요. 그래서 말인데 미하일과 연락을 취해서 합의를 보아야합니다."

　나와 띠모뻬예프는 서로 쳐다보았다. 처음부터 우리는 항상 지도자의 권위를 존중하며 일하기로 결심했다. 그리고 한 번 더 우리는 세르게이 미하일로비치가 원칙을 가진 사람임을 한 눈에 알아볼 수 있었다.

　어떤 고려인이든 그를 대상으로 한가하게 잡담과 일화, 험담을 늘어놓기 시작하면 보통 끝이 없다. 남을 비방하지 않거나 또는 험담의 대상이 되지 않는 사람은 매우 드물다. 세르게이 미하일로비치는 어떤 사람이 없는데서 그에 대해서 논하는 것을 좋아하지 않았으며 이야기 도중에 멈출 줄을 알았다. 바로 지금 그는 우리가 험담보다는 더 나은 이야기를 할 때라는 사실을 알려준 것이다.

　모두들 미하일에 관한 이야기는 그만두어야 할 때라는 것을 이해한 것 같았다. 그런데 멜스 미하일로비치는 예외였다. 멜스는 자신이 모국어를 모르는 사실을 공개적으로 인정하여 회의 참석자들의 동정심을 샀던 바로 그 사람이었다.

"이 사람이 바로 자기 생일을 앞두고 국립편찬위원회의 공식 편지지에다가 집단농장 위원장들 앞으로 물질적인 도움을 청하는 글을 써서 사방에 돌린 그 시인이 아닙니까?" 라고 멜스가 물었다. 그리고는 자기가 대답했다. "물론 그 사람입니다. 그 사람이지요. 직장에서 벌써 해직 당했습니다. 우리 아저씨께서 바로 그 편지를 받았는데 봉투에 일 루블을 넣어서 국립편찬위원회로 보내었습니다. 그래서 제가 이 일을 알지요."

모두 어쩔 수 없이 너털웃음을 웃는 멜스를 쳐다보았다. 많은 이들이 준비위원회 모임을 몇 번 가지면서, 정말 이상한 이름을 가진 이 사람과는 논쟁하지 않는 편이 낫다고 생각하게 되었다. 그는 다른 사람의 말을 경청하는 법을 전혀 모르며, 말할 때마다 목소리에 길들이기 어려운 그의 성격이 그대로 나타난다. 특히 그가 "내 생각은 그렇소"라고 선언할 때, 교수들이 말하는 식의 "내 생각에는 그런 것 같습니다"라는 표현보다 얼마나 위압적인 어조로 들리는지 모른다. 그의 자신만만한 어조에 많은 사람들이 분개했지만 또 반면에 정작 무슨 일이 있으면 연구실의 학자보다는 한 작은 공장의 공장장이었던 이 사람이 더 강하게 어려움을 딛고 일어설 것이라고 어렴풋이 느끼고 있었다. 다음 일화가 멜스 미하일로비치가 얼마나 집요한 사람인지를 말해준다. 언젠가 한 중앙 신문에 그의 성씨가 언급된 칼럼이 실렸다. 그는 이 모욕을 잊지 못하고 3년이란 세월에 걸쳐서 신문에 사과문을 싣도록 요청했다. 결국은 사과문이 게재되었다.

멜스 미하일로비치가 웃음을 멈추더니 갑자기 "곽 미하일이 훌륭한 시인입니까?"라고 물었다.

김 교수가 "어떻게 이야기하면 될까..."라며 서두를 꺼냈다.

"그냥 말해보세요. 숨길 것이 뭐 있습니까?"

"중간 수준의 시인이라고 할 수 있지요. 주로 아이들을 상대로 시를 쓰지요. 아동들을 위한 시가 더 쓰기 쉽다고 생각하는 편이죠."

"물론 아이들을 상대로 쓰는 것이 어려울 것이 있습니까?" 멜스는 한 교수의 말리려는 손짓을 의식하지 못한 채 계속 말했다. "하지만 그가 시인이라면 이건 좋은 일입니다. 문화운동에는 시인들이 필요합니다. 예를 들어 마야꼬프스끼처럼 말입니다. 각자가 자기의 전문 지식과 경험을 문화센터 일에 보태야 합니다. 말이야 누구든지 할 수 있지 않습니까?"

매우 이치에 닿는 말이었지만 아무도 그의 의견을 지지하고 싶지 않은 듯이 보였다. 그러나 멜스 미하일로비치가 누구의 승인을 필요로 하는 사람이 아니었다. 그가 자기 의견을 토로하면 아무도 그의 생각을 바꾸지 못했다.

어떻게 하다 보니 멜스 혼자만 준비위원회에서 명확하게 맡은 일이 없었다. 세르게이 미하일로비치가 그에게 앞으로 문화센터에서 경제활동을 어떻게 꾸려갈 것인가에 대해서 생각을 해보라고 제안하자 그는 단호하게 잘라 말했다. "왜 지금 생각을 합니까? 간부회에 나를 뽑아주면 그 때 생각해보도록 하지요. 지금 누구 좋은 일 시키려고 일합니까..."

멜스 미하일로비치가 준비위원회 회의에 나오지 않는 날이면 많은 사람들의 기분이 눈에 띄게 좋아졌다. 그는 마치 껍질이 벗겨진 전선과도 같이 그렇게 위태로운 사람이었다. 이 점에서 그는 주로 등 뒤에서 말하는 편인 고려인들과는 정말 다른 성격을 지닌 사람이었다.

준비위원회는 처음부터 공화국 차원의 문화센터를 설립하는 방향으로 밀고 나갔다. 그러면 더 중요하게 생각해줄 것이다. 이렇게 규모가 큰 우리나라에서는 "대규모"를 특히 존중하기 때문에, 우리도 그렇게 생각하게 되었다. 타쉬켄트에 본부를 두고 각 지역에 지부를 둔 문화센터가 수천 명의 고려인들을 끌어들이면, 무시할 수 없는 큰 힘이 될 것이라는 생각이었다. 간단하게 소규모의 발기인 그룹들을 만들어서 바로 구체적인 사업들을 시작할 수도 있다는 생각이 아예 우리 머리에는 없었다. 나중에 이 소그룹들이 합치면 되지 않는가? 전제정권이 가장 두려워하는 것이 강력한 자유단체란 사실을 깨닫지 못한 채 우리는 우리를 중요하게 생각해주기만 바랬다.

멜스 미하일로비치가 옳았다. 문화센터에는 시인들이 필요하다. 아니, 시인들은 언제나 필요하다. 누가 경종을 울리는 말로 우리 민족의 아픔과 고통을 전달할 수 있으며 누가 우리의 문제에 주의를 끌 수 있단 말인가? 소련고려인들 사이에는 그런 문호가 하나 둘 손꼽을 정도밖에 되지 않는 것을 어찌하랴. 왜 그런가? 첫째는 기본적으로 농민출신들이 러시아로 이주해왔다. 물론 지식인들도 있었으나 스탈린 하에서 제일 먼저 탄압을 받았다. 둘째로 표준모국어를 상실하면서 아름다운 러시아 문학작품의 빼어난 언어를 습득해야 했다. 이 과정을 겪는 동안 모국의 테마가 잊혀져 갔다. 예외로는 동족에 관한 글을 쓰는 작가로 알려진 김아나똘리가 있다.

타쉬켄트 작가 연맹에 속해 있는 고려인은 세 사람이다. 이미 언급했던 강대석과 곽 미하일 외에 신대실이란 사람이다. 곽씨와는 다르게 강씨와 신씨는 한국어로 작품을 썼다. 그들의 시는 기본적으로 서정시인데 가끔 러시아어로 번역되어 신문에 실리기도 했다. 그들이 매번 시를 발표할 때면 돈이 많이 들었다. 출판사에서 시작품 번역가로 일하는 사람들이 있는 힘을 다해서 이 연로한 고려인들의 돈을 뜯어내었다. "내가 갖다 바친 코냑만 해도 몇 병인지, 그래도 어쩌겠는가..."하며 언젠가 강대석 선생이 푸념한 적이 있었다. 실제로 다른 해결책이 없었다. 우리 공화국에는 한국말출판사가 없으니 어쩔 수 없지 않은가?

그런데 강대석과 신대실은 이미 예순이 훨씬 넘은 나이이며 물론 시를 써서 돈을 벌지는 않았다. 그래도 그들은 시를 썼다. 비록 그들의 시를 읽는 사람이 적다하더라도 시작에 열중할 때 시인들은 스스로 행복한 것이다. 그들은 그래도 한국시의 근원과 단절되지 않았으며 더구나 모국어로 작품을 쓸 수 있었다.

그렇지만 상실한 것을 유감스럽게 생각하려면 잃어버린 것의 가치를 알아야 한다. 어렸을 때부터 모국어를 모르고 자란 사람들은 자신이 무엇을 잃어버렸는지를 이해하지 못한다. 장님으로 태어난 이가 빛을 이해하지 못하고 노예의 아이가 자유를 모르듯이.

이 연로한 두 시인은 1930년대에 고려인들 사이에서 인기를 누렸던 최명희 시인을 잘 기억했다. 이 시인은 강제이주 직전에 내무인민위원부(3)로 끌려가서 고문실에서 비참하게 삶을 마감했다.

최명희의 딸과 아들들은 타쉬켄트에 살고 있었으며 오랜 세월동안 아버지의 존재가 망각 속으로 사라지는 것을 말없이 참고 견디었다. 그러나 탄압 받은 사람들이 복권되기 시작하면서 이 고려인 시인의 이름도 함께 복권되었다. 1950년대 말에는 모스크바에서 최명희의 시와 산문 전집이 한국어로 출판되었다. 그러나 젊은이들은 이미 그의 작품을 한국어로 읽지 못했다.

최명희를 고려인 마야꼬프스끼라고들 한다. 그의 시는 혁명과 소비에트체제를 찬미했다. 그러나 그것이 전부는 아니다. 일본의 식민통치로 짓밟힌 조국과의 이별을 노래한 시나 조국에 바친 시들도 정말 아름답다.

최명희의 자제들은 오래 전부터 아버지에 대한 기억을 영원히 남기기를 바랐다. 처음에는 탄압 당한 시인의 과부가 슬픔으로 여생을 보내었던 집단농장에 시인의 기념관을 만들려고 했다. 강대석 시인은 농촌의 문예회관이 그런 일에 맞는 장소가 아니라고 생각했지만 이 일을 기꺼이 맡았다. 그런데 집단농장 위원장이 여기에 왜 그런 것이 필요하냐고 반대를 했다. 그러자 사람들이 문학박물관을 기억해내었으며 박물관 측에서도 기꺼이 이 생각을 받아들였다.

최명희 시인을 기념하는 전시회를 공식적으로 여는 날에 우리 준비위원회도 초청을 받았다. 강대석 시인으로부터 나는 곽 미하일이 거기에 반드시 참석한다는 사실을 전해 듣고 무엇인가 좋지 않은 일이 있을 것 같은 느낌을 받았다. 세르게이 미하일로비치에게 내 염려를 털어놓았다.

"우리에게 그가 무슨 항의를 하겠소? 시인의 자제들이 우리를 초청했는데. 혹시 이 행사를 모두 곽 미하일이 조직한 것은 아니오?" 하고 그가 물었다.

"아닙니다" 나는 웃음을 터뜨렸다. "그 반대지요. 강대석 시인은 미하일이 손가락 하나 까딱 하지 않는다고 불평했습니다. 그런데 최명희와는 별도로 타쉬켄트의 시인들도 소개된다는 것을 알고 나더니 당장 자신의 사진과 책들을 질질 끌고 왔답니다."

세르게이 미하일로비치가 "곽 미하일에게 연락은 해보았소?"라고 물었다.

"연락을 못했습니다. 아마 좀 더 거창한 공식적인 계기를 마련해서 이야기를 나누는 것이 어떨까요?"

"한 번 두고 봅시다."

나는 양심에 어긋나게 행동했다. 아직도 미하일에 대한 미움이 사라지지 않았으며 그에게 전화하고 싶은 마음이 없었다.

　문학박물관에 시인의 코너를 여는 공식 기념식은 오전 열 시에 시작되었다. 기념식이 시작되기 전에 초청 받은 사람들은 여느 때와 마찬가지로 전시품들을 보고 있었다. 너덜너덜해진 세 권의 작은 책자들과 몇 가지의 개인 소장품들, 그리고 한창 젊은 시절의 잘생기고 당당한 얼굴을 가진 남자의 사진이 있었다. 이것이 전부였다. 너무나 부족했다. 그런데 현재 생존시인들의 전시품이 훨씬 더 많았다. 누렇게 바랜 최명희 시인의 변변치 못한 사진보다 세 배나 더 큰 곽 미하일의 커다란 사진은 그 자리에 도저히 어울리지 않았다.

　문학박물관 관장인 라띠뽀프 교수가 기념식을 개최하였다. 그는 고려인들에게 진심으로 따뜻한 연설을 했다. 그는 그가 살던 촌락에 처음으로 극동에서 온 이주민들이 등장하기 시작했던 시절을 잘 기억하고 있었다. 그는 이주민 아이들과 친하게 지냈고 지금까지 그 시절에 배운 단어들을 기억하고 있었다. 관장이 몇 마디를 한국말로 하자 청중들 사이에 활기가 돌았다.

　그 다음에는 강대석 시인이 연설했다. 고려 말로 하는 그의 연설을 알아들을 수 있는 사람들은 극히 적었지만 모두들 존경하는 마음에서 장내가 조용해졌다. 연로한 시인은 최명희의 시를 낭독했다. 그 시에 나오는 "트락토르"(트랙터)나 "프롤레따리아뜨" 같은 러시아 단어가 액센트가 있는 발음으로 읽혀서 그런지 불협화음처럼 들렸다.

　이상한 기념식이었다. 그의 작품을 읽지도 못하는 사람들이 그 시인의 기억을 기리려고 모였으니. 도대체 무엇이 우리들을 이곳으로 오게 했는가? 영혼의 친척인가? 돌이킬 수 없는 것에 대한 안타까움인가? 과거에 대한 기억인가? 우리의 아이들이 자라서 최명희의 시를 원어로 읽을 수 있는 그런 날이 오게 될까?

나는 이런 생각들을 하면서 곽 미하일이 연단에 나오기를 기다렸다. 그가 독자들과 만날 때 어떻게 행동하는지를 볼 기회가 내게 생긴 것이다. 처음에 그는 아무 말 없이 서류가방에서 책들을 끄집어내더니 탁자 위에 차곡차곡 쌓아 놓았다. 그리고는 손가락으로 가리키며 "다 내가 쓴 책입니다"라고 선언했다. 마치 그렇게 많은 작품을 창작해낸 것이 스스로도 놀랍다는 듯이. 그럼에도 불구하고 그가 어떻게 자기에 대한 이야기가 오가지 않는 이 자리에 나오게 되었는지가 궁금했다.

마침내 그가 말을 시작하였다. 처음에 그는 "우리는 최명희 시인의 기억을 기리기 위해서 여기에 모였습니다..." 하면서 제대로 연설을 시작했다. 그러더니 나중에 갑자기 전혀 엉뚱한 말을 하기 시작하는 것이었다. 그는 나를 향해 돌을 던지기 시작했다. 얼마나 맹렬한 기세로 돌을 던지기 시작했는지 나는 몸을 구부려 피할 새도 없었다.

"우리 소비에트 고려인 모두가 모국의 말과 문화를 부흥시킬 꿈을 꾸고 있는 이 때에, 이 모든 선의의 열정을 이용하여 자신의 야망을 이루고 사리사욕을 채우려는 작자들이 있습니다. 여러분들은 모두 내가 "쁘라브다 보스또까"에 고려문화센터 설립에 관한 소고를 게재한 것을 알고 계실 것입니다. 그런데 "레닌 기치"의 지국장이란 작자가 내게 전화를 걸어서, 아, 그자가 바로 여기 서 있군요, 뻔뻔스럽게 말하는 것입니다. 어떻게 내가 감히 그와 의논도 없이 그런 기사를 실을 수가 있느냐고 하더군요. 나중에는 이미 시작된 일에 끼어들어서 분열을 조장하는 겁니다. 나는 이 사람을 압니다. 이 사람은 고려인 집단농장에 끊임없이 나타나서 공짜로 먹고 마시고 하는 사람들 중의 하나입니다. 그런데 이 작자가 감히 오늘 우리가 모인 이 자리에 나타났습니다..."

누군가가 "저 사람 무슨 말을 하는 거요?"라고 큰 소리로 화를 내었다. 이 항의를 신호로 일제히 투덜거리는 소리가 들렸다.

"이 추한 짓을 당장 그만두지 못하겠소"라고 빅또르 니꼴라예비치가 날카롭게 소리쳤다.

곽 미하일은 당황해서 연설의 실마리를 잃어버렸다.

"나는 이 이야기를 해야만 했소. 이해하시겠습니까?" 라고 중얼거리더니 손을 한 번 탁 내려치고는 연단에서 내려갔다.

나는 분노로 온 몸이 들끓었다. 어떻게 통화내용을 그렇게 바꾸어서 말할 수 있단 말인가, 곽 미하일! 더구나 행사장에는 내가 한국어를 가르치는 사범대학 학생들이 와있는데, 이들이 어떻게 생각할 것이란 말인가? 정말 몹시 불쾌했다.

그러나 내게 마이크를 넘겼을 때 내가 정당함을 입증하려고 하지 않았다. 단지 말을 끝낼 무렵에 가서야 참지 못하고 돌을 던지고 말았다. 나는 책은 타서 없어지지 않으며 시간이 지나면 "참된" 시인들의 이름은 돌아오기 마련이라는 널리 알려진 구절을 말했다. "참된"이란 말을 특히 강조하면서 말이다.

박물관에서 이 사건이 있은 후에 세르게이 미하일로비치는 내게 단호하게 잘라서 말했다.

"곽 미하일과 화해해야 하오. 얼마 전에 내가 파이줄라예프와 대화를 나누었는데 그도 슬쩍 돌려서 말했소. 미하일이 거의 매일 시 집행위원회에 찾아와서 자기만 인정해달라고 조르고 있다는데. 미하일의 동지들과 이야기해보도록 해요. 아마 그 중에 영화촬영기사인 유가이란 사람이 있는 것 같던데. 자네가 그 사람을 알지요, 그렇지요? 그와 한 번 이야기해보도록 해요. 여하튼 당신 둘은 동료라고 할 수 있지 않소?

유가이 게오르기 그리고리예비치와 나는 서로 아는 사이였다. 그가 우즈벡 영화사에서 중요한 사람이며 동물에 관한 기록영화를 찍어서 어떤 권위 있는 대회에서 일등상까지 받았다는 이야기를 들은 적이 있다.

일 년 전에 그는 극적인 사건을 겪었는데 그가 직접 그 사건을 이야기해 주었다.

"박새를 손에 넣으면 학을 잡고 싶어 하는 법이지요. 멍청한 내가 바로 그랬습니다. '쥐굴리'를 팔고 '볼가'를 사기로 작정했지요. 마침 영화 두 편을 찍고 받은 사례도 두둑이 있었습니다. 일요일 친구와 함께 자동차 시장에 갔습니다. 자동차를 차례로 구경하면서 가격을 알아보고 있는데 누군가가 내 이름을 부르더군요. 둘러보니까 어떤 남자가 환하게 웃으면서 내게 다가오더군요. "나 모르겠어요. 사따로프입니다." 내가 어떻게 그를 알겠습니까? 어쩌면 만난 사이인지도 모르지요. 내 직업이 그러니 사람들을 수백 명은 만나는데 어떻게 다 기억하겠습니까? 그런데 그가 교활하게 눈짓을 하면서 묻는 것입니다. "아마 볼가를 사려고 다니는 거지요, 게오르기 친구." "아니에요, 그냥 구경하러 왔어요."라고 대답했지요. 그런데 사따로프가 갑자기 내 팔꿈치를 잡더니 속삭이는 겁니다. "게오르기, 당신 운이 정말 좋습니다. 비행기 조종사가 한 사람 있는데, 인도에 비행사들을 가르치러 몇 년 가 있게 되었답니다. 급하게 볼가를 판다고 합디다. 자동차는 거의 새 것이나 다름없지요. 아시다시피 비행사가 시장판에 얼굴을 내밀면 어울리지 않지요. 벌써 팔리지 않았나 모르겠어요." 가격이 얼마인지 물어보았지요. "일만 오천 루블은 지금 내시고 나머지 오천 루블은 이년 후에 인도에서 돌아오면 받겠다고 하는군요." 나는 가슴이 두근거리면서 재수가 참 좋구나 하고 생각했지요. "그런데 이 비행사와 어떻게 만나지요?" "아, 지금 이 비행사가 '로시야' 호텔에서 동료들과 함께 출국 서류를 작성하고 있습니다. 지금 그리로 가서 실제로 비행사와 만나 봅시다. 아, 금색 견장과 완장이 달린 예복을 입은 정말 멋있는 순수 러시아인이지요. 그래요, 그런 사람이 어떻게 시장 바닥에 서 있겠습니까." 라고 사따로프가 대답했다. 그러더니 다시 아침에 그 비행사 집 근처에서 만나자고 이야기하는 것이었습니다. 중앙위원회에서 서류가 빨리 나오지 않아서 비행사가 매우 서두르고 신경이 곤두서있다는 것입니다. 나도 이런 서류를 작성해본 적이 있었기 때문에 얼마나 지연이 되는지 알고 있었지요. 또 서둘러야 하기 때문에 자동차를 그렇게 싼값에 팔겠거니 하고 생각했지요.

다음날 아침 나는 다시 친구를 불러서 가르쳐준 집으로 갔지요. 아무리 기다려도 그 사람이 나타나지 않는 것입니다. 그래서 끝까지 못 기다리고 그냥 왔지요. 그런데 저녁에 전화를 해서 정말 미안하게 되었다고 용서를 비는 것입니다. 하루 종일 중앙위원회에 있었고 다행히 서류를 모두 받았다고 말하면서 내일 아침부터는 만날 수 있다는 겁니다. 그리고 자동차에 관한 서류는 함진스까야 구역에 아는 공증인이 있으니까 거기서 하는 것이 좋겠다고 제안했습니다. 그래서 그렇게 하자고 했지요. 이 사람이 얼마나 서두르고 있는지 알 수 있었습니다.

이번에는 친구에게 무슨 일이 있어서 나 혼자서 약속장소에 갔습니다. 시 검찰청 옆에 4층짜리 아파트 건물이 있었는데 거기에 실제로 비행사가 서 있었습니다. 그리고 근처에 아주 새 것으로 보이는 볼가 자동차가 있더군요. 자동차 문을 활짝 열어 제치더니 "이 멋있는 차를 마음껏 음미하십시오" 합디다. 자동차에 앉자마자 다른 것은 다 잊어버렸지요. 주행거리가 2만 5천 킬로미터밖에 안되고 긁힌 자국 하나 없고 페달도 완전히 새 것같이 빡빡했습니다. 그런데 이 비행사는 금색 견장이 달린 여름제복과 모자를 벗어서 차에 걸어 놓더니 조용조용히 이것저것 살펴보라고 충고까지 하는 것입니다. 아마 내 상태가 어떠했는지 알았던 것 같습니다. 그러더니 조금 있다가 내게 웃으면서 묻는 것입니다. "어떻게 하실 겁니까?" 사겠다고 대답했지요. 우리는 서로 합의했습니다. 비행사가 내게 자기 집에 올라가서 같이 아침을 들자고 제안하더군요. 저기 하늘색 창틀이 있는 베란다가 우리 아파트라고 하면서 손으로 가리켜 보이더군요. 그러면서 주택관리사무소에서 강요해서 할 수 없이 집수리를 하고 있다고 몇 마디 하더니 아내의 불평에 대해서도 몇 마디 하고 또 차 한 잔 하러 올라가자는 것입니다. 그런데 나는 완전히 뒤죽박죽이 되어 있을 아파트와 게다가 찌푸린 얼굴을 한 부인을 생각하니 그의 집으로 가는 것이 어쩐지 불편해서 안가겠다고 거절했지요. "차에 앉아 기다리지요." 비행사는 더 이상 권유하지 않고 빨리 집에 가서 대충 아침을 먹으면서 돈을 세고 오겠다고 말했습니다. 그리고는 내가 피나는 고생을 해서 모은 돈이 든 가방을 들고 사라졌습니다.

반시간, 한 시간을 앉아서 기다렸습니다. 기본적으로 이 남자가 차를 마시고 있겠거니 생각하면서 말입니다. 그런데 머릿속 어딘가 깊숙한 곳에서는 불안이 일기 시작했습니다. 20분이 더 지난 후에 올라가 보기로 결심했지요. 아파트 문은 열려있고 정말 수리를 하고 있었습니다. 벨을 누르자 도장공이 신문지로 만든 배 모양의 모자를 쓰고 뛰어나왔습니다. 비행사가 어디 있느냐고 그에게 물었지만 나는 이미 여기에는 어떤 비행사도 없다는 것을 스스로 알아차렸습니다. 겨우 계단을 내려와서 공중전화 박스까지 간신히 걸어갔습니다. "살려주세요. 강도를 당했어요!" 시간이 얼마 지나서 수사관이 도착해서 자동차를 수색했지요. 뒤트렁크 안에 고무덮개 밑에 이렇게 생긴 도끼가 있었습니다. 수사관이 말하더군요. "에-에, 당신 참 쉽게 빠져 나온 것입니다. 공중사무소로 가는 도중에 비행사가 누군가를 태우고 그러면 유가이 동지는 끝난 것입니다. 알겠습니까?" 바로 이 때문에 비행사가 첫 날에는 내가 친구와 같이 온 것을 보고 나타나지 않았던 것입니다. 그러면 볼가는 누구 것이냐? 어떤 교수에게서 훔친 장물이었습니다.

믿겠습니까? 나는 반 년 동안이나 제정신이 아니었습니다. 어떻게 내가 어린아이처럼 이 제복에 속는 것을 생각이나 했겠습니까? 얼굴이 화끈 달아오를 지경입니다. 특히 내가 마누라와 함께 마룻바닥에 10루블은 여기에 5루블은 저기에 쌓아놓고 엎드려서 돈을 세면서 다투고 화까지 내던 생각을 하면 너무 기분이 나쁩니다. 그런데 지금은 내가 생각해도 우습습니다. 이전에는 사기꾼들에 대한 이야기를 읽을 때 어쩌면 저런 얼뜨기가 있을까 하고 생각했습니다. 누군가 다른 사람은 몰라도 나는 그런 속임수에 넘어가지 않는다고 생각했지요. 절대로 무슨 일이든 맹세할 것은 아닌 듯싶습니다. 물론 돈은 아깝지요. 하지만 이 사건으로 배운 교훈도 귀중한 것입니다."

영광스러운 이야기이다. 나는 자신을 조롱할 줄 아는 사람을 일반적으로 좋아한다. 유가이는 물론 순진한 사람은 아니다. 그러나 이 사건이 그가 사교성이 있으며 낙천적이고 쉽게 남을 믿으며 또 친구들과 아는 사람들에게 언제나 마음을 활짝 열어주는 성격임을 이야기해준다. 바로 러시아인들의 성격이다. 무슨 말을 더 하겠는가.

나는 그에게 전화를 걸어서 오랫동안 이야기를 나누었다. 게오르기 그리고리예비치는 '그렇습니다. 대립을 그만 둘 때입니다'라면서 금방 내 말에 동의했다. 우리는 양쪽 그룹이 신문사 지국에서 만나기로 결정했다.

만나는 날이다. 반대편은 유가이와 곽씨 부부가 대표로 나왔다. 시인은 찌푸린 얼굴로 보아 조금 긴장한 듯이 보였다. 반면에 부인인 안또니나 안또노브나는 겸손하면서도 품위 있게 행동했다. 그녀는 교육학 박사이며 러시아어를 거의 액센트가 없이 말했다. 스테판 니끼포로비치가 그녀에 대해서 이렇게 말했다. "똑똑한 사람이지. 미하일이 부인 없이는 아무 일도 안 하는 데는 이유가 있지."

제일 활발한 사람이 유가이였다. 그는 활달하고 말이 많은 사람이었다.

유가이는 숨도 쉬지 않고 빠르게 말했다. "여러분들, 보십시오. 이미 우리를 보고 다들 웃고 있습니다. 고려인들이 하는 꼴을 보라고, 왜 서로 화합하지 못하느냐고 말합니다. 우리 사이에서조차 신변정리를 못하면서 어떻게 우리가 문화센터를 설립해서 사람들을 단합시키겠습니까? 무엇 때문에 우리가 싸웁니까? 권위, 존경, 지도자 자리? 그런데 아직 아무 것도 설립되지 않았으며 아직 우리 앞에는 해결할 일이 남아있는 상황입니다. 그리고 어떻게 일이 돌아갈지도 모릅니다. 어쩌면 사람들이 우리 모두를 다 거부할지도 모르지요. 우리한테 그런 사람들은 필요 없다고 말입니다…"

좋습니다. 유가이 당신이 옳습니다. 하나도 새로운 이야기는 아니지만 옳은 말이기는 합니다. 내 개인의 증오심이 내 눈을 흐리게 만들었습니다. 지금 미하일을 보니 그렇게 나쁜 남자도 아니고 우둔하게 보이지도 않으며 부인도 좋은 사람인 것 같습니다. 그 사람의 부인이 어떤 사람인지를 보면 그 사람의 성격을 정확하게 알 수 있습니다. 그리고 또 무슨 말을 하겠습니까? 우리가 그런 시인을 가진 것을. 우리 수준에 맞는 시인이지요. 시를 쓰는 일이 양파 심는 것처럼 쉽지는 않지요.

모두들 상대방을 비난하지 않도록 노력해 가면서 의견들을 말했다. 두 그룹이 합치자는 결정을 보았다. 각 측에서 정관과 프로그램을 제출해서 통일된 서류로 만들기로 했다. 이제부터 준비위원회 위원장도 없으며 문화단체의 장도 없는 것이다. 모두가 창립회의를 조직하기 위해 모인 발기인 그룹의 멤버일 뿐이다. 그러면 아무도 오해하지 않을 테니까?

곽씨 부부가 나가자 세르게이 미하일로비치가 내게 물었다.

"우리 기사가 타쉬켄트스까야 쁘라브다 신문에 곧 나오는가?"

"이 삼일 내로 싣는다고 했습니다."

""준비위원회 위원장"이란 서명을 없애고 대신 "발기인 그룹의 임원이라고 써야 하네."

나는 반대하고 싶었다. 이 기사는 오늘 이야기가 있기 전에 준비된 것이 아닌가? 그러나 세르게이 미하일로비치의 얼굴을 보는 순간 입을 다물었다. 아깝다. 내가 직접 이 기사를 준비했으며 이 글이야말로 세르게이 미하일로비치를 처음으로 독자층에 대대적으로 소개시키는 기회였다. "직책을 지워버리면 어떻게 합니까?"하고 내가 물었다.

"약속은 지켜야하네" 세르게이 미하일로비치가 단호하게 말했다.

준비위원회 위원 모두가 타협에 동의한 것은 아니었다. 특히 스테판 니끼포로비치가 타협에 반대했다.

스테판이 예고했다. "내가 그 사람을 잘 압니다. 분명 우리에게 나쁜 짓을 합니다. 무슨 일로든 싸움을 걸려고 할 것이고 한두 주일 후면 미하일이 우리와 관계를 끊을 것입니다."

"한 번 기다려 봅시다." 세르게이 미하일로비치가 결론을 맺었다.

한편 지방에서는 이 동안 무슨 일이 일어나고 있었는가? 거기에서는 고려인들이 문화운동의 시작을 어떤 식으로 받아들였는가? 우리는 준비위원회의 첫 모임에서 벌써 각 지역의 책임자 명단을 만들어 그들에게 발기인 단체를 만들라는 지시와 함께 편지를 보내었다. 그 답변으로 전화가 울려대기 시작하였다. 가장 희망을 주는 소식들이었다. 페르간에서는 인민검사국 지역위원회 부위원장인 김 레브미르 뻬뜨로비치가 발기인 그룹을 맡았다. 안지잔에서는 도로국 차장인 박 블라디미르 알렉세예비치, 우르겐치에서는 지역교통국 차장인 장 레브미르 니꼴라예비치, 나만간에서는 기술전문대학 조교수인 황 뽀뜨르 보리소비치, 사마르칸트에서는 건설관리부장인 김 아브로르 드미뜨리예비치, 그리고 쥐작에서는 타쉬켄트시 집행위원회 법률부 차장인 엄 니꼴라이가 각각 발기인 그룹을 이끄는 사람들이었다. 흥미롭게도 공산당 기관에서 일하는 고려인은 한사람도 우리 제안에 반응을 보이지 않았다.

사마르칸트와 안지잔, 나만간에서는 이미 사람들이 다녀갔으며 쥐작에서는 엄 니꼴라이를 중심으로 대표단이 다녀갔다. 이들은 우리가 고려인 모임을 가졌다는 소식을 들은 지 불과 며칠 후에 자기들도 준비위원회를 결성했던 것이다.

쥐작 사람들은 정관과 프로그램을 준비해 왔을 뿐만 아니라 제도용지에 미래의 문화센터 건물 설계도까지 그려 왔다. 이 모든 일이 일 년 전에 엄씨가 만든 협동조합을 기반으로 이루어진 것이었다.

이들의 보고에 띠모뻬이가 무척 관심을 가지면서 협동조합이 하는 일이 무엇이냐고 물었다.

"양파와 수박, 멜론을 재배합니다. 봄에 100 헥타르 정도의 땅을 임대해서 작업반을 모집하지요. 수확하면 이를 시베리아나 우랄로 보냅니다."

자연히 쥐작 사람들은 언제 공화국 수준의 창립회의가 열리는지 각 지역에서는 대표단을 몇 명이나 보내어야 하는지를 알고 싶어 했다.

우리는 그들에게 해줄 수 있는 말이 별로 없었다. 기다려야 한다. 곧 사회단체에 관한 법률이 나올 것이며 가까운 시일 내에 열릴 공화국 최고 위원회 총회에서 이를 검토할 것이다.

"하지만 아무 일도 안 하고 앉아 있을 수만은 없지요" 라고 세르게이 미하일로비치가 말했다. "모든 지역에 발기인 그룹을 만들도록 해야 합니다. 여러분 지역들은 아주 훌륭한 경우입니다. 다른 지역에서는 이제 움직이기 시작하고 있습니다."

마침내 그들이 물었다. "곽 미하일은 어떤 사람입니까?"

"어떻게 그를 압니까?" 우리는 거의 동시에 외쳤다.

우리 지역 신문에 문화단체에 관한 그의 기사가 실렸습니다. 밑에 회장이라고 서명도 했습니다. 그런데 회장이라니 이건 또 무슨 말입니까?

"아직 존재하지도 않는 단체의 회장이라고 스스로 선포한 이가 한 사람 있습니다. 하지만 지금은 우리가 연합했습니다."

"이제 이해가 되는군요. 우리는 문화단체가 벌써 만들어졌나 하고 생각했습니다."

그들이 가고 나서 세르게이 미하일로비치가 만족스러운 목소리로 말했다.

"타쉬켄트보다 지방에서 먼저 문화센터가 만들어진다 해도 놀라지 않겠네. 어쩌면 이것이 더 바른 길인지도 모르지. 처음에는 지방에, 그리고 나중에 수도에 만들면 되지."

이 동안에 "타쉬켄트 석간"이란 신문에 "샬롬 알레이홈"이라는 유태인 문화센터 창설에 관한 작은 기사가 실렸다. 나는 신문에 적힌 전화번호로 전화를 걸었다.

"아닙니다. 당분간 등록이 안 된 상태입니다. 아무도 우리를 등록시킬 생각을 안 하는군요." 하면서 유태인 센터의 회장이 웃음을 터뜨리면서 라비노비치 레프 이즈라일레비치라고 자기 소개를 했다. "하지만 등록하지 않고도 얼마든지 잘 해나갈 수 있다고 결정했습니다. 안 될 이유가 어디 있습니까? 얼마든지 할 수 있습니다. 협동조합을 통해 학교에 장소를 빌려서 지금은 히브리어와 히브리 역사, 문화를 배울 그룹들을 모으고 있는 중입니다. 어린이 악단도 만들 것입니다."

역시 유태인들은 실질적인 사람들이다. 아무런 소음 없이 합쳐서 활동을 시작한다. 그런데 우리는 어떠한가? 나는 아리뽀프한테 카잔의 타타르인, 아르메니아인, 카자흐인들의 발기인 그룹에 관한 서류가 접수되어 있는 것을 알고 있다. 모두들 우리 길을 따르고 있는 것이다. 그리고 모두들 언제 상부에서 결정을 내려줄까 하고 기다리고 있다. 그러나 유태인들은 기다리지 않았다.

띠모뻬이가 화가 나서 말했다. "우리도 그런 식으로 일해야 합니다. 왜 반드시 공화국 전체의 규모로 일을 시작해야 합니까? 지금 우리는 주시 당하고 있습니다. 우리가 곽 미하일과 함께 소란을 일으켜서 위에서 더 좋아하고 있는지도 모릅니다. 보십시오. 우리는 화합도 못하고 있습니다. 그런데 문화센터를 만들려고 하고 있으니!"

그러나 세르게이 미하일로비치와 나는 우리가 바른 길을 가고 있다고 생각했다. 지금은 타쉬켄트의 준비위원회에 대해서 모든 곳에서 다 알고 있지 않은가? 알마아타와 프룬제와 레닌그라드에서도 전화가 왔다.

우리 지국이 그렇게 많은 편지를 받아보기는 처음이었다. 그리고 거의 모든 편지가 한국어 교과서를 보내달라는 요청이었다. 그러나 우리는 아무런 도움도 줄 수가 없었다. 유일한 교과서가 1960년대 초에 출판되었기 때문이었다. 나는 가푸르 굴럄이란 출판사가 아직도 자료를 가지고 있는지 문의해 보았다. 교과서를 출판한지 사반세기가 훨씬 넘었다는 대답이었다.

이 교과서의 공동저자 중의 한 사람이 김 교수였지만 그의 한국어 실력이 뛰어난 것은 아니었다. 김 교수는 이 교과서를 주로 쓴 사람이 고 김병수이며 자신은 방법론 분야만 관여했다고 솔직하게 말했다. 계획에도 없는 교과서를 다시 간행하려면 대단히 높은 곳에서 결정을 내려야만 가능할 것이다.

1960년대 초 니자미사범대학의 한국어문학과에서 4회에 걸쳐 졸업생을 배출한 적이 있다고 이미 앞에서 이야기한 적이 있다. 그러나 나중에는 이 학과가 없어졌다. 60명이 넘는 졸업생들 중 학교에서 고려 말 선생님으로 일하는 사람은 오직 두 사람뿐이다. "뽈리또쯔젤" 집단농장의 최 스베뜰라나 세르게예브나와 타쉬켄트의 이 나제즈다 니꼴라예브나가 이들이다. 졸업생들 중에 몇 명은 "레닌 기치" 편집국에서 일했는데 주로 기술적인 일을 담당하였다. 그런데 오직 한 사람, 최 예브게니 스떼빠노비치만이 진짜 번역가가 되었다. 어렸을 때부터 모국어로 말하고 공부한 사할린 출신들이 그와 함께 일했는데 예브게니의 실력이 그들과 비슷했다. 그의 예를 보고 나는 대단한 감동을 받았다.

83년에 나는 나제즈다 니꼴라예브나와 함께 고려말 교육의 문제에 관한 기사를 준비한 적이 있다. 이 기사에서 교과서와 교사양성에 관한 문제들을 다루었다. 이 기사가 한국어로 실렸기 때문에 나는 번역문과 함께 이 기사를 교육부로 보냈다. 실질적이며 의미심장한 답변이 왔는데 이런 일은 아주 드물었다. 이 편지는 사범대학이 다시 한국어문학과를 개설하기로 결정했으며 교과서를 다시 출판하는 문제도 시급하게 결정할 것이라는 내용이었다. 그리고 그 때서야 나는 이 모든 일이 이전에 "한국어문학과"에서 가르쳤던 남 펠릭스 블라디미로비치의 주도로 이루어진 것임을 알았다.

펠릭스 블라디미로비치는 나와 그냥 그렇게 아는 사이가 아니다. 어린 시절에 우리는 한 아파트에서 살았다. 그는 언어학자이자 동양학 전문가로서 한 때 사할린에서 근무하다가 1950년대 말에 타쉬켄트로 옮겨왔다. 고려인들 중에서 나는 그렇게 잘 생긴 남자를 본 적이 별로 없다. 넓은 어깨와 큰 키에 언제나 모자를 쓰고 다니며 인사를 할 때는 항상 모자를 약간 들었다. 그는 서양장기를 정말 잘했다. 그 시절에는 집집마다 "체스 열풍"이 대단했는데 우리 아파트에 사는 사람들도 저녁마다 체스 판에 승부를 걸곤 했다. 펠릭스 블라디미로비치가 단연코 인정된 챔피언이었으며 그가 체스를 하려고 앉으면 그 주위에는 언제나 사람들이 구름같이 모여들었다.

그는 앞길이 창창한 젊은이였으며 당연히 석사와 박사 학위를 받게끔 되어있었다. 그러나 그의 인생이 무엇인가 그대로 되지 않았으며 학자의 길이 그를 비켜가 버렸다. 그래서 그는 박사가 되지 못했다. 세월이 흘러서 나는 어떤 잔치 자리에서 그를 보게 되었다. 이 자리에서 나이가 든 내 이웃이 장황하게 연설을 했다. 근처에 앉아 있던 한 고려인이 냉소적으로 말했다. "당연하지. 남선생님 연설 없이 어떻게 지나간담." 내가 어렸을 적부터 알았으며 언제나 흠모해왔던 그 사람에 대한 이 말 때문에 나는 매우 속이 상했다.

펠릭스 블라디미로비치는 레닌기치에 난 기사를 어떻게 알고 곧 나에게 전화를 했다. 그리고 그 때서야 내게 사범대학에 한국어문학과 부활을 위해서 이미 일 년 정도를 뛰어다녔다고 알려주었다. 편지를 보내지 않은 곳이 없고 찾아가지 않은 사람이 없었다는 것이다. 그는 소련 정부의 교육부장관까지 만났다.

1985년에 "한국어문학과"가 다시 문을 활짝 열었다. 그리고 일 년 후에 펠릭스 블라디미로비치가 내게 시간강사 자격으로 고려 말을 가르치는 것이 어떠냐고 제안했다. 나는 자격이 안 된다는 이유로 할 수 있는 데까지 거절했지만 결국에 그는 나를 설득했고 전력을 다해서 도와주겠다고 약속했다.

그와 함께 일하면서 나는 어렸을 때의 인상이 모두 옳은 것이 아니라는 것을 알게 되었다. 조용하고 확신이 있으며 분명하고 논리적으로 의견을 정리할 수 있는 겉모습 뒤에는 병적인 자존심과 다른 의견을 참지 못하는 성격이 숨어있었다. 특히 술을 몇 잔 마신 뒤에는 그의 이런 면이 특히 심하게 나타났다.

건강이 점점 나빠졌으며 기침이 끊임없이 그를 괴롭혔지만 그는 계속 완강하게 술과 담배를 했다. 일 년에 한 번은 병원에 입원했으며 그 이후에는 조금 나아지는 듯 했지만 오래가지 못했다. 나는 그와 함께 네 학기를 일했으며 1988년 가을부터는 이미 스승 없이 해나가기 시작했다. 그러나 펠릭스 블라디미로비치는 은퇴한 후에도 계속해서 자신의 피붙이나 다름없는 "한국어문학과"를 도와주었다. 이때는 이미 여러 명의 교수들이 모였으며 교수단을 구성하는 단계에 들어서 있었다. 나제즈다 니꼴라예브나와 스베뜰라나 세르게예브나, 그리고 그들과 동기생인 문 갈리나 알렉세에브나가 교수진에 충원되었다. 그리고 우리 신문의 특파원으로 일했던 명월봉과 전직 교사였던 심수철 등 두 명의 원로도 함께 가르쳤다. 우리는 방법론이나 기본적인 교과서나 사전도 없이 각자가 알아서 나름대로 방법을 강구해서 가르쳤다. 첫 해에 나는 김병수의 책을 사용했으나 나중에는 평양에서 외국인을 위해 편찬한 교과서를 어렵게 손에 넣었다. 이 보다 나은 교과서를 아직 보지 못했다.

준비위원회가 모일 때마다 물론 모국어 부활과 교과서, 자습서, 사전, 참고서 등의 출판에 대해서 많은 토의를 했다. 그리고 말로만 그치지 않고 일을 시작할 수도 있었을 것이다. 예를 들면 한국어 강좌를 개설하기 시작하는 것이다. 그러나 우리는 이 모든 일을 나중으로 미루었다. 우리는 문화센터설립문제에 더 전력을 기울였으며 문화센터가 만들어지면 모든 당면한 문제들이 다 해결되리라고 생각했다.

이제 두 그룹이 합쳐졌으니 일이 더 빨리 진척되어야한다. 그러나 아직 하지도 않고 했다고 절대 말하지 말라... 싸우지 않고 공통의 집을 지을 수 있다면 고려인이 아니지.

─ 역주 ─
(1) 소련사회에서 한때 유행했던 풍자 이야기 시리즈 중의 하나이다. 우리나라의 만덕이 시리즈와 같은 종류이다.
(2) 러시아인들이 부르는 '신부에게 개가 한 마리 있었다네. 신부는 그 개를 무척 사랑했네. 그 개가 고기 한 덩어리를 먹어 버렸네. 신부는 개를 죽여 버렸다네'라는 노래를 한 구절 바꾸어 부른 것임.
(3) 내무인민위원부 ── KGB의 전신.

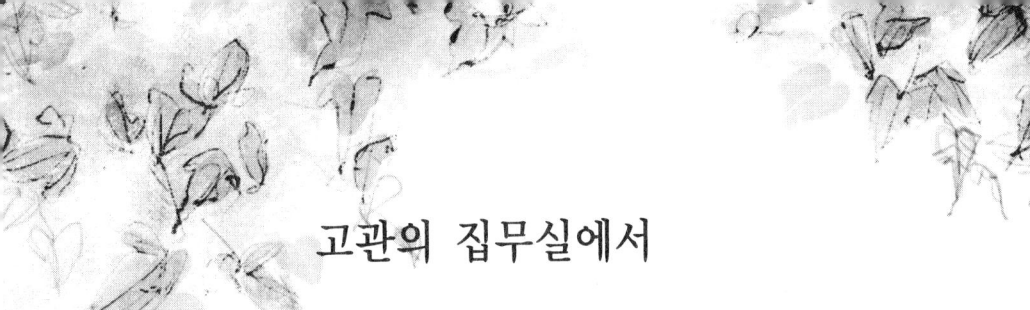

고관의 집무실에서

화해는 2주일 동안 지속되었다.

곽 미하일의 집에서 한 번 더 모임이 있었다. 나는 출장을 핑계로 가지 않았다. 사실은 도저히 그의 집에 갈 수가 없었던 것이다.

며칠 후 나는 김병화 집단농장에 갈 일이 있었다. 공산당위원회 서기인 박 비딸리와 이야기하는 도중에 우연히 그전 날 곽 미하일이 중앙TV 방송국 기자들과 함께 여기를 다녀간 것을 알게 되었다. 고려예술 동호인 가무단의 공연을 촬영했다고 한다. 나는 무엇인가 의심이 가서 타쉬켄트로 돌아오자마자 중앙텔레비전방송국 특파원인 무흐타르 가니예프에게 전화를 걸었다. 그는 과연 곽 미하일과 함께 "120분"이란 방송 프로를 위한 자료준비를 위해 집단농장을 다녀왔다는 것이었다.

"그런데 곽 미하일이 무슨 자격으로 나왔지요? 혹시 고려문화센터 위원장이라고 말하지 않았습니까?"라고 내가 물었다.

"물론이죠. 그래서 그와 함께 갔던 것이지요. 그런데 무슨 일입니까?"

나는 그에게 문제의 핵심을 설명해주었다. 아직 어떤 단체도 만든 것이 없으며 오로지 준비위원회만 존재하는 형편이고 곽 미하일은 이 위원회와 아무 상관도 없는 사람이라고 말해주었다. 우리가 니샤노프에게 보낸 편지와 그의 결정에 대해서도 이야기해주었다.

"전화해주어서 고맙군요. 인터뷰를 잘라내도록 해보지요." 무흐타르가 내 이야기를 듣고 당혹해하며 말했다.

정말 이상하게도 곽 미하일의 행동이 나를 괴롭히기는커녕 오히려 즐겁게 해주었다. 이렇게 우리는 남의 재액에 기뻐하는 것이다. 내가 이미 말하지 않았느냐고, 이 기회주의자 시인을 진실로 믿어서는 안 된다고 말이다.

세르게이 미하일로비치는 내 보고에 아주 조용히 반응했다.

"스스로 창피하게 느끼도록 내버려두게. 신경 쓸 가치도 없네. 우리 일이나 하세. 공식적으로는 그와 연합한 것이니 마치 아무 일도 없었던 것처럼 보이는 게 좋겠네."

나는 삶의 경험으로 현명해진 이 사람의 말을 들었어야 했다. 그러나 내 마음속의 공정성이 나를 그대로 내버려두지 않았다. 그래서 저녁에 곽 미하일에게 전화를 걸고야 말았다.

나는 그에게 말했다. "도대체 어떻게 하면 그렇게 간교하게 우리 약속을 어길 수가 있습니까? 어디서도 준비위원회 회장이나 문화센터 회장을 들먹이지 않겠다고 합의를 보지 않았습니까?"

곽 미하일은 그가 어디서 자신을 회장이라고 소개했느냐고 묻지도 않고 버럭 화를 내었다.

그는 수화기에 대고 소리를 질렀다. "아니, 내가 같이 농담이나 지껄여도 되는 상대로 생각하는 모양인데, 감히 어떻게 그런 생각을 하는 거요. 나는 책을 수십 권이나 출판했고 열다섯 개 공화국에서 내 책을 번역했소 그런데 나와 맞먹을 참이오? 잘 보시오. 내가 공금을 유용한 세르게이 미하일로비치 총장과 함께 당신을 세상에 폭로할 테니 두고 보시오!"

나는 그가 하는 말을 조용히 다 들은 후에 욕을 해주었다.

"우선 사람이 되고 나서 시인이 되어야지요. 내일 텔레비전에 당신은 안 나올 거요. 중앙위원회가 지시해서 당신 인터뷰는 잘라버렸소."

중앙위원회란 말을 내가 왜 지어내었단 말인가? 그러나 어떻든 그날 저녁 나는 기분이 좋았다. 이제 "회장"이 펄펄 뛰고 있겠지.

가니예프는 약속을 지켰다. 화면이 재미있게 처리되었다. 곽 미하일이 마이크로 무슨 말인가 하고 있는데 아나운서가 대본을 읽고 있어서 곽씨가 무슨 말을 하는지는 통 알아들을 수가 없었다.

나는 미하일이 공산당 중앙위원회에 해명을 하러 뛰어가리라고는 생각지도 못했다. 그래서 중앙위원회의 이데올로기부장이 세르게이 미하일로비치와 띠모뻬이 천소노비치와 함께 나를 호출했을 때도 나는 부르는 이유를 이 에피소드와 연결을 시키지 못했다. 오히려 우리 일이 중앙위원회에까지 알려졌구나 싶어서 기분이 우쭐해지기까지 했다. 특히 부장이 학창시절에 세르게이 미하일로비치에게 배운 적이 있는 사람이라는 사실 때문에 더 힘이 났다. 그러나 그럼에도 불구하고 마음이 불안해지기 시작했다. 높은 사람의 사무실에 불려 갈 때 누구나 느낄 수 있는 그런 불안감 말이다.

기자라면 누구나 다 당 조직에 종속된 것을 느끼는 경험을 가진다. 결국에는 대중매체의 모든 수단이 중앙위원회 선전부의(페레스트로이카 이후에 이데올로기부로 이름이 바뀌었다) 통제 하로 들어간다. 마치 포효이든 으르렁거리는 낮은 소리든 어떤 괴물의 소리가 언론의 작품에 그대로 메아리쳐서 울려 퍼지는 것과 같다. "중앙위원회가 지시했네"라든가 "중앙위원회가 그렇게 생각하네"라는 말이 편집장들의 입에서 떠나지를 않았다. 중요한 기사는 모두 이 눈이 백 개가 달린 괴물의 입을 피해서 지나갈 수가 없었다. 만일 중앙위원회에서 일하도록 기자들을 뽑아 가면 2년쯤 지난 후 이들이 돌아올 때는 반드시 승진이 된다는 것은 믿어도 되는 사실이다. 대중매체의 장들 중에서 중앙위원회를 거치지 않은 사람은 한 사람도 없다.

어떤 신문이든, 공산당 기관이나 직업연맹, 공산당 청년동맹의 기관지들조차도 출장을 가기 전에는 우선 공산당의 사회담당 직원과 만나는 것이 보편적인 순서였다. 소비에트 언론이 조선인민공화국 기자들의 수준으로 퇴화하지 않은 것이 정말 이상할 뿐이다. 모든 기사가 "위대한 김일성 수령 동지께서 말씀하시기를..."이란 구절로 시작한다. 그는 거의 모든 일에 대해서 다 이야기하는데 이는 위대한 수령 동지께서 모르는 일이 없기 때문이었다. 그런데 레닌으로부터 시작하여 고르바초프로 끝나는 우리의 수령 동지들께서도 마찬가지지 않은가?

내가 중앙위원회 직원과 처음 만났던 일이 오랫동안 기억에 남는다. 나는 그 당시 청년신문에서 막 일을 시작한 참이었다. 어느 날 고참 서기인 유라 자랴세프가 사무실로 뛰어 들어오더니 "여보게들, 어디 빈 술병이 굴러다니지 않는지 빨리 살펴보게, 중앙위원회 부장이 수색을 시작했네."라고 소리쳤다. 우리는 장난인줄 알고 웃음을 터뜨렸다. 그 중에 누군가는 "우리는 직장에서 음주하지 않습니다요"라고 농담까지 했다.

그러나 몇 분이 지나자 정말로 제복을 입은 건장한 남자가 들어오더니 한마디도 하지 않은 채 벽장들을 마구 뒤지더니 나중에는 먼지투성이인 옛날 신문철이 들어 있는 천장의 붙박이장 속까지 뒤지는 것이었다. 부편집장이 잔뜩 겁을 먹은 채 우리를 보았다가 손님을 보았다가 하면서 잘못한 것이 혹시 없는지 알고 싶어 했다. 이해할 만도 했다. 석 달 동안 편집장 "대행"으로 일해 온 그의 승진문제가 아직 결정되지 않은 상태였다.

중앙위원회 직원은 그런 식으로 말없이 다른 사무실로 행차했다. 그리고 결국에는 포도주병을 두 병 찾아내었으며 오랫동안 여기 저기 회의와 관청에서 우리 편집국을 비난하였다. 당연히 부편집장은 편집장으로 승진하지 못하고 시 공산당위원회의 교관으로 강등되었다.

내가 두 번째로 중앙위원회 직원과 마주치게 된 것은 부하라 지역에 출장을 갔을 때였다. 그가 나를 어떻게 알고서는 자기와 얼마동안 일하지 않겠느냐고 제안했다. 그 사람의 성은 라쟈보프였는데, 국방부의 민중체육에 관한 일을 맡고 있었다. 그의 요청에 따라 편집부에서 나의 출장기간을 연장해주었으며 나는 일시적으로 그 지역 DOSAAF(전 소연방 육해공군 후원회)의 활동을 감찰하는 중앙위원회 직원의 보좌관으로 일하게 되었다. 내게 맡겨진 임무란 DOSAAF의 활동에 대한 정보를 처리해서 종합보고서를 작성하여 편집, 출판하는 일이었다.

아침마다 DOSAAF 지역위원장인 사조노프 대령이 호텔에 와서 아침식사를 하러 우리를 데리고 나가곤 했다. 그런 후에 우리는 그의 부서로 가서 보고서를 받아서 서류를 샅샅이 조사하곤 했다.

그 날도 여느 때와 다름없는 날이었다. 단지 아침에 대령이 일요일이니까 술을 조금 하자고 제안했을 뿐이었다. 라쟈보프 동지는 배가 아프다는 핑계로 술을 못한다고 했으며 우리 더러는 "마시게, 사양하지 말고"라고 말하면서 너그럽게 허락해 주었다.

2월이었으며 꽁꽁 얼어붙은 아침이라 "별다섯"이(1) 딱 어울리는 때였다.

위원회 건물 입구에서 두 사람이 우리를 맞이했는데 그 중에 한 사람인 장교가 경례를 올리면서 라쟈보프에게 말을 건네어도 되는지 대령의 허락을 받은 후에 빠른 어조로 단조롭게 말했다. "중앙위원회의 위원동지, 동지의 명령을 수행하였습니다! 이것이 DOSAAF 지역위원회의 감찰보고서입니다."

라쟈보프 동지는 길에 선 채로 손으로 쓴 보고서를 대충 훑어보기 시작했다. 그러더니 곧 눈살을 찌푸리는 것이었다.

"그런데 잘못된 점을 지적한 것은 어디에 있지요?"라며 그가 낮은 소리로 물었다. 하지만 모든 사람들이 오싹 소름이 돋게 하는 목소리였다. "어디에 결함이 있느냐고 묻지 않소?"

"죄송합니다. 중앙위원회 위원동지, 하지만 모든 것이 다 제대로 되어 있었습니다." 장교가 약간 당황한 어조로 대답하면서 평복 차림인 동료를 한 번 쳐다보았다. 대화가 이런 식으로 진행되리라고는 기대하지 못했던 듯이 보였다.

"아, 그렇군요! 그러면 결함이 없단 말인가요? 정말 엉터리로 검토하였군요. 그런데 어떻게 서 있습니까? 술에 취한 것 같은데요."

"절대 아닙니다. 중앙위원회 위원동지." 대위가 부인했지만 무엇인가 석연치 않은 구석이 있었다.

"아, 어떻게 술을 안 마셨다고 말하고 싶은 건가요?"

"절대 안 마셨습니다. 중앙위원회 위원 동지..."

"좋습니다. 지금 경찰에 전화해서 정밀 감정을 해보도록 하지요." 라쟈보프는 그렇게 말하더니 단호하게 입구로 걸어가는 것이었다.

이 대화가 오가는 동안 대령과 나는 숨을 내쉬지 않으려고 안간힘을 썼다. 이 추운 겨울날의 공기에 우리에게 나는 술 냄새가 3 리는 족히 갔을 것이니까.

문 옆에서 라쟈보프 동지가 손짓으로 나를 불렀다. 바로 입구에 전화기가 놓여있었으나 "중앙위원회 위원동지"께서 채 수화기도 들지 못했다. 겁을 잔뜩 집어먹은 대위가 전화기를 두 손으로 꽉 누르고는 애원하기 시작했던 것이다.

"잘못했습니다. 제가... 날씨가 너무 추워 딱 한 잔만 마셨습니다."

"아-아, 그러면 결국은 마셨다는 거지요." 라쟈보프가 의기양양하게 말했다. "이런 식으로 일하면 어떻게 되는지 알지요? 지금은 당신하고 이야기하는 것조차 싫으니 이 엉터리 보고서를 들고 가서 다시 작성하시오. 그리고 내일 아침 아홉 시 정각에 호텔로 보고서를 갖고 오시오, 알겠소? 뒤로 돌아 갓!"

불쌍한 처지에 빠진 대위가 그 다음 날 명령을 수행한 것은 말할 필요도 없다 라쟈보프 동지는 새 보고서를 읽더니 마음에 드는 지 흠 소리를 내었다. 이 젊은 장교는 잔뜩 눌린 기세였다.

그리고 마지막으로 내가 이야기하고 넘어가야 할 사건이 하나 있다. 어느 가을이었다. 당시는 목화수확이 한창일 때였으며 당 조직이 수천 명의 학생들과 시민들을 동원하여 목화수확을 돕고 있었다. 신문, 잡지사들이 다 모여 있는 공산당중앙위원회출판국도 예외가 아니었다. 예를 들면 휴일마다 우리 직원들이 아홉 명씩 조를 짜서 목화수확을 하러 나갔다. 그런데 어느 날 나는 목화밭으로 가는 버스를 놓쳐버렸다. 편집장이 나를 조장으로 임명했던 터라 더욱 마음이 편치 못했다. 화가 나서 집으로 돌아가려던 참에 우연히 우즈베키스탄 소비에트직업연맹이 들어있는 건물 옆에 "목화재배종사자"라는 표를 단 버스가 눈에 띄었다. 그러자 내 머리에 얼른 이 노동계급의 수호자들도 우리 언론인들이 간 곳으로 갈 것이라는 생각이 들었다. 버스를 타고 집단농장에 도착하니 바로 여기서 중앙위원회출판국 직원들이 일하고 있다는 것이었다.

"중앙위원회요? 이 길을 따라서 쭉 가시다가 왼 쪽으로 돌아가면 보이실 겁니다."라고 한 사람이 말해 주었다.

가르쳐 준대로 찾아갔다. 정말 왼쪽 멀리 익어서 터진 목화꼬투리로 온통 흰색으로 빛나는 밭이 보였다. 사람들이 목화를 거두고 있었다. 가까이 다가가자 이상하게도 아는 사람이 한 사람도 보이지 않았다. 모두들 건장해 보였으며 모자를 쓰고 서두르지 않고 일하고 있었다. 나무그늘에는 흰 가운을 입은 요리사들이 커다란 솥 주변에서 일하고 있었으며 옆에는 문이 활짝 열린 냉장고가 놓여 있었다. 무엇인가 아니구나 싶은 생각이 들었다. 알고 보니 아니나 다를까 중앙위원회 간부들이 몸소 목화수확운동에 참여하고 있는 것이었다. 당 고위간부들이 밭이랑을 따라 게걸음을 하는 것을 보는 사람도 흔치는 않을 것이다. 여섯 명마다 한 사람씩 감독자가 딸려 있었다. 아마 부장들인 것 같았다. 이들은 밭 가장자리에 서서 이따금 소리를 질렀다. "카림, 목화가 뒤에 떨어졌소, 마지막 한 송이까지 다 거두어들여야 해요." 잘못을 저지른 이가 재깍 돌아서서는 말했다. "죄송합니다. 죄송합니다."

맛있는 냄새가 나는 요리가 꼴깍꼴깍 소리를 내며 끓고 있는 큰 솥 옆에 집단농장 위원장과 당 위원회 서기가 서 있었다. 두 사람 다 넋을 잃은 듯한 얼굴이었다. 내가 신문사에서 온 것을 알고 나더니 분주하게 뛰어다니기 시작했다. 나는 그들에게 길까지 태워줄 수 있냐고 물었다. 나중에 나는 왜 타쉬켄트까지 태워달라고 말하지 않았는지 후회했다. 그런 상태라면 달나라까지도 태워주었을 테니까.

그 당시 나는 순진하게도 왜 중앙위원회 간부들이 목화수확을 앞장서서 지도해서 타의 모범이 되지 않고 대신에 그런 구석진 장소에 따로 떨어져서 일하고 있을까 하고 의아해했다. 공산주의자란 앞장을 서는 사람이며 어려운 곳을 찾아가는 것이 그들의 유일한 특권이라는 생각이 아직도 내 마음속에 살아있었던 것이다.

중앙언론특파원당조직의 차석 서기이며 신문사 지국장의 자리에 있었던 나는 여러 번 중앙위원회 직원들과 만날 일이 있었다. 그들 중에는 일을 잘 아는 사람들도 있었지만 대부분은 다른 이들에게 본능적인 두려움을 갖도록 만드는 사람들이었다. 얼마 동안은 평화스럽게 으르렁거리기만 할 수도 있는 맹수 같은 사람들이었다. 바로 그래서 이데올로기부 부장을 만나러 가는 것이 자존심을 만족시켜주는 것 같으면서도 한

편으로는 내심 불안하였다.

저녁 여섯 시였다. 길에는 이미 12월의 이른 황혼이 짙게 깔려 있었다. 거대한 중앙위원회 건물의 창문이 온통 환하게 빛나고 있었다. 최고 당기구가 지칠 줄 모르고 일하고 있는 것을 한 눈에 알아볼 수 있도록. 스탈린 시절에는 주로 밤에 일을 했다고들 한다.

방문증을 발급하는 곳에서 우리 세 사람은 곽 미하일과 마주쳤다. 우리는 우리를 부른 이유가 무엇인지 당장 알아차렸다. 시인은 유가이와 함께였다. 미하일은 우리에게 인사도 하지 않고 경멸하는 듯한 태도로 옆으로 돌아섰다. 그러나 촬영기사인 유가이가 금방 활기를 불어넣었.

그는 머리를 설레설레 흔들면서 말했다. "이게 무슨 수치란 말입니까? 중앙위원회까지 말이 들어가다니요. 어떻게 이런 지경이 되도록 내버려두었단 말입니까?"

"당신들이 저지른 일이 아닙니까?"라고 띠모뻬이가 순진하게 물었다.

"우리가 왜 그랬겠습니까? 그들이 먼저 다 알고 있는데요. 내가 미하일에게 헛수고 그만 하라고 항상 이야기하지요. 그러나 그는 누구 말도 듣지 않습니다. 오로지 자신을 고려문화운동의 지도자로 생각할 뿐입니다. 여기서 우리 서로 화내지 말고 중앙위원회 앞에서 웃음거리가 되지 않도록 합시다." "바로 당신들이 다니면서 불평을 늘어놓지 않았습니까?" 라고 나는 증오심에 가득 차서 말했다.

"신에게 맹세컨대 그들이 어디서 우리 불화에 대한 이야기를 들었는지 나는 모릅니다."

그러나 나는 이 일이 곽 미하일의 관여 없이 이루어졌을 리가 없다고 확신하고 있었다.

둔탁한 발자국 소리가 나고 두꺼운 양탄자가 깔린 긴 복도를 따라 삼십 미터 정도를 걸어가자 우리가 들어갈 사무실 문이 나타났다. 문에 "살라후지노프 아크바르 살라후지노비치"라고 쓰인 명패가 붙어 있었다.

나는 이미 이데올로기부장이 다른 지방 출신이며 페레스트로이카 바람을 타고 중앙위원회에 들어온 공산당 역사연구소의 냉정한 학자 출신임을 알고 있었다. 공산당 청년동맹과 당 하급기관 등등, 정해진 길을 밟고 경력을 쌓아온 특권계급 출신 간부들의 번들거리는 얼굴에 비하면 신참자의 외모는 사뭇 다르게 보였다. 그는 야윈 농부의 얼굴에 대강대강 면도를 하고 비듬인지 담뱃재인지 하얀 것이 잔뜩 묻어 있는 헐렁한 양복을 입고 있었다. 경험 많은 당 간부처럼 자기가 대단한 사람인 척 하지도 않았고 또 단순한 척 하지도 않았다. 한 가지 어색할 정도로 사무적인 면이 마치 누군가가 칸막이 뒤에서 사무실 주인을 감시하고 있는 것 같이 느끼게 했다.

살라후지노프는 우리 모두와 악수를 하면서 인사를 나누었다. 세르게이 미하일로비치에게는 이름과 부칭을 함께 부르면서 어떻게 지내시느냐고 전통적인 인사말을 건네었다.

사무실에는 다른 이가 한 사람 더 있었는데 크지 않은 키에 온순한 얼굴이었으며 가끔씩 당혹스러운지 홍조를 띠곤 했다. 사무실 주인이 그 사람을 역사학 박사인 강 미론 뻬뜨로비치라고 우리에게 소개했다. 그는 세르게이 미하일로비치와는 아는 사이였다.

살라후지노프는 연기를 깊이 들이마시면서 담배를 피웠다. 누런 손가락으로 보아서 상당한 애연가임에 틀림없었다. 우리들에게도 담배를 권했지만 아무도 따라서 담배를 피우지 않았다.

"나는 고려인들에게 항상 호감을 가지고 있습니다." 그가 미소를 띠며 말했다. "그리고 고려인 친구들이 많습니다. 여기 강 미론 뻬뜨로비치도 저희 은사이십니다. 그리고 당신들이 민족부흥문제를 해결하려고 나섰다니 저로서도 무척 기쁜 일입니다. 우리 중앙위원회도 이 문제를 다루고 있는 중입니다. 중요한 것은 서두르지 않으며 필요 없이 떠들썩하게 압력을 가하지 않는 것입니다. 지금 고려인 사회에는 주최 측이 두 군데가 있다고 들었습니다. 내 생각에는 전혀 나쁜 것만도 아닙니다. 그러나 이 두 그룹이 서로 적대시하기 시작한다면 아무 소용이 없습니다. 무엇 때문에 싸우느냐고 다들 묻고 있습니다. 두 그룹 모두 동일한 문제를 해결하고자 하는 것이 아닙니까?"

살라후지노프는 꽁초로 다른 담배에 불을 붙이고는 얼마동안 기침을 했다.

"우리 중앙위원회는 이런 불화에 대해서 걱정하고 있으며 조금은 놀랍기도 합니다. 고려인들은 언제나 조용하고 사무적인 사람들인데 이런 일에서 타협이 안 되는 불화가 생기다니, 영 좋지 않습니다. 힘을 합해야 올바른 것이 아닙니까? 어떻게 생각하십니까, 세르게이 미하일로비치?"

"전적으로 동의하는 바입니다, 아크바르 살라후지노비치."

"당신은 어떻게 생각하십니까, 미하일 이바노비치."

"물론 지당하신 말씀입니다. 그러나 아시겠습니까, 내가 이미 문화단체를 만들었는데 말입니다..."

"잠깐만 기다리십시오" 살라후지노프가 명령적으로 손을 들면서 말했다." 지금은 누가 먼저 문제를 제기했는지, 아니면 주최 그룹을 만들었는지가 중요한 문제가 아니라고 생각합니다. 중요한 것은 일이 정상적으로 이루어지는 것입니다. 만일 모든 민족들이 서로 우리 편과 다른 편으로 나뉘어 서로 싸운다면 어떻게 되겠습니까? 문화센터설립까지 가지도 못할 것입니다. 그래서 우리는 지금 소수민족에 관한 문제를 집중적으로 다루는 다민족(多民族) 관계 부를 만들었습니다. 현재까지 아홉 개의 민족이 문화센터를 창설하기 위한 조직위원회를 만들었으며 모두 정상적인 환경에서 일하고 있습니다. 솔직하게 말하면 고려인 사회에서 이런 나쁜 상황이 벌어지리라고는 예견하지 못했습니다. 그렇게 똑똑하고 믿음직한 사람들이 정말 일은 안하고 누가 더 빨랐는지, 누가 더 나은지 가려내려고 하다니 대단히 보기가 안 좋습니다. 여기서 결정적으로 합의를 보고 힘을 합치도록 합시다. 지금 민족주의라는 명목을 이용해서 몇몇 사람들이 정치적인 이득을 얻으려 하고 있습니다. 그래서 민족문화센터 설립이 엄격한 통제 하에 조직적으로 이루어져야 한다고 생각합니다."

살라후지노프는 연설 도중에 "중앙위원회", "페레스트로이카", "민주주의"라는 단어를 섞어가며 십 분 정도를 더 이야기했다. 여하튼 당 간부들과 학자들이 아무 소득이 없는 이야기를 길게 늘어놓는 능력이 있는 것을 보면 놀랍기만 하다. 우리는 문화센터 설립의 구체적인 조직이나 기한들, 당과 소비에트 기관의 도움 등에 대해서 듣기를 원했으나 이에 대해서는 일언반구도 없었다.

나는 자주 회의의 의장단에 앉은 당 관리들을 관찰할 기회가 있었다. 마치 졸고 있는 것처럼 보여도 말할 차례가 되면 이내 제기된 문제에 관해 "궤도에 들어와 있었다." 아주 순조롭게 매끈한 연설이 줄줄 나오는 것이다. 그는 한 시간이고 두 시간이고 계속 말할 수 있으며 아무도 그의 말을 가로막지 못한다. 왜냐하면 그의 등 뒤에는 당의 권위가 있으니까. 그리고 당은 절대로 실수하지 않으며 당의 결정은 모든 소련 사람들에게 자명한 이치이니까.

"우리는 상황을 얼마동안 분석해 보았고 그래서 다음과 같은 결론을 내렸습니다." 살라후지노프가 잠깐 말을 멈추었다. 우리 모두 주의를 기울여 그가 하는 말을 들었다. "그런데 두 그룹이 하나로 합칠 뿐만 아니라 중립적인 인물을 회장으로 뽑으면 어떻겠습니까? 예를 들면 강 미론 뻬뜨로비치 같은 분은 고려인 사회에서 존경받는 분이며 박사이기도 하십니다. 아닙니다, 아닙니다. 내가 강요하는 것은 아니고 단지 대안으로 이런 길을 제시해본 것뿐입니다…"

살라후지노프의 이야기를 듣고 서로 다투고 있는 우리뿐만 아니라 소녀처럼 당혹해하는 미론 뻬뜨로비치도 놀란 듯이 보였다. 어떻게 살라후지노프는 자신의 은사를 이런 진창에 밀어 넣기 전에 미리 예고도 하지 않았단 말인가?

"반대하지 않습니다"라고 세르게이 미하일로비치가 단호하게 말했다.

곽 미하일은 이에 대해 자신의 의견을 한마디도 말하지 않았다. 그래서 모든 사람의 시선이 미론 뻬뜨로비치에게 향했다.

"에-에, 글쎄 나는 여기에 대해서 한 번도 생각해보지를 않았습니다, 아크바르 살라후지노비치." 그가 말을 더듬으며 이야기했다. "그리고 전반적으로 볼 때 저는 이 문제와는 거리가 먼 사람입니다. 학계의 일만 해도 얼마나 많은지 모릅니다. 그리고 제가 오래 전부터 아는 세르게이 미하일로비치나 미하일 이바노비치께서는 두 분 모두 존경할 만한 분이며 생각이 깊으신 분이기 때문에 제 생각으로는 곧 의견의 일치를 보실 것입니다. 여하튼 제 개인적으로는 준비가 전혀 안 되어 있고 참여할 수가 없습니다…"

살라후지노프는 은사를 애석한 듯이 잠시 쳐다보았다. 그는 다른 반응이 나오리라고 기대했던 것 같았다. 그러나 어떻든 간에 목적은 달성되었다. 만일 거역할 경우에는 어떤 결과를 가져올 수 있는 지를 양측에 확실히 보여준 셈이었다. 실제로 중앙위원회가 준비위원회를 해산시키려고 하면 얼마든지 할 수 있는 것이 아닌가? 누가 불평을 하며 누가 감히 반대 의사를 표현하겠는가? 단식투쟁을 선언하랴 아니면 연좌 파업을 조직하랴? 결코 그렇게 하지 못하리라! 고려인들은 아직 이 정도까지는 성장하지 못했다. 우리가 오죽이나 많이 짓밟혔으며 멸시받고 두들겨 맞았던가?

예기치 않게 띠모뻬이가 말했다. "한 가지 여쭈어보고 싶습니다. 왜 반드시 연합을 해야 합니까? 만약 여러 그룹이 문화센터를 여러 개 만든다 하더라도 나쁠 것이 어디 있습니까? 많이많이 만들라고 내버려두고 서로 경쟁하도록 내버려두지요. 여기에 잘못된 바가 뭐 있습니까? 모스크바에는 유태인 문화센터가 전부 여섯 개 생겼다고 신문에서 읽었습니다. 사람들이 제일 나은 곳을 스스로 선택할 것입니다."

띠모샤, 정말 잘 말해주었다! 농촌 사람들은 역시 기자들과는 다른 데가 있다. 무엇보다도 그들은 건전한 상식을 가지고 있고 이데올로기적인 이론 앞에서 겁을 내지 않는다.

"옳은 지적입니다." 살라후지노프가 수긍했다. 그러면서 그는 꿀꺽 침을 삼켰다. "당은 다용...다용...에 반대하지 않습니다."

"다원주의지요"라고 세르게이 미하일로비치가 낮은 소리로 말해 주었다.

"맞아요, 맞아요. 다원주의 말입니다. 그러나 이것도 정상적으로 되어야 합니다. 그런데 당신들은 고려인 사회를 둘로 분열시키고 있습니다. 그러면 서로서로 싸우게 되고 무기까지 잡게 될 것입니다."

살라후지노프가 이 말을 하면서 웃음을 터뜨렸지만 우리는 마지못해 엷은 웃음을 지을 뿐이었다. 이데올로기 대변자의 말은 그만하면 충분했다. 그의 논거를 띠모뻬이의 견해가 모두 부수어 버렸다. 띠모뻬이도 사무실의 주인도 이를 느끼고 있었다. 방주인은 다시 준엄하게 전세를 가다듬고 말했다.

"농담은 농담으로 끝내고 이제 당신들에게 진지하게 미리 경고합니다. 반복하건대, 고려인 사회가 어떤 개인의 야욕에 따라 두 진영으로 나뉘는 것을 허용하지 않습니다. 제 말을 잘 이해했으리라고 믿습니다."

이 말을 끝으로 우리는 사무실을 나왔다. 중앙위원회에는 문화센터

설립에 관한 구체적인 안이 전혀 없으며 단지 무엇인가 일이 진행되기를 기다리고 있을 뿐이라는 것을 알았다. 그런데 우리의 분열이 그들에게 구체적인 작업 대신에 누가 옳고 그른지 판정하는 일을 할 동기를 부여해주었다.

길에 나오자 유가이가 다시 지껄이기 시작했다.

"우리 한 번 더 만나야 합니다, 세르게이 미하일로비치. 우리가 정말 무엇 때문에 나뉩니까?"

"우리요?" 세르게이 미하일로비치가 갑자기 분노를 터뜨렸다. "우리 측에 잘못이 있는 것처럼 말하지 마시오. 우리 모두 이야기를 끝내지 않았습니까? 왜 당신들이 중앙위원회에 불평을 하고 다닙니까? 왜 이미 다 합의를 보았는데도 존재하지도 않는 문화센터의 이름으로 인터뷰를 합니까? 그리고도 당신이 우리들에게 다시 합의를 보자고 말하는 겁니까! 당신들이 필요하면 지국으로 찾아오시오, 아시겠소!"

유가이는 무어라고 다시 정당화하는 말을 했다. 그러나 그 자신도 화해가 이루어졌다고 믿지 않는 것 같았다. 미하일은 고개를 어깨에 파묻은 채 저만치 떨어져 있었다.

세르게이 미하일로비치는 이미 조용해진 목소리로 마지막으로 이야기했다. "살라후지노프가 준비위원회를 해산하려면 하게 두지요. 나는 지도자 자리에 욕심이 없습니다. 사람들이 나를 창립회의를 준비하라고 회장으로 뽑았고 나는 내게 맡겨진 일을 할뿐입니다. 필요하면 물러나지요. 다른 사람들이 들어올 것입니다..."

우리는 이미 다른 사람들이 지평선에 떠오르고 있다는 것을 알지 못한 채 이 말을 마지막으로 헤어졌다. 두 마리의 개가 싸울 때는 보통 제삼의 개가 뼈다귀를 차지하기 마련이다.

— 역주 —

(1) 별다섯 —— 아르메니아산 꼬냑의 이름

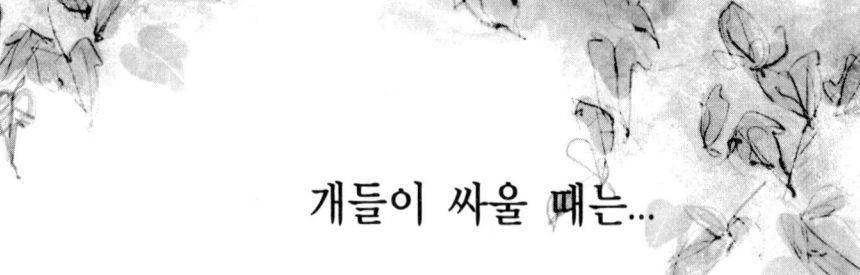

개들이 싸울 때는…

언젠가 결혼식장에서 들은 당시 유행하던 속요이다:

봄이 왔네. 양파 밭으로 가는 사람들,
들리는 말은 오로지, "친구야, 동무야".
가을이 왔네, 수확을 거둘 참에,
모두들 서로서로 죽일 듯이 덤벼드네.

이 속요는 고려인 소작농들을 보고 부르는 노래이다. 이들에 대한 이야기는 앞에서 이미 했지만 조금 더 덧붙이려고 한다. 계절노동자들 대부분이 작은 부락이나 촌락에 살고 있다. 이 부락들 중에서 가장 유명한 곳은 꾸일륙과 벡제미르이다. 특히 꾸일륙이 유명한데 소련고려인들에게는 일종의 메카와 같은 곳이다. 물론 이 곳에는 어떤 성스러운 점도 없다. 오히려 그 반대이다. 이 작은 부락은 사회주의 노동영웅들 보다는 불량배와 투기꾼으로 더 명성을 떨치고 있다.

1937년에 꾸일륙은 타쉬켄트시 근교에 위치한 작은 촌락으로 꽤 구경할 만한 시장이 서는 곳이었다. 당시 이주민들에게는 도시로 들어가는 것이 금지되었다. 그래서 그들은 꾸일륙에 정착했다. 마치 혁명 이전 제정러시아 시절에 유태인들이 유태인 거주 지역에만 살았던 것처럼. 그리고 점차 이 지역이 고려인들을 연상하게 하는 장소가 되었다.

꾸일륙에는 사람들을 때려죽이고 강도짓을 하며 칼로 찔러 죽인다는 나쁜 평판이 오랫동안 떠돌았다. "꾸일륙 깡패 같은 놈", "꾸일륙 사기꾼 보다 더한 놈"이란 표현이 고려인들 사이에서 사용되었다. 오늘날 꾸일륙 시장은 값이 가장 싼 곳으로 유명하다. 그런데 꾸일륙은 이미 오래 전에 타쉬켄트시의 일부가 되었다. 시내 중심에서 꾸일륙까지 버스로 삼십 분이면 간다. 그러나 금세기 초만 해도 타쉬켄트에서 꾸일륙까지 갈려면 완전히 여행이었으며 치르칙 강을 건너서 벡제미르까지 가는 것은 일대 사건이었다.

1960년대에 순회 서커스단의 단원들 사이에는 다음과 같은 레퍼토리가 있었다. 두 명의 광대가 만났는데 한 명은 나귀를 타고 있었다. "어디 가-니?" "꾸일륙 가-안-다." 그러면 어김없이 장내에 폭소가 터졌다. 왜 웃었을까? 모를 일이다. 그러나 "꾸일륙"이란 말 자체에 무엇인가 유쾌하면서도 도전적인 느낌이 담겨 있었다.

아르메니아 라디오 방송이 문제를 내었다. "개들이 끄는 수레가 모스크바를 출발해서 남극까지 과연 갈 수 있을까요?" "갈 수 있습니다. 만약 꾸일륙만 무사히 통과하면 말입니다." 이 농담은 물론 고려인들이 개고기 먹는 것을 날카롭게 풍자하는 것이었다.

그러나 고려인들도 오랫동안 침묵하고 있지는 않았다. 다음과 같은 일화를 지어내었다. "여러 민족 사람들이 '멍멍이' 식당에 앉아 있었다. 두 명의 고려인이 식당에 들어왔다. 한 사람이 국 대접에 박은 머리를 들고 다른 사람에게 물었다. '아니, 고려인도 개고기를 먹나 보지?'"

유명한 꾸일륙 시장. 많은 사람들을 속이고 강탈한 곳. 그러나 또 얼마나 많은 사람들을 먹여 살리고 두 발로 일어서게 했는가? 내 대학 친구 중에 한 친구는 꾸일륙에서 자랐다. 아버지는 기억도 못하며 어머니는 평생을 시장에서 장사를 하며 생계를 꾸려나갔다. 현재 아파나시는 박사이며 대학의 조교수인데 화제가 꾸일륙으로 옮겨가면 아직도 소년처럼 눈이 반짝거린다. 이 친구는 타쉬켄트시의 정 반대편 끝에 살지만 자주 꾸일륙 시장으로 장을 보러 다닌다.

이 시장에서 고려인들은 생전 처음으로 극동에서는 보지 못했던 유태인들, 집시들과 부딪히게 되었다. 숙부께서 유태인에게 처음으로 사기 당했던 이야기를 해주셨다.

"모두들 꾸일륙, 꾸일륙 하면서 이야기들을 하더라고. 그래서 좋다, 한번 다녀오자 라고 생각했지. 그 때가 가을이었지. 쌀 판 돈을 챙겨서는 마침내 그 유명한 시장에 도착했지. 왁자지껄한 소리에 사람들은 붐비고 대단하더군. 그런데 나는 양복 윗도리를 하나 사고 싶었단 말이야. 가만히 보니까 얼굴이 가무잡잡하고 코가 큰 남자들이 앉아서 의류 중고품들을 팔고 있더라고. 날 보더니 "고려인, 헤이, 고려인 이리로 오소. 당신한테 필요한 것은 여기에 다 있소! 셔츠도 있고 양복 윗도리도 있고 바지도 다 있소."하고 소리치는 것이야. 그래서 당연히 어떤 치수냐고 물어보았지. 그랬더니 아무도 어떤 치수요 하고 정확하게 대답을 안 해주는 것이야. 그러더니 곧장 내게 치수가 무엇이냐고 묻더니 내가 미처 대답도 못했는데 당장 "있죠. 물론 있죠!" 하대. 그러더니 당장 나한테 윗도리를 입히고는 모두들 빙 둘러서서 쳐다보더니, "좋아요, 정말 좋아요, 정말 잘 어울리시네."하고 야단들이야. 나는 조금 짧은 듯하다고 말했지. 그랬더니 옷깃을 바닥까지 잡아당기더니 "아니 어디가 짧아요?" 하면서 온갖 잔소리와 비난을 다 퍼부어서 사람을 멍청하게 만들어 놓더군. 나는 제정신을 못 차리고 이미 옷 꾸러미를 겨드랑이에 낀 채 인파에 밀려서 시장에서 나왔지. 집에 와서 입어 보니 이런, 여기는 비뚤어지고 저기는 꽉 조이고 하는데. 하지만 어디다 불평을 하겠어? 다 내 잘못인데. 멋지게 당했지. 교훈에 감사할 뿐이지"

꾸일륙 시장에서는 지금도 정신을 바짝 차려야 한다. 내가 아는 사람의 이야기이다.

"그 때 나는 챠르다린스키 수력발전소에서 일했는데, 거기는 낚시하기가 어느 곳보다도 좋은 곳이었소. 여름에 나는 재수가 좋아서 메기를 100킬로그램이나 넘게 잡아 올렸지요. 어떤 사람이 꾸일륙 시장에 갖고 가라고 귀띔을 해줍디다. 가서 거간꾼에게 도매로 킬로그램 당 1.5루블을 쳐서 받으면 될 것이라고 말하더군요. 그래서 자동차도 있겠다, 작업 교대도 했겠다, 하루 만에 다녀오지 하고 생각했죠. 그래서 아침 일찍 부리나케 출발해서 열 한 시쯤인가는 이미 꾸일륙에 도착했지요. 글쎄, 아무한테나 팔면 될 것을 고려인을 찾기 시작했지 뭡니까? 내 생각으로는 흥정하기가 더 쉬울 것 같았죠. 그런데 중년쯤 되어 보이는 활달한 고려인 여자가 한 사람 내게 오더니 발랑거리는 눈빛과 달콤한 말로 흥정도 하지 않고 몽땅 도매로 사겠다고 말하는 것입니다. 십 분 후에 우리는 이미 작은 안뜰로 들어섰지요. 그 여자가 돈을 가지러 집에 들어가더니 곧장 뛰어나와서는 거의 울 지경인 것입니다. 뭐 같은 남편이 이불 밑에 숨겨놓은 돈을 몽땅 가지고 놀음판으로 가버렸다고 말합디다. '인제 저녁이나 되어야 돌아올 텐데 아이고 이 팔자 사나운 인생, 아니 그 놈 때문에 내가 사람을 난처하게 만드니, 아이고.' 그러더니 이웃 사람한테 부탁해볼 테니 잠깐만 기다려 달라고 애원합디다. 이 여자가 불쌍한 생각이 들더군요. 반시간이 지나고 한 시간이 지났습니다. 땀에 흠뻑 젖어서 뛰어오더니 이웃 사람이 아들이 차에 치여서 자기한테까지 빌려줄 돈이 없더라는 이야기를 하며 사십 루블을 손에 쥐어주고는 '받아요. 곧 더 구해 오지요' 하는 것입니다. 어떡하겠습니까? 기다리는 수밖에. 다시 뛰어 오더니 '아이구 내 팔자야. 백 루블을 못 구하다니.' 하고는 십 루블을 쥐어 주더니 또 금방 더 구해 오겠다는 겁니다. 그런데 내가 얼마나 천치바보인지 또 기다리는 것입니다. 사람이 큰돈을 생각하면 신경이 무디어지나 봅니다. 그래서 진작에 나를 속이려고 하는 수작이라는 것을 알아채지 못한 겁니다. 여름이었지요. 더위는 점점 심해지고 이미 차 트렁크에서 악취가 조금씩 풍기기 시작하는 겁니다. 세 시간이 흘렀는데 이 여자는 계속 우는 소리를 하며 여기저기 쫓아다니는 것입니다. 조금만 더 기다려 달라는데 이미 생선에서는 썩은 냄새가 풍기고 내 상금은 울고 있었지요. 간단하게 말해서 메기를 다 내려놓고 가는 수밖에. 얘기한 액수의 반도 채 못 받은 것입니다. 꾸일류, 아 형제여. 꾸일류이라..".

이 예는 주인공이 여자라는 사실 때문에 훨씬 더 흥미롭다. 반세기 전만 하더라도 이 여자의 어머니들은 십중팔구 남편을 존칭으로 대하고 진짓상을 따로 올리고 옷에 먼지를 털어 주면서 온갖 시중을 다 들었다. 그런데 지금은... 꾸일류에서 유명한 아뉴따라는 여자를 본 적이 있다. 아뉴따는 남자들하고 똑같이 전 재산을 걸고 하는 노름판에서 잃고 따고 하면서 밤을 새는 여자였다.

그런데 내가 왜 사람을 속이고 돈을 빼앗으며 죽이기도 하는 이런 이야기들을 하고 있는 거지? 항상 배가 고팠던 학생 시절 언젠가 친구와 함께 꾸일류에 간 적이 있었다. 죽도록 배가 고팠지만 호주머니에는 단 일전도 없었다. 갑자기 활기에 찬 친구가 이제 곧 점심을 먹을 수 있을 거라고 말했다. 재빨리 한 바퀴 빙 둘러서 저 앞에 가는 노인을 만나러 나가는 것이었다. 작은 모자를 쓰고 긴 담뱃대를 입에 문 고려인이었다.

"김 철 할아버지, 할아버지 맞으시죠?"

"그러네, 자넨 누군가?"

"제가 할아버지 조카의 아들, 똘랴 아닙니까? 어떻게 저를 못 알아보세요?"

노인이 잠시 기억을 더듬는 듯 하더니 얼굴이 환하게 밝아지는 것이었다.

"똘랴! 네가 여기 웬일이냐? 애비 에미는 다 건강하겠지?"

"그럼요, 할아버지."

"똘랴, 우리 집에 가서 같이 점심이나 하지 그래..."

"할아버지, 시간이 없어서 못 가겠어요. 빨리 끝내어야 할 일이 있어서."

"무슨 일인데?"

"제가 지금 대학에 다니고 있거든요. 책을 한 권을 사야 하는데 돈이 부족해서, 글쎄 어떻게 해야 할지 모르겠어요..."

"돈이 많이 필요한가?"

"예, 2루블이요, 할아버지."

"내가 주지, 똘랴."

"아, 고맙습니다, 할아버지! 어떻게 감사드려야 할 지 모르겠군요. 며칠 후에 한 번 찾아뵙겠습니다. 아직 거기 사시죠?"

"물론 거기서 살지, 어디 다른 데가 있나? 그래, 어서 책 사러 가게. 공부 잘 하고!"

"감사합니다, 할아버지!"

할아버지에게 안녕히 가시라고 인사를 드리고 나서 나는 기뻐서 소리 질렀다.

"여기서 네 할아버지를 만나다니 정말 잘 됐다."

"그래, 그런데 저 사람 내 할아버지가 아냐. 내가 속였지, 뭐."

"뭐라고? 어서 돈 이리 내놔." 내가 큰소리로 야단했다.

나는 버스 정류장 근처에서 할아버지를 따라 잡았다.

"할아버지, 죄송합니다. 내 친구가 사람을 잘못 보고 그냥 실수를 했습니다. 주신 돈 도로 돌려드리겠습니다."

노인이 침착하게 내 손을 물리쳤다.

"다 아네. 내게는 조카가 없네. 2루블- 그렇게 큰돈이 아닐세. 아마 국수가 꽤 먹고 싶었나 보지, 응? 가지고 가게. 걱정 말고."

몇 년이 흘렀건만 아직도 호시민처럼 생긴 노인의 얼굴이 눈앞에 선명하게 떠오른다. 정말 선심에서 나온 간교한 행동이 아닌가?

모든 것이 바뀌었다. 꾸일륙은 이제 더 이상 이십 년 전의 그 곳이 아니다. 그러나 시장은 여전히 시끌벅적하고 훨씬 더 커졌다. 여기서 고려인은 여러 가지 농산품과 함께 우리 음식에 꼭 필요한 특별한 가공식품들이나 염장식품 등을 구입할 수가 있다.

최근에 꾸일륙에는 그리고랸이라는 고려인이 명성을 날리고 있었다. 그리고랸이란 이름은 꼴랸, 똘랸 등의 이름과 같이 친한 사이에 부르는 러시아식대로 어떤 사람이 변형시켜 붙여준 이름이다. 그리고랸에 대해서는 그가 금품탈취와 해결사 같은 암흑가의 일을 하는, 꾸일륙과 벡제미르 전체 '마피아'의 두목이라는 이야기가 있었다. 그를 만날 기회가 왔을 때 나는 그를 보고 실망이 될 정도였다. 엄청나게 덩치가 큰 강도 같은 사람을 보게 될 줄 알았다가 막상 내 앞에 나타난 사람은 잘생기고 체격이 좋은 중키의 젊은이였다. 침착한 눈빛과 절제 있는 태도에서 이 젊은이의 지혜와 의지와 자신감을 느낄 수 있었다. 대략 서른 살밖에 되어 보이지 않는데 세평에는 그가 살림이나 가푸르 같은 엄청난 인물과 나란히 입에 오르내렸다.

어느 날 어깨가 넓은 한 청년이 지국에 찾아와서 준비위원회 임원들과 만나보라고 꾸일륙에서 자신을 보냈다는 말을 듣는 순간 나는 바로 그리고랸을 머리에 떠올렸다.

"저는 꾸일륙과 벡제미르의 어떤 특정한 그룹을 대표해서 왔습니다. 어떤 그룹인지 당분간은 말씀드리지 않겠지만 대단히 영향력 있는 분들이라는 것은 믿어주십시오." 하고 그가 말했다.

레오니드라는 이름을 가진 이 청년은 준비위원회 회의를 참관해도 좋으냐고 물었다. 우리는 반대하지 않았으며 그는 조용히 앉아 회의를 지켜보았다. 그는 용무를 끝내고 나가면서 내일 어떤 분을 모시고 다시 오겠노라고 말했다.

"여러분들께서 다 잘 알고 계시는 분입니다"라는 말로 우리의 호기심을 발동시켰다.

그래서 나는 그리고랸이란 사람을 생각한 것이었다. 더구나 그 전날 쥐작에서 엄 니꼴라이가 우리를 방문했는데 이야기 도중에 그가 그리고랸에 대해 언급을 했었다. 그런 인물들이 문화 운동에 대단한 도움을 줄 수도 있을 것이라는 이야기였다.

"그가 마피아라는 말은 다 헛소문입니다. 정상적인 청년들이 전국을 돌아다니며 소작농들을 방어하는 일을 하고 있습니다"라고 니꼴라이가 말했다.

그러나 그 다음날 레오니드와 함께 나타난 사람은 바로 다름 아닌 반 바실리 빠블로비치였다. 그의 출셋길에 대 재난이 일어난 후 한 작은 콘크리트 공장에서 최고기술자로 일하고 있다는 소문을 들었다. 이 전직 장관은 세르게이 미하일로비치와 공손하게 인사를 나누고 나와 띠모뻬이에게는 악수를 청하였다. 띠모뻬이는 이 유명한 반 바실리와 초면이지만 이름은 익히 들어 알고 있었다. 바실리 빠블로비치는 멋진 가죽외투에 새로 풀을 먹여 옷깃이 바삭바삭 거리는 흰 와이셔츠를 입고 있었다. 그의 외모는 마치 '나는 이전과 똑 같은 사람이며 불행이 미친 영향은 없다'고 소리쳐 말하는 듯 했다.

물론 그에게 불행의 여파가 보이지 않을 리 없다. 흰머리가 많이 생기고 목소리가 낮아졌다. "내가 여러분들을 너무 놀라게 한 것 아닙니까"라고 반 바실리가 말했다.

무엇을 숨기겠는가? 우리는 그의 출현으로 조금 충격을 받았다. 그는 당에서 쫓겨나고 고위직에서 해직된 사람이 아닌가? 행여나 상부에서 우리가 공식적으로 비난받은 사람과 섞여 지낸다고 생각지나 않을까?

그는 우리가 당황하는 모습을 보더니 곧 말을 이었다.

"내가 당신들 준비위원회에 밀고 들어올 작정을 한 것으로 생각하지는 마십시오. 그냥 도울 수 있는 한 돕고 싶을 뿐입니다. 내 신변에 혼란이 일어났을 때 많은 사람들이 나를 나병환자처럼 피하기만 했습니다. 하지만 고려인들만은 예외였습니다. 옛 친구들과 동창생들, 동료들은 나를 피하지 않았습니다. 그 때 갑자기 깨달은 바가 있었습니다. 내가 얼마나 그들로부터 멀리 떨어져 지내 왔는지 말입니다."

그가 찾아와서 그렇게 솔직한 이야기를 털어놓았다는 사실이 우리의 자존심을 만족시켜 주었다. 과연 평범한 사람이 우리를 찾아온 것이 아니었다. 전직 장관이며 라쉬도프가 직접 발탁해서 등용했던 사람이 아니었던가?

내가 바실리 빠블로비치와 처음 만난 것은 십여 년 전이었다. 당시 그는 이미 능력 있는 기업 관리자로 명성을 떨치고 있었을 뿐 아니라 광적인 축구 팬이자 후원자이기도 했다.

많은 사람들은 제 일 리그에서 뛰었던 '야기예르'라는 축구팀을 기억할 것이다. 이 축구팀은 반 바실리가 공화국에서 가장 큰 주택건설 공장의 감독으로 있던 시절에 창립된 팀이었다. 당시 만난 자리에서 식사를 하면서 그는 이 축구팀에 얽힌 에피소드를 많이 이야기해 주었다. 그 중에 한 에피소드를 여기에 옮기고자 한다. 왜냐하면 이 에피소드가 이 사람의 특별한 성격을 명료하게 드러내주기 때문이다.

"야기예르"팀이 "할카바드"팀과 대적하는 경기였습니다. 지는 팀이 제일 리그에서 퇴장해야하는 중요한 경기였지요. 그런데 경기 전날 농업협회의 "할카바드"팀 총감독인 우스마노프가 "스텔건설"의 회장으로 임명되는 일이 벌어졌던 것입니다. 즉 내 직속상관이 된 것이지요.

경기는 "할카바드"의 홈 경기장에서 벌어졌습니다. 우리는 우스마노프 동지와 가까이 앉아서 대체로 침묵하며 경기를 관람했지요. 물론 각자 자기 팀이 이겼으면 하고 가슴을 졸이고 있었습니다. 전반전은 양 팀이 다 신중하게 경기를 펼쳐서 득점 없이 끝났는데 후반전이 시작되자마자 골이 터진 것입니다. 우리 팀의 공격수 중에 그로즈니에서 뽑아온 살로마틴이라는 선수가 있었는데 코가 비뚤어지게 술을 마시는 사람이었지만 제 정신일 때는 신 들린 듯이 경기를 했습니다. 바로 이 선수가 좌측에서 중앙으로 공을 패스한 후 다시 공을 받아 골문의 상단 구석으로 별안간 공을 차 넣었습니다. 스타디움은 실망하는 소리로 가득 찼으며 우스마노프는 화가 나서 마치 숨이 멎은 듯이 보였습니다. 그런데 저 앞에 앉은 소년들이 벌떡 일어서더니 "만세, 골이다!"하면서 기뻐서 날뛰는 것이었습니다. 갑자기 내 옆에 앉은 우스마노프가 아이들에게 "앉아! 이 바보들아! 안 앉으면 본때를 보여줄 테니!" 하면서 호통을 치더니 투덜대기 시작하는 것이었습니다. "얀기예르"팀은 엉터리로 경기를 하며 심판에게 끊임없이 뇌물을 주는 나쁜 팀이라는 등 말도 안 되는 소리를 늘어놓으면서 건설 공장의 돈이 어디로 다 빠져나가는지 아무도 모른다는 소리까지 하는 것입니다. 한 마디로 앉아서 계속 구시렁대는 것이지요. 하지만 나는 가만히 있었습니다. 어쨌든 나의 상관이 아닙니까? 경기 종료 15분전에 바쿠 출신인 구세이노프가 두 번째 골을 넣자 스타디움에서는 갑자기 환성이 터졌고 앞에 앉은 소년들이 다시 일어났습니다. 우스마노프가 또 다시 앉아! 이 바보 새끼들아! 하고 욕을 퍼붓더군요. 그래도 아무 일 없이 잘 지나갈 수도 있었지요. 내 운전기사인 표도로프는 정말 말이 없는 사람인데 이따금씩 화를 벌컥 내는 성격이었습니다. 이 표도로프가 우스마노프에게 '아이들에게 왜 욕을 하는 겁니까? 경기일 뿐입니다. 각자가 자기 팀을 응원하는 것은 당연하지요'라고 말해버린 것입니다. 우스마노프의 얼굴빛이 온통 새파랗게 변하는 것입니다. 나는 표도로프에게 눈짓으로 나가라고 지시했으며 그는 알아채고 다른 자리로 옮겨 앉았습니다. 그런데 우스마노프가 다시 지껄여대기 시작하는 것입니다. 기사들 기강을 잘 못 잡았느니, 공장에 깡패들만 모아 놓았다느니, 직원 규정을 다시 검토해야할 거라는 둥 야단이었습니다. 경기가 끝날 때까지 계속 참을 수도 있었지만 나도 역시 사람 아닙니까? 마침내 우스마노프에게 한 마디 던져버렸지요. "바보는 당신이오, 남자답게 패배할 줄 모르니 이기지도 못하는 거요."라고 말해주고 일어나서 나가버렸습니다.

우스마노프는 지역위원회의 차석 서기에게 나에 대한 불평을 늘어놓았습니다. 내가 우즈벡 사람들을 전부 바보라고 말했다는 것입니다. 그런데 이 서기는 카자흐 사람이었으며 유머가 있는 사람이었습니다. 나는 우즈벡 사람이 아니니 상관없는 일이라고 농담으로 받아넘기고 내게는 우스마노프와 화해를 하라고 충고해주었습니다. 그렇지 않으면 인생이 고달파진다고 했지요. 정말 그대로였습니다. 일 년 동안 우스마노프는 내 일을 방해하는 것이었습니다. 설비를 주지 않거나 자금을 축소해버리거나 부족한 건축자재를 빼앗아 가는 것입니다. 그래도 나는 용서를 구할 생각이 없었습니다. 그런데 일 년이 지난 후 화해를 하게 되더군요. 그런데 어디일 것 같습니까? 멕시코입니다. 월드 컵 경기에 나는 연방축구연맹 의장단 임원 자격으로, 우스마노프는 우즈베키스탄 대표로 간 것입니다.

수도 메히코에서 멀지 않은 곳에 유명한 아카풀코 해변이 있습니다. 우리들을 수영을 하라고 그 해변으로 데리고 갔습니다. 우스마노프는 부인이 체코스로바키아제인 흰색 수영팬츠를 사주었는데 마치 삼각팬티처럼 보였습니다. 그런데 이 수영팬츠를 입고 바닷물 속으로 들어갔다가 조금 후에 해변으로 걸어 나오는데 수영복이 흠뻑 젖어서 속이 마치 쇼윈도우를 보는 것처럼 속속들이 다 비치는 것이었습니다. 검은색 안경을 쓴 채 온 몸에 털이 수북 난 사람이 배가 불룩 나와서는 너무도 만족스러운 듯이 모래사장을 걸어오는 것이었습니다. 부르주아 외국인들이 그를 쳐다보고는 큰 소리로 웃어대는데 그는 아무 것도 눈치 채지 못했지요. 우리 쪽 사람들이 그 광경을 보고는 정말 한심해 하는 것입니다. 그리고는 모두들 그에게 화를 내었지요. 어떻게 야만인, 천치바보같이 소비에트인의 명예를 더럽히느냐고 야단이었지요. 우스마노프는 눈만 끔벅거리며 무슨 일인지 이해도 못하는 것이었습니다. 그런데 나는 그가 어찌나 안쓰러웠든지 마치 내 형제를 욕하는 것처럼 화가 났습니다. 그래서 나는 우크라이나에서 온 사람에게는 '우크라이나 파시스트 같은 놈아', 다른 사람에게는 '유태인 낯짝을 가지고 무슨 말을 해',라고 말해주고 다른 또 한 사람은 가슴을 내밀어 밀쳐버렸지요. KGB 요원들이 달려와서 우리를 에워싸서 서로 떼어놓았습니다. 상상해 보십시오. 한 사람도 빼놓지 않고 모두가 장관, 차관급인 위엄 있는 사람들이 서구의 자본주의자들이 보는 앞에서 치고받고 했으니 말입니다. 이 사건으로 우리는 화해했고 그 때부터 우스마노프와는 둘도 없는 친구가 되었습니다."

자신을 이렇게 재미있게 표현하는 재주가 아무에게나 있는 것은 아니다. 여하튼 한 가지 분명한 점은 바실리 빠블로비치가 다양한 인생경험을 했으며 아는 사람이 굉장히 많다는 사실이다. 그의 도움을 거절하는 것은 어리석은 일이었다.

그는 우리 지국에 두 시간쯤 머물렀다. 우리도 그에게 솔직하게 털어

놓고 곽 미하일과의 사이에서 있었던 일과 중앙위원회에 불려갔던 일에 대해서 모두 이야기해주었다. 그는 곽 시인에 대하여 멸시적으로 이야기했으며 우리는 그에게 한층 더 호의를 가지게 되었다. 마지막으로 그는 우리와 다시 만났으면 한다고 말하면서 꾸일륙과 백제미르에서 자기를 지지하는 그룹이 이를 원한다고 했다. 나는 웬일인지 다시 그리고랸을 머리에 떠올렸다. 비록 전직 장관과 꾸일륙의 마피아 두목을 연결시킬 수 있는 것이 무엇이 있겠느냐마는.

모임은 우리가 제안한 날짜 보다 앞당겨서 이루어졌다. 꼭 이틀 후에 레오니드가 다시 얼굴을 내밀고서 꾸일륙의 "고려"카페에서 준비위원회의 임원들과 만나기를 원하는 사람들이 모일 것이라고 전했다. 그리고 우리들을 데리러 자동차를 보내겠다고 했다.

나는 그에게 이들이 어떤 사람들이며 누가 그들을 소집했느냐고 묻기 시작했다. 레오니드는 많은 사람들이 모이며 그 중에서 대단히 무게 있는 사람들이 있으며 바실리 빠블로비치와 그리고랸 등이 모임을 주선했노라고 할 뿐 몇 마디 하지 않았다.

자연히 나는 불안해지기 시작했다. 니샤노프에게 보낸 편지나 시 집행위원회의 지원, 중앙위원회 등 지금까지 모든 일이 공식적인 노선을 따라 진행되어 왔다. 그런데 이번은 의심이 가는 모임이며 이후에 안 좋은 소문이 돌 수도 있는 것이다.

띠모뻬이는 꾸일륙에 가는 것을 단호하게 거절할 작정이었으며 세르게이 미하일로비치는 나처럼 망설이고 있었다. 그러나 사람들을 준비위원회와 만나게 한다는 구실로 소집한 것이기 때문에 안 갈 수도 없는 노릇이었다. 간단하게 말해서 우리를 곤경에 빠뜨린 것이었다.

다음 날 저녁 여섯 시경에 레오니드가 우리를 데리러 왔다. 나는 조용하고 균형이 잡힌 레오니드가 마음에 들었다. 그리고 겸손하고 예의

바르게 행동했다. 미리 몇 마디 하면 "우즈벡 영화사"에서 내게 전화를 걸어 수사드라마 시리즈에서 경찰장교 역할을 할 고려인 가라테 선수를 구해달라는 요청을 해왔을 때 나는 레오니드를 추천해 주었다. 그는 실제로 동양무술이 4단이었으므로 성공적으로 촬영을 마쳤다. 단지 그의 역할이 너무 짧은 것이 아쉬웠다. 왜냐하면 박 소령은 첫 회에서 이미 마피아들 손에 죽는 역으로 나오기 때문이었다.

레오니드가 가는 도중에 말했다. "우리는 먼저 그리고랸 집으로 가서 거기서 바실리 빠블로비치와 만날 것입니다."

그리고랸의 집은 꾸일륙의 한 좁은 골목에 있었는데 거대한 규모 때문에 다른 이웃집들과 구분이 되었다. 높고 빽빽하게 들어선 울타리와 엄청난 크기의 대문이 '내 집은 내 성이다'라는 주인의 신조를 잘 말해 주고 있었다.

바실리 빠블로비치가 우리를 반갑게 맞아주었다. 그와 나란히 그리고랸이 서 있고 운동선수 같아 보이는 청년들이 다섯 명 있었다. 우리는 마치 두 개의 하키 팀처럼 일렬로 늘어서서 서로 서로 인사를 주고받으며 악수를 한 뒤 두꺼운 양탄자가 깔린 넓은 베란다로 나갔다. 중간에 놓인 낮고 기다란 탁자 위에 과일과 비싼 과자들이 놓여 있었다. 우즈벡 전통대로 곧 차를 내어왔다. 우리는 조금 부자연스러워 했다. 마치 길들여진 짐승들이 야생인 동족들의 손에 떨어진 것처럼. 그리고랸과 그 일당들에게 위협적인 분위기가 조금도 없었지만 그들에 관한 소문이 뇌의 중추신경에 작용하였던 것이다.

우리는 차를 마시며 대화를 나누었다. 더 정확하게 말하자면 주로 세르게이 미하일로비치와 바실리 빠블로비치가 이야기를 나누었다. 때때로 전화벨이 울리면 그리고랸에게 수화기를 넘겨주었다. 수화기는 이상하게 생겼는데 나는 그런 기계는 오로지 영화에서만 보았다. 전깃줄도 없이 수화기 안쪽에 번호 판이 있으며 짧은 안테나가 달린 것이었다. 그리고랸은 상대방 이야기를 주의 깊게 듣더니 낮은 소리로 몇 마디 지시를 내렸다. 그럴 때는 모두들 잠잠해졌다. 간간이 들리는 단편적인 이야기들로부터 상황을 대강 알 수 있었다. 사람들이 이미 모여서 기다리고 있는 것이다. 곽 미하일도 초대받은 것으로 드러났으며 지금 이 순간에 그는 카페에서 모임을 시작하려고 날뛰고 있는 듯 했다. 그리고 겨우 그를 제지하고 있는 듯했다. 명백하게 긴장이 감도는 상황이었으며 우리는 모임에 이미 반시간이나 늦은 것이며 주인들은 무엇인가를 기다리고 있었다. 모인 사람들의 불만을 끝까지 몰고 가기를 원했는지도 모른다. 누구에 대한 불만을? 준비위원회를 향한 불만을 조성하는 것이 명백하였다. 그리고 곽 미하일도. 우리들의 싸움을 부추겨서 양측이 다 무너진 폐허 위에서 주도권을 잡으려고 하는 것이다. 상황이 정말 그랬는지 나는 잘 모른다. 하지만 바실리 빠블로비치 편이 상황을 통제하고 있었던 것은 사실이었다.

　마침내 모두들 일어나서 입구로 걸어 나갔다. 길에는 이미 시동을 건 승용차들이 정렬해 있었다.

　"고려" 카페는 자동차로 5분 거리에 있었는데 벽이 유리창으로 된 도시에서 흔하게 볼 수 있는 전형적인 모양의 식당이었다. 유일한 차이점이라면 이 식당에는 우리 메뉴인 국수를 판다는 점이었다. 그런 국수식당은 꾸일륙과 벡제미르에 마치 우후죽순처럼 생겨났다가 또 그 만큼 빨리 없어졌다. 처음에는 맛있게 요리하다가 나중에는 정말 맛이 없어지는 것이다. "고려" 카페는 상당히 오랫동안 유지되었는데 이 식당은 다른 시설들과 함께 그리고랸의 밑에 있는 사람들이 관리하는 것이라는 소문이 돌았다.

　카페 앞의 광장에는 승용차들이 빽빽하게 들어서 있었다. 우리는 많은 사람들이 와글거리는 소리로 윙윙 울리는, 환하게 불을 켜놓은 홀로 들어갔다. 디귿 자 모양으로 배치해 놓은 탁자들은 빈자리가 하나도 없었으며 옆에 붙은 작은 방들에도 호기심이 가득한 사람들의 얼굴이 보였다. 왼쪽에 설치된 칸막이 방에는 노인들이 앉아 있었다. 여기저기에 낯익은 얼굴들이 간간이 눈에 띄었다.

  홀에 있는 사람들은 우리를 적의에 찬 호기심으로 맞아주었다. 도대체 이렇게 기다리게 해도 되는 건가! 하면서 말이다.

  준비위원회 임원들을 위해서 윗자리를 비워두었다. 세르게이 미하일로비치를 가운데 자리에 앉히고 바실리 빠블로비치는 오른 편에 앉았다. 나는 제일 가장 자리에 앉았으며 바로 옆에 칸막이 방이 있어서 사람들이 불만스럽게 속삭이는 말들이 잘 들렸다.

  처음에는 흐릿하게 보이던 사람들의 얼굴이 차츰 인화지에 형상이 선명해지듯이 또렷하게 보이기 시작했다. 곽 미하일이 와 있었다. 우리가 막 들어왔을 때 미하일은 홀의 가운데에 서서 아무도 기다리지 말고 회의를 시작하자고 사람들을 설득하고 있었다. "얼마나 높으신 분들인지, 흥, 존경심이라곤 눈곱만큼도 없으니..."라고 선동하는 소리가 아직도 공중에 맴돌고 있는데 우리를 보더니 한 쪽 옆으로 가버리는 것이었다. 그러더니 높은 자리 옆에 자리를 잡고 앉았는데 그의 옆에는 다름 아닌 아리뽀프가 앉아 있는 것이 아닌가? 그런데 오히려 아리뽀프는 눈에 띠지 않으려고 고개를 숙인 채 얼굴 아랫부분을 손바닥으로 가리고 있었다. 어쩌면 고려인들 사이에 유일한 타민족 사람이라 불편하게 느꼈는지도 모르고 또 어쩌면 사람들에게 거의 존경을 받지 못하는 미하일과 함께 왔다는 사실 때문에 곤란했을 지도 모른다. 미하일은 윗자리에도 초대받지 못했다.

  바실리 빠블로비치가 회의를 열었다. 일사천리로 술술 이야기하는 모습을 보니 그가 어떤 사람인지 알 수 있었다.
그는 초대에 응한 모든 사람들에 대한 감사의 말부터 시작했다. 특히 준비위원회를 따로 언급하였으며 민주적인 조건을 만들어준 당과 정부에 대한 감사도 빼놓지 않았으며 장소를 제공해준 식당 측에도 고마움의 말을 전한 뒤 마침내 그 유명한 "그러나"라는 말에 이르렀다.
'그러나'라고 말하는 순간 그의 얼굴에는 미소가 사라졌으며 시선을 홀의 저 끝자리로 돌리는 것이었다. 그가 잠시 침묵하자 홀이 조용해졌으며 긴장이 감돌았다. "그러나 우리는 오늘 이 자리에 인사나 주고받으려고 모인 것이 아닙니다. 우리는 도저히 용인할 수 없는 형태로 돌아가고 있는 문화 운동문제를 논의하려고 여기에 모였습니다. 여러분들 모두 잘 알고 계시지만 지금 이 움직임에는 두 개의 그룹이 있습니다. 한 그룹은 우리가 존경하여 마지않는 한교수가 지도하는 것이고 또 다른 그룹은 똑 같이 존경하는 곽 시인이 주도하는 것입니다. 그런데 어떤 상황이 벌어졌습니까? 서로 힘을 합쳐서 공동의 목적을 위해 일을 하는 것이 아니라 두 그룹은 서로 상대방을 비난하면서 관계를 밝히는 일에 더 신경을 쓰고 있습니다. 그래서 사람들은 갈피를 못 잡고 있으며 이 고결한 사업에 지장을 초래하는 결과를 가져왔습니다. 이런 상황은 공동의 사업에 직접적으로 해를 끼칩니다. 우리는 이 싸움을 종식시키려고 여기에 모였습니다. 그리고 만약 필요하다면 오늘 이 자리에서 준비위원회를 다시 선출하도록 합시다."
이런 말이 나올 때 나는 세르게이 미하일로비치의 얼굴에 서글픈 미소가 떠오르는 것을 보았다. 그는 오래 전에 이미 이 모임이 마련된 이유를 알고 있었던 듯했다. 그런데 이상하게도 그 미소가 나의 마음을 평안하게 해주고 자신감을 갖게 해주었다. 실제로 내가 무엇 때문에 초조해한단 말인가? 무슨 일이 일어난들 어찌하랴? 이미 씨앗은 땅에 뿌려졌으니 어떤 싹이라도 돋아날 것이 아닌가? 물론 이 일의 중심에 있고 싶지만 사람들이 나를 밀어낸다 하더라도 내가 물과 비료를 주고 흙을 돋워 주겠다는 데 누가 말리겠는가?

비난이 양 사방에서 쏟아졌다. 사람들은 마치 자기들에게 전화를 해서 충고와 도움을 구하지 않은 사실에 화가 난 듯이 보였다. "우리가 알기만 했으면", "우리에게 부탁만 했더라도"... 거의 모든 발표자들이 이런 말들을 내뱉었다. 시 집행위원회의 직원인 윤 바체슬라브는 조직위원회에서 전화만 해주었으면 당장 사무실 몇 칸은 얻을 수 있었던 것처럼 말했고 협동조합의 김 발레리는 수천 루블을 내놓을 것처럼 보였다. 만일 그들이 알기만 했더라면...

문화 운동이 가슴으로부터 우러나서 하는 것이 아니라 특별한 요청이 있어야 참가하는 것처럼 들렸다. 게다가 준비위원회의 전화번호가 신문에 게재되었는데 모두 정말 원했다면 전화를 할 수도 있었을 것이다.

어쨌든 모두들 세르게이 미하일로비치가 말할 순서를 기다렸다. 여기서 무슨 말을 하더라도 바로 그가 공식적으로 선출된 준비위원회 위원장이 아닌가? 그리고 이 사실 자체를 문제 삼을 사람은 아무도 없을 것이다.

만일 초청을 하면 손님에게 먼저 말할 기회를 주어야 한다. 그러나 내가 이해한 대로라면 바실리 빠블로비치는 일부러 우리가 모인 사람들의 분위기를 파악하도록 했다. 비난의 말이 충분하다고 생각했을 때 세르게이 미하일로비치에게 말할 기회를 주었다.

세르게이 미하일로비치가 조용하고 진심에서 우러나는 목소리로 이야기를 시작했다. "여러분들께서 사건의 추이를 그토록 열렬하게 지켜보고 계시니 정말 고무적인 일입니다. 이는 여러분들 모두가 방관자가 아니라는 의미이며 미래의 고려문화센터의 운명이 우리 모두의 관심사라는 것을 뜻하는 것입니다. 이 열기를 잘 보존하도록 합시다. 왜냐하면 우리들 앞에는 민족문화부흥을 향한 멀고도 어려운 길이 놓여있기 때문입니다."

지도자는 역시 지도자였다. 자기들을 믿고 복종하며 따르라고 강요하는 다른 사람들과는 판이하게 다른 모습이었다. 세르게이 미하일로비치는 특별하게 다른 이야기가 아닌 우리가 자주 토론해오던 미래의 문화센터에 대한 여러 가지 생각들을 이야기했을 뿐이었다. 그러나 한교수는 고려인의 정신적인 부활에 대해서 얼마나 생생하게 설명을 했는지 그의 전우인 나 자신도 흥분에 사로잡혔다. 회의의 판도가 완전히 바뀌어 버렸다. 이때까지는 마이크를 못 잡아서 안달하던 곽 미하일이 당황해했다. 곽 시인 대신에 유가이가 기어 나와서 이야기를 시작했다. 그러나 그가 자기편 회장의 공적에 대해서 오랫동안 과장해서 떠벌리도록 사람들이 내버려두지를 않았다.

모임의 주최 측 조차도 사건이 이렇게 전환되리라고는 생각하지도 못했던 것 같았다.

바실리 빠블로비치는 불만스러운 듯이 눈썹을 찌푸리고 안경을 썼다가 벗었다가 하면서 끊임없이 손으로 안경을 만지작거렸다.

그런데 아리뽀프가 모든 것을 망쳐버렸다. 그가 발표하기를 요청하자 홀에 모인 사람들이 모두 의아해하면서 그를 쳐다보았다. 이 우즈벡 사람은 도대체 어디서 나타난 것인가?

"자기소개를 하십시오"라고 바실리 빠블로비치가 그에게 요청했다.

"나는 타쉬켄트시 집행위원회의 민족문제담당 부위원장의 보좌관입니다"라고 아리뽀프가 위엄을 갖추어 말했다. "그리고 여러분들의 모임이 위법이라는 사실을 공식적으로 경고해두는 바입니다. 모두 아시겠지만 우리가 지금 까깐다 사건(1) 이후로 어떤 처지에 놓여있습니까? 집회를 하려면 허가를 얻어야한다는 정부의 규정이 있습니다. 예정된 날짜보다 한 달 전에 신고를 해야 합니다."

홀에는 마치 1937년의 바람이 휩쓸고 지나간 듯 했다.

"그러나 나는 이 모임이 공식적인 집회가 아니라 단지 고려인 사회가 준비위원회 임원들과 만나는 자리라고 이해하고 있습니다."라고 아리쁘프가 말하는 것이었다. 자기가 겁을 주더니 또 자기가 겁먹은 우리를 안심시키는 것이었다. "좋은 일입니다. 여기 세르게이 미하일로비치께서 미래의 문화센터에 대해서 아주 잘 말해주었습니다. 그러나 현실에 입각해서 생각해봅시다. 첫째, 아직 사회단체에 대한 법이 없습니다. 둘째, 여러분들 스스로도 누가 누구인지, 누구를 따라가야 하는지 갈피를 못 잡고 있습니다. 셋째, 어떤 센터이며 무슨 도움이며 어떤 건물을 말씀하는 것입니까? 누가 여러분들에게 준다고 했습니까? 타쉬켄트에 거주하는 소수민족의 수가 얼마나 되는지 아십니까? 모두에게 다 건물을 분배해주고 나면 타쉬켄트의 원래 주민들에게는 무엇이 남겠습니까? 그 누구도 고려인들이 똑똑하고 현실적인 민족이라는 사실을 부인하지 않습니다. 허나, 죄송하지만 지금 여러분들은 곧 무너져 내릴 모래성을 쌓고 있는 것입니다. 그때는 어떻게 하겠습니까? 아우성치고 부탁하러 다니겠습니까? 아니면 다른 길을 상상해봅시다. 여러분들이 문화센터를 훌륭하게 설립했다고 합시다. 다른 소수민족 사람들의 반응이 어떻겠습니까?"

아리쁘프는 그런 분위기로 십 분을 더 이야기하면서 모인 사람들의 열기를 차츰차츰 식히고 있었다. 물론 많은 부분이 그 자신이 지어낸 이야기지만 아무도 감히 반대할 엄두를 내지 못했다.

아리쁘프 동무가 모임을 엉망으로 만들어버렸다. 그러나 사람들의 본성이란 것은 참 재미있는 것이다. 사람들이 위협받고 따돌림을 당하고 얻어터질 때는 모두 힘을 합쳐야할 필요성을 느낀다. 홀에 모인 사람들이 준비위원회를 재선하자고 할 분위기였을지도 모른다. 그런데 아리뽀프의 발표 후에 한 사람도 이에 대해서 언급하지 않았다. 오히려 모두들 이미 선출된 준비위원회를 중심으로 단결하고 어떻게 하면 실질적인 도움을 주는가에 대해서만 이야기했다. 한마디로 말하면, '전국의 고려인들이여, 단결하라!'라는 분위기였다.

그러나 나는 처음으로 우리 계획의 실현가능성에 대한 의심이 마음속에서 꿈틀거리기 시작하는 것을 느꼈다. 우리가 만일 기존의 체제에 불충하는 것이라면 어떻게 되는 것일까? 이 체제는 당 조직과 KGB 조직을 갖추고 있는데... 공산당 집행위원회가 통제와 경계를 게을리 하면 대혼란이 올지도 모른다고 심각하게 믿으면서 우리들을 집중적으로 감시할 것이다. 붉은 광장에 깜둥이들이 비행기를 타고 내려와서 젓가락으로 유태인의 명절 과자를 집어먹는 대혼란 말이다.

갑자기 한 가지 일화가 머리에 떠올랐다. 러시아의 농민들이 봉기를 일으켜 지주의 저택으로 걸어갔다. 긴 겉옷을 걸친 주인나리가 현관 계단에 나와서 이빨을 쑤시며 물었다. "그래, 무시기 일이냐?" 고요했다. 농민들이 겁을 먹은 것이다. "글세, 무시기 일이냐고?" 주인이 다시 묻더니 미처 대답도 듣기 전에 집안으로 도로 들어가 버렸다. 저녁에 봉기 주동자들이 고기도 없는 멀건 국물을 들이키면서 주인나리가 외치는 소리를 기억했다. "무시기 일, 무시기 일... 아, 아무거시 아니라고!"

— 역주 —

(1) 까깐다 사건 —— 중앙 아시아의 스텝 지역에서 한 소수민족이 독립하겠다고 봉기를 일으켰으나 곧 진압된 사건.

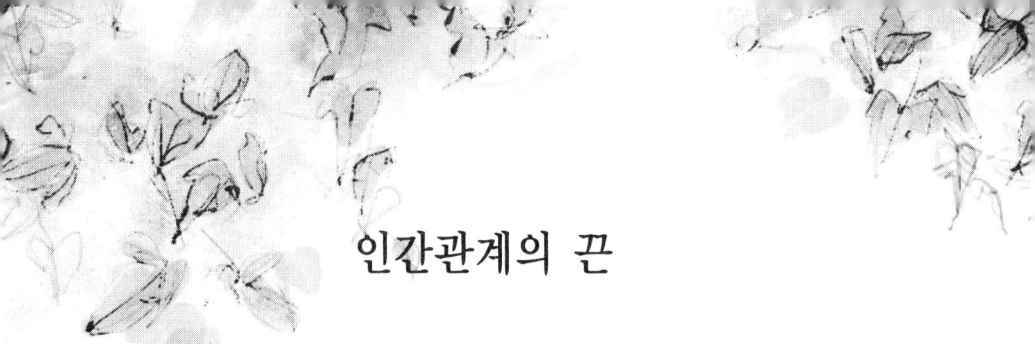

인간관계의 끈

    1945년 소비에트 군대가 36년간의 일본 식민지의 굴레에서 북한을 해방시켰다. 일 년 후에 나의 부모님은 고향으로 돌아가기로 결정하셨다. 소비에트 고려인들을 "특별이주"시킨 지 겨우 9년밖에 지나지 않았는데 우리 가족은 수천 킬로미터의 길을 따라 남쪽에서 동쪽으로 되돌아갔다. 나는 그 때 생후 4개월이었다.

    내 부친은 평범한 노동자였다. 벼농사를 짓고 물고기도 잡으러 다니면서 양봉업도 하셨다. 중앙아시아로 이주하신 이후로는 미용사가 되셨다. 그리고 다 파괴되어버린 북한에 기댈 것이 많지 않다는 것도 물론 잘 알고 계셨다. 그러나 그는 북한으로 돌아가기로 결정하셨다. 아마 무엇보다도 자식들의 미래를 생각한 결정이었을 것이다. 그런데 내 부친처럼 생각했던 사람은 열 손가락에 꼽을 정도로 적었다.

    소비에트의 당과 정부가 북한의 인민들을 도와서 동남아시아에 처음으로 사회주의 정부를 건설하라는 명령을 받은 소련고려인들이 북한으로 돌아간 것은 또 다른 경우이다. 수백 명의 사절단 중에는 나의 큰형도 끼어 있었다.

    부친은 한국의 북쪽에 위치한 함경도의 고향에서 겨우 2년밖에 살지 못하셨다. 부친의 너무 이른 죽음과 전쟁, 고통과 궁핍이 우리 가족의 운명으로 다가왔다. 어머니는 이 모든 일을 끊임없이 불평하셨다. 북한에 돌아온 것이 정말 어리석은 결정이었다고 말하시곤 했다. 그러나 나는 내 인생이 운이 좋다고 생각한다. 모든 "교포"들이 다 어린 시절에 조국의 공기를 마셔볼 기회를 가지는 것은 아니다.

큰형은 어머니를 모시면서 우리 네 형제를 떠맡았다. 그는 우리를 평양으로 데리고 왔으며 여기서 우리는 자신의 의사가 아닌 상부의 명령으로 소련을 떠나온 사람들과 함께 지내게 되었다.

북한 내의 소련고려인 거류지 - 말소리조차 이상하게 들린다. 아버지들은 직장에서 모국어로 일하고 집에서는 고려 말과 러시아말을 섞어서 사용했다. 아이들은 특수학교에서 러시아말로 수업했다. 모두들 소련에 친척이 있었으며 그곳의 생활은 동화처럼 여겨졌기 때문에 많은 이들이 소련으로 돌아가서 사는 것을 꿈꾸는 것은 하나도 이상한 일이 아니었다.

우리가 왜 이렇게 왜곡된 의식을 갖게 되었을까? 자신의 나라에서 외국인처럼 살면서 조국을 떠나기를 꿈꾸는 것이 도대체 기이한 노릇이 아니고 무엇인가? 무엇보다도 부모들이 이런 생각을 심어주었다. 글쎄, 왜 그들이 그렇게 생각했을까? 조국이 그들을 받아들이면서 높은 자리와 훈장을 아낌없이 주었는데도 말이다.

무엇보다도 살기가 힘들었다. 그러나 많은 사람들이, 특히 원주민들은 더욱 더 살아가기가 힘들었다. 어쩌면 실제로는 임무를 띠고 온 모든 사람들이 자신의 사명을 일시적인 것으로 간주했으며 선조의 나라로 돌아와서 조국에 봉사하는데 몸을 바칠 수 있게 해 준 운명에 대해 특별히 감사하는 마음이 없었던 것이 아니었을까?

김일성 자신이 스탈린의 끄나풀이었다는 것은 누구나 다 아는 사실이다. 1941년에 미래의 북한지도자는 남은 빨치산 부대를 이끌고 만주를 지나 소련으로 들어와서 한동안 시베리아의 한 촌락에서 "앉아서 세월을 보내었다". 그는 이 시절을 기억하면서 영도자가 된 후에도 러시아의 흑빵을 먹으면 배에서 큰 천둥소리가 난다는 농담을 자주 하면서 비웃곤 했다.

참으로 이상한 보은이다.

거의 북한의 파멸로 끝난 동족상잔의 전쟁과 스탈린의 사망, 그리고 개인숭배에 대한 비난이 김일성으로 하여금 소련출신 동족들에 대한 관계를 다시 생각해보도록 만들었다. 그는 이들에 대한 공격을 시작했고 많은 소련고려인들이 북한을 떠나야만 했다. 여러 가지 이유로 조선인민공화국 국적을 취득했던 사람들은 출국하지 못하게 했다. 그러나 특히 고위직에 있었던 고려인들의 운명은 비극적이었다. 그들은 우연히 그런 것처럼 소식도 없이 사라져버렸다.

그래서 나는 십대에 타쉬켄트로 돌아왔다. 타쉬켄트 교외에 있는 유명한 꾸일륙이 내가 태어난 곳이다. 그 이후 20년 동안 학교와 군대를 마치고 일을 하면서 나는 모국어를 거의 완전히 잊어버렸다.

어릴 때에 두 가지 말을 알다가 나중에 계속해서 한 가지 말로만 생활하고 정신 차릴 기회가 없다 보면 다른 말은 기억에서 사라져버린다. "레닌 기치"의 특파원이 된 이후로 나는 한국어를 배우기로 작정했다. 그 당시 나는 한국어 자모를 맞추어 쓸 줄은 알았기 때문에 처음에는 쉬운 책을 하나 골라서 통달하기로 작정했다. 마침 그때 어릴 때부터 좋아했던 책인 북한에서 번역, 출판된 '보물섬'이란 책이 내 손에 들어왔다. 처음에는 거의 모든 단어를 사전에서 찾아야 되었는데 전체 내용을 알고 있었기 때문에 차츰 구름이 걷히기 시작하였다.

이미 성인이 다 되어서 모국어를 배운다는 것은 물론 매혹적인 일이기는 하나 엄청나게 어려웠다. 특히 자유의사로 배우는 것은 더 어렵다.

노인들이 도와주었다. 그러나 그들은 한국말을 잘 알기는 했지만 여러 가지 문법상의 규칙들을 러시아어로 잘 설명해주지는 못했다.

1984년에 타쉬켄트에는 아시아, 아프리카, 라틴아메리카의 나라들이 참가하는 국제영화제가 열리게 되어 있었다. 북한은 오랫동안의 공백 끝에 다시 영화제에 참가하기로 결정했다. 이 사실을 알고 나는 여러 번 부탁해서 통역자리를 얻었다.

이 일은 모험이었다. 지금까지도 이때의 열흘을 생각하면 아찔해진다. 하지만 환경이 사람을 "돌아가게" 만든다. 극한 상황에 처하면 마치 스펀지가 물을 빨아들이듯이 두뇌가 새 단어들을 흡수하는 것 같다. 이때부터 나는 한국의 아주 깊은 산골마을에 내던져졌으면 하고 꿈꾸어 왔다. 거기서 생활하려면 우습게 들리지만 모국어를 안 배우고는 안 되니까.

사실 나는 다른 나라 말도 아닌 모국어를 배우는 것이 아닌가? 그러니 외국어를 배우겠다고 작정한 사람들은 오죽하겠는가? 영화제에는 중국대표단 통역을 맡게 된 여자가 한 사람 있었다. 그녀는 20년 동안 동양학부에서 중국말을 가르쳐왔는데 단 한 번도 실제 중국인과 대화를 나누어본 적이 없었다. 그러니 어떻게 그녀가 걱정을 안 할 수가 있겠는가? 그러나 그녀가 담당한 중국인 다섯 명중에서 네 사람이 러시아말을 훌륭하게 구사하는 것으로 밝혀졌다. 그러자 그녀는 상황이 그렇게 되어버린 데 대해 오히려 괴로워하기까지 했다.

일 년 후에 나는 모스크바에서 열린 12차 국제청소년대회에서 일하게 되었다. 당시 타쉬켄트에서 다섯 명의 통역이 출발했는데 나는 그 중에서 그래도 다소 통역이 능숙한 사람으로 간주되었다. 첫날 프로그램에는 수도를 돌아보는 관광이 들어있었으며 동시통역을 하도록 되어있었다. 관광안내원이 러시아어로 모스크바에 대한 그림 같은 이야기를 통역에게 속삭이면 우리는 즉시 마이크를 통해서 버스에 탄 사람들에게 이야기하는 것이었다. 우리 통역 중에 한 여자는 이 사실을 알고서는 기절까지 했다.

그 후에 다른 대표단들이 다녀갔으며 한국에서 온 동포들과 만나는 기회들이 있었는데 횟수가 늘어날수록 매 번 대화하기가 점점 더 쉬워 졌다.

그러나 언어를 습득하는데 가장 효과적인 방법은 다른 사람들을 가르치면서 그 말을 배우는 것이다. 나는 사범대학 한국어문학과의 시간강사로 일하면서 이 사실을 알게 되었다. 매번 수업마다 마치 전투에 임하는 것처럼 준비했다. 경험도 방법론도 그럴듯한 교재도 없었다. 모든 것을 직접 만들어내어야 했다. 여기에는 모든 창조적인 탐구에서와 마찬가지로 나름대로의 장점이 있다. 그러나 가장 저항이 적은 길로 가고 싶은 유혹이 따른다는 점에서 나쁜 점도 많았다.

지금까지도 나는 꿈을 꾼다. 누군가가 어떤 단어를 통역해달라고 묻는데 전혀 캄캄한 것이다. 언제나 반에는 방해를 하는 학생들이 있다. 그러면 이 학생 말을 못들은 척 하거나 아니면 주제에 맞지 않은 이야기라고 말을 중단시킨다. 그리고 그 다음날 마치 우연인 것처럼 가장해서 그 질문으로 돌아가는 것이다.

모국어를 하는 덕분으로 나는 한국에서뿐만 아니라 여러 다른 나라에서 방문한, 자신들의 처지와 같은 소련이민자들의 생활에 관심을 보이는 동족들을 직접 만나는 흔치 않은 기회를 가질 수 있었다. 그 중의 한 만남은 특별하였다. 이 만남으로 받은 인상을 가지고 나는 단편 하나를 쓰기까지 했다...

'케첩' (실화)

이틀 동안 나는 미국에서 온 교포여자 손님을 수행했었다. 그리고 나서 그녀는 사마르칸트를 보러 떠났으며 거기서 부하라도 구경한 후에 다시 타쉬켄트로 돌아와서 내게 전화를 했다.
"미스터 김, 오늘 저녁에 시간이 있으세요?"
"네, 박 동무."
"저녁 식사 대접을 하고 싶은데요. 다섯 시에 말입니다."
"그런데..."
"'그런데'라고요? 우리 미국에서는 여자가 초대할 때 거절하는 것이 용납되지 않습니다."

소련에서도 역시 용납되지 않는 일인 듯 했다. 나는 그렇게 하기로 했다.
"홀에서 만납시다, 미스터 김."
"좋습니다, 박 동무."

이미 눈치 챘겠지만 우리는 상대방을 부를 때 독특한 방식을 사용하게 되었다. 처음에는 그녀가 나를 부를 때 쓰는 "미스터"라는 말에 몸이 떨릴 정도였다. 아마 그녀도 북한에서만 사용되는 "동무"라는 호칭이 익숙하지 않았을 것이다. 그러나 그녀는 놀라울 정도로 자신을 잘 통제할 줄 알았다. 우리가 막 만났을 때는 자연스럽게 한국말로 이야기를 시작했다. 그녀는 서울 억양을 과시했고 나는 단 한 번 평양에 가본 적도 없으면서 마치 평양 토박이처럼 들리게 하려고 애를 썼다. 가끔씩은 러시아말로 이야기했다. 그렇지 그렇고말고, 러시아말로 이야기했다. 미세스 박은 - 한 번도 그녀를 이렇게 부르지 않았다. 혹시 우습게 보이면 어쩌나 싶어서였다. 이미 놓친 것을 지금 기꺼이 보충하고 있는 셈이다. - 언어학 박사이며 러시아 어문학에 정통한 사람이었으니까. 그녀에게 실제로 러시아말로 대화해본 경험이 부족하다고 느낀 것은 사실이다. 때때로 그녀는 가장 간단한 단어들을 잊어버려서 답답한 듯이 손가락 끝을 퉁기며 '이게 뭐더라? 이게 뭐였지?' 하다가는 영어로 말하곤 했다. 내가 추측해서 단어를 생각해내면 그녀는 얼른 내 말을 받아서 말하면서 '맞아요, 맞아요, 바로 그 단어지요.'라고 했다. 그녀는 내가 언제든 거의 갈 기회가 없을 그런 나라에서 온 첫 손님이었다. 그래서 우리는 서로 서로에게 대단한 흥미를 갖고 있었다.

몇 년 전에 나는 "황금을 씌운 게토"라는 제목의 소책자를 손에 넣게 되었는데 이 책자는 미국에 사는 중국인과 일본인, 그리고 한국인들의 삶에 관한 것이었는데 내 생각으로는 아주 내용을 잘 아는 이가 쓴 책이었다. 그런데 내가 지금 이 게토에서 온 사람을 만난 것이다. 그리고 그녀가 말하기를 자기도 소련고려인들의 삶에 대단한 관심을 갖고 있다고 했다.

좋다, 우리한테는 보여줄 것도 있고 이야기해줄 것도 있지 않은가? 돌연히 여행안내원의 말투로 이야기하는 내 자신의 목소리가 들려왔다. "소비에트 연방에는 사십만 명이 넘는 고려인들이 살고 있으며 이들은 노동, 정치, 사회, 문화 등등 사회 각 분야에 걸쳐서 적극적인 참여를 하고 있습니다. 사회주의 노동영웅 – 다들 이 칭호가 어떤 것인지 아시리라고 믿습니다.- 칭호를 받은 사람들의 이름만 열거한다 해도 여러 페이지가 필요합니다. 우리 동족들 중에는 당과 소비에트에서 일하는 사람들의 수가 적지 않으며 소비에트연방 최고위원회의 위원도 두 명이 있으며 백 명이 넘는 박사들과 소련 아카데미 정회원과 준회원들도 있습니다. 체조 선수 넬리 김이나 권투 선수 블라디미르 신 같은 사람은 세계적으로 널리 알려져 있습니다..." 여기서는 물론 이런 이야기도 언급해야 한다. '신 선수는 70년대의 어느 무렵에 국제전 결승전에서 남한 선수와 대결해서 이긴 적이 있습니다. 바로 당신 고향인 샌프란시스코에서 이 결승전이 열렸었지요, 손님.' 만일 그녀가 '맞아요, 맞아요, 기억납니다'라고 대답하면, 아니면 이 말을 하지 않더라도 상관없이 이 이야기를 덧붙여야지. 경기가 끝난 후에 그 곳의 한국인 교포 팬들이 블라디미르를 식당에 초청해서 우리 음식인 국수를 대접했다는 이야기 말이다.

한 마디로 나는 며칠 전의 그 만남을 위해서 만반의 준비를 갖추었다.

미세스 박은 내가 상상했던 대로 우아하고 균형 잡힌 몸매의 사십대 여성이었다. 그녀는 무척 사무적이었으며 함박웃음을 짓는 여자였다. 옷은 간단했지만 철저하게 생각해서 입은 차림새였다.

우리는 한국의 전통에 맞게 예의바른 태도로 첫 몇 마디를 주고받았다. 소리가 수정처럼 깨끗하게 들리는 것 같았다. 그런데 미세스 박이 방으로 올라가자고 제안했다. 나는 거절하려고 했지만, 그녀가 단호하게 내 팔짱을 끼더니 "아마 우리가 방에 간다고 화낼 사람은 아무도 없을 거예요"하는 말로 나를 움직이게 만들었다.

방은 방이니 만큼 이국적인 화장품 냄새와 향수냄새가 배여 있었다. 침대는 정리가 안 되어 있었는데 미세스 박은 구겨진 침대보 위에 앉더니 말하는 것이었다.

"청소하는 여자가, 아, 무슨 단어지? 그렇지, 빠릿빠릿하지 못하네요."

내게는 하나 뿐인 안락의자에 앉으라고 하더니 갈색 담배 한 개비를 권했다. 기꺼이 받아서 피웠다.

"미스터 김은 무슨 일을 하세요?" 처음으로 그녀가 나를 그런 식으로 대했다. 만일 내가 앞에 있는 사람이 누구인지 몰랐더라면 완전히 농담으로 받아들였을 것이다.

"저는 기자입니다, 박 동무."

"동무?!" 그녀는 거의 뛸 것 같이 놀라더니 웃음을 터뜨렸다. "한국말을 잘 하시는군요, 미스터 김. 학교에서 한국말을 배우셨습니까?"

"아닙니다. 그럴 기회가 없었습니다. 하지만 대체로 고려인들이 적지 않은 집단농장 학교에서는 모국어를 가르칩니다."

"그래요?! 그런데 내가 읽은 어떤 일본 기자가 쓴 기사에는 소련 고려인들은 모국의 언어와 문화, 풍습을 오래 전에 상실했다고 나왔습니다. 이것이 사실입니까, 미스터 김?"

"네, 사실입니다. 우리나라에서 나오는 고려 말 신문은 "두부"를 둘둘 말아서 싸는데 쓰이고 알마아타에 있는 고려극장에서는 관객들이 헤드폰을 끼고 동시통역을 들으면서 앉아 있습니다."

그녀는 어리둥절해졌다.

"오-오, 미스터 김은, 음, 무슨 단어였지? 그래 맞아요, 농담을 잘 하십니다. 그런데 소련에는 고려인들이 많이 살고 있습니까?"

이 시점부터 나는 안내원도 아니고 안내원의 어조로 말할 필요도 없었다는 사실만 기억이 날 뿐 자신에 대한 통제를 잃어버렸다. 내가 권투선수인 신 블라디미르에 대한 이야기를 하자 그녀가 물었다.

"그런데 내가 그를 만나보면 안될까요?"

"가능합니다. 지금 그는 쿠바에 있습니다. 집으로 돌아가시는 길에 들르십시오."

"미스터 김, 나는 정말로 여러 사회계층에 속하는 소련 고려인들을 만나보고 싶습니다. 나는 이 일본인을 반박하고 싶습니다."

"하지만 무엇 때문에 반박해야 됩니까?"

"아니, 무엇 때문이라니요? 일본인들은 예로부터 한국인들의 적이었습니다. 얼마나 오랫동안 그들이 우리 민족의 숨통을 죄어 왔습니까? 나도 당신도 한국인입니다, 미스터 김, 한 핏줄을 가진 사람들입니다."

거의 시인 키플링의 말처럼 들렸다. 나는 조용히 웃기만 했다. 그리고 곧 생각에 잠겼다. 얼마나 이상하고 놀라운 세상인가? 한국은 어디고 미국은 어딘가? 내 부모가 행운을 찾아서 이주했던 극동지역은 어디고 나중에 고려인들이 끌려오게 된 중앙아시아는 또 어디인가? 그런데 여기 우리는 "우즈베키스탄" 호텔의 16층에 앉아서 유명한 영국시인의 이야기에 나오는 인물처럼 "너와 나, 우리는 한 핏줄을 나눈 사람들이네"를 서로에게 설명하고 있는 것이다.

"도와드리겠습니다, 박 동무. 당신은 어떤 계획이십니까?"

"나는 고려인들이 살고 있는 시골을 가보았으면 합니다."

"좋습니다. 아래층에 차가 대기하고 있습니다."

"오케이!"

그녀가 이 단어를 발음하는 순간 나는 30년대 소비에트 영화의 한 장면이 머리에 생생하게 떠올랐다. 바짝 마르고 정말 우둔한 미국 남자가 하는 일이란 오직 위스키를 마시며 다리는 탁자 위에 올려놓고 두꺼운 시가를 입에 문 채 "오케이!"라는 말을 천천히 씹어 뱉듯이 발음하는 것이었다.

미세스 박은 힘차게 나갈 채비를 하였다. 커다란 가방에다 포장지로 싼 꾸러미들과 칼라 필름을 한 움큼 집어넣더니 그렇게 싫어하는 일본에서 만든 비싼 "캐논" 카메라를 어깨에 둘러메었다.

"비옷을 가져갈까요?"

"혹시 모르니까 가져가십시오. 어떻든 가을이니까요."

우리 편집국 "볼가" 자동차의 기사인 페쟈 아저씨는 대단한 욕쟁이에다가 무시무시하게 차를 모는 사람이었다. 그는 미리 신사답게 행동하라고 단단히 주의를 받은 상태였다! 그런데 그 반항적인 성격을 어떻게 할 수 없어서 정도를 지나치게 행동하였다. 우리를 보더니 보란 듯이 성가시게 차에서 뛰어내려 문을 열어주고 익살맞은 모습으로 등을 굽히며 인사까지 하는 것이었다.

"안녕하십니까? 타십시오. 여사님..."

우리는 자리에 앉았다.

"어디로 모실까요, 대장!"

"콤뮤니체스키 구로 갑시다. 표도르 가브릴로비치."

"넷, 알겠습니다. 대장!"

앞 거울을 통해서 나는 잔뜩 비웃고 있는 페쟈 아저씨의 얼굴을 일순간 포착하고는 얼굴을 찌푸려서 경고를 했다. 그러나 미세스 박은 아무 눈치도 채지 못했다. 그녀는 대체로 운전사에 대해서는 신경을 쓰지 않았다.

우리는 도시를 남동쪽으로 가로질렀다. 도심의 멋있는 고층 건물들이 사라지고 50년대에 지은 건물들이 나타났다. 그러나 도시 변두리에 이르니 점토로 지은 초라한 집들이 너무나 눈에 거슬렸다. 이전에는 아무렇지도 않았는데 참 이상한 일이다.

"미스터 김, 여기에 고려인 시장이 있다고 들었는데 그것이 사실입니까?"

"전혀 그렇지 않습니다. 시장은 공동의 것인데 거기에 고려인들이 몇 줄을 차지하고 있는 것이지요. 여기에서 우리 음식에 필요한 재료들을 많이 구할 수가 있습니다."

"그 시장에 한 번 가볼 수 있을까요?"

"물론입니다"라고 대답했으나 속으로는 "안 가는 것이 더 낫지. 이 꾸일륙 시장이 얼마나 볼품이 없는데"라고 생각했다.

"박 동무, 그런데 누구한테서 이 시장에 관해서 들었습니까?"

"오-오, 나는 소련 방문을 위해서 준비를 많이 했습니다. 미스터 김. 쟈릴까시모프 교수의 논문과 김승화가 쓴 "소비에트 고려인 역사 개관"이란 책도 읽었지요. 5년 전에 이곳을 다녀간 플로리다주의 천 교수와도 만났고요. 천 교수는 자신의 소련 방문에 대해서 무척 많은 이야기를 했고 이 시장에 대해서도 많이 말했습니다.

그 사이 자동차는 도시의 경계를 넘어서 이내 목화밭을 지나갔다.

"무슨 냄새지요?" 손님이 빼놓지도 않고 물었다.

"제엽제 냄새입니다."

"제엽제라고요? 그게 무엇인데요?"

"화학 물질입니다. 제엽제를 목화에 뿌리면 잎들이 떨어집니다. 그렇게 하지 않으면 기계로 목화를 수확할 수가 없습니다."

"그런데 고려인들도 목화를 재배합니까?"

"네, 재배합니다. 미국에서는 한국인들이 무슨 일을 합니까?"

"처음에는 언어를 몰라서 닥치는 대로 아무 일이나 했지요. 나중에는 야채를 경작하는 소작농이 되거나 아니면 작은 상점들을 운영합니다. 그리고 교육받은 사람들은 회사에서도 일을 하지요."

"비즈니스를 합니까?"

"네, 네." 하면서 그녀가 웃음을 터뜨렸다.

"미국에서는 일 구하기가 쉽습니까?" 나는 그녀에게 무엇인가를 폭로하게 만들 목적을 가지고 물어본 것은 전혀 아니었다. 그냥 미국여자에게 직접 이야기를 듣는 것이 재미있었을 뿐이었다.

"만일 경쟁자들 중에 한국인이 있으면 한국인을 채용하려고 합니다. 한국인들이 일을 잘하니까요."

나는 우리나라의 여러 곳을 다닐 기회가 있었다. 그리고 가는 곳마다 "당신들 고려인들은 정말 부지런한 민족입니다"라는 말을 들었다. 그럴 때마다 내 가슴은 자부심으로 가득 넘쳤다. 그런데 여기에 미세스 박이 미국에서까지도 이런 칭찬의 말을 가지고 왔다. 그런데 왜 이 말이 이렇게 쓰게 느껴지는가? 그렇다. 한국인에 대한 이러한 평가에는 그들의 근면성뿐만 아니라 정치적인 무관심도 포함되어 있는 것이다. 나는 미국에 사는 한국인들이 회합이나 파업, 또는 저항행진에 참가한다는 이야기를 한 번도 들어보거나 읽어본 적이 없다. 고용주들이 잠재적인 파업배반자가 될 수 있는 한국인을 선호하는 것은 당연하다. 그러나 멀리 떨어져 있는 나의 동족은 취업에 그렇게 기뻐한다. 나는 "황금을 입힌 게토"라는 책을 통해 전체적으로 한국인들이 일본인들과 중국인들보다 잘 산다는 사실을 알 수 있었다. 성공의 여러 비밀들 중의 하나는 고요한 아침의 나라에서 온 이민자들이 가능한 한 빨리 동화되어 말하자면 백퍼센트 양키가 되려고 하는 노력이다.

"박 동무, 묻고 싶은 것이 있는데 단지 나의 직설적인 말이 기분을 상하게 하지나 않을까 두렵습니다."

"물어보세요, 물어보세요."

"미국의 백인들이 당신에게, 즉 한국인들에게 어떻게 대합니까?"

"무슨 말인지 모르겠군요."

"글쎄요... 차별대우를 느끼시는지요?"

"차별대우를 받느냐구요?"라고 되묻더니 그녀는 의자에 등을 기대었다. "백인들이 우리를 흑인들 대하듯이 대하는지 묻고 싶은 거지요? 아닙니다. 아니에요. 우리는 흑인들이 아닙니다."

"그렇다면 미국에 사는 한국인들은 어떤 식당이든 다 들어갈 수 있고 어떤 호텔이든 다 투숙할 수 있다는 말입니까?"

"하지만 우리 것이 다 있는데 왜 아무 식당이나 호텔에 들어갑니까? 동족들 옆에 있으면 더 좋지 않습니까?"

"그렇군요, 그런데 내가 알고 싶은 것은..."

"오-오, 미스터 김, 이 사람들은 무엇을 하는 거예요?"
"목화를 거두어들이고 있습니다. 그런데…"
"아니, 기계가, 음 그러니까, 맞아요, 콤바인이 없단 말입니까?"
"물론 있지요. 단지 기계가 한 번 수확을 했고 지금은 손으로 남은 것을 거두어들이는 것입니다."
"저기 저 삿갓을 쓴 여자들이 고려인들 같은데요. 잠깐 차를 세워서 이야기를 나누면 안 될까요?"
"안될 리가 있습니까? 페쟈 아저씨, 차를 잠시 세우시겠어요."
 그녀가 내게 묻고서는 사진기를 잡으려고 했을 때 나의 첫 바람은 어떻게 해서든 교묘하게 피해서 거절하고 싶은 것이었다. 손으로 수확하는 것은 그렇게 모범적인 것이 아니다. 사진을 찍고 나중에는 글을 쓰겠지… 그러나 나는 내 신변의 안전에 반하여 행동했다. 무엇을 두려워한단 말인가? 글쎄, 우즈베키스탄에는 사람들이 구름같이 몰려서 손으로 목화를 거두어들인다고 쓰겠지. 그러나 이것이 사실이 아닌가? 이전에는 전 우즈베키스탄이 밭이랑을 따라 무릎으로 기면서 마지막 한 송이까지 손으로 가두어들였다.
 아마 모든 민족에게는 일하는 사람들에게 건네는 특별한 인사말이 있을 것이다. 그 인사말에는 존경심과 도우려는 마음과 자신의 태만에 대한 용서를 구하는 뜻이 들어 있다. 러시아인들은 "보그 쁘 모시(하늘이 도우시기를)", 우즈벡인들은 "호르망", 한국인들은 "수고합니다"라고 말한다. 바로 이 인사말로 미세스 박이 목화를 거두고 있는 한 여자에게 말을 건네었다. 이 고려인은 바로 그녀가 외국인이라는 것을 알아채고 웃음을 지어 보였다. 사실은 절대다수의 고려인들이 북한 사투리로 말하기 때문이다. 만일 모국어를 안다면 말이다.
 미세스 박은 집과 아이들과 일에 대하여 가장 간단한 질문들을 하였다. 그녀는 이 집단농장의 여자들과 함께 있는 것을 찍어달라고 내게 사진기를 넘겨주었다. 그리고 자동차에 다시 들어와 그녀는 잠시 말없이 앉아 있었다. 이미 소비에트에 반대하는 교활한 논문의 구상을 해보고 있는 중일 수도 있다.

스베들로프 집단농장의 사무실은 일 년 전에 외국에서 온 손님을 맞기에 손색이 없는 이층짜리 새 건물로 이사를 왔다. 넓은 계단을 올라가서 대리석과 석회로 마무리가 된 현관으로 들어갔다. 위원장의 접대실로 들어가는 육중한 문이 열렸다.

"니꼴라이 돈체로비치가 사무실에 계십니까? 라고 여비서에게 물었다."

"지금 안 계신데요, 제 2 구역에 가셨습니다. 한 시간 후에 돌아오실 것입니다."

미세스 박은 그 동안 복도에 있는 "인민 통제 코너"를 보고 있었다. 그녀가 그것을 이해하는지 궁금했다.

"위원장님이 지금 안 계십니다. 그 동안 이 방에서 기다리지요." 라고 내가 말했다.

나는 사람들의 소리가 들리는 경리부 사무실을 가리켰다. 하루 중 제일 바쁜 시간이었다. 내가 여러 번 만난 적이 있는 경리부장이 두꺼운 장부를 손가락으로 가리키면서 젊은 여자에게 무엇인가 참을성 있게 설명하고 있었다. 그는 안경 너머로 우리를 쳐다보았다. 나는 동행인을 소개하였다.

"어디서요? 어디서라고요? 바로 그 미합중국에서 왔다는 겁니까?"라며 부장이 여러 차례 물었다.

"맞습니다. 바로 그 미국에서요." 미세스 박이 웃으면서 확인해주었다.

"우리가 어떻게 사는지 보려고 일부러 왔다는 겁니까?" 경리부장은 마치 손님이 존재하지 않는 것처럼 계속 나에게만 말을 걸었다.

"네, 특별히 일부러 왔어요." 미세스 박이 다시 나를 대신해서 대답했다. 둘 다 러시아어로 말했다.

"그런데 우리가 저 여자하고 대화를 나누어도 되는 겁니까?"

반농담조로 그가 물었다. 그러나 미세스 박은 그의 말을 심각하게 받아들였다.

"그런데 당신이 나와 이야기하는데 뭐 그리 특별한 일이 있습니까?" 그녀가 큰 소리로 말했다. "당신이나 나나 모두 한국인이고 한 민족이 아닙니까? 그런데 우리가 왜 서로서로 이야기하면 안 된다는 거죠?"

"이야기해도 됩니다. 물론 되지요." 내가 그녀를 진정시켰다. "뾰뜨르 반데예비치, 글쎄, 농담하시는 거지요." 마치 꼭 스탈린 시대 같은 분위기로... 손님이 우리를 어떻게 생각하는지 누가 알겠는가.

반시간동안 미세스 박은 수십 가지의 질문 공세를 받았다. 집단농장 사람들은 문자 그대로 모든 것을 다 알고 싶어 했다. 어떻게 사는지, 무엇을 먹는지, 얼마나 돈을 버는지, 등등. 손님은 활발하게 대답했지만 역할을 기꺼이 바꾸었으면 하는 것이 눈에 보였다.

"그런데 미국 학교에서는 한국어를 가르칩니까?"

"아닙니다. 우리는 교회에서 이 일을 담당합니다."

"어떤 교회 말입니까? 문씨 교회 말입니까?"

"문씨 교회라니요? 무슨 말인지 모르겠는데요..."

"글쎄, 왜 문 목사라고 자신이 이 세상에서 구세주를 대변하는 사람이라고 선포한 사람 말입니다."

미세스 박은 놀라서 눈썹을 치켜떴다.

"어떻게 문 목사까지 아십니까? 여하튼 당신들이 처음으로 이런 질문을 한 것은 아닙니다. 그런데 왜 소련 사람들이 그에 대해서 그렇게 관심이 많은지 모르겠습니다."

"신의 대리인을 보는 것이 당연히 흥미로운 것이지요."

"그런데 저는 여러분들이 어떻게 사는지 보았으면 정말 흥미롭겠습니다. 어느 댁이든지 잠시 방문할 수 없을까요?"

모두들 당황하여 서로 서로 쳐다보더니 시선이 경리부장에게로 집중되었다. 제일 높은 사람이니 짐을 짊어지라는 것이다.

"안됩니다, 안됩니다. 아내는 타쉬켄트의 딸네에 가있고 집은 엉망입니다..." 그가 반박했다.

"하지만 잠깐 둘러보기만 하면 되는데요."

"안됩니다, 안됩니다."
타이피스트가 그를 구출해주었다.
"우리 집으로 가시죠."
"마샤, 훌륭해. 마샤는 직장에서도 일을 잘하고 살림도 잘합니다."
마샤는 사무실에서 걸어서 3분 거리에 살고 있었다. 견고하게 보이는 집에 넓게 구불거리는 슬레이트로 그리 높지 않게 울타리를 만들어 놓고 마당은 깨끗하게 시멘트를 발라 놓았다. 미세스 박은 사진기를 들고 찍을 수 있는 것은 무엇이든 필름에 담았다. 칠면조 새장이나 돼지우리까지도 사진을 찍었다.
"정말 채소밭이 넓군요. 정말 넓습니다." 그녀는 반복해서 말했다. "아마 시장에 많이 내다 파는 모양이지요?"
"무슨 말씀이세요?" 마샤가 웃었다.
"하지만 당신 가족이 이 밭에서 나오는 것을 어떻게 다 소화할 수 있습니까?"
"모르겠어요. 겨울에 먹을 것을 소금에 절여놓기도 하고 도시에 사는 친척들에게 주기도 하지요. 그러나 시장에는... 여하튼 그 생각은 해보지 않았어요. 한 번도 누구한테 판다는 생각은..."
집안에는 불가리아 제 벽장과 러시아 제 냉장고, 칼라 TV, 양탄자 등이 있었다. 물론 이런 것을 보고 미세스 박이 놀랄 일은 하나도 없다. 그녀는 자기 가족이 25만 달러짜리 단독주택에서 살며 차가 두 대라는 등의 이야기를 벌써 했었다. 과연 그녀는 박사이며 남편은 엔지니어가 아닌가? 아마 거기서는 엔지니어들이 돈을 많이 받는 모양이다.
"그런데 온돌방은 어디에 있습니까?"
그녀는 사무실에서부터 고려인들 집에 온돌방이 보존되어 있는지 궁금해 했다.
"여기 이 방입니다."
"그런데 아궁이는 어디에 있지요?"
"우리는 가스로 데우는 온수난방을 사용합니다. 방바닥 밑으로 관을 넣었지요."

"그래요?"

미세스 박은 자주 놀란 듯이 "그래요?"라고 되묻듯이 말하지만 나는 도대체 이 말 뒤에 숨은 뜻이 무엇인지 알지 못했다. 언젠가 나는 어떤 아프리카 청년신문의 편집장인 한 흑인을 데리고 우리 출판사의 인쇄공장에 따라간 적이 있었다. 공장 주인이 자랑스럽게 이 흑인에게 자동주식기와 식자기계를 보여주고 그가 신문지에 이미 완성된 식자판을 인쇄까지 해보도록 해주었다. 손님은 계속 감탄하며 무서우리만큼 하얀 눈알을 굴리며 "오-오!"라고 말하는 것이었다. 나중에 알고 보니 그의 신문사는 연속 사진정판과 옵셋판 등등, 우리보다 한 단계 높은 기계들이 있었다. 그런데 나는 그의 놀라는 모습을 감탄하는 것으로 이해했었다.

집안을 둘러본 후 우리는 잼을 곁들여서 차를 마셨다.

"당신들은 참 조용하게 잘 살고 계시는군요. 우리는 조용하게 살기가 어렵습니다."

"모든 것이 돈, 돈입니까?" 나는 교활한 웃음을 띠면서 물었다.

"네, 모두가 돈, 돈입니다." 그녀는 나의 간계를 눈치 채지 못하고 한숨을 내쉬었다. 그러더니 가방에서 셀로판지로 포장한 상자를 하나 꺼내어서 "마샤, 받으세요."라고 말했다.

"무슨 말이세요? 무슨 말이세요?" 그녀가 손을 내저었다. "왜 제가 이런 것을?"

"남자 셔츠입니다. 받으세요? 안됩니까?" 미세스 박이 나를 향해 물었다.

나도 이 간계를 눈치 못 채는 척 하기로 결심했다.

"받으세요, 마샤. 당신 남편이 미제 셔츠를 입고 멋 내도록 해주세요."

"고맙습니다. 그래도 왠지 불편하네요."

"무엇 때문에 불편하세요?" 손님이 어깨를 으쓱해 보였다. "미국에서는 아무나 그렇게 간단히 집으로 초대하는데 동의하지 않습니다."

마샤는 얼굴을 붉혔다. 손님을 모신 덕분으로 억지 보수를 받은 셈이 되었던 것이다. 그러나 나는 그녀에게 눈짓을 해 보였다. '괜찮아요, 괜찮습니다.'

위원장은 이미 제 2구역에서 돌아와 있었다. 사무실에는 그 말고도 집단농장 공산당 위원회 서기인 쉐랄리 아흐메도프와 모르는 사람인 초로의 러시아인이 있었는데 이 사람은 당 지역위원회의 촉탁 교관으로 와있는 사람이었다. 이름은 일리야 이바노비치 사벨리요프였다.

"손님을 많이 맞이하였지만 미국에서 온 한국 여성은 처음 만납니다." 웃으면서 니꼴라이 돈체로비치가 말했다. "여기에 오시니 어떻습니까?"

"정말 좋습니다. 마치 고향에 온 것 같군요. 방금 농장 사람의 집을 보고 오는 길입니다. 상상이나 하시겠습니까? 온돌방까지 보았습니다."

여기서 미세스 박은 다시 일본 기자에 관해서 이야기했다.

"박 동무는 한국에서 태어나셨습니까?" 니꼴라이 돈체로비치가 물었다.

"네, 서울에서 태어났습니다. 제가 일곱 살 때 부모님께서 미국으로 이주하셨지요."

"그런데 무슨 일을 하고 계십니까?"

"동향인들에게 영어를 가르치는 센터를 운영하고 있습니다."

"보수는 한 달에 얼마를 받습니까?"

이 질문은 일리야 이바노비치가 했다.

"한 달에 말이지요? 지금 계산해보지요. 이것 저것해서... 2천5백 달러입니다. 하지만 교육비나 의료비, 사회보장비 등이 무척 비싸기 때문에 계산해보면 많은 돈이 아닙니다. 또 노후를 위해서 돈을 모아야지요. 당신들은 이런 것이 모두 공짜가 아닙니까?"

"그렇습니다. 우리는 이런 것이 다 공짜입니다." 일리야 이바노비치가 대답했다. 그러나 그는 손님이 그렇게 약삭빠르게 선수를 쳐서 무료교육과 무료의료 혜택 등 다른 사회주의의 업적에 대하여 말해 버리리라고는 예상하지 못했던 듯했다. 나이 많은 공산당원은 호전적인 분위기가 되었다.

"왜 당신 나라에는 실업자들이 그렇게 많습니까?"

"일자리는 다 있습니다." 미세스 박이 웃으면서 대답했다. "단지 모두가 다 아무 일이나 하려고 하지 않거나 아니면 모든 사람이 높은 보수를 받는 일에 적합하지 않기 때문입니다. 그런데 한국인들은 처음에는 무슨 일이든 생기는 대로 다 합니다. 쓰레기 수거나 창문 닦기나, 세탁 등의 일 말입니다. 그래서 한국인 실업자는 없습니다."

"그러나 당신 나라에도 파업이나 저항 모임이나, 가난한 사람들의 데모 같은 것이 있지 않습니까?" 일리야 이바노비치는 항복하지 않았다.

"모든 사람이 더 잘 살기를 원하지요. 우리는 언론의 자유가 있습니다. 마음에 들지 않으면 항의하는 것이지요. 그러나 한국인들은 충성을 지킵니다. 미국은 부자 나라이고 모두에게 자리가 흡족합니다. 우리는 평화공존 속에 살기를 원합니다."

"평화롭게 살기를 원하면서 군사기지를 만듭니까? 공존을 말하면서 작은 베트남을 침공합니까? 콜리 중위에 대해서 들어보았습니까? 그가 송미라는 시골에서 자기 병사들과 무슨 짓을 저질렀는지 아십니까?

"송미라고요?" 미세스 박은 다시 물었다. "아뇨, 송미에 대해서는 못 들었습니다. 우리 한국인들은 정치에는 관여하지 않습니다. 우리에게는 그런 것이 필요 없습니다."

일리야 이바노비치는 무엇인가 더 말하고 싶어 했지만 위원장이 부드럽게 그를 만류했다.

"식사하러 가는 것이 좋겠습니다. 거기서 이야기를 계속 나누도록 하지요."

집단농장의 식당에는 손님들을 위한 방이 따로 마련되어 있었다. 식탁은 모든 것이 격식에 맞게 갖추어져 있었다. 눈처럼 흰 식탁보가 덮여있고 크리스털 잔들과 과일이 담긴 큰 그릇과 차가운 음료수들이 준비되어 있었다. "펩시콜라"까지 놓여 있었다.

먼저 우즈베키스탄의 고기국물인 "슈르빠"를 내왔다.

"만나 뵙게 된 것을 기억하는 뜻에서 샴페인을 들어도 괜찮겠습니까, 박 동무?"

"좋아요."

샴페인을 잔에 나누어 따르고 우리는 잔을 서로 부딪친 후 술을 마셨다.

"정말 맛있군요!" 미세스 박이 슈르빠를 몇 술 뜨더니 감탄하여 말했다. "우즈벡 식으로 만든 국인가요?"

"맞습니다." 아흐메도프가 대답했다. "어떤 요리사들은 슈르빠에 향료를 15가지나 넣습니다. 그리고 약한 불에 두 세 시간 정도 끓입니다."

"그래요?!"

"그런데 당신 집에는 노비가 있습니까?" 일리야 이바노비치가 물었다. 우리 모두 그의 호전성이 마음에 들지 않았다. 왜 우리한테는 자명한 사실이지만 자본주의 서구에서 온 사람은 결코 이해할 수 없는 것을 입증해 보이려고 하는가?"

"노비라니요? 어떤 사람들 말씀입니까?"

미세스 박은 그래도 역시 이 노인의 질문이 조심스러운지 시간을 벌기 위해서 매번 되묻곤 했다.

"글쎄요, 요리사나 하인이나 하녀 같은 사람들..."

"없습니다, 없어요. 제가 다 직접 하지요."

"한국 음식을 만듭니까?" 니꼴라이 돈체로비치가 알고 싶어 했다.

"그렇게 자주 만들지는 않습니다. 일주일에 두세 번 정도 밥을 먹습니다. 그리고 보통은 서양음식을 먹지요."

"우리도 러시아 음식이나 우즈벡 음식에 익숙해져 있습니다." 위원장이 말했다. "우리 가족이 처음으로 우즈베키스탄에 이주해 왔을 때 일이 생각나는군요. 우리는 어떤 늙은 우즈벡 부부가 사는 집에 머무르게 되었습니다. 그 당시 나는 여덟 살쯤 되었습니다. 어느 날 안주인이 나를 부르더니 상냥하게 웃으면서 따뜻한 비스킷 두 조각 하고 신 우유 한 컵을 주는 것입니다. 고려인들은 우유를 그렇게 좋아하지 않는데다가 쉬기까지 했으니 어머니께서 맛을 보시더니 뭔가 아니라며 어쩌면 상했을지도 모른다고 말씀하셨습니다. 그 다음 날 안주인은 또 내게 신 우유를 한 컵 가득 부어서 주었습니다. 이번에는 아버지께서 사실은 상한 것이 아닐지도 모른다며 상한 것을 그렇게 자꾸 줄 리는 만무하다고 생각하셨습니다. 끝까지 다 마셔보았습니다. 한 달이 지나자 우리 가족은 신 우유를 기꺼이 마셨으며 그 맛을 정말 좋아하게 되었습니다..."

"고려인 전체를 극동지방에서 강제로 이주 시켰던 1937년의 일이지요?" 미세스 박이 말을 가로채며 물었다.

"글쎄요, 왜 강제라고 말씀하십니까?" 니꼴라이 돈체로비치의 목소리가 추억에 잠겨 부드러워졌다. 당시는 상황이 혹독하게 전개되던 시기였습니다. 일본군이 소비에트연방을 곧 침공할 기세였지요. 국경을 든든하게 지킬 필요가 있었고 일본 스파이나 방해분자들이 숨어들 수 있는 환경을 제거해야만 했습니다. 고려인들은 이런 상황을 잘 이해하고 있었습니다. 그리고 중앙아시아에서 우리들을 마치 형제처럼 맞아주었으며 도울 수 있는 데까지 도와주었습니다."

"네, 소련 사람들은 매우 개방적이고 친절합니다." 미세스 박은 이렇게 말하더니 곧 덧붙여서 "그런데 대단히 잔인하기도 하지요." 라고 갑자기 말했다.

우리는 모두 이 말을 듣는 순간 온 몸이 떨리기까지 했다.

"네, 네, 잔인합니다." 그녀가 되풀이해서 말했다. "비행기에 노인들과 아녀자들이 타고 있다는 것을 알면서도 결국 떨어뜨렸습니다."

아차, 그녀가 말하는 것이 이것이었구나. 남한 비행기를 격추시킨 사건을 이야기하는 것이었다.

"글쎄요, 첫째로 그 비행기가 민간 여객기였다는 사실을 누가 알았겠습니까?" 일리야 이바노비치가 반박했다. "둘째로 그 비행기는 한 밤중에 표시등을 모두 꺼버린 채 금지된 구역으로 선포된 우리 영토 위를 비행했습니다. 셋째로 경고신호와 경고사격까지도 무시했습니다."
 "그렇다고 합시다. 하지만 당신들이 그 비행기가 여객기였으며 한 핏줄을 나눈 동족들이 죽어갔다는 사실을 알고 나서 과연 어떤 항의라도 한 적이 있습니까?"
 "어떤 항의 말입니까?"
 "당신들의 정부에 항의하는 거죠. 남한 사람들이라 하더라도 어쨌든 한국인들이 그 비행기에 타고 있지 않았습니까! 만약에 미국이 한국인들이 탄 비행기를 격추시켰다면 우리는 당장 항의했을 것입니다."
 나는 잠시 타쉬켄트의 대로에 수천 명의 고려인들이 행진하는 모습을 상상해보았다. 아니다. 불법비행을 한 남한 비행기 때문에 저항 행진을 할 리가 없다. 우리 자신들의 문제들 때문이라면 모를까. 그런데 과연 이것이 가능한 일일까? 구호를 쓴 플래카드와 포스터를 들고 메가폰으로 구호를 외치면서 데모하는 일 말이다. 그 끔찍한 37년에 극동에서 중앙아시아로 고려인들을 이주시켰을 때의 상황은 사실 니꼴라이 돈체로비치가 이야기한 것과는 다른 것이었다. 그 자신도 수천 명의 사람들이 탄압을 받았으며 군인들이 지키는 가운데 이주했다는 말을 여러 번 하지 않았던가. 그렇다. 정부가 고려인들을 믿지 못했기 때문에 이주시킨 것이다. 전쟁 바로 직전까지 이주민 집단농장에는 정기적으로 "붉은 새끼"(고려인들이 내무 인민위원부 직원들을 그렇게 불렀다.)들이 까만 자동차를 타고 나타났으며 그럴 때마다 남자들은 모두 갈대풀숲에 숨었는데 몇 주일씩 풀숲에서 나오지 못한 적도 있었다고 노인들이 이야기하곤 했다. 고려인들은 사상이 불순한 자들로 낙인이 찍혀서 전방에는 배치되지 않았으며 1952년까지도 공화국 안이나 소련영토 내를 자유롭게 다니는 것이 금지되어 있었다. 그런 고통을 겪고 난 후에 자신들의 문제를 호소하러 플래카드를 들고 광장으로 행진하는 것이 과연 힘들지 않겠는가? 그러나 이런 이야기를 어떻게 미세스 박에게 전부 해줄 수가 있겠는가? 그녀는 여하튼 적국에서 온 외국인이 아닌가?

"...그런 식으로 질문을 해서는 안 되지요." 일리야 이바노비치가 천천히 가르치는 듯이 말했다. "누가 그 비행기에 있었든, 한국인이든 아니든 간에 그 사건은 비극입니다. 중요한 사실은 누가 이 비극에 책임이 있는가 하는 사실입니다."

"그러면 당신 의견으로는 누구에게 잘못이 있다고 생각하십니까?"

"만일 이 사건에 관심이 있으시면 그 당시 우리 신문철들을 읽어 보십시오. 거기에 모든 것이 밝혀져 있습니다."

"신문이 항상 진실을 이야기하는 것은 아닙니다."

"맞습니다. 그러나 우리 신문이 쿠바에 대한 CIA의 음모나 칠레의 군사혁명에 미국이 가담한 것이나 니카라구아의 '반군'을 미국이 지원해준 것에 대해서 쓸 때는 사실을 쓰는 것입니다. CIA가 무엇인지는 아시리라고 믿습니다."

"우리도 '모스크바의 비호'가 무엇인지는 압니다." 미세스 박이 받아 넘겼다. "당신들은 이렇게 말하고 우리는 다르게 말하니 진실을 알 수가 없습니다. 그러나 여기에 이 참외는 정말 맛있군요. 이것이야말로 진짜 진실이 아니겠습니까?" 이렇게 덧붙이더니 그녀는 날카로운 고음으로 웃음을 터뜨렸다.

우리는 그런 표현에 기분이 썩 좋지 않았다. 아니다, 그녀를 설득시키는 것은 쉽지 않은 일이다. 그러나 다른 면에서 생각해보면 그녀를 설득시킬 이유가 어디에 있는가? 도대체 어디서 우리에게 설득시키려는 욕망이 나왔는가?

"왜 소련의 고려인들은 민족연맹이 없습니까?" 우리가 참외 맛을 칭찬하고 나자 미세스 박이 물었다.

"우리는 연맹 같은 것이 필요 없습니다." 니꼴라이 돈체로비치가 냅킨으로 손가락을 닦으며 대답했다. "연맹은 권리가 없는 사람들에게나 필요합니다. 만약 내일 당신을 직장에서 해고시키면 어떻게 하겠습니까?"

"다른 직장을 찾지요?"

"그러나 우리나라에서는 그렇게 간단히 직원을 해고시킬 수가 없습니다. 없고말고요. 왜냐하면 우리는 모두 헌법상으로 노동과 교육과 휴식의 권리를 보장받고 있기 때문입니다. 박 동무는 자녀들이 있습니까?"

"네, 두 명입니다. 아들과 딸입니다. 사진을 보여드리지요. 여기 있습니다…"

반짝이는 칼라 사진에 미세스 박의 가족들이 보였다. 남편은 품위가 있어 보이고 조금 뚱뚱한 편이었으며 그녀는 새하얀 블라우스와 치마를 입고 있었다. 딸은 한복을 입고 아들은 카우보이 복장이었다. 모두 참 잘 나왔고 미세스 박 자신도 이 사진이 아주 마음에 드는지 한참 들여다보더니 가방에 도로 집어넣었다.

"아이들이 한국말을 압니까?"

"잘 몰라요. 영어로 더 많이 이야기합니다. 교회 모임에서 한국말을 배우기는 합니다. 한인회가 한국인들의 교류를 위해서 많은 일들을 합니다. 직업별, 연령별, 지역별 모임들이 있습니다. 신문이 수십 가지는 되고 대부분 영어와 한국어, 두 가지 말로 나옵니다."

"부럽습니다." 니꼴라이 돈체로비치가 말하면서 한숨을 쉬었다. 그리고 나는 그가 왜 한숨을 쉬었는지 알았다. 이 연로한 위원장은 내게 고려인 젊은이들이 모국의 언어와 풍습, 문화를 잃어버리고 있다고 비통하게 말한 적이 한 두 번이 아니다. 이런 문제를 다루기 위해 한인회와 같은 조직이 필요하다는 사실은 누구도 급박하게 생각하지 않았다. 생각은 이렇게 하면서도 전혀 다른 식으로 말하려는 것이 쉽지 않았던 것이다.

배부른 음식과 샴페인으로 우리는 기진맥진해졌다. 주인들도 쉬어야할 시간이라는 느낌이 들었다. 아침 여섯 시부터 걸어 다니지 않았는가? 그러나 미세스 박은 지치지도 않은 채 계속 질문을 퍼부었다. 그러나 나중에는 그녀도 지친 듯 했다.

헤어질 때가 되자 미세스 박은 가방에서 플라스틱 봉투를 꺼내더니 말했다.
"니꼴라이 돈체로비치, 당신에게 작은 선물을 하나 드리고 싶습니다. 그런데 꼭 벽에 걸겠다고 약속하셔야 됩니다. 약속하시겠어요?"
"먼저 무엇인지 봐야 되겠습니다." 위원장이 웃으면서 말했다.
"그림입니다. 샌프란시스코의 풍경입니다. 그러면 벽에 걸어 두시겠습니까?"
"반드시 걸지요."

하루 더 지나서 미세스 박은 사마르칸트로 떠났다. 거기서 그녀는 부하라로 갔다가 다시 돌아와서는 나를 저녁식사에 초대한 것이다. 저녁식사 후에 함께 최 발렌찌나 빠블로브나 교수를 찾아가기로 했다.

젊은 웨이터가 서브를 했다. 그런데 왠지 기분이 좋지 않았다. 시장에서 장사하는 고려인 여자와 꾸이비셰브스꼬에 대로를 따라 보이던 초라한 집들과 손으로 목화를 수확하는 모습을 손님이 보았을 때 느꼈던 것과 같은 불쾌한 기분이었다. 잘 보이려는 주인의 기분이 자연스럽게 평소에 익숙해 있던 모습들을 비판적으로 보게 만드는 것이다. 그런데 지금 나는 이 웨이터가 나비넥타이보다는 건설인부의 작업복이 더 어울리겠다고 생각하는 것이다.

"무엇을 드시겠습니까?" 나비넥타이가 허리를 굽히며 말했다.
"주문하세요, 미스터 김."
나는 메뉴를 쳐다보지도 않았다.
"메인 코스로 아무거나 주고 샐러드와 커피요."
"그리고 와인은? 미스터 김." 그녀가 덧붙였다. "좋은 와인이 있습니까?"
"'굴라프'가 좋습니다." 웨이터가 말했다.
"오케이!"

웨이터는 곧장 음식을 내왔다. 나는 "언제 무엇을 해야 하는지 알기는 하는군"이라고 생각하며 왠지 짜증스러운 기분으로 와인을 따르기 시작했다. 미세스 박은 그 동안 구운 고기를 맛보더니 손가락을 퉁기며 웨이터를 불렀다.

"소스가 충분하지 않습니까?"

"네, 네."

"케첩이요?"

"오-오, 어떻게 아십니까?"

"맛본 적이 있지요. 농담하나 해드리겠습니다. 미국 우주비행사가 달에 내렸습니다. 거기서 제일 먼저 찾아낸 것이 빈 케첩 병입니다."

"하-하!" 그녀는 쾌활해져서 "케첩을 좋아하십니까?"하고 물었다.

솔직하게 말하면 나는 케첩이 싫었다. 무엇인가 달고 신맛이었다. 하지만 그렇다고 고백할 일은 아니지 않은가?

"괜찮은 편이었습니다. 우리는 케첩이 없습니다. 그러나 마늘 소스가 있는데 아마 여기 있을 것입니다."

실제로 웨이터가 당장 작은 소스 그릇을 가지고 왔다.

"오-오!"

"맛있습니까? 한국인이면 다 이 소스를 좋아합니다. 많은 나라에서 우리를 "마늘애호가"라고 무르는 것도 무리는 아닙니다."

"마늘을 좋아하는 것이 엄청난 결함은 아니라고 생각합니다."

"당연히 아니지요, 박 동무."

식사가 끝나자 미세스 박은 지갑에서 십 루블 짜리 지폐를 끄집어내었다.

"걱정 마십시오, 제가 내겠습니다."

"아니, 안됩니다. 제가 초대하지 않았습니까? 이걸로 팁까지 충분할 것입니다."

"우리 웨이터들은 팁을 받지 않습니다."라고 나는 나도 모르게 말해버렸다.

그녀는 웃더니 일어나서 나갔다. 나는 웨이터를 불러서 십 루블 짜리 돈을 건네주면서 "잔돈은 필요 없어요."라고 말했다.

나비넥타이가 주위를 둘러본 후에 돈을 받았다. "받지 않을 거야, 물론이지, 그렇지 않으면 왜 이 놈이 식당에서 실수를 하겠는가."라고 나는 생각했다.

홀에 앉아 미세스 박을 기다리는 동안 나는 예기치 않게 마천루로 가득한 뉴욕 시에 있는 내 아내를 상상해 보았다. 기분이 좋지 않았다. 혼자서 수천 마일 떨어진 낯선 나라에 가서는... 내 아내가 혼자서 미국으로 그런 여행을 할 수 있을까? 못할 것이다. 아니, 우선 내가 아내가 가도록 내버려두지 않을 것이다.

최 교수는 호텔에서 그리 멀지 않은 곳에 살았다. 우리는 택시를 타고 눈 깜짝할 사이에 그 집에 도착했다. 안락하게 꾸며진 현관에서 두 사람이 인사를 교환하며 반가워할 때 나는 본의 아니게 두 여인을 비교해보게 되었는데 "우리"쪽이 불리하게 보였다. 발렌찌나 빠블로브나는 꽤 뚱뚱했으며 그녀의 넓은 얼굴은 화장기라곤 없었다. 그러나 선량하고 손님을 환대하는 여자라는 것을 느낄 수 있었다.

"정말 우아합니다."라며 그녀가 솔직하게 손님을 칭찬하였다. 그리고 나에게는 오래된 지기에게 하는 것처럼 "들어오세요. 내 집같이 편안하게 생각하세요."라고 말했다.

응접실은 소련의 여느 응접실과 별반 다를 바가 없이 똑같은 가구들이 놓여 있었다. 그러나 벽 장식장의 대부분을 차지하고 있는 책들이 인상적이었다.

"오-오, 정말 대단한 장서입니다, 발렌찌나 빠블로브나! 소련 사람들은 책을 아주 많이 읽습니다." 미세스 박이 감탄하며 말했다.

"칭찬해주시니 감사합니다." 주인이 웃으며 말했다. "차를 하시겠습니까, 아니면 커피를...?"

"괜찮으시다면 커피를 주세요."

나는 이들의 대화가 점점 격렬해지는 것을 흥미롭게 관찰하고 있었다. 처음에는 이것저것 단편적인 질문들이 오갔으나 나중에는 소련과 미국에서 사는 한국인들의 언어와 문화, 풍습에 관한 무게 있는 주제들이 거론되었다. 미세스 박은 일본 기자 이야기부터 남한 비행기 사건에 이르기까지 한 세트의 이야기를 전부 늘어놓았다. 발렌찌나 빠블로브나가 얼마나 품위 있게 답변했는지를 보았어야 한다. 마치 강의하는 것 같았다. 미세스 박도 이 점을 주목하지 않을 수 없었다.
"당신은 박사이며 학과장입니다," 그녀는 먼 곳에서 이야기를 시작했지만 곧 교활한 질문이 따르리라는 것을 느낄 수 있었다. "그러나 당신은 한국 여성의 전통적인 특징들을 잃어버리지 않았습니까? 겸손과 여성다움과 세심한 마음과 같은 특성들 말입니다."
"나 자신을 판단하려니 어렵군요. 아마 잃어버렸을 것입니다. 그러나 당신도 아마 전통적인 한국의 여성상에 부합하기에는 무리가 따를 것입니다." 발렌찌나 빠블로브나가 대답했다.
"여러 민족의 문명수준을 소리 없이 말해주는 지표들이 있지요." 나는 그들의 대화에 슬그머니 불을 붙이기로 작정했다. "그런 전통적인 것과 나란히 인구 수당 물 사용량이라든지 다른 민족의 여성들과 맺어진 결혼의 비율이라든지 하는 것도…"
그러나 그들은 내게까지 신경 쓸 겨를이 없었다. 단지 내 말이 그들 대화의 과정에 약간 영향을 주었을 뿐이었다. 대화 내용은 결혼 예식이라든지 아이들, 한국 음식들에 관한 이야기로 옮겨갔다.
세 시간이 눈 깜짝할 사이에 지나가 버렸다.
이미 시간이 많이 늦은 것을 알고 발렌찌나 빠블로브나는 "내가 전화로 자료를 드린다고 약속했었지요."라고 말하면서 의자에서 일어났다. 그녀는 책장에서 미리 준비해 놓은 책 몇 권을 끄집어내었다. "여기에 내가 러시아말로 쓴 책자들과 김 아나똘리의 소설과, 음, 또 다른 자료들이 있습니다. 그리고 이 연구보고서는 당신에게 보여드리기만 하겠습니다. 이 보고서를 쓴 사람이 수일 내에 레닌그라드에서 카자흐스탄 북부에 사는 고려인들의 생활양식과 문화에 관한 주제로 박사학위 논문을 발표할 것입니다."
이 보고서의 페이지들을 대충 넘겨본 미세스 박의 눈이 탐욕스럽게 빛나기 시작했다.
"오-오, 이것이 바로 내가 꿈꾸던 것입니다. 이것을 가지고 가겠습니다."
"미안하군요, 이 보고서는 내게 평가를 하라고 보낸 것입니다. 논문 발표가 있기 전에는 다른 사람에게 보고서를 줄 수 있는 권한이 내게 없습니다." 발렌찌나 빠블로브나가 웃으며 말했다.

"안됩니다, 안됩니다. 오늘 제게 주셔야합니다. 나는 당신 손님이 아닙니까? 만일 당신이 내 손님으로 오셨다면 나는 아무 것도 아끼지 않았을 것입니다.

"하지만 그럴 수가 없군요. 학자에게는 윤리가 있습니다..."

미세스 박은 단호하게 벌떡 일어서더니 쌓아놓은 책들을 밀쳐 버렸다.

"그렇다면 아무 것도 필요 없습니다. 갈 시간입니다. 미스터 김, 우리 갑시다." 그러더니 그녀는 정말 현관으로 걸어가는 것이었다. "나도 박사이고 학계에 어떤 윤리가 있는지 압니다. 어떻게 나를, 어떻게 나를, 그렇게 생각하실 수가..."

"박 동무!" 현관에서 내가 그녀를 불러 세웠다. "아무도 그렇게 생각하지 않습니다. 그까짓 것 책자 하나를 두고 다툴 가치가 있습니까?"

"손님을 그렇게 대하는 것이 아닙니다!"

"하지만 손님이 그렇게 처신하면 안 된다는 것도 아시겠지요?"

"내가 어떻게 했다고요? 내가 부탁했는데 거절했으니 나는 갑니다."

"나가는 것도 여러 가지 방법이 있습니다. 좋게 헤어지도록 합시다. 발렌찌나 빠블로브나, 박 동무, 두 분 다 그렇게 좋으신 분들이 도대체 이게 웬 일입니까?"

"이렇게 되어서 미안합니다." 발렌찌나 빠블로브나가 이렇게 말하면서 손님의 손을 잡았다. "여기서 모스크바와 레닌그라드로 가신다고 말씀하셨지요?"

"그래요."

"보세요, 잘 되었습니다. 레닌그라드에 가시면 바로 민속학 연구소로 가세요. 내가 전화번호를 드리겠습니다. 그러면 완전히 공식적으로 이 보고서뿐만 아니라 논문 전체를 다 받으실 수가 있습니다."

"그것이 가능합니까?"

"물론입니다. 그러니 지금은 커피를 마저 마시기로 하지요."
우리는 다시 처음의 상황으로 돌아왔다. 그러나 이미 분위기는 달라져 있었다. 발렌찌나 빠블로브나가 아무렇지도 않은 듯이 웃으면서 분위기를 돌려보려고 애썼다.
"제가 동양 여성의 특성을 많이 잃어버린 것을 보셨지요. 하지만 당신보다는 내게 더 한국 여자의 성격이 많이 남아있는 것 같습니다. 예를 들어 내가 손님으로 가면 나는 절대로 무엇인가를 달라고 하지 않으며 하물며 무엇을 요구하는 것은 생각지도 못할 일입니다."
"내가, 무어라고 할까요, 조금 흥분했습니다. 단지 이 보고서를 무척 갖고 싶었을 뿐입니다. 레닌그라드에서는 시간이 별로 없습니다." 미세스 박이 미안한 듯이 웃으면서 말했다.
"내게 당신 주소를 주십시오. 한 달 후에 보내드리겠습니다."
미세스 박은 잠시 망설이더니 곧 가방에서 명함을 꺼내어 주인에게 주었다. 그러더니 일어섰다.
"갈 시간입니다. 오-오, 벌써 열 한 시군요. 아침 여섯 시에 비행기를 타야합니다."
발렌찌나 빠블로브나는 명함을 책장에 놓고서는 현관으로 나와서 작별인사를 했다. 그들은 동양의 예법대로 인사를 나누었으며 나는 반시간 후에 미세스 박을 호텔에 데려다 주고 안녕히 주무시고 잘 가시라는 인사를 했다.
한 달 후에 발렌찌나 빠블로브나가 내게 전화를 걸어서 미세스 박의 주소를 물어 보았다.
"그런데 당신도 명함을 받지 않았습니까?" 나는 그녀에게 상기시켜 주었다.
"당신도 명함을 받았습니까? 한 번 보세요."
나는 책상에서 미세스 박의 명함을 찾아내었다. 반짝이는 종이에 아름다운 글씨체로 "매란 박"이라고 영어로 씌어 있었다. 그 밑에는 직함, 전화 번호, 팩스 번호 등이 적혀 있었다. 그런데 주소는 어디에도 적혀있지 않았다. 그러나 그녀는 내게 자기에게 편지만 쓰면 곧 바로 초청장을 보내겠노라고 단언했던 것이다. 어떻게 그럴 수가...

　이런 순간에 나는 보통 강력한 러시아말의 도움을 청하곤 한다. 그러나 방에는 다른 사람들이 있었고 나는 "자, 여기... 케첩이나 먹어라!"하고 중얼거릴 뿐 다른 방도가 없었다.

　이런 이야기이다. 그런데 다행히 어디에다가도 발표하지 않았다. 왜냐하면 해가 갈수록 운명이 얼마나 놀라운 여자를 만나게 했는지 알 수 있었기 때문이었다.

　바로 신연자씨 -여주인공의 실제 이름이다- 로부터 나는 처음으로 미국의 한국인들이 언어와 전통을 보존하기 위해 문화단체를 통해 단합하고 있다는 것을 알았다. 저기 야만적인 서구에서 정부의 자비를 기다리지 않고 아이들이 민족의 특성을 잃지 않게 하려고 원하기만 하면 클럽과 센터를 만드는 것이다. 어떤 허락도 받을 필요가 없이.

　신연자씨는 미국으로 돌아가서 "소련의 한인들"이란 책을 썼다. 그리고 세 권의 견본을 내게 보내왔다. 쾌활하며 아름답고 용감하며 러시아어를 잘하는 이 여성에게 우리의 삶을 해외와 모국에 널리 알려준 은혜를 입은 것이다.

　여기 이런 사람에 대해서 나는 소비에트의 이데올로기에 흠뻑 젖은 이야기를 쓴 것이다. 한 가지 위안이 되는 것은 내가 솔직했다는 점이다. 외국인, 특히 자본주의 국가에서 온 외국인을 대할 때 우리는 사실 대단히 경계하는 자세로 임했다.

우리의 샘물에 대한 기억

꾸일룩의 모임에 대한 이야기가 살라후지노프에게 전해졌다. 게다가 보통 그렇듯이 상당한 부분이 "중상모략"이었다. 준비위원회를 중심으로 고려인들이 모여서 바로 민족자치권에 대한 문제를 토의했으며 시 집행위원회의 대표로 그 자리에 참석한 사람이 여러 번에 걸쳐 이를 저지하려고 했다는 것이다.

중앙위원회에서 세르게이 미하일로비치를 불렀다. 그는 음울한 기분이 되어 돌아왔다. 그러자 띠모뻬이가 우리 모두를 아연실색하게 만들었다.

"하지만 무엇 때문에 명약관화한 사실을 입증해야 합니까? 살라후지노프에게 테이프를 주어야겠습니다. 우리가 무슨 이야기를 했는지 그가 직접 듣도록 하지요"라고 그가 말했다.

"테이프라니?" 우리는 놀라서 물었다.

"녹음테이프지요." 띠모뻬이가 웃으면서 서류가방에서 녹음기를 꺼내었다. "여기에 아리뽀프의 발언이 녹음되어 있습니다."

우리는 녹음된 내용을 들어보았다.

"그래요, 만일 누군가를 감옥에 가둔다면 바로 아리뽀프가 첫 번째가 될 것이네. 내일 당장 살라후지노프에게 테이프를 가지고 가겠네." 세르게이 미하일로비치가 눈에 띄게 밝아진 목소리로 이야기했다.

"사본이요, 사본을 갖고 가세요." 띠모뻬이가 다짐을 했다.

구름이 걷혔다. 그러나 우리는 앞으로는 매우 조심해야한다는 것을 깨달았다. 그래서 음력으로 새해를 축하하자는 아이디어가 나왔을 때 우리는 당분간 우리의 계획을 알리지 않기로 결정했다. 띠모뻬이가 특히 이에 대해서 강하게 요구했다. 사실은 바로 새해 행사와 관련된 사건을 그가 이미 경험한 터이기 때문이었다.

일 년 전에 집단농장의 부위원장으로서 띠모뻬이는 새해축제행사를 조직하기로 결심했다. 참가하기를 원하는 사람들이 돈을 내어서 식품과 음료수를 구입했다. 그런데 새해 전날 요리사들이 이미 큰솥에 불을 지피기 시작했을 때, 카자흐 사람인 집단농장의 공산당조직위원회 서기가 회의를 소집하여 예기치 못했던 선언을 했다. 고려인들이 다름이 아니라 바로 "종교적인 축일행사를 할 목적으로 민족적인 모임"을 준비하고 있다는 것이다. 그래서 공산주의자들이 그런 사실을 묵인한 채 지나가도 되는가 하는 질문을 제기했다. 당 위원회 위원들의 의견이 반반으로 나뉘어졌다. 공산주의자들의 시선이 당시 지역위원회 서기장을 맡고 있던 신 니꼴라이 아나똘리예비치에게로 쏠렸다. 얼마 전에 이 자리에 등용된 신 동지는 위험한 일은 하고 싶지 않았으므로 이해하기 어렵고 현란한 문장으로 길게 발언을 했지만 모임이 바람직하지 않다는 메시지는 충분하고 명확하게 전달되었다. 더구나 하급 당위원장이 오래 전부터 집단농장 위원장을 물러나게 하기를 원했기 때문에 이 사건이 이용가치가 있었으며 이 때문에 상황은 더욱더 흥미롭게 전개되었다. 농장위원장은 우즈벡 사람이었는데 고려인들이 어떤 나쁜 의도를 갖고 있다고는 전혀 생각하지 않았다. 그는 이 행사의 아이디어를 지지했을 뿐만 아니라 일정액수의 돈을 지원하도록 조치하였으며 문화궁전을 장소로 제공하였다. 위원장은 자신의 견해를 확실하게 밀고 나갔다. "고려인들은 오늘 명절행사를 치를 것이며 내가 제일 먼저 손님으로 갈 것이다."라고 그는 선포했다. 당 위원회의 의사에 반하여 행동하는 용기가 아무에게나 있는 것은 아니다.

할머니 할아버지로 구성된 대표단 전체가 눈물을 글썽이며 신 동지에게 탄원하였지만 그는 시선을 피해가며 당 위원회의 결정을 고수했다.

그러나 모든 것이 간단하게 해결되었다. 명절날 모인 사람들이 기다리다 지쳐서 자발적으로 문화궁전의 문을 열고 들어가서 상을 차리고 즐기기 시작했다. 고려인, 우즈벡인, 카자흐인, 러시아인 등 집단농장 사람들이 거의 다 모였다. 결국에는 집단농장의 하급 당위원장도 잔치에 왔다. 억지웃음을 지으면서 보드카도 마시고 김치 맛도 보았다.

경계를 게을리 하지 않는 시 공산당 직원이면 누구든지 마음만 먹으면 우리의 숨통을 틀어막을 수 있다. 그렇게 되면 우리가 계획하는 첫 고려 명절은 무산되고 영원히 작별해야 한다.

우리는 그렇게 비싸지 않으면서 많은 사람들이 모일 수 있는 식당을 하나 찾아냈으며 초대장을 찍고 가무단 "청춘"과도 이야기를 해놓았다. 그러나 도대체 음력 설날을 어떤 식으로 기념해야 하는지 아무도 몰랐다. 노인들이 입씨름을 했다. 여하튼 이들이 공통적으로 이야기하는 점이 한 가지 있었는데 새해는 특히 가족을 중심으로 보내며 가장 중요한 행사는 새해 아침에 행해진다는 점이었다. 자녀들은 세배를 드리며 부모들을 축하하고 부모들은 자녀들에게 선물을 준다. 그리고 나서 가족끼리 명절식사를 한다. 그러나 2백, 3백 명이 모이는 행사에 관해서는 노인들이 아무 것도 기억해내지 못했다.

이전에 없었다면 이제부터 있을 것이다. 우리는 새해를 맞이하는 장면을 각색하였는데 중심 장면은 자녀들이 부모님에게 세배를 드리는 부분이었다.

저녁행사의 시나리오는 스테판 니끼포로비치가 쓰기로 했다. 물론 그는 문화연구소의 배우와 감독을 양성하는 학과의 교수였기 때문에 이 분야의 권위자였다. 하지만 그는 매우 부산하게 일을 진행시켰다. 거의 매일 지국에 배우들과 다른 사람들을 소집시켜놓고 임박한 저녁행사의 세부사항을 열심히 토론하였다. 우리 신문의 원로기자들인 마경차와 명월봉이 새해인사를 한국말로 번역하자 스테판 니끼포로비치는 대사를 아예 외워버렸다. 부부역할에는 실제 배우들을 초대했고 자녀역할로는 스테판의 아이들이 출연했다. 수십 명의 노인들에게는 행사에 민족의상을 입고 오라고 설득했다.

한 번은 세르게이 미하일로비치가 어떤 생일잔치에 다녀왔는데 그 집의 딸이 한국 풍습을 잘 아는 것 같더라는 이야기를 했다. 스테판 니끼포로비치는 그녀를 찾아내어 지국으로 오게 했다. 우리는 모두 중년의 어머니 같은 여자가 오리라고 예상했는데 나타난 사람은 한국말을 거의 못하는 잘 생긴 젊은 여자였다. 그러나 이야기를 나누면서 라리사 꼰스딴띠노브나라고 불리는 이 여자가 민족의 전통에 대해 놀라울 정도로 예리한 지식을 갖고 있는 것으로 드러났다. 그녀는 어디선가 여러 가지의 색깔로 된 종이로 만든 초롱까지 구해 왔다. 이 초롱들이 강당에 동양적인 색채를 더해줄 것이다.

선조들의 고향에서 멀리 떨어져서 오랫동안 살다 보면 생활양식이나 전통이나 풍습 등이 많이 바뀌게 된다. 어떤 것은 잃어버리고 어떤 것은 원래 주민들에게서 배우기도 하면서 뒤섞이는 것이다. 이런 변화들이 항상 더 좋은 방향으로 이루어지는 것은 아니다. 이런 일화가 있다. 결혼식이 한창일 때 어떤 익살꾼이 녹음기를 틀어 놓고 끄는 것을 잊어버렸다. 다음날 아침에 들어보기로 하고 틀었더니 왁자지껄하며 떠드는 소리에, "쓰구나"(1)하는 외침소리와 잔 부딪히는 소리가 들렸다. 그런 후에 조용해졌는데 갑자기 어떤 술 취한 사람의 목소리가 이렇게 묻는 것이다. "그래, 아직 신부를 건드리지 않은 사람이 누구지?"

일화는 삶의 반영이다. 그래서 나는 그런 일이 결혼식에서 일어날 리가 만무하다고 자신 있게 말하지 못한다. 우리는 여하튼 술독에 빠지도록 마셔대니까. 소련에서 처음으로 결혼식에 갔던 일이 생각난다. 첫 번째 축배의 말이 시작되기도 전에 손님들이 얼마나 급하게 서둘러서 먹고 마시고 하는지 추할 지경이었다. 식탁 위에는 마치 폭풍이 휩쓸고 간 것 같았다. 게다가 다 먹지 못한 것은 호주머니에까지 쑤셔 넣는 것이었다. 그리고 춤추고 노래할 시간이 되자 술에 취한 손님들이 너무나도 뻔뻔스럽게 자리를 뜨는 것이었다.

그러나 그 정도는 그리 대단한 일이 아니다. 어떤 결혼식도 싸움판을 벌이지 않고 끝나는 적이 없었던 시절이 있었다. 한 결혼식에서는 신랑의 눈을 때려서 빠지게 만들었으며 다른 결혼식에서는 신혼부부의 집을 불태워버린 경우도 기억이 난다. 오직 비극이라고 말할 수 있을 뿐! 그리고 아르세니예프가 "제르수 우잘라"라는 유명한 책에서(2) 가장 평화스러운 민족이라고 표현했던 고려인들에게서 이런 일들이 일어났다.

그러나 지금 여기서 이야기하고자 하는 이런 결혼식도 있었다. 나는 성만 바꾸었을 뿐 아무 것도 지어내지 않았다. 그리고 이 이야기의 주인공은 유명한 사진기자 바르폴로메예프이다.

"아, 이것이 결혼식이구나!" (실화)

농촌에서 겨울은 잔치의 계절이다. 매 주마다 결혼식이 있거나 생일잔치가 있다. 일월 말경에 우리 친척이 잔치를 하게 되었다. 사촌형인 표드르가 장가를 간다. 결혼식은 가까운 토요일에 올리기로 했다.

같은 날에 두 집이나 더 결혼식을 올릴 준비를 하고 있었다. 그런 일이 겹치는 경우는 보통 문제가 될 수 있는 어려운 점이 있기 때문에 별로 좋지 않다. 사실은 한국인의 결혼식에는 주된 식탁에 젊은이들만 앉히도록 되어 있기 때문에 손님을 서로 데리고 가려는 경쟁이 있을 수 있다. 부모들은 다 자기 집을 더 선호해주기를 바라기 때문에 일어나는 일이다. 그러나 다른 면에서 보면 손님이 너무 많이 모이는 것도 위험이 따르는 것이다. 갑자기 술이나 음식이 부족할 수도 있다. 그래서 표드르의 아버지인 나의 숙부는 손님이 너무 많이 오면 어쩌나 하는 걱정을 하고 숙모는 반대로 손님이 너무 적게 올까봐 걱정이다. 숙모는 슬쩍 집단농장의 공산당청년동맹 리더인 내가 우리 표드르를 위해서 무엇인가 조치를 취해야 한다고 말하기까지 했다. 표드르는 학교를 졸업한 뒤 집단농장에 남아서 일했지만 다른 두 신랑인 꼴랴와 슬라바는 도시를 선호했다. 우리의 대화를 듣고 있던 숙부는 웃으면서 말했다. "결혼식에 손님들을 억지로 잡아끌면 안 돼."

내 숙부는 키가 작고 성미가 불같은 사람이었다. 내가 평생 기억할 사건이 하나 있다. 어릴 적에 언젠가 나는 집단농장의 과수원 지기에게 붙잡혀서 부모님께 끌려가고 있었다. 과수원 지기는 다른 아이들이 한 짓까지 모두 내게 덮어씌울 작정이었다. 도중에 숙부를 만났는데 숙부는 당연히 무슨 일인지 궁금해 하였다. 나는 벌써 야단맞을 생각에 낙심하고 있는데 "그 애를 놔주게"하는 소리가 들렸다.

과수원 지기는 마치 혁명 전 시대의 항구에서 일하는 인부처럼 건장한 타타르인이었는데 숙부가 무슨 말을 하는지 금방 알아듣지 못하고 다시 물었다.

"이 애는 좀도둑입니다. 벌을 주어야 합니다."

"당신은 아이였던 적이 없었소? 당신은 자식도 없소? 당신 자식은 과수원에 기어들어 가지 않는 모양이군!" 숙부가 버럭 고함을 질렀다.

점점 더 화가 난 목소리로 어떻게나 추궁을 해대는지 어깨를 딱 펴고 버티던 과수원지기가 당황하기 시작했다. 그리고 제대로 판단을 했는지 숙부보다 머리 하나는 더 크고 몸무게가 한 배 반이나 더 나갈 것 같은 사람이 나를 놔주고는 사라졌다.

세월이 흐르고 자식들이 성장하면서 숙부의 성격도 부드러워졌다. 숙부의 세 딸은 모두 얼굴이 예쁘게 생기고 착하며 일솜씨가 재빠른 덕분에 빨리 신랑들을 만났다. 정말 딱 두 해 동안에 세 딸을 시집보내고 나서 숙부의 가계는 많이 기울어졌다. 한국의 전통에 의하면 신부는 혼수뿐만 아니라 신랑의 가까운 친척들에게 모두 좋은 예물을 준비해야만 했다. 이 예물을 드리는 행사는 결혼식 다음날 아침에 잔치분위기에서 큰절을 올리면서 진행된다. 말하자면 새로운 가족들이 새색시를 사랑해주고 예뻐해 달라는 의미이다.

식구가 많던 숙부의 집이 갑자기 텅 비어 버렸다. 양계장과 돼지우리도 함께 비어갔다. 그러나 한 해가 채 못 가서 이제는 아들이 처녀를 데리고 와서 '내 색시입니다' 하고 기뻐하는 것이다. 원하든 원치 않든 간에 또 새로운 결혼식을 준비해야만 했다.

숙부는 대단히 자존심이 강한 사람이었다. 보통 키가 작은 사람들에게 이런 성격이 많이 나타난다는 기존 관념을 뒷받침해주는 예였다. 그는 살면서 키가 더 큰 동갑내기로부터 한 두 번 괴롭힘을 당한 것이 아니다. 그러나 남에게 도움을 청하러 달려가지 않았기 때문에 숙부의 의사에 관계없이 참아내든지 아니면 앙갚음을 하는 법을 배워야만 했다. 숙부는 이를 터득했고 그래서 사람들에게 도움을 청하는 것을 무척 싫어하였다. 그래서 아들의 결혼식을 친척들의 도움 없이 혼자 힘으로 치르기로 결심했던 것이다. 그래서 다른 두 경쟁자인 집단농장의 경리부장이나 구역장처럼 잔치를 성대하게 치를 수 없을 것이 명백했다. 숙부가 혹시 손님이 너무 많이 올까봐 걱정하는 것도 무리는 아니었다.

결혼식 날은 날씨가 아주 좋았다. "표드르가 운이 좋군" 하며 기쁜 마음으로 아침에 서둘러 직장으로 갔다. 나는 세 시까지는 일을 꼭 마치고 신부 측의 젊은이들이 오는 시간에 맞추어서 숙부 집에 도착해야 했다. 손님들을 접대하느라고 분주하게 뛰어다닐 일이 눈에 선했다. 친척의 잔치에서 우리는 직급이고 등급이고 관계없이, 자기가 집단농장 위원장이라 하더라도 나이가 많지 않으면 쟁반을 들고 뛰어다녀야 한다.

정확하게 세 시 십 오 분전에 현관을 나와서 숙부 집으로 가기 전에 일단 집단농장 사무실 앞 광장을 한 번 둘러보았다. 모든 것이 제대로 되어 있는지 확인하는 것이다. 이 습관은 얼마 전에 생겼다. 더 정확하게 말하면 내가 공산당청년동맹의 서기로 뽑혔을 때부터 생긴 버릇이다. 모든 일에 책임을 진다는 의미에서 이런 습관이 내 마음에 들었다.

그래서 공산당 청년동맹원의 예리한 눈으로 광장을 죽 둘러보았더니 키가 크고 조금 뚱뚱하며 베레모를 쓴 "이방인"이 금방 눈에 띄었다. 옆구리에 보이는 커다란 사진기가 주인의 직업을 명백하게 알려주었다. 사진기자는 우리 농장의 문화궁전을 흥미롭게 관찰하고 있었다. 이 문화궁전은 볼쇼이 극장의 스타일을 따라 지은 50년대의 건물이었다.

우리 집단농장은 시범농장이었기 때문에 신문사나 잡지사에서 찾아오는 손님들에게 익숙해져 있었다. 그러나 이번 경우에는 이 사진기자가 동행하는 사람도 없이 혼자였기 때문에 무엇인가 정상이 아니라는 생각이 들었다. 나는 주인 된 권리로 용감하게 손님에게 다가가서 인사를 했다.

"안녕!" 그는 약간 머리를 숙이며 인사를 하고는 마치 사진기의 섬광처럼 순식간에 나를 훑어보았다. 그런 후에 내가 평범한 사람은 아니라고 짐작한 것처럼 손을 내밀더니 자기소개를 했다.

"꼰스딴찐."

"블라디슬라프"라고 나는 대답했다.

"그런데 블라디슬라프 동지는 무슨 일을 해요?" 그가 오래 전부터 알던 사람처럼 물어보았다.

"공산당청년동맹의 위원회 서기입니다."

"아-하, 바로 자네가 내게 지금 필요한 사람이네!" 그가 감탄하며 말했다. "블라디슬라프, 어제 내 대장이 아니 편집국장이 전화를 해서 빨리, 가능한 한 신속한 방법으로 무엇인가 이국적인 것을 찍어 오라고 말했네, 알겠는가? 그런데 사람들이 이 농장으로 가보라고 추천해 주더군."

"글쎄요, 우리 농장에 어떤 이국적인 것이 있을 수 있겠습니까?" 나는 이렇게 말을 시작했지만 속으로는 이 사람을 결혼식에 데리고 가야 한다는 생각이 불현듯 들었다. 그렇다, 엄청난 센세이션일 것이다! 그리고 중요한 것은 내가 젊은 친척으로서 쟁반을 나르며 이리 저리 뛰어 다니는 대신에 중요한 손님을 안내하는 완전히 공식적인 인물로 바뀌는 것이다.

"그렇게 말하지 말게. 블라디슬라프, 안 된다고 말하지 말게." 고개를 저으며 꼰스딴찐이 말했다. "어쨌든 고려인들이 모여 사는 곳이니 민족의 생활양식이나 풍습이 있을 것 아닌가? 그리고 어찌 되든 자네를 안 떠날 테니까 알아서 하게."

"글쎄요, 결혼식은 어떨까요?" 나는 망설이면서 제안해 보았다. "사촌형이 오늘 결혼하거든요."

"정말 훌륭한데! 그런데 많이 먼가?"

"아뇨, 바로 옆입니다."

꼰스딴찐은 참지 못하고 춤추듯이 다리를 흔들기 시작했다. 그러나 나는 잠시 생각에 잠겼다. 데리고 가도 괜찮을까? 전혀 훌륭하지 않은 숙부의 마당과 담쟁이덩굴도 없이 성긴 울타리 사이로 보이는 채소밭과 돼지우리..., 그리고 뒷간까지 언뜻 눈앞에 떠올랐다. 집 자체는 좋지만 아궁이에 진흙으로 발라 놓은 솥 두 개가 놓인 새카맣게 그을린 부엌이 부끄럽게 느껴졌다. 지금 아마 틀림없이 그 솥에 말린 배춧잎과 된장을 넣어 만든 전통적인 우리 국이 부글부글 끓고 있을 것이다. 그리고 커다란 양재기에는 콩나물과 극동에서 가지고 온 미역나물과 고사리나물이 담겨 있을 것이고, 중앙에 건포도를 하나 박은 흰 쌀 전병이 산더미처럼 쌓여있고 인절미와 바삭바삭하고 달콤한 유과도 있을 것이다. 그런데 이 모든 시고 쓴 음식이 한꺼번에 상위에 차려질 것이니 이런 음식을 처음 대하는 사람들은 어떻게 느낄 것인지... 음 나도 모를 일이다. 이렇게 생각하니 마치 평온한 작은 섬 마을에 뭍에서 온 사람이 갑자기 나타났을 때의 섬사람처럼 갑자기 당혹스러워졌다. 늠름한 자태에 맑은 날씨의 바닷물처럼 푸른 눈과 매끈하고 불그스레한 얼굴에 허연 눈썹을 가진 러시아 사람인 꼰스딴찐을 보니 우리의 생활방식과는 전혀 어울리지 않는 그림이었다.

사진기자는 어떻게 내 마음을 알아챘는지 애원하듯이 말했다.
"겁낼 것 없어, 블라디슬라프. 다 잘 될 거야. 단지 사람들이 내가 자네와 함께 온 것이라는 것만 알도록 해주게."
"좋아요, 갑시다."

숙부의 집 마당은 물론 내가 생각했던 대로였다. 친척들과 아는 사람들에게 인사를 하면서 나는 매번 '이 사람은 나와 함께 온 사람입니다.'라는 뜻으로 동행인을 쳐다보았다. 사람들은 조심스럽게 호기심을 가지고 쳐다보았으며 꼰스딴찐은 어떻게 해서든 오그라든 듯이 더 작게 보이려고 하고 눈에 띄지 않게 행동했다. 때때로 아첨하는 듯이 웃으면서 '동지들, 염려하지 마십시오. 여러분들에게 해가 되는 일은 아무 것도 하지 않을 것입니다.' 라고 말했다. 그리고 혼자서 여기저기 두리번거리면서 이국적인 무엇인가를 찾고 있었다.

집과 헛간 사이의 후미진 곳에는 숙부의 작업반 친구들이 잔칫상을 받고 있었다. 많은 분들이 일터에서 바로 왔기 때문에 솜을 넣은 작업복을 입고 장화를 신은 채였다. 술로 벌겋게 달아오른 얼굴에 맛나게 음식을 먹으면서 이야기를 신나게 나누고 있었다. 정말 색채가 선명한 풍경이었다. 그러나 꼰스딴찐은 힐끗 한 번 쳐다보더니 그들 옆을 빠져나가서 부엌으로 가는 것이었다. 부엌에는 여자들이 쟁반에 고려 음식인 국수를 담은 그릇을 부지런히 올려놓고 있었다. 그러자 꼰스딴찐은 여기서 처음으로 피사체의 위치를 정하면서 사진기에 매달렸다.

　내 동행인이 마치 "오직 국수만 잡수세요!"라는 광고책자를 만들려고 하는구나 하는 생각이 들 정도로 국수 쟁반을 위에서도 찍고 옆에서도 찍었다. 그러면서 여자들에게 아주 기술적으로 요구하는 것이었다. "제발, 나한테는 신경 쓰지 마세요. 네, 그렇지요. 좋습니다. 그대로! 대접에 한 번 더 담으세요. 네, 맞습니다. 이제 쟁반 두 개를 겹쳐 놓으세요. 손을 그대로 두시고. 그렇게, 네, 맞습니다." 여자들은 쑥스러워 웃기도 했지만 그가 시키는 대로 잘 따라했다.

　"보통 국수는 젓가락으로 먹습니다." 내 입에서 무심코 말이 나왔다. 나도 모르는 사이에 나까지도 사진기자의 눈으로 상황을 보기 시작했던 것이다.

　"왜 미리 이야기하지 않았어, 블라디슬라프." 꼰스딴찐이 나무라면서 허리를 펴고 "젓가락은 어디 있지?"라고 물었다.

　"없어요." 한 여인이 대답했다. "이미 오래 전부터 포크로 먹어요."

　"정말 전부 포크로 먹어요?" 꼰스딴찐이 곤혹해 했다. "누군가 젓가락을 갖고 있는 사람이 없을까요?"

　숙모를 불러서 도움을 청했더니 제일 밑에 있는 서랍에서 뼈로 만든 할아버지의 젓가락을 찾아 주었다. 오랜 세월로 끝이 망가진 젓가락이었다.

　여하튼 사람들은 사진 찍기를 좋아한다. 사진을 갖는다는 보장이 없을 때도 여전히 좋아한다. 꼰스딴찐은 이미 이런 본성적인 현상을 잘 파악하고 있는 듯이 보였다. 얼굴 표정과 자세와 몸짓을 통해서 진짜 영화감독처럼 지시하면서 단숨에 웃음을 짓게 했다가 또 금방 웃음을 그치게 하기도 했다.

　"라지까(블라디슬라프의 애칭), 너 누구를 데리고 온 거냐?" 등 뒤에서 숙부의 목소리가 들렸다. 그는 나이 든 고려인들이 다 그렇듯이 러시아의 'r' 발음을 잘 못했다. 숙부는 이미 오래 전부터 우리를 주시하고 있었던 듯했다. 그의 얼굴은 그리 달갑지 않은 표정이었다.

"이 사람 사진기자예요, 숙부님. 거물이라고요." 나는 서둘러서 설명했다.

"내가 봐도 몸집이 크다는 것은 알겠다만," 숙부는 꼰스딴찐을 위아래로 훑어보면서, "그런데 이 사람한테 식사대접은 한 거냐?"라고 물었다.

"아직 못했어요. 오자마자 사진부터 찍기 시작했거든요."

"그래, 사진 잘 나오게 해라. 돈은 줄 테니까."

"이 사람은 돈 때문에 온 것이 아니에요, 숙부. 잡지사에서 왔어요."

"음, 잡지사라." 숙부는 이게 좋은 일인가 아닌가를 판단하려고 망설이는 것처럼 천천히 말을 했다. "아마, 집안으로 들어오게 해야 할 것 같구나. 헤, 잡지사라고..." 이 말에 아냐는 함박웃음을 지었다. 그녀는 벌써 더 좋은 겉옷으로 바꾸어 입고 있었다.

이 때 꼰스딴찐이 마침내 부엌에서 나와 우리 쪽으로 다가왔다.

"신랑의 아버지십니다." 내가 숙부를 소개했다.

"대단히 반갑습니다." 하며 꼰스딴찐이 미소를 지었다.

"신랑이 곧 올 테니 그 때 사진을 찍어야 할 거요." 숙부가 러시아 단어를 어렵게 발음하며 말했다.

"그럼요, 그럼요." 꼰스딴찐이 선량하게 머리를 끄덕이며 사진기에 새 필름을 넣기 시작했다.

"그래, 좋다. 라지까, 너는 손님을 모시도록 해." 숙부가 친절하게 허락을 내렸다.

그 사이에 이미 잔칫상에는 상다리가 휘도록 많은 음식과 술이 차려져 있었다. 오늘 잔치의 주인공들과 신부의 친척들, 그리고 친구들이 앉을 상에는 특별히 더 화려하게 음식이 차려져 있었다. 누가 보아도 대접이 아주 융숭하다는 것을 이내 알 수 있었다. 필수적인 고려 음식뿐만 아니라 러시아의 찬 음식들과 타타르의 꿀로 만든 "책-착"과 바다 건너 온 덜 익은 귤도 있었다. 그러나 'ㄷ'자로 놓인 식탁들의 길이가 조금 짧아 보여 숙부 집의 살림의 한계를 보여 주었다.

"신부가 오고 있어요!" 누군가가 소리쳤다. 모두들 한꺼번에 길로 쏟아져 나갔다.

세 대의 "쥐굴리"차로 이루어진 혼인 행렬이 신랑 집에서 삼십 미터 정도 떨어진 곳에서 멈추었다. 자동차들은 여러 색깔의 띠로 장식을 하였으며 첫 차는 앞부분에 분홍색 팔을 벌리고 있는 인형을 매달아 놓기까지 했다.

나는 어느 순간에 꼰스딴찐의 무거운 가방을 떠맡았는지도 몰랐다. 보니까 벌써 그는 사진을 찍고 있었다. 전체 광경도 찰깍, 앞 창문을 통해서 보이는 신랑 신부의 모습도 찰깍 찰깍, 구경꾼들도 찰깍 찰깍…

그러더니 그는 갑자기 허리를 펴고 일어섰다.

"그런데 꽃은 어디에 있어요? 동지들, 꽃 없이는 안 됩니다." 꼰스딴찐이 옆에 서 있는 젊은이에게 "아, 자네가 빨리 식탁으로 가서 꽃을 가져 오게나." 하고 말했다.

젊은이는 꽃을 가지러 뛰어 가고 남은 사람들은 사진기자를 흥미 있게 바라보고 있었다. 그의 가슴에 걸려 있는 외제 사진 장비들이 존경심을 불러 일으켰다.

이 때 숙부의 마당에서 신랑 측 대표가 나왔다. 나의 아버지였다. 그는 두 손으로 작고 낮은 상을 하나 들고 나왔는데 그 위에는 보드카 병이 불안하게 올라 앉아 있었으며 술잔 두 개와 안주가 담긴 장난감 같은 플라스틱 접시들이 놓여 있었다. 신부를 사는 익살맞은 광경이 시작될 참이었다. 그러나 아버지가 자동차 앞에 상을 내려놓고 신부 측 대표와 인사를 교환하려는 찰나에 꼰스딴찐이 다시 개입했다. 물론 나를 통해서. 그가 말했다.

"라지까, 이 동무에게 모자와 외투를 벗게 하고 상을 조금 더 멀리 놓도록 말해주게."

나는 아버지에게 걸어갔다.

"에-에, 동무, 푸-훗, 아니 아버지, 상을 좀 더 멀리 놓고 모자와 외투를 벗으세요. 잡지에 낼 사진을 찍으려고 그래요."

"좋아, 좋아." 아버지는 당장 이리저리 분주하게 움직이셨다. 그렇게 말하면서 나는 왠지 마음이 편치 않았다.

"두 명이 더 필요합니다." 꼰스딴찐이 말했다. "저기 당신들, 양편에 서 주십시오. 겉옷은 벗으시고요. 동무들, 외투는 벗으세요..."

아버지와 나란히 짙은 감청색 양복에 레닌 훈장을 단 '노르마-알렉세이'라고 불리는 작업반장이 멋지게 서 있었다. 그는 술을 마실 때 자기 몸에 맞는 음주량을 철저하게 지켰지 때문에 '노르마(규범이란 뜻)'라는 별명을 얻었다. 그리고 특별한 정직성 때문에 "까시르-보바"(까시르는 출납계라는 뜻임)라는 별명으로 불리는 모범적인 기술자가 옆에 섰다. 집단농장에는 많은 사람들이 별명을 갖고 있었다. 별명이 없는 사람들은 보통 특성도 없고 눈에 뜨이지 않는 이들이었다. 내 아버지는 다름 아닌 '감주-비쨔'라고 불리었다. 왜냐하면 아버지는 이 세상의 어떤 음료수보다도 쌀로 만든 달콤한 '감주'를 제일로 쳤기 때문에 이런 별명을 얻었다. 그래서 이 세 사람이 -금주, 정직, 절제를 대표하는- 함께 서게 되었다. 우연히 근처에 있기는 했지만 성격상 어딘가 서로 닮은 데가 있는 세 사람이었다.

"잠깐만, 잠깐만 기다리세요." 꼰스딴찐이 그들에게 마치 감독이 배우들을 대하듯이 보면서 말했다. "아-하, 여기 꽃을 가져왔군요."

그는 자기에게 내민 국화들을 잡더니 꽃송이들을 재빨리 잘라서 신부의 함을 살 이 세 사람의 윗도리 단추 구멍에 끼워 주었다. 구경꾼들이 이제야 알겠다는 듯이 흠~ 하고 소리를 내었다.

꼰스딴찐은 사진기를 급하게 들어 올리더니 뒷걸음질을 치기 시작했다.

"좋습니다! 그렇게, 그렇게 하십시오. 잠깐만! 빨리 가위가 필요합니다."

나는 마치 진짜 조감독이라도 된 것처럼 곧장 사촌누이에게 릴레이 하듯이 전했다.

"올랴, 빨리 가위를 갖고 와!"

꼰스딴찐은 자동차 뒤편을 장식해 놓은 색 띠를 무자비하게 셋으로 자르더니 끝을 묶어서 세 남자들에게 주었다.

"이 띠를 어깨에 걸치세요. 그리고 이제 상을 들고 조금씩 앞으로..."

신부의 "함 사기"는 노련한 감독의 지휘 하에 그림 같은 연극장면으로 바뀌었다. 카메라 렌즈가 모든 구경꾼들의 눈이 되었다.

머리를 빗고 넥타이를 고쳐 맨 신부 측 대표가 보드카를 코냑으로 바꾸고 컵을 와인 잔으로 바꾸자고 요청했다. 그러더니 내 아버지더러는 춤을 추게 하고 옆 사람들에게는 노래를 부르게 만들었다. 이렇게 한 다음에야 운전기사에게 손을 흔들어 집으로 가자고 말했다. 그러나 기사도 이 놀이의 규칙을 알고 있는 바, 기름이 떨어졌으니 손으로 밀고 갈 수밖에 없다고 큰 소리로 선언했다. 젊은이들이 곧장 자동차를 둘러섰지만 어쩐지 그림이 아닌 것 같았다.

"멈추세요!" 꼰스딴찐이 소리쳤다. "자동차 뒤에 있는 색 띠를 모두 잘라서 앞으로 잡아당기세요. 그리고 기사 양반은 조금씩 앞으로 운전하는 겁니다."

혼인행렬이 신랑의 집을 향해서 움직이기 시작했다. 어디선가 그리쉬까가 우리 북을 구해서 나타났으며 여인들이 즐겁게 춤을 추기 시작했다.

"기다리세요!" 사진기자가 다시 모든 사람들을 멈추게 했다. 사람들이 갑자기 온순하게 제자리에 얼어붙은 듯이 섰다. 그러나 누군가가 투덜거리는 소리가 들렸다. "어디서 이 따위 사람이 나타나서 마음대로 이래라 저래라 하는 거야." 그러나 이런 말로 꼰스딴찐을 당혹하게 하기에는 이미 어렵게 되어 버렸다. "우리 여성 여러분들, 고려의 전통의상을 입고 사진에 나오는 것이 더 낫지 않겠습니까? 제발 갈아입고 오세요. 내가 근사하게 찍어드리겠습니다. 어서 가세요, 뛰어 가세요!"

그는 손을 흔들어서 여인들을 쫓아 보내었다. 그리고 그리쉬까를 보더니, "그런데 자네는 뭔가? 가서 좀 특별한 것으로 바꿔 입고 오게"라고 말했다.

"그런데 나는 나무 것도 없어요." 라고 그리쉬까가 웃으며 말했다.

"어떻게 아무 것도 없을 수가 있소?" 하며 꼰스딴찐이 나를 돌아 보았다. 그러나 내가 무엇을 할 수 있겠는가? 목숨을 걸고 맹세하건 대, 우리 집단농장에서 남자 한복을 가진 사람은 한 명도 찾을 수 없을 것이다. 그런데 과연 그것이 의복이라고 말할 수 있는가? 저고 리는 그래도 괜찮지만 바지는 마치 속옷 같이 생겨서 아무 데도 쓸 데가 없다. 그러나 웬 일인지 이를 고백하는 것이 부끄럽게 느껴졌 다. 그런데 내게 문득 생각이 하나 떠올랐다.

"그리쉬까, 문화궁전에 가면 분장실이 있어. 자전거로 빨리 달려 가서 수위 아주머니에게 내가 시키는 대로 말해."

"좋아."

쉬는 틈이 생기자 위험이 생겼다. 숙부가 이미 우리 있는 곳으로 걸어오고 있었는데 얼굴 표정으로 보아 좋지 않은 일이 생길 것만 같았다. 그래서 나는 급하게 화를 잘 내는 숙부를 저지하려고 질문 공세를 퍼부었다.

"숙부님, 긴 양탄자와 쌀가마를 준비하셨어요?"

"무슨 쌀가마 말이냐?" 숙부가 어리둥절해졌다.

"무슨 쌀가마라니요? 신부가 차에서 내리면 도대체 어디를 밟고 걸어오겠습니까?" 나는 양팔을 벌리며 놀란 듯이 물었다. 그러면서 동시에 꼰스딴찐을 돌아보면서 "우리 풍습입니다. 알겠습니까?"라고 말했다.

"훌륭한 관습이군"하며 깊고 떨리는 듯한 목소리로 말하고는 감 탄하여 머리까지 좌우로 흔들었다. "아버님, 양탄자와 쌀가마를 꼭 준비하셔야 합니다. 안 그러면 사진이 멋있게 안 나옵니다."

숙부는 나를 날카로운 시선으로 한 번 째려보더니 온순하게 뒤로 돌아서 갔다. 곧 마당에는 깔아놓을 긴 양탄자가 펄럭이고 있었다.

호기심으로 모인 군중들이 거의 두 배로 늘어났다. 아무 데나 참 견하며 뛰어 다니는 아이들이 발에 거치적거렸다. 연극장면에 무더 기로 출연하는 참가자들이 한복으로 성장을 하고 돌아오자 관객들 은 매 번 생기에 넘쳐서 감탄사를 연발했다.

"저기 봐, 아냐 아주머니가 얼마나 근사해?"
"아니, 이게 누구야? 올랴가 아닌가? 신랑 누나 말이야."
"저기 좀 봐, 얼마나 잘 차려 입었는지. 누가 상상이나 할 수 있겠어?"

실제로 누가 생각이나 할 수 있었겠는가? 우리의 어머니들이 처녀 시절에 입으시던 비단저고리와 치마를 아직도 보관하고 있었으리라고 말이다. 이 한복은 시간과 유행을 전혀 타지 않는 옷이다. 잊혀졌던 한복들이 결혼식 직전의 예식을 전례 없이 아름답고 경쾌한 잔치로 바꾸어버렸다. 그리고 처녀 시절에 대한 기억들을 회상하면서 낯익은 우리 어머니들의 얼굴이 단숨에 젊어지셨다.

"그리쉬까 아니니? 저기 봐, 아, 우스꽝스러워!"
"그래도 그렇게 나쁘게 보이지는 않는데..."

그리쉬까가 하얀 바지저고리를 입고 길 한가운데에 불쑥 나타난 것이다. 발에는 현대적인 뾰족 구두를 신고 머리에는 진짜 검은 갓을 쓰고는 북을 치면서 박자에 맞추어서 우스꽝스럽게 펄쩍 펄쩍 뛰고 있었다.

"출발!"

자동차의 경적소리와 북소리가 쾅쾅 울리는 가운데 여인들이 빙글빙글 춤을 추며 농민들의 춤가락인 "옹헤야"를 합창하였다. 꼰스딴찐은 끊임없이 사진을 찍었다. 그의 커다란 체구가 여기서 번쩍 저기서 번쩍하고 나타났지만 아무도 그의 존재를 인식하지 못했다.

신랑의 집은 밀려든 인파로 완전히 혼란 상태였다. 자동차에서 현관까지 사람들로 이루어진 복도가 생겨났고 그 사이로 우리의 페쟈가 신부를 안고 걸어오고 있었다. 이 예식을 세 번이나 반복해야 했는데 모두들 더 즐거워했다. 한 번은 사진기자가 뒷걸음을 치다가 뒤로 넘어져서 모두들 한 바탕 웃었으며, 나중에는 신부가 쌀가마를 잘 못 디뎠다. 세 번째에는 모든 것이 잘 되었다. 젊은이들은 꽃과 과자를 뿌렸는데 이것은 내 누이들이 생각해낸 것이었다.

그런데 어디서 이렇게 많은 손님들이 모였는가! 아직 점잖게 예의를 갖추어서 식탁으로 초대하지도 않았는데 모두들 식탁으로 가서 앉아버렸다. 물론 자리가 부족했으며 이웃집으로 뛰어가서 의자를 갖고 오는 소동이 벌어졌다.

나도 꼰스딴찐에 관해서는 새카맣게 잊어버리고 다른 사람들과 함께 자리에 앉았을 때, 당연히 예상된 일이 일어났다. 숙부가 나를 식탁에서 불러내서 카랑카랑한 소리로 꾸짖었다.

"네가 그 사진기자와 함께 무슨 일을 벌였는지 알고 있어? 어디서 우리가 술과 안주를 다 구해 오겠어? 가서 빨리 사진기자를 내보내!"

"그 사람을 어디로 보내라고요?" 나는 당황하여 물었다.

"나는 아무 것도 모른다. 네가 데리고 온 데로 데려다 줘. 아이고, 아이고, 손님들이 또 오네."

집단농장의 위원장이 직접 수행원을 데리고 마당으로 들어섰다. 숙부가 황급히 그에게 달려갔다. 그리고 나는 마지못해서 꼰스딴찐에게 다가갔다. 그는 상에 차려진 폐백 음식을 자세히 살펴보고 있었다.

"여기 보게, 닭을 얼마나 예쁘게 장식해 놓았는지." 꼰스딴찐은 황홀해 하며 내게 속삭였다. "여러 가지 색실로 단장시켜 놓았잖아. 그런데 주둥이에 빨간 고추는 왜 물려 놓았을까, 응?"

나는 어깨를 으쓱해 보였다. 그러나 이내 누군가가 이 고추와 연관된 축사를 했던 것을 기억해내었다.

"아마, 젊은 부부에게 인생이 달콤한 것만은 아니라는 것을 기억하게 하려는 뜻일 겁니다."

"그래, 그런데 왜 하필이면 닭을 놓는 거지?"

"보통 옛날에는 혼인 상에 학을 사용했다고 들었어요. 아마 부부 간의 충실한 사랑을 상징하는 것이 아닐까요? 그런데 지금은 어디서 학을 구하겠습니까?"

"맞는 이야기인 것 같네." 꼰스딴찐이 싱글싱글 웃으면서 물었다. "그런데 닭은 말이야 둘째가라면 서러운 색골인데!"

"그래서 털을 다 뽑아버렸잖아요. 신랑이 바람을 피우면 무슨 일이 생기는지 알게 하려고 말입니다." 내가 되받아서 말했다.

"훌륭해!" 하며 꼰스딴찐이 만족스러운 듯이 큰소리로 웃어 제쳤다. "그런데 눈은 왜 하얀 반죽으로 붙여놓았을까?" 하고 묻더니 자기 스스로 대답했다. "가정생활을 하면서 일일이 모든 것을 다 알려고 하지 말라는 뜻이겠지. 그렇지? 그런데 우리 볼로그다에도 그런 관습이 있지."

그가 사는 볼로그다에는 어떤 관습이 있는지 채 물어보기도 전에 혼례가 시작되었다. 꼰스딴찐은 재빨리 전투 태세로 들어갔다.

신랑 신부가 부모님들께 첫 술잔을 바치고 두 손으로 큰절을 올렸다. 그 다음에는 숙부와 숙모들에게, 그리고 형제들과 사촌들, 육촌들의 순서로 폐백이 진행되었다. 모두들 자연스럽게 신혼부부에게 행복하게 장수를 누리며 자식을 많이 낳고 평안하게 지내라고 기원해주었다.

사회자 없는 혼인식이 있을 리 만무하다. 어떻게 데리고 왔는지 모르지만 집단농장의 소문난 수다쟁이인 예술주임인 뻬쨔가 사회자 역을 맡았다. 내가 아는 한 그는 회계부장 집의 혼인식에 초청을 받았다. 그리고 위원장도 사실은 그 집 결혼식에 참가해야만 하는 것이다. 그러나 아마도 누군가가 그에게 여기서 무엇인가 심상치 않은 일이 벌어지고 있다고 보고했던 모양이다.

혼례식은 점점 열기를 더해 갔다. 연달아 축배를 권하고 농담과 커다란 웃음소리에 부엌 지붕의 참새들이 놀라서 날아가곤 했다. 심부름꾼이 와인 병을 주머니에 가득 넣어서 달려왔다. 내 친척들은 걱정스러운 얼굴로 여기저기 바쁘게 지나다니다가 가끔 놀란 듯이 밀려드는 손님들을 쳐다보곤 했다.

꼰스딴찐에게도 이미 여러 번 앉으라고 권했지만 그는 고마움의 표시로 고개만 끄덕여 보일 뿐 계속 사진을 찍어 댔다. 갑자기 그가 사회자에게 다가가더니 귓속말로 무엇인가 말했다. 그러자 사회자는 알았다는 듯이 손을 가슴에 얹더니 - 아름다운 동양의, 아니, 이미 국제적인 몸짓이다- 사람을 불러서 집안으로 심부름을 보내었다. 몇 분 후에 집에서 문화궁전 책임자가 뛰어 나오더니 자전거를 타고 쏜살 같이 어디론가 가버리는 것이었다.

결혼식은 착착 제대로 진행되고 있었다. 그런데 갑자기 사회자가 선언했다.

"아, 이제 우리가 존경하는 우리농장의 위원장님께 마이크를 옮기겠습니다."

이런 경우에 집단 농장의 지도자들이 무슨 이야기를 하겠는가? 물론 가슴 아픈 문제에 대해서 말할 것이다. 젊은이들이 농촌을 떠나고 할아버지와 아버지들이 쌓아온 일들을 이어받으려 하지 않는다고 말이다. 그러나 이렇게 모양새가 좋지 않은 요즘 세상에 신랑 신부가 모두 고향인 농장에서 전력을 다해서 일하는 이 부부의 새 가정이 탄생하는 것을 축하하니 얼마나 기쁜 일인가. 그래서 "농장의 행정사무실과 공산당위원회, 지역위원회, 청년동맹위원회의 이름으로..."라고 말하면서 위원장이 예술 주임이 헐떡이며 건네주는 녹음기를 받아서 우리의 폐쟈에게 건네주었다. 그리고 이 에피소드 역시 꼰스딴찐의 긴장하고 있는 카메라 렌즈를 벗어나지 못했다.

나는 그가 어떻게 떠났는지 알아채지 못했다. 금방 "쓰구나"하는 외침소리가 들리고 멀리서 꼰스딴찐의 건장한 목덜미가 보이는 듯하더니 어느새 그는 식탁 위에 구부려서 신랑 신부가 키스하는 장면을 포착하고 있었다. 그리고는 갑자기 그가 사라졌다. 나는 길 밖으로 뛰어 나갔지만 길은 텅 비어 있었다. 아마 제일 중요한 손님들이 앉아 있는 집안으로 초대했나보다 하고 생각했다. 현관으로 나가다가 숙부와 마주쳤다.

"사진기자가 거기 있어요?"

"아니, 없어." 숙부가 화를 내며 대답하고는 또 나를 윽박질렀다. "너 두고 보자, 라지까. 너랑 좀 더 이야기해야 돼. 어휴, 너 마음대로 저지른 일에 대해서 내가 어떻게 얘기를 해야 하나. 이제 다들 술도 안주도 없는데 손님을 너무 많이 초대했다고들 지껄일 테니.

내 눈에 띄지나 말았으면..."
 그래서 나는 집으로 가버렸다.
 그러나 결혼 잔치는 아침까지 계속되었다. 다른 집 혼인식에 갔던 사람들까지도 내친 김에 숙부 집을 들렀다고들 한다. 숙부는 이미 무엇으로 손님을 접대해야 할지 모르는 상태였다. 그러자 위원장이 직접 식당 담당자에게 명령해서 비상용품 저장소에서 와인을 한 박스 가지고 오게 하여 마치 숙부를 구출해낸 꼴이 되어버린 것이다. 자존심 강한 숙부에게는 치명적인 사건이었던 것이다.
 며칠 동안 나는 화가 있는 대로 난 숙부를 피해 다니는 데 성공했다. 그러나 어느 날 저녁 숙부 집으로 곧장 달려오라는 전갈을 받았다.
 숙부는 직접 내게 문을 열어 주면서 뜻밖에도 부드러운 목소리로 내게 말했다.
 "아, 라지까. 어서 와. 어서 들어와. 여기 앉아 봐. 이것 한 번 보라니까, 이것 좀 봐..." 하면서 숙부는 사진 인화지를 넣는 두꺼운 검정 색 봉투를 식탁 위에 올려놓았다.
 나는 그 속에 무엇이 들어 있는지 상상할 수조차 없었지만 가슴이 마구 두근거렸다. 숙부가 일어서면서 내 뒤통수를 가볍게 두드렸다. 나는 봉투에 든 것을 끄집어내어 보고는 한숨을 내쉬었다. 페쟈의 결혼식이 내 눈앞에 펼쳐진 것이다. 마치 멈춘 순간도 없으며 고함소리도 나지 않았던 것처럼, 마치 한숨에 모든 것이 진행된 것처럼 보였다. 너무나 잘 찍은 흑백 사진들과 칼라 사진들이 가깝고 귀중한 사람들을 생생하고 자연스럽게 보여주고 있어서 나는 당장 그들에게 달려가서 같이 기뻐하고 싶었다. 여기 내 아버지께서 두 명의 보조와 함께 작은 상을 나르고 있으며 한복을 입은 여인들이 영원히 계속될 것 같은 민속춤을 추며 빙빙 돌고 있고, 그리쉬까는 그림 같은 옷을 입고 북을 치며 리듬에 맞추어 익살스럽게 다리를 들어 올리고 있다. 그리고 우리 페쟈는 뿌리는 꽃잎들을 맞으며 신부를 안고 있다.

"전문가야, 대단한 전문가야!" 숙부가 감탄하여 말했다. "그리고 사람도 괜찮은 것 같애. 꼭 감사하다고 인사를 드려야 해. 내일 시내에 다녀올 수 있겠니?"

"네, 그런데... 어디서 그를 찾지요?"

"어디라니? 네가 그를 결혼식에 데리고 오지 않았니?"

그때서야 나는 숙부에게 자초지종을 모두 말씀드렸다.

"아, 그랬구나." 하며 숙부가 괴로워했다. "나도 참 못났지, 그런 혼인식을 망칠 뻔했으니. 생각해봐. 술도 모자라지..., 그런데 이 기자가 일부러 이 사진과 필름을 전해주려고 찾아왔단 말이야. 마침 그 때 우리가 없어서 이웃에게 맡겨놓았지 뭐냐. 하지만 그를 좀 찾아봐. 라지까, 꼭 찾아야 돼."

"물론, 숙부님, 찾아보지요. 그가 어디로 사라졌겠습니까? 그런데 필름을 제게 주세요. 모두 현상해드리겠습니다."

내게 아이디어가 하나 떠올랐다.

그날 나는 그리쉬까와 함께 밤을 새워 사진을 현상한 다음 그 다음날 오전 내내 문화궁전의 일층 홀에 사진들을 걸어 놓았다. 그리고 저녁이 되었다. 아, 그 날 저녁이란! 이웃이 뛰어 와서 문지방에 서서 소리쳤다. "집에 앉아서 뭐해요? 문화궁전에 영화를 갖고 왔대요. 농장 사람들이 전부 모였어요!"

이 말을 듣고 궁금해져서 나는 급하게 궁전으로 달려갔다. 그런데 실제로 양 사방에서 농장 사람들이 문화궁전으로 몰려오고 있는 것이었다. 그러나 이게 뭔가? 넓은 홀을 가득 메운 수 백 명의 사람들이 우리 사진을 흥미롭게 들여다보고 있었다. 그런데 이 사진들을 보면서 기뻐하고 감탄하며 웃고 놀라는 모습을 이루 말로 다 표현할 수가 없었다.

여기서 나는 곁에 꼰스딴찐이 없는 것이 무척 안타까웠다. 그가 찍을 만한 좋은 장면들을 놓쳐서가 아니었다. 사실 무엇보다도 그가 이런 장면을 찍으려고 하지는 않을 것이다. 단지 나는 우리가 우리 자신들을 만나는 순간을 그가 함께 기뻐해 주었으면 하고 바랐을 뿐이었다.

이런 이야기이다. 우리는 러시아사람들로부터 그들의 관습을 배운다. 그리고 한 러시아인이 우리에게 "각성하시오, 당신들에게는 훌륭한 전통이 있지 않소."하며 우리 눈에 박아 넣어 주었다. 단순히 이 전통들은 우리가 기억해야만 하는 것이다.

다른 면에서 보면 일단 잃어버렸다는 것은 필요가 없다는 뜻이다. 그러나 과연 그런 식으로 이야기할 수 있겠는가? 여하튼 알기를 원하지 않는가. 우리가 도대체 무엇을 잃어버렸는지, 그리고 말과 문화와 함께 우리가 잃어버리고 있는 것이 무엇인지를?

오늘 나는 정확하게 그 답을 알고 있다. 우리는 우리의 얼굴을, 우리의 "자아"를 잃어버린 것이다. 그리고 우리 민족의 장점들을 잃어버린 것이다. 고려인의 이런 저런 특성들을 부끄럽게 생각할 수도 있다. 그러나 가장 수치스러운 점은 우리가 이 특성들을 전혀 갖고 있지도 못하다는 사실이다. 그래서 알지도 못하며 잊어버릴 수도 없으며 전해 주지도 못하는 것이다.

음력설을 기념하는 것이 우리들에게 어떤 의미가 있는가? 원칙상으로는 아무런 의미도 없다. 놀아 볼 기회가 적어서 이런 행사를 치르려고 하는가? 아니다. 고려인의 명절을 기념함으로써 선조들의 정신에 가까워지기 위해서 이런 축일 행사를 하고 싶은 것이다. 민족의 명절이란 단합이며 정신적인 유대와 과거에 대한 기억이다.

우리가 1990년의 음력설을 어떻게 보내었는지를 회상할 때마다 나는 기쁨과 괴로움을 동시에 느낀다. 처음에 우리는 150명을 초대하기로 계획을 세웠는데 나중에는 2백 명, 그리고 결국에는 두 배로 불어났다. 초대장이 한 장에 십 루블이었으며 식사도 정확한 숫자만큼만 준비가 되었는데도 우리는 오는 사람들을 들여보내지 않을 수가 없었다. 식당의 지배인이 다행히 이해심이 많은 사람이었으며 식탁과 그릇과 음식을 더 구해내어 놓았다.

그날 저녁 행사를 책임진 스테판 니끼포로비치가 성공적으로 맡은 일을 잘 해내었다. 즐거워하기도 하며 슬퍼하기도 하면서 때로는 눈물까지도 흘리게 만들었다.

이틀 후에 "이즈베스찌야"라는 신문에 타쉬켄트의 고려인들이 음력설을 기념했다는 기사가 실렸다.

처음으로 전국지에 우리 준비위원회가 언급되었다.

─ 역주 ─

(1) '쓰구나' ── 결혼식 축하연에서 손님들이 술맛이 '쓰다'고 외치면 신랑 신부가 입을 맞추라는 뜻인 러시아 풍습.
(2) 아르세니예프 (1872-1930) 소련의 극동지역 전문가이며 민속학자. 1923년에 극동지역의 여러 민족에 대한 이야기를 쓴 '제르수 우잘라'라는 저서를 냄.

끊어진 탯줄

　소련고려인들의 문화센터를 만들면서 자연스럽게 조상의 나라를 생각하지 않을 수 없었다. 그러나 한국이 분단된 것처럼 우리의 생각도 양분된 것이었다. 여러 가지 역사적이며 정치적인 이유들 때문에 조선인민공화국이 우리들에게 더 가깝다는 것은 충분히 이해가 된다. 그러나 소비에트연방공화국이 북한을 대하는 자세는 마치 불구자 아이를 둔 가정에서 자주 볼 수 있는 그런 태도였다. 수치스럽기도 하면서 안타깝기도 한 것이다. 스스로 낳은 자식을 보고 자신이 두려워하는 것이다.
　양국관계는 스탈린의 사망과 개인숭배에 대한 비판 이후에 식어가기 시작했다. 김일성은 자신이 모든 사회주의국가 지도자들이 그렇듯이 무한하며 완전한 권력으로 통치하고 있었기 때문에 개인숭배에 대한 비판을 받아들이지 않았다.
　소비에트정권이 조선인민공화국을 대하는 자세가 자연히 국민들의 의식에도 반영되었다. 소련고려인들은 온순하게 지내려고 노력했다. 조상의 나라에 대한 동정심을 다르게 해석할 수도 있었다. 하지만 조상의 나라를 비판하는 것도 차마 혀가 돌아가 주지를 않았다. 정말 북한은 오로지 김일성이 아니며 또한 김일성이 북한의 전부도 아닌 것이다.
　모순된 현상이다. 모든 러시아와 소련 문학은 조국과 선조의 땅에 대한 사랑을 갖게끔 해준다. 하지만 이것은 오직 원래의 주민들에게만 해당되는 것이다. 타국에서 이주해온 사람들은 단지 그들을 받아 주었으며 따뜻한 은신처를 제공해 준 본국에 대한 감사의 마음을 영원히 지녀야만 한다.

젊은 시절에 나는 러시아에서 온 두 명의 기자들과 한 호텔에서 묵을 기회가 있었다. 그 중의 한 사람은 고려인들이 왜 조상들의 땅이 아닌 곳에서 살고 있느냐고 꼬치꼬치 물어댔다. 나는 역사적으로 왜 그렇게 되어버렸는지를 설명하려고 애썼지만 그는 나의 논거를 받아들이지 않았다. "그래, 네 조상들이 궁핍과 굶주림 때문에 러시아로 이주해온 것은 좋아. 하지만 너는 왜 사회주의국가인 북한으로 돌아가지 않는 거지? 너의 조국은 북한이지 않은가?"라는 말로 나를 세게 한 방 먹였다. 그리고 나중에는 옆에 있던 친구에게 쓴 기분으로 말했다. "우리 러시아인들을 이해하게. 고향에 대한 망각을 장려함으로써 될 수 있는 한 러시아에 대한 사랑을 몸에 지니도록 해야 하네."

살아오면서 여러 가지 설문지를 적어낸 일이 한 두 번이 아니었지만 "외국을 다녀온 적이 있습니까?"라는 질문을 대할 때면 항상 망설였다. 그래, 어렸을 때 북한에서 산 적이 있지. 그런데 이 사실에 특별한 것이 뭐 있는가? 그러나 본능적으로 이에 대해서 언급하지 않는 것이 낫다고 느꼈다.

아마 사람들이 늑대에게 먹이를 주면서 기르지만 항상 숲으로 가고 싶어할 것이라고 의심하는 것처럼 나도 그 늑대같이 생각할 것이다.

나는 특히 영화제에서 통역으로 일하면서 자신의 양분성을 예리하게 느끼게 되었다. 한편으로 조상의 땅에서 온 손님들의 마음에 들었으면 하고 생각하면서 다른 면으로는 그들에게 동조한다고 의심받을 지도 모른다는 생각이 끊임없이 들었다. KGB에서 나온 요원이 나뿐만 아니라 통역요원들 전부를 철두철미하게 감시하고 있었다. 우리 국민들이 외국인을 만날 경우와 KGB 요원들이 반 소비에트 인사를 발본하는 경우에 우리가 어떻게 대처해야 하는가에 대해 지시를 받고 있었다.

좋다, 나는 소련 국민이니까 물론 경계를 게을리 해서는 안 된다. 그러나 동족을 감시하라니? 마음이 이를 허락하지 않았으며 이성으로 생각해 보아도 어떻게 같은 사회주의국가들의 동지들이 서로를 믿지 못한다는 것인지 납득할 수가 없었다.

1986년도 영화제에서 다음과 같은 일이 일어났다. 조선인민공화국에서 온 대표단이 일정표에 따라 "레닌스끼 뿌찌"라는 집단농장을 방문하도록 되어 있었다. 당시 이 농장의 위원장이 소위 "목화사건"에 연루되어 감옥에 갇혀 있었기 때문에 부위원장인 박 이고르 다닐로비치가 우리를 맞이하였다. 집단농장의 행정사무실에서 공식적인 환영식을 가진 후에 손님들이 문화궁전과 백화점을 돌아보았다. 거의 점심때가 다 되었다. 그런데 그때 이고르 다닐로비치가 우리 그룹을 따라온 KGB 요원과 나에게 점심식사를 준비하지 않았다고 말했다.

"왜요?" 우즈벡 사람인 KGB 요원이 놀라서 물었다.

"지시가 없었습니다."

"지시라니요?" 우즈벡 사람이 더 놀라서 묻는 것이었다. "동족들이 손님으로 왔는데 점심 대접도 안 한다는 말씀입니까?"

"지시가 없지 않습니까?" 이고르 다닐로비치가 다시 무어라고 중얼거렸다.

나는 KGB 요원이 집단농장의 부위원장을 쳐다보던 그 경멸적인 시선을 결코 잊을 수가 없다. 손님 대접을 융숭하게 하는 우즈벡 사람의 생각으로는 이해할 수 없는 일이며 그렇게 지나친 조심성을 정당화할 수도 없었다.

준비위원회를 만든 지 몇 달이 지나서 나는 한국말로 쓴 편지를 한

통 받았다. 글씨와 문체로 보아서 북한에서 교육받은 사람이라는 것을 한 눈에 알 수 있었다. 편지를 쓴 이는 준비위원회가 만들어진 것을 축하하면서 만나고 싶다는 의사를 밝혔다. 편지 말미에 전화번호가 적혀 있었다.

전화를 걸어 그를 만났다.

우리는 이미 오래 전부터 아는 사이였다. 영화제가 열리는 동안 그가 호텔에 찾아오곤 했는데 이미 그때 나는 그가 한국말을 자유롭게 구사하는 것을 눈여겨보았었다.

이동철이란 사람이었다. 그는 북한에서 태어나 거기서 자랐다. 일찍 부모를 여의고 중학교를 졸업한 후 어떤 경로를 통해서 숙모가 살고 있는 소련으로 들어오게 되었으며 거주권을 받았다. 마흔 다섯 살이었으며 러시아말은 액센트가 심했다. 건축학과를 졸업해서 설계사무소에서 일하고 있으며 고려인 여자와 결혼했다.

키는 중간이었으며 머리카락이 아름다운 백발로 완전히 새하얗게 새어버렸는데 이 때문에 왠지 모르게 신뢰감을 갖게 만들었다.

처음부터 나는 이동철이 우리 문화운동에 참가할 경우에 생기는 이득에 관해서 생각해 보았다. 우선 그의 한국말 실력을 예로 들 수 있다. 위원회의 멤버들이 모두 다 친절하게 그를 대하지는 않았지만 그는 자주 지국에 들르기 시작했고 곧 우리 사람이 되었다. 게다가 그는 자동차가 있었는데 우리가 어디를 가야할 때는 기꺼이 부탁을 들어주었다.

북한에서 온 손님들을 동행할 때마다 수치심과 일종의 선망 같은 감정이 나를 떠나지 않았다. 하루는 손님들 중의 한 사람이 무엇인가에 대해서 이야기하는 도중에 "우리는 허리띠를 졸라매고 일했으며 지금도 그렇게 일하고 있습니다."라고 말했다. 그의 말에서 보통이 아닌 자부심을 느낄 수 있었다. 그리고 당신들은 조국을 떠났지만 우리는 견디어내었다고 질책하는 말로 들렸다.

글쎄, 나는 아주 어렸을 때 부모를 따라 떠났다고 하자. 그리고 이동철도 어린 나이에 소련으로 왔다. 그러나 타쉬켄트에는 성인이 된 다음에 조국을 버리고 온 사람들도 살고 있다. 그들이 조국을 떠난 이유는 생활상의 문제부터 정치적인 동기까지 다양하다. 나는 이들을 만날 기회가 많았는데 이들은 항상 소련에서 추방된 자로 밝혀질지 모르는 두려움에 사로잡혀 지내고 있었다. 특히 "북한 벌목촌"*에서 도망쳐 나온 사람들이 그런 운명의 전환을 두려워했다.

그런 도망자 중의 한 사람이 악단 "가야금"에서 일했었다. 홍율이라는 이름을 가진 사람이었다. 그는 드물게 타고난 아름다운 목소리로 많은 사람들에게 기쁨을 안겨 주었다. 그러나 그는 잡혀서 북한으로 쫓겨날 까봐 너무도 두려워했다. 북한 안전부 요원들이 여러 도시에서 그를 잡으러 다녔다고 심각하게 이야기하곤 했다. 결국 그는 공포 때문에 정신병자가 되었는데 아마 이것이 그의 죽음을 앞당겼는지도 모른다.

언젠가 시르다린스까야 지역에서 한 나이든 고려인이 지국을 찾아왔다. 그도 "벌목공" 도망자였다. 그는 무척 남한으로 편지를 보내고 싶어 했는데 어떻게 해야 하는지를 몰랐다.

나는 도와줄 수 있다고 말했다. 그는 내가 보는데서 편지를 썼으나 나중에는 무엇인가 몹시 두려워하면서 주소를 가르쳐주지 않았다. 공포에 떨면서 그는 "북한 벌목촌"에서 잡혀온 도망자들이 어떻게 처벌당하는지 이야기해주었다. 도망자를 나무에다 묶어 놓고 긴 회초리로 등을 때려서 허파와 간과 신장을 못 쓰게 만들어 버린다고 했다. 그리고 그는 편지를 보내어야 할지 말아야할 지를 결정하지 못했다. 내가 지금은 다른 시대가 도래했다고 그렇게 설명을 했건만 소용이 없었다. 도망친 지 삼십 년이 지났어도 그는 아직도 소련정부를 믿지 않았다. 그가 옳았다.

사할린의 고려인들이 조국으로 돌아가겠다는 운동을 시작했을 때 소련정부는 가장 비열한 방법으로 이를 처리했다. 사할린의 동포들은 기본적으로 일본인들에 의해 붙잡혀 온 남한 출신들이라는데 문제가 있었다. 당연히 그들은 고향으로 돌아가기를 원했다. 그들을 배에 태워 보내면서 일부러 북한의 해역 안으로 방향을 잡았다. 미리 연락을 받은 북한측이 선박을 포획했다. 어떤 운명이 배에 타고 있던 사람들을 덮쳤는지 상상하기는 그리 어렵지 않다. 조국으로 돌아가는 운동을 주도했던 사람들은 바로 북한의 안전부로 넘겨졌다.

소련 본토의 고려인들이 십 년이란 긴 세월 동안 노력 끝에 어느 정도 존경과 권위를 얻었다면 사할린의 동포들에 대한 당국의 태도는 일본인들로부터 이 섬을 해방시킨 첫 날부터 마치 노예들을 대하는 듯한 고자세였다.

사할린의 고려인들은 중앙아시아의 고려인들보다는 자연스럽게 모국어를 잘 보존하였다. 1960년대 초에는 그곳의 학교들도 러시아말로 교육을 하기 시작했지만 이곳 학교의 졸업생들에게는 소련 여권이 없다는 이유 때문에 고등교육을 받으러 본토로 갈 수 있는 가능성이 오랫동안 배제되어 있었다.

남부 사할린의 사범대학에서 한국어과를 개설하려고 결정했을 때 한은자씨가 타쉬켄트로 교생실습을 왔다. 나는 그때 한 가지 이상한 점을 발견했다. 사할린의 한국어과는 무슨 이유 때문인지 역사학과에 속해 있었는데 언어학과에 속하는 것이 논리적으로 볼 때 더 옳은 것이었다. 같은 종류의 과목을 합치는 것이 더 쉽다. 예를 들면 타쉬켄트사범대학의 한국어과 졸업생들은 졸업장에 "한국어 교사자격을 가진 러시아어문학 교사"라고 적혀있다. 한은자에게 물었더니 이렇게 대답했다. "우리도 이 문제를 제기했습니다." 그런데 총장의 말을 그대로 옮기면 "무엇을 더 원하는 겁니까? 고려인들이 러시아 어린이들에게 러시아말을 가르치는 일은 없을 것입니다!"

러시아인들로부터 멸시를 덜 받아온 중앙아시아에 사는 고려인들은 이런 이야기를 이해하기가 어려울 것이다. 나도 그렇고 우리들은 무엇을 두려워하느냐고 웃을 것이다. 깊이 연구해 보면 러시아인들에게 러시아어를 가르친 사람들은 항상 외국인들이었다. 불가리아인인 끼릴과 메포디야가 러시아어의 알파벳을 발명했던 그 시절부터 좋은 러시아어 교과서는 유태인들이 다 쓴 오늘에 이르기까지 항상 그래왔다. 문학에 대해서는 말할 나위도 없다. 위대한 러시아의 시인, 푸쉬킨과 레르몬토프는 외국인의 자손들이었다. 그리고 게르쩬과 페뜨의 조상은? 소련시절의 좋은 러시아 노래는 유태인들이 작곡했다. 러시아 문학과 언어의 부활과 보존에서 유태인들이 한 역할은 무엇과도 비교할 수 없다. 이들을 위해서 기념비라도 여러 개 세워야 할 판이다.

사할린의 고려인들 중에는 자발적으로 북한으로 돌아간 사람들이 많이 있다. 그들은 모국어를 알기 때문에 쉽게 돌아간다. 고향으로 돌아가고 싶다는 생각이 마음을 괴롭힐 때마다 가장 걸리는 것이 언어이다. 내 친구 하나는 "나는 가서 무슨 일이라도 할 수 있고 배고파서 죽지는 않을 것이다. 그러나 동족들과 서로 말이 통하지 않는 것은 참을 수가 없다!"라고 말한 적이 있다.

선조의 나라에서 온 사람들과 간혹 만날 기회가 있으면 우리는 대단히 강한 호기심으로 그들을 대한다. 그러나 북한을 버리고 소련에 투항한 자들은 자신들의 처지 때문에 매우 교제를 꺼려하는데 이는 이해할 수 있다.

이미 앞에서 말했듯이 이민자들의 동기는 실용적인 것부터 정치적인 것까지 다양하다. 그러나 그 사람의 행동을 보면 언제나 그가 어떤 사람인지 알 수 있다. 만약 그가 독재정권에 대항하여 투쟁했던 사람이라면 언제나 어디서나 그렇게 행동한다. 그러나 만일 처벌이 두려워서 도망친 사람들이면 앞으로도 두려워할 것이다. 도망자들 중에서 어떤 사람들은 해가 지나면서 도망친 이유를 좋은 방향으로 바꾸어 다르게 설명하기도 한다.

김선익의 경우를 보자. 처음에 그는 북한에서 도망친 이유를 탄압 때문이었다고 말했다. 대학입학 당시에 부친이 탄압 당했던 사실을 숨겼는데 5학년 때 이 사실이 밝혀졌다고 한다. 그래서 처벌이 두려워서 도망치기로 결심했다. 기적적으로 국경에 이르렀으며 밤에 두만강을 헤엄쳐서 건넜다. 운 좋게도 소련의 국경수비병이 무슨 이유 때문이지 그를 도로 북한에 넘기지 않았다.

시간이 지나면서 그의 이야기에는 점점 정치적인 색채가 나타나기 시작했다. 그는 언제나 김일성 정권을 혐오했으며 저항의 표시로 조국을 떠났다는 것이다.

그러나 만일 부친의 탄압에 대하여 사람들이 몰랐더라면 어떻게 되었을까? 아마 지금쯤 김선익 동지는 북한에서 거물이 되었을 것이다. 나는 그가 능력이 있고 집요한 사람이기 때문에 확신을 갖고 이렇게 말할 수 있다. 소련에 와서 그는 러시아어를 습득했을 뿐만 아니라 대학원 과정을 마치고 공학박사가 되었다.

나는 실제로 정치적인 이유 때문에 북한을 버린 동족들도 만났다. 그런 사람들 중에서 제일 먼저 언급해야할 사람이 있다면 모스크바 주재 전 북한 대사였던 손길모일 것이다. 그는 이미 1956년에 김일성 정권에 반대했다. 나는 5년 전쯤에 그를 만난 적이 있는데 이미 노인이었지만 눈빛은 젊은이의 호기심과 강철 같은 강직성으로 빛나고 있었다.

도망자들 중에서 가장 인상적인 사람은 아마 허웅배란 사람일 것이다. 1950년대에 소련으로 유학을 와서 김일성 정권을 위해 일하지 않으려고 같은 생각을 가진 사람들과 조국으로 돌아가지 않기로 결심했다. 이들 중 몇 사람들과 만난 적이 있는데 한 사람은 작가가 되었으며, 다른 사람은 영화감독이 되었고, 또 다른 이는 영화관계자가 되었다. 허웅배 자신은 일본어와 한국어를 가르치면서 김일성을 폭로하는 책을 써서 일본에서 이를 출판하였다. 이 책을 쓴 해가 소비에트 정권의 정체가 절정에 달했을 때인 1970년대였다는 점을 고려하면 말할 것도 없이 용감한 행동이었다.

그의 동생인 허항배가 소련에 나타난 이야기는 정말 환상적이다. 만일 누군가가 북한을 배반하면 자연히 그의 가족들은 모두 탄압을 당했다. 허항배는 "북한 벌목촌"으로 보내어졌다. 어느 날 적십자사 대표들이 벌목촌을 방문했다. 허항배는 어렵게 형의 주소를 기억하고 있다가 대표단으로 온 사람이 화장실을 가는 순간을 기다렸다가 문틈으로 오래 전에 준비해 놓은 편지를 전했다. 이 사람이 여자였다는 사실을 감안하면 이 미묘한 상황을 상상할 수 있다. 그녀는 그를 신고하기는커녕 적어놓은 대로 편지를 보내주기까지 했다. 허항배는 동생으로부터 편지를 받고 어떻게 도망칠 수 있는 길을 마련하여 우즈베키스탄으로 오게 했다. 탐정소설 같은 이야기가 아닌가!

도망자들 중에는 (내가 그들을 항상 이렇게 부른다고 해서 그들의 기분을 상하게 하지는 않을 것이라고 생각한다.) 남한에서 도망쳐온 "흰까마귀"가 있다. 그런 사람은 소련에서 다시는 찾아볼 수 없을 것이다. 박건식은 국방부의 참모본부 장교로 근무했는데 그의 말에 의하면 군대에서 승진가도를 달리고 있었다고 한다. 우리가 그를 만났을 때 그는 도망친 이유를 다음과 같이 말했다. 전쟁 중에 박건식은 어머니를 잃었다. 몇 년이 지나서 그는 어머니가 살아 계신다는 사실을 알게 되었으며 어머니를 만나고 싶은 바람이 간절해졌다. 그러나 북한은 소련을 통해서만 들어갈 수가 있었으므로 그는 도망칠 결심을 했다. 일본으로 출장 가서 그는 소련대사관으로 가서 정치적인 망명을 신청했다. 어선을 타고 일본을 떠났다. 결국은 타쉬켄트에 와서 외국어대학을 졸업했다. 그러나 어머니와는 아직 상봉하지 못했다.

그러나 이와는 전혀 다른 이야기가 또 하나 있다. 허웅배와 함께 소련에 남았던 사람들 중의 한 사람에게 모친과 상봉할 수 있도록 북한 당국이 입국 비자를 주기로 결정했다.

그러나 한 때는 전체 정부를 상대로 저항했던 용감한 사람이 어머니를 만날 수 있는 공식적인 기회를 두려워하여 자기 대신에 아내를 북한에 보내었다. 북한에서 돌아온 그의 아내는 더 이상 그와 살 수 없어서 헤어졌다고 한다.

한국인들의 운명은 때때로 놀랍다. 어떤 사람은 자신의 부모를 고통과 고독과 영원한 기다림 속에 빠뜨려 놓은 채 도망치는가 하면 또 어떤 사람은 어머니와 만나기 위해서 모든 것을, 생명까지도 버릴 각오를 한다. 그러나 이런 사람이든 저런 사람이든 간에 동정심을 갖지 않을 수 없다.

여러 가지 모습으로 이들을 대할 수가 있다. 이들을 탈영병, 변절자로 부를 수도 있고, 아니면 인정해 줄 수도 있다. 그러나 자신과 자신의 행동에 대한 진정한 가치는 아마도 그들 자신만이 알 것이다. 그리고 이에 대한 보답도 자신들이 받는 것이다.

동기를 알면 신뢰의 문제도 쉽게 해결된다. 나는 무엇이 이동철로 하여금 준비위원회에 들어와서 문화센터설립에 열성적으로 관여하게 하는지 알고 있다. 왜냐하면 그는 소련의 고려인들과 조상의 나라를 견고한 끈으로 연결시킴으로써 북한과 가까워지기를 누구보다도 절실히 원했기 때문이었다. 그가 도와준 덕분으로 매년 북한에서 김일성의 생일을 기념하는 '4월의 봄'이라는 축제행사에 우즈베키스탄에서는 처음으로 가무단 '청춘'이 초청되었다. 그러나 대표단의 지도자로는 세르게이 미하일로비치가 임명되었다. 북한에 문화운동에 대한 도움과 원조를 요청할 수 있는 좋은 기회로 보였다. 비록 우리 정부가 이에 대해 다른 의견을 가질 수도 있다는 점을 알고 있었지만 말이다.

'레닌 기치'의 특파원이 된 후로 나는 고려인 민족 집단의 삶에 대해서 몰두해 왔다. 그 첫 번째 문제들 중의 하나가 당시에는 '가야금'이란 다른 이름을 가졌던 고려 가무단, '청춘'에 관한 것이었다. 그 당시에는 예가이 트로핌 바실리예비치가 단장이었는데 지난 이 년 동안 다섯 명 내지 여섯 명의 단장들이 교체되었다. 가무단은 가난했으며 내부분쟁으로 분열되어 있었을 뿐만 아니라 단원들이 유출되면 그만큼 자질 있는 단원들을 보충하지 못했다. '가야금'의 경쟁 상대인 '아리랑'과 '청춘'의 상황은 조금 나은 것이었다. '아리랑'은 알마아타의 고려극장에 부속되어 있었고 '청춘'은 집단농장 '뽈리또뜨젤' 소속이었다. 많은 예술인들이 이 가무단, 저 가무단으로 옮겨 다녔다.

편집국의 이전희 문화부장이 내게 전화해서 '가야금'에 대한 자료를 함께 준비하자고 제안하기 전까지 나는 이 가무단에 대해서 아무 것도 모르고 있었다. 마침 그때, 공화국 공로예술인 장로만이 이끄는 '아리랑' 가무단이 타쉬켄트 지역을 순회공연하고 있었다. 이 고려가무단의 세계를 잘 알고 있는 이전희와 함께 일주일동안 여기저기 가무단들을 찾아 다녔다. 결국 '가야금'의 부활을 위해서 일할 준비가 되어 있는 사람들의 핵심그룹이 형성되었다. 이들은 '아리랑'가무단의 만담가 김기봉과 가수 손 게오르기, '청춘'가무단의 젊은 작곡가인 임 비딸리, 그리고 '가야금' 가무단에서 시작하여 다른 두 가무단에서도 일했던 만담가 최 그리고리라는 사람들이었다. 이들 중 최 그리고리가 새로 구성된 가무단의 단장이 되었다. 집단농장 '레닌스끼 뿌찌'가 가무단의 연습을 위해서 문화궁전과 호텔을 무료로 제공해주었다. 매우 짧은 기간에 '가야금'은 공연 내용을 쇄신하여 순회공연을 다니기 시작했다.

이 시기에 나는 강정옥이라는 대단히 인상적인 안무가를 알게 되었다. 그녀는 북한의 유명한 예술가 집안에서 태어났다. 무용학교를 졸업한 후 그녀는 소비에트 고려인과 결혼하여 60년대에 소련에 왔다. 여기서 그녀는 남편에게 결혼 이유가 사랑이 아니었으며 북한을 떠나기 위해서였다고 밝히고 이혼을 했다. (소련으로 나오는 방법들 중에 그런 수도 있었다.) 강정옥은 타쉬켄트의 나보이 오페라발레극장에서 무용수로 있다가 나중에는 모스크바로 떠났다. 그러나 한국무용의 권위자인 그녀는 공연을 위해서 타쉬켄트로 알마아타로 초청을 받곤 했다. 그러다가 그녀는 외국인과 결혼하여 소련을 떠나버렸다. 강정옥은 한국무용예술의 보전을 위해서 많은 일을 했으며 그녀가 안무한 작품들은 지금까지도 공연되고 있다.

부흥된 '가야금' 가무단의 영감과 열정은 꼭 반 년 동안 유지되었다. 그 후에는 다시 불화가 생기고 손 게오르기가 먼저 가무단을 떠나고 그 뒤를 이어서 김기봉도 떠났다. 임 비딸리는 3년을 버텼다. 그리고 최 그리고리가 혼자 남아서 헌신적으로 무거운 짐수레를 끌어가고 있었다.

1984년에 집단농장 '뽈리또뜨젤'의 황만금 위원장이 '청춘'과 '가야금', 이 두 가무단을 합치려고 결심했다. 어쩌면 예술인들의 불화에 넌더리가 났을 수도 있고 아니면 집단농장의 문화궁전 소속 극단인 청춘을 지원했던 사실이 안 좋은 시기에는 죄과로 비난받을 수 있다는 점을 예감했는지도 모른다. 한마디로 말하자면 그는 두 가무단을 합침으로써 두 마리의 토끼를 동시에 잡으려고 했던 것이다. 가무단의 이름은 보전하면서 단원들은 해산시키는 것이다. 결과적으로 '가야금' 가무단이 사라졌다. 최 그리고리는 할 수 있는 한 반대를 했지만 다른 결정적인 요인들이 더 많았다. 가무단이 하나로 합쳐졌지만 상황은 더 나아지지 않았다. 두 벌의 헌옷으로 새 옷 한 벌을 만들 수는 없는 것이다.

몇 번이나 해체의 기로에 선 가무단 '청춘'이 그래도 없어지지 않은 데는 최 그리고리의 공헌이 지대했다.

페레스트로이카가 한창일 때 기억할 만한 사건이 하나 있었다. 북한 안무가 중앙위원회의 손미욱 부위원장이 타쉬켄트에 잠시 머물렀다. 그녀가 우즈베키스탄 공연가연맹회장인 유명한 무용가 베르나라 까리예바를 만났을 때 가무단 "청춘"에 관한 이야기가 나왔다. 손미욱 동지는 두 명의 안무가를 타쉬켄트로 보내겠다고 약속했으며 그 약속을 지켰다.

파견된 두 사람은 북한의 유명한 예술가들인 김혜춘과 이수찬이었다. 한 사람은 제일 큰 무용단 '피바다'의 주안무가였으며 다른 사람은 주역 무용수였다. 석 달 동안 고된 연습이 계속되었다. '청춘'의 단원들만 배운 것이 아니라 알마아타 극단이 안무가와 타쉬켄트 지역 무용단들의 단장들까지도 비지땀을 흘리며 연습했다. 이 연습의 가치는 정말 대단한 것이었다. 북한의 예술인들과는 처음으로 직접적인 접촉을 했으니까 말이다.

그래서 '청춘'이 다시 소생하였다. 가무단은 대단히 고무된 상태에서 공연을 했으며 관객들은 새로운 공연 내용에 갈채를 보내었다.

1988년 가을에 우즈베키스탄의 공연가연맹이 바로 이 지칠 줄 모르는 손미욱의 초청을 받아서 우즈베키스탄 민속가무단을 고요한 아침의 나라로 순회공연을 보내게 되었다. '쇼들릭'가무단이 선정되었다. 최 그리고리와 '청춘'가무단 소속의 세 명의 무용가와 나보이 극장의 주역무용수인 예가이 블라디슬라프가 이 순회공연단에 포함되었다.

나는 통역 겸 기자의 자격으로 '쇼들릭'가무단과 함께 북한 순회공연을 따라다니게 되었다. 이에 대해서는 다시 이야기하기로 하겠다...

페레스트로이카와 그에 따른 새로운 제도가 -예를 들면 단체장 선출과 같은- 고려가무단에도 영향을 미치게 되었다. 일단의 단원들이 최 그리고리에 대한 불신임을 표명하고 "우즈꼰쩨르따"(우즈벡 공연예술인협회)의 지도부에 새 단장을 선출하는 문제를 검토해줄 것을 요청했다. 편지가 전해지고 회의가 소집되었으나 장애 요인이 나타났다. 그리고리를 대신할 만한 후보를 찾지 못한 것이다. 이 사람 저 사람의 이름이 거론되었지만 아무런 결실이 없었다. 회의를 연기하기로 결정했다.

흥미롭게도 이런 유사한 사건이 이미 "아리랑"가무단과 알마아타의 고려극단에도 있었다. 이 두 단체도 단장을 교체하였다. 게다가 고려극단의 감독 자리에 두 사람의 후보가 나섰는데 한 사람은 기자이고 다른 사람은 전 공장장이었다. 후보들에게 극단운영이 평범한 일로 보였든지, 아니면 단원들 스스로가 비전문가가 운영을 더 잘할 것이라고 결정했는지 모르지만 여하튼 기자가 단장으로 뽑혔다.

다시 소집한 회의에는 그리고리에 반대하는 자들이 만반의 준비를 갖추고 나타났다. "아리랑"가무단의 전 단장이었던 장로만이 타쉬켄트에 모습을 나타내었다. 그는 최 그리고리의 오래된 친구이며 친구를 지지하기 위해서 타쉬켄트에 왔노라고 말하고 다녔다. 그러나 실제로는 정반대의 상황이 벌어졌다. 오랫동안 격렬한 토론을 벌인 끝에 외지에서 온 '이방인'이 '청춘'의 단장으로 선출되었다.

회의가 끝난 후 바로 이 두 사람이 지국으로 찾아왔다. 그리고리는 흥분상태였으며 로만은 마치 아무 일도 없었던 것처럼 행동했다. 아, 나는 정말 그들의 일에 관계하고 싶지 않았다. 그러나 둘 다 내 의견을 듣고 싶어 했으므로 (나를 치켜 올리는데 기분이 우쭐해지지 않겠는가?)

이렇게 이야기해 주었다.

"내 생각으로는 이런 식으로 긴장을 완화시킬 수 있을 것 같습니다. 로만 당신은 그리고리를 도우러 왔으니까, '공연예술인협회'의 회장과 '청춘'의 전체단원에게 북한으로 떠나기 직전에 단장을 교체하는 것은 현명한 생각이 아니라고 이야기하십시오. 그리고 함께 순회공연을 가서 일을 해본 후에 결정을 내리면 되지 않습니까?"

"하지만 이미 회의는 끝나지 않았습니까?" 로만이 큰소리로 말했다.

"그래서요? 감독에게 가서 의견을 말하십시오. 손해 볼 것 하나도 없습니다. 지금 상황이 어떻게 되었습니까? 친구를 도우러 온 것처럼 하고서 속인 결과가 되지 않았습니까?"라고 내가 반박했다.

로만의 얼굴이 빨개지더니 내 충고를 따르겠다고 말했다. 그러나 나중에 보니 생각을 고쳐먹은 것 같았다. 며칠 지나서 그리고리가 찾아와서 책상 위에 편지를 놓았다.

"무슨 일입니까?"하고 내가 물었다.

"'우즈벡 공연예술인협회' 공산당위원회 앞으로 보내는 편지입니다. 고려인 사회의 대표자들이 작성했습니다." 그리고리가 대답했다. "내가 그들에게 부탁한 것이 아닙니다. 그들 스스로 그렇게 결정한 것입니다."

"그런데 내게는 왜 가져왔습니까?"

"서명을 해주었으면 하고요."

나는 편지를 읽어보았다. 소비에트 전통에 따라 작성한 진짜 정보수집 보고서였다. 이런 집단 편지가 얼마나 많은 사람들의 삶을 파멸로 몰아넣었는지는 아무도 모른다. 편지내용에 의하면 장로만은 당에서 축출되고 정부가 있는 부도덕하며 파렴치한 이런저런 인간이라는 것이다. 그리고 두 페이지에 걸쳐서 타쉬켄트의 저명한 고려인들의 서명이 적혀 있었다. 이들 중 많은 사람들이 내가 아는 분들이었다.

부끄럽고 치욕스러운 일이다. 당에서 쫓겨나고 정부와 동거한다는 것이 수치스러운 것이 아니라 그것을 부도덕한 것으로 간주하는 것이 더 부끄러운 일이다. 사랑하지도 않는 사람과 함께 살며 그런 항의문이나 보내는 것을 명예스러운 일로 인정하는 당에 소속해 있는 것이 과연 더 올바른 것인가?

나는 서명을 거부하고 로만과 한 번 더 이야기해볼 테니 편지를 보내지 말고 이틀만 더 기다리라고 그리고리를 설득했다. "아리랑"의 전 단장은 사퇴 선언을 약속했지만 또 다시 약속을 지키지 않았다. 편지는 예정대로 발송되었다.

그리고 다시 회의가 열렸다. 사람들은 마치 장로만이 온통 똥이라도 뒤집어 쓴 사람처럼 그를 회피했다. 특히 나이가 꽤 든 변호사인 한 고려인 여자가 광분해서 날뛰었다. 직접 작성한 것으로 보이는 편지를 정신없이 읽더니 만일 '우즈벡 공연예술인협회'가 '공화국에 하나 뿐인 고려 가무단을 해체하고 최 그리고리 같은 훌륭한 단장을 해직시키려는' 계획을 중단하지 않을 경우에는 중앙위원회에 이 문제를 갖고 가겠노라고 공공연하게 위협했다. 소심한 예술가들의 항변은 나이가 지긋하고 권위 있는 고려인들의 격노한 합창 속에 묻혀버리고 말았다.

당위원장과 '우즈벡 공연예술인협회' 감독 등 다른 민족 사람들이 보는 앞에서 우리의 더러운 속옷을 헹구고 있었으니 수치심은 두 배로 증가되었다. 그러나 그들은 그런 일이 비일비재한 듯이 보였으며 아무도 화를 내거나 반격을 가하지도 않았다. 그렇다, 우리 모두가 각자의 소속 단체에서 악명 높은 도덕성 수호를 위한 투쟁을 위해 갖은 더러운 중상모략도 다 이용하는 경우를 기억하지 않는가?

장로만은 자신의 진가를 변호하려고 애썼다. 그렇다, 그가 어떤 기혼녀를 사랑했다. 하지만 이것이 범죄인가? 그는 자신의 과실을— 그리고 이것이 과연 과실인가?- 책임지고 부인과 정식이혼을 했다. 그리고 당에서 축출되는 것으로 이미 벌을 받았다. 그러나 그는 곧 자신의 패배를 감지하고 낙심하였다.

'공연예술인협회'의 지도부가 바보가 되어버린 상황이었다. 민주주의 정신으로 어떻게 잘 해보려고 했는데 결과는 항상 그렇듯이 마찬가지였다.

일이 교착상태에 빠지면 타협이 필요하다. 고르바초프의 스타일대로 얼마든지 일이 잘 진행되고 있다고 사람들을 확신시킬 수도 있지만, 타협적인 결정을 내린다는 것은 일이 교착상태에 빠진 것을 의미하는 것이다. 다음과 같이 결정되었다. 북한에서 돌아올 때까지 그리고리가 예술단장 자리에 남고 로만을 가무단에 주역으로 입적시킨다는 결정이었다.

'공연예술인협회'의 감독이 기운을 차린 목소리로 '청춘' 가무단이 곧 있을 예정인 '4월의 봄'행사에서 성공을 거두기를 원한다고 말했다.

축제에 우리 가무단을 초청한 것은 북한지도부의 고려인들에 관한 관심이 증가했음을 보여주는 현상들 중의 하나였다. 처음으로 '노동신문' 모스크바특파원 김송일 기자가 타쉬켄트에 왔다. 기자로서의 자질은 내가 판단하기 어려우나 여하튼 재미있는 사람이었다. 그가 떠나기 전에 타쉬켄트시 서커스단에서 북한에서 온 태권도 선수들이 성황리에 시범을 보여 주었다. 두 명의 선수가 타쉬켄트에 사범으로 남아서 이 동방의 무술을 전파하는데 큰 몫을 했다.

북한뿐만 아니라 남한도 가까워졌다. 몇몇 사회주의국가들이 이미 남한을 공식적으로 인정했으며 소련도 곧 남한과 외교관계를 수립할 것 같았다. 서울 올림픽 이후에 전 세계가 남한을 알게 되었다. 남한사람들도 자주 타쉬켄트를 오가기 시작했는데 일 외에도 우즈베키스탄의 동족들에 대해서 진정한 관심을 보이곤 했다.

미국 교포인 신연자와 만난 이야기를 하면서 나는 그녀가 남한의 주요일간지인 "동아일보"의 후원으로 과제를 받아서 타쉬켄트를 다녀간 것이라는 사실을 언급하는 것을 잊어버렸다. 일 년 후에 내 동료인 김안또니가 소련고려인에 관해서 글을 써 달라는 비슷한 부탁을 받았다. 1987년에는 미국의 유명한 연출가인 김 리챠드가 이끄는 영화제작팀이 같은 목적으로 타쉬켄트를 다녀가기도 했다.

나는 이미 앞에서 가무단 '청춘'이 세르게이 미하일로비치의 지휘 하에 '4월의 봄' 축제에 참가함으로써 준비위원회가 북한과 직접 문화적인 관계를 맺을 수 있는 기회가 생겼다고 말한 적이 있다. 이 기회를 이용하지 않는 것은 어리석은 짓이다.

음력 설날 행사를 치른 것을 계기로 준비위원회가 세상에 알려지게 되었다. 우리는 새 대중 행사로 '오월의 날'을 조직해보면 어떨까 하고 생각했다. 이 야외행사의 매력은 북한에서 갖고 온 기념품이 될 것이다. 이 외에도 세르게이 미하일로비치는 북한에서 두 가지 제안을 더 가지고 돌아왔다. 우즈베키스탄에 북한예술단을 보내어 순회공연을 하는 것과 수공예품 전시회를 개최하는 것이었다.

3월말에 조상의 나라로 떠나는 가무단을 전송했다. 무엇을 숨기겠는가? 거의 모든 이들이 그들을 부러워했으며 겨우 반 년 전에 북한을 다녀온 나도 그들이 부러웠다.

내게 북한여행은 특히 흥분된 것이었다. 정확하게 삼십 년 만에 운명의 여신이 미소를 지은 덕분에 내가 어린 시절을 보낸 나라를 방문하게 되었으며 누나를 만나게 되었다. 1958년에 우리 가족이 소련으로 돌아올 때 당시 평양 건축연구소의 학생이었던 누나는 북한에 남기로 결심했다. 누나는 사랑에 빠졌고 미래의 남편이 될 사람이 북한사람이었다. 어머니의 눈물도 형제들의 간청도 누나의 결정을 바꾸지 못했다. 그리고 우리는 삼십 년이란 긴 세월을 헤어져서 살게 되었다. 여러 번 누나를 소련으로 초청하려고 했으나 여러 가지 이유로 성공하지 못했다.

그 옛날에 나는 사랑에 대한 왜곡된 생각을 갖고 있었다. 어느 날 해방산 언덕에서 전쟁놀이를 하다가 나무 위로 기어 올라갔는데 나무 아래에서 사랑에 빠진 한 쌍의 남녀가 불쑥 나왔다. 나는 그 젊은이가 여자에게 "날 사랑해?"라고 묻던 모습을 평생 기억할 것이다. 그녀가 대답을 않자 그는 갑자기 여자의 뺨을 때렸다. 다시 물어보았다. 두 번째의 따귀가 올라갔다. 오직 그때서야 그녀는 겨우 들릴까 말까하는 소리로 "그렇다"고 우물거렸다.

나는 누나도 그런 식으로 사랑을 강요당했다고 생각했다. 그래서 누나의 약혼자가 우리 집에 왔을 때 나는 두려움과 증오에 찬 눈으로 그를 쳐다보았다. 그러나 삼십 분쯤 지나자 이미 근심은 사라지고 그를 아저씨라고 부르면서 그의 이야기를 감탄하면서 듣고 있었다. 그가 누나의 사랑고백을 따귀를 때려서 얻어내었다고는 상상할 수가 없었다.

삼십 년 동안 많은 변화가 있었다. 그러나 나는 누나를 생각할 때마다 찬미할 만한 사랑과 신뢰를 가진 여인이 우리 가족 중에 있다는 사실에 자부심을 느끼곤 했다.

우즈베키스탄의 "쇼들릭" 가무단의 일원으로 북한을 방문한 그 잊을 수 없는 여행은 2주일 동안 계속되었다. 나는 이 여행에 대해서 이야기하겠다고 앞에서 약속했으며 기꺼이 이 약속을 지키려고 한다. 그래서 당시 매일 기록했던 일기의 일부를 여기에 싣고자 한다.

88년 10월 15일. 착륙하다!
비행기 창문을 통해 지붕에 거대한 김일성 초상화가 걸려 있는 회색 건물을 보다. 트랩에 내려서 강대석과 타쉬켄트에 왔던 안무가 두 사람을 만나다. 포옹과 웃음, 기쁨.
기념촬영을 하고 버스에 타다. 주위의 모든 것을 삼킬 듯이 둘러보다. 좁지만 정확한 길, 손질이 잘된 작은 집들, 작은 논들. 이미 추수가 끝나서 누런 논이 서정적이며 구슬픈 기분을 갖게 하다. 논 여기저기에 여인들이 다니며 무엇인가를 줍고 있다. 우리 그룹의 단장인 바하디르 까말로프가 내게 저 여인들이 무엇을 하고 있냐고 묻는다. 나는 어깨를 으쓱해 보였다. "십중팔구 이삭을 줍는 거겠지" 그가 간사하게 대답했지만 나는 그의 추측을 확인해주고 싶지 않았다.

평양으로 들어가다. 주로 황색과 갈색인 한국말로 쓰인 간판들. 모든 것이 낯설었지만 동시에 가슴에 가까이 와 닿았다. 독창성 없는 아파트 건물들. 평범한 콘크리트 상자 같은 다층 건물들이다, 그러나 세탁소나 미장원 등이 있는 사회주의문화생활관 건물은 인상적이다. 특히 한국고대건축의 전통인 지붕 끝의 구부러진 스타일이 고향 기분을 느끼게 한다.

15층짜리 호텔에 묶음. 깨끗하고 정돈되어 있고 조용하다. 호텔 방은 마루에 돗자리가 깔려 있고 짚으로 만든 실내화가 입구에 놓여 있다.

저녁. 유럽식 식사, 특별한 것은 없음. 맥주 맛이 기가 막히게 좋음.

10월 16일. "쇼들릭"이 공연할 극장에 가봄. 자연히 모스크바와 타쉬켄트의 극장과 비교해보다. 뒤지지 않아서 기분이 좋다. 특히 샹들리에가 멋있다.

"쇼들릭" 단원들이 예행연습 후에 무대 장치를 칭찬하다. 북한관객들이 이들의 공연을 어떻게 받아들일까, 과연 우즈베키스탄 가무단은 북한에서 처음이 아닌가? 아니, 내가 거짓말하는 거지. 1954년에 내 자신이 한국전 이후에 여기에 왔던 유명한 따마라 하늄의 공연을 보지 않았는가. 특히 '도라지' 노래에 맞추어서 그녀가 추었던 춤이 대성공이었다.

끊임없이 나 자신의 양면성을 느낀다. 우즈베키스탄에서는 북한에서 온 손님들을 모든 곳에서 따뜻하게 맞아주기를 바라고 만약 그렇지 못하면 울분을 느꼈는데, 지금은 조상의 땅에서 이미 우즈벡 사람의 입장이 된 것이다. 나의 동족들이 이들을 정말 환대해주기를 바란다. 그리고 조금이라도 동행한 사람들이 불만의 표시를 하면 내 마음이 상하는 것이다.

10월 17일. 첫 공연이다. 여러 면에서 보아 관객들이 대단히 마음에 들어 한다. 나 자신도 가무단의 공연을 처음으로 보다. 단원들이 공연을 잘할지 매우 가슴을 졸였다.

솔직하게 자백하면 우즈베키스탄의 노래와 가락이 처음부터 내 마음에 든 것은 아니었다. 백러시아에서 군 복무를 할 때 라디오에서 어느 날 고향의 노래를 듣고 거의 울 뻔했다. 멀리 떠나서야 고향을 알게 되는 것이다. 그리고 여기 북한에 와서 공연장을 둘러보면서 단원들의 공연에 관객들이 어떻게 반응하는 지에 촉각을 곤두세우게 된다.

초만원이다. 모든 일에 간계를 찾아내고야 마는 바하디르가 심각하게 관객들 모두 명령을 받고 동원된 것이며 누구든 공연이 끝날 때까지 자리를 떠나지 못하도록 되어 있다고 말했다. 만일 사정이 그렇다 하더라도 고려인인 내게 과연 이런 말을 해야만 하는가?

특권계급의 영향력이 극장에서도 느껴졌다. 홀의 중간층에 중요한 손님들을 위한 특별석 비슷한 것이 마련되어 있다. 이들이 출구로 나가고 나서야 비로소 나머지 관객들이 자리를 뜨기 시작한다.

10월 18일. 낮에 단원들이 연습하는 동안 어릴 때 수영하던 대동강 강변을 거닐어 보다. 화강암으로 강변이 덮여 있고 물도 깨끗하다. 강변에 낚시꾼들이 앉아 있어서 그들 곁으로 가보다. 돌이 많은 강바닥에 낚시 바늘을 드리우는 방법을 교묘하게 해결한다. 낚시꾼들 모두 한국식의 긴 낚싯줄 끝에 점토로 이겨서 만든 고무지우개 같은 모양의 추에다가 미끼와 낚시 바늘을 밀어 넣는 것이다. 새총을 사용해서 이 점토를 강 멀리 던진다. 물에서 진흙이 서서히 녹으면서 만일 고기가 걸리지 않으면 낚시 바늘은 강바닥에 걸리지 않고 뜨는 것이다.

환상적이다!

10월 19일. 토요일 공연. 관객들이 지위가 높은 사람들이다. 공연 시작 전후에 몇 사람이 연설을 하다.

낮에 자그마한 사건이 하나 생김. 바하디르가 '청춘'의 여성 단원들이 자기에게 보고하지도 않고 한국인 안무가와 함께 어딘가 다녀왔다는 사실에 대해서 최 그리고리에게 불만을 토로하다. 그는 이 이야기를 하려고 그리고리와 '쇼들릭'단장과 나를 거리로 불러내었다. 바하디르는 도처에 도청장치가 되어 있으며 감시와 스파이활동이 있다고 생각하는 사람이다. 화를 내는 중간에 갑자기 그는 자기 정보에 따르면 '청춘'의 여성 단원 한 사람이 북한에 남기를 원한다고 말해서 우리를 아연실색하게 만들었다. 말도 안 되는 개소리다. 여하튼 우리들 마음속 깊이에는 소비에트 시절의 대단한 경계 심리가 아직도 남아있다. 한 가지 면에서 바하디르가 옳은 점이 있다면 모든 고려인 대표들은 우리가 소련국민이며 우즈베키스탄으로 돌아가야 한다는 것을 잊지 말아야한다는 점이다.

10월 20일. 휴일이다. 도시를 돌아보고 모란봉에 올라가다. 소련해방군들에게 바치는 기념탑 앞에서 기념 촬영을 하다.

점심 식사 후에 예술원을 방문. 무용을 기록하는 문자체계인 '차모'를 어떻게 가르치는지 보다. 아마 세계에서 가장 완벽한 체계일 것이다. 여섯 살 난 여자아이들 두 명이 시범을 보여주었다. 옆방으로 아이들을 데려다 놓고 '쇼들릭'의 한 단원이 여러 가지 무용 동작을 보이면 컴퓨터에 이를 모두 기록해 둔다. 나중에 아이들이 와서 이 기록을 보고 모든 동작을 꼭 그대로 재현함. '인형'이란 우스운 춤에 나오는 속눈썹 동작까지도 재현하다. 놀라운 일이다!

'차모'는 정말 위대한 발명이나 너무 낡은 것이 아닐까 하는 두려운 생각이 든다. 비디오 녹화기술이 있는데 그렇게 복잡한 무용 기록체계를 따로 배우려는 사람이 있을지 의문이다. 비디오를 보고 따라하면 되는데.

10월 21일. 다시 공휴일이다. 백화점을 둘러보다. 북한의 화폐도 소련에서처럼 변형된 것이다. 소련에는 루블, 외국돈과 교환해서 쓰는 수표, 그리고 외국돈이 있다. 여기는 여러 가지 색깔로 돈을 구분한다. 주민들은 파란색 돈, 사회주의 국가에서 온 외국인들은 빨간색 돈, 자본주의 국가에서 온 사람들은 초록색 돈을 사용한다. 우리는 타쉬켄트에서 백 루블을 주고 160원의 빨간색 돈을 받았다. 많이 살 수 있는 돈은 아니지만 부채나 젓가락들, 손톱깎이 등을 사기에는 충분하다.

점심 식사 후에 또 작은 사건 하나. 소련고려인들에게 김일성 배지를 나누어주기 위한 공식 대표단이 찾아옴. 이 배지는 물론 영도자 한 사람을 제외하고는 북한 사람 모두가 달고 다닌다. 바하디르가 히스테리를 일으키다. 본국에 돌아가서 무엇이라고 말하느냐고!

알고 보니 나보이 극장의 남자무용수인 블라쟈가 이 일을 만든 것임. 블라쟈는 한국말을 조금 할 줄 알았는데 안내원에게 이 배지를 갖고 싶다고 말했다고 한다. 만일 그가 수집용이라고 말했더라면 명백하게 거절했을 텐데. 그러나 이 안내원은 고려인들이 정말 이 배지를 달기를 원하는 것으로 알아듣고 상부에 보고했다. 그래서 배지 수여식을 하느라고 공식대표단이 온 것이다. 어떻게 어렵게 식을 취소시켰다. 블라쟈는 엄한 경고를 받았지만 그에게는 마이동풍이다. 예술인들이 보통 그러하듯이 순진한 사람들은 별로 겁내는 것이 없다.

저녁에 사우나에 가서 뜻밖에도 타쉬켄트 대학에서 함께 공부한 바짐 노소프를 만나다. 10년쯤 전에 그는 모스크바로 가서 공산당청년동맹 중앙위원회에서 일하기 시작했다. 그런데 여기서 그를 만나다니! 그는 청년축제행사 전문가 자격으로 북한에 와 있었다. 둘이서 이야기를 나누고 추억을 함께 회상하다. 북한에 온 경험을 이야기하면서 그는 간단하게 "한국인들에게 대형공연을 가르치는 것은 그들에게 젓가락질을 가르치는 것과 마찬가지이다."라고 말했다.

실제로 이 기간 동안 우리는 젊은이들이 아침부터 저녁까지 매스게임을 연습하는 것을 보았다. 축제까지는 아직 일 년이 남았는데 말이다.

10월 22일. 산업도시 안주. 가는 길에 누나가 사는 평선시에 들르다. 나는 동행인에게 이 이야기를 했고 그는 다시 만남을 주선하겠노라고 다짐했다.

안주에서 두 차례의 공연을 했다. 낮에 단원들이 연습하는 동안 도시를 돌아다녔다. 특히 시장을 보고 정말 작은 규모에 놀라지 않을 수 없다. 게다가 이 시장이 북한에서 볼 수 있는 유일한 것이라니. 바하디르는 시장이 북한에서는 허용되는 개념이 아니라는 것을 뻔히 알면서 이미 여러 번 안내원에게 시장에 가보고 싶다고 말했다. 그 때마다 안내원이 시장이 멀리 있다는 핑계로 회피하자 안내원이 거짓말을 한다고 화를 내었다. 그가 나와 같이 시장에 오지 않아서 다행이다. 여기서도 독설을 퍼부었을 테니까.

그러나 스무 명 남짓한 사람들이 물건을 팔고 사러온 사람들도 그 정도인 것을 보니 구슬픈 생각이 들었다.

여섯 시에 공장 사이렌 소리에 전체 도시가 일어나서 아침체조를 하고 청소를 하는 것이 흥미 있다. 아이들뿐만 아니라 어른들도 대열을 만들어서 다닌다. 북소리만 없었을 뿐.

10월 23일. 묘향산 - 아름답기로 유명한 산이다. 그림 같은 계곡과 폭포와 절벽들로 이루어진 산이다. 높은 곳에 세워진 절간들. 한 절에서 한국에서 최초로 사용된 금속활자로 인쇄된 고서를 보다. 구텐베르그의 활자 보다 2백 년이 앞선 것이다. 그러나 아. 세상에서 고립되어 발명품을 한반도 넘어서는 전파하지 못했으니 영원히 한 민족을 찬양할 기회를 하나 박탈당한 것이다.

관광객들이 많이 찾는 곳이 손질이 잘되어 있어서 마음에 든다. 오솔길에는 모래를 뿌려 놓았고 위험한 지역은 쇠창살로 울타리를 만들어 놓았다. 쓰레기통들과 재떨이까지 갖추어 놓았다. 때때로 위대한 영도자나 그이 아들이 한 말을 인용해서 새겨놓은 거대한 큰 돌들이 보인다. 묘향산에는 김일성이 받은 선물을 모아놓은 전시관이 있다. 북조선인민공화국 지도자에게 주지 않은 선물이 무엇이 있겠는가? 스탈린, 말라또프, 브레즈네프, 안드로뽀프, 그리고 고르바초프에게 받은 선물들도 있다. 강국의 우두머리들이 보낸 선물치고는 보잘것없는 것들이다.

10월 25일. 마침내 누나를 찾아가다. 바하디르가 또 참견해서 만약의 경우에 대비해서 누군가를 -우즈벡인이면 더 좋고- 데리고 가라고 충고했다. 물론 듣지 않았지만.

누나의 가족 모두가 길로 나와서 나를 맞았다. 사람에 대한 기억으로 무엇이 남을까? 눈동자, 목소리, 손. 눈과 손은 그대로이지만 목소리가... 나는 누나가 한국말을 그렇게 빠르고 민첩하게 하는 것을 들어본 적이 없었다.

매부는 물론 기억이 나지 않는다. 그러나 만나보니 기쁘다. 그는 예전 그대로 선량하고 조용한 사람이다. 아들은 대학원 과정에 있지만 무척 어리게 보이고 벌써 결혼해서 예쁘게 생긴 그의 아내가 바로 곁에 서 있다.

아파트는 크지 않았으며 방이 두 칸이다. 매부가 그래도 건축연구소 소장인 것을 감안할 때 더 큰 아파트에 살 수 있을 텐데. 그러나 누나는 새 아파트를 준다는 것을 여러 차례 거절했다고 말한다.

웬일인지 그 자리에 시의 공산당위원회와 시 집행위원회의 대표들이 나와 있었다. 그래서 모두들 몇 시간을 계속해서 음식을 차려 놓은 식탁에 앉아 먹고 마시고 이야기를 나누었다. 그러나 마지막에 결국은 눈물을 감추지 못했다. 술을 마시면 감상적으로 되는 법이다.

10월 26일. 떠나는 날.

삼십 년이 지난 뒤지만 내가 자라며 어린 시절의 첫인상들을 받아들인 그곳을 다시 가볼 수 있도록 해준 운명에 감사하다. 조상의 나라여, 나뿐만 아니라 우즈베키스탄의 형제들을 상냥하게 맞아준 너에게 고마운 마음이다. 다시 만날 것을 확신하며 너와 작별인사는 하지 않으련다.

잘 있어요, 누나!

― 원주 ―
* 북한 벌목촌 ── 시베리아 동부지역에 있는 장기 임대지에서 북한사람들이 목재 조달 사업소를 차려 일하는 곳을 말함.

조상의 나라에서 보내온 기념품

'오월의 날' 즉 대규모 야외 소풍을 조직하면서 우리는 제정러시아의 불법적인 혁명집회로부터 내려온 전통뿐만 아니라 한국의 옛 명절인 '한식'과 '오월 단오'의 전통도 버려 버렸다. 고려인들은 '오월 단오'는 잊었다 하더라도 부모를 추모하는 '한식'은 무조건 지켰다.

묘지가 있는 한 '한식'도 있다. 1937년에 조상들의 묘를 버리고 온 우리 부모들의 심정이 어떠했을지 상상이 간다. 돌아오지 못할 영원한 나라로 가버린 가까운 이들을 추모하는 이 날 어디로 가며 누구에게 절을 올린단 말인가?

죽은 사람은 어디에 어떻게 묻히든 상관이 없다. 그러나 살아남은 자들은 장례를 치르면서 조상들이 물려준 예식을 피할 수 없다. 아마 예외없이 전부 화장을 하는 때가 오면 각 민족과 종교마다 다른 장례의식이 없어질 지도 모른다.

신문기자로서 언젠가 고려인묘지위원회에 관한 테마를 연구한 적이 있었다. 묘지위원회는 강제이주 이후에 곧 생겨났으며 세월이 흐르면서 점점 더 큰 중요성을 지니게 되었다. 특히 도시로 이주한 고려인들에게는 더욱 그 의미가 크다.

이와 관련된 한 가지 사건이 생각난다. 형은 장모가 돌아가시자 내게 '세베르느이 마약(북쪽의 등대)'이라는 집단농장을 함께 찾아가자고 했다. 문제는 십 년 전쯤에 돌아가신 형의 장인이 바로 이 집단농장의 고려인 묘지에 묻혀 있다는 사실에 있었다. 장모는 도시에서 딸집이나 아들집에서 살았다. 그래서 아무도 묘지위원회의 회원권에 대해서 생각도 하지 않았으며 회비도 내지 않았다. 장모의 임종이 다가오자 모두 자연스럽게 죽은 이를 남편 옆에 모셔야 한다고 결정했다. 그러자 곧 나를 불러서 내가 가깝게 지내는 집단농장 위원장을 통해서 어떤 방식으로든 묘지위원회장의 동정심을 불러일으키려고 했던 것이다.

그러나 뜻대로 되지 않았다. 위원장 고가이 세르게이 뻬뜨로비치는 즉각 "아닙니다. 나는 그에게 부탁 못합니다. 당신이 직접 어떻게든 해보십시오. 그러나 미리 경고하지만 이 노인이 보통 깐깐한 것이 아닙니다."라고 말했다.

그랬다. 묘지위원회 위원장은 강직한 사람이었다. 우리가 그렇게 부탁하고 설득하고 그 동안 밀린 회비를 두 배, 세 배로 내겠다고 약속했지만 그는 한 가지 결론을 고집했다. 즉, 당신이 지난 십 년 동안 기억하지 않았다면 어디에 장사 지내든 무슨 상관이냐는 말이었다. 그래서 결국은 이 노인을 설득하지 못했다. 형은 서운해 했지만 묘지 지기의 강철 같은 성격에 감탄을 금치 못했다.

"만일 우리가 모두 저렇게 원칙주의자였으면 이미 오래 전에 공산주의를 건설했겠지."라고 형이 말했다.

장례 의식처럼 그렇게 이상하고 때로는 어리석게 보이는 전통이 남은 의식은 더 이상 없다. 어떻게 시신을 모시고 나오나, 발이 먼저인가, 머리가 먼저인가? 몇 번 절을 올려야 하나, 두 번인가, 세 번인가? 묘지에는 어떤 음식을 가지고 가야 하는가? 맙소사! 죽은 이에게는 이 모든 것이 상관없는 일이지 않은가? 그러나 한 시인이 말했듯이 이 모든 일이 죽은 이를 위해서가 아니라 살아남은 이를 위해서 필요한 것이다.

사람은 기억하는 동안은 살아있다고 말한다. 기독교식이든, 회교도식이든 불교식이든 의식은 모두 형식일 뿐이다. 그러나 핵심은 한 가지이다. 한 사람이 다른 세계로 떠났으며 그 세계가 어떠한지 아무도 모른다. 그래서 이 모르는 세계에 대한 두려움이 우리들로 하여금 익숙한 의식을 부여잡게 하는 것이다. 그렇기 때문에 다른 민족을 이런 저런 알 수 없는 관습을 가지고 판단할 필요가 없는 것이다. 한 타타르인의 말이 언제나 내게 교훈으로 남을 것이다. 여자들을 묘지에 들어오지 못하게 하는 회교도의 의식이 너무 엄한 것이 아니냐는 내 의견에 그는 이렇게 말했다.

"그러면 고려인들은 더 나은가? 장례를 치르기가 무섭게 바로 묘지 옆에 앉아서 먹고 마시지 않는가?"

그렇다. 정말 그렇다. 장례식 날과 제삿날에 고려인들은 술을 많이 마신다. 그러나 다른 민족의 추도식을 보면 왜 모였는지 잊어버릴 정도로 마음대로 먹고 노는 경우도 있다. 물론 야만적이다. 그러나 서둘러 비난하지 말자. 신에 대한 믿음이 없는 나라에서 무슨 일이든 불가능하겠는가? 그래서 부모를 기리는 날인 '한식'이 그렇게 중요한 것이며 '한식'이 우리 동족의 마음속에 보존되어 왔으니 다행이다. 이 날에는 가장 무심한 자들도 가슴을 죄며 양심의 가책을 느끼고 옛 기억을 회상해낸다. '아, 어머니, 어머니, 자주 찾아뵙지 못한 저를 용서해주십시오!'

'한식' 외에도 고려인들은 '오월단오'라는 봄의 명절이 있다. 우리는 고려인들의 야외 축제를 조직하면서 바로 이 명절을 염두에 두었다.

그러나 다음에 일어날 상황을 볼 때 우리는 가장 안 좋은 시기를 선택했다. 까깐다의 사건으로 인한 공포가 아직 사라지기 전에 민족 간의 불화가 조짐만 보여도 놀라게 된 당국이 대중 집회와 모임, 행사에 관한 일련의 칙령을 발표했다. 이 칙령에 관해서는 이미 아리쁘프 동지가 우리들 가슴이 뜨끔하도록 알려 주었다.

야외에서 집단소풍을 하는 것은 금지사항에 들어있지 않았다. 그러나 나는 만약의 경우에 대비해서 파이줄라예프를 찾아가기로 결심했다.

"물론 진행시키십시오. 사람들이 모여서 함께 즐기는데 도대체 누가 뭐라고 하겠습니까?" 그는 이렇게 안심시켰다.

그러나 허가를 해 달라는 요청은 거절하였다. 금지되지도 않은 사항을 허가할 필요가 있겠느냐는 이야기였다. 그러나 그의 말에 내가 확신을 가질 수가 없었다. 법규를 철저하게 검토해본 결과 문제가 생길 여지가 있었다. 그러나 폐쇄된 공간에서 치르는 대중 행사는 허가를 받을 필요가 없다고 명확하게 지시된 항목이 하나 있었다.

처음에 우리는 버스를 이용해서 교외로 나가려고 했다. 그러나 각자에게 드는 비용을 계산해보고 나서 이 안은 제외시키는 것이 현명하였다. 물론 강변이나 시내의 어떤 공원에서 만나면 더 좋겠지만 고립된 장소가 필요했다.

예기치 않게 디모프가 또 도와주었다.

"시내에 좋은 소년단 캠프가 있습니다. 전차운행관리부 소속입니다. 부장이 내가 아는 사람이니까 전화를 걸어보지요."

타쉬켄트의 전차운행관리부의 간부진은 기꺼이 요청에 응해 주었다. 캠프 시즌이 아직 거의 한 달이나 남았으며 고려인들이 임대비용을 낼 것이고 청소도 해 줄 것이니 문제가 없다는 응답이었다.

소년단 캠프는 '오월의 날'을 보내기에 안성맞춤인 장소였다. 전철역 종점에서 버스로 네 정거장만 가면 그늘이 많은 가로수 길과 광장이 있는, 울타리로 둘러싸인 공원이 나온다. 온 사방이 나무와 꽃들로 덮여 있다.

준비위원회는 한국어와 러시아어로 일 천 장의 표를 찍어내었다. 3루블씩 입장료를 받는다고 대략 계산을 해보면 임대와 선물구입에 드는 비용과 그날 하루를 그림같이 보내는데 필요한 제반 비용을 모두 충당할 수 있었다.

표는 며칠 사이에 완전히 매진되었다. 오히려 겁이 날 지경이었다. 계획했던 대로 준비를 못해서 실패할 것이라는 예감을 극복해야 했다. 지금 나는 극단 감독이나 극단 주인의 심리상태를 이해할 수 있다. 실패냐, 성공이냐?

모스크바의 북한대사관으로부터 내 이름 앞으로 화물을 보내며 관계 직원들은 조금 늦게 타쉬켄트에 도착할 것이라는 연락을 받았다.

화물이 도착했다. 송장을 받아보고 놀라지 않을 수 없었다. 80개가 넘는 상자에 총 무게가 일 톤이 넘었다. 이 '소포'를 가져오는데 화물자동차 한 대가 필요했다. 기념품들을 내 아파트로 옮겨놓았더니 이웃사람들이 무척 궁금해 했다.

우리도 상자에 무엇이 들어 있는지 알고 싶었지만 '오월의 날' 전 날에나 도착하게 될 주인들을 기다려야만 했다. 그러나 상황은 그들이 오지 않는 것이 더 좋을 뻔한 방향으로 바뀌어버렸다. 타쉬켄트 전차관리부의 당위원장이 내게 전화를 걸어서, 미안하지만 시 집행위원회로부터 대중행사를 해도 좋다는 허가증을 받아왔으면 좋겠다고 말했다. 나는 그에게 우리 행사의 경우에는 그런 서류가 필요하지 않다고 설명하려고 애썼으나 그는 자기의 주장을 굽히지 않았다. 서류를 제출하지 않을 경우에는 캠프의 문을 닫아버린다는 것이다.

허탈해졌다. 나는 당위원장이 무슨 까닭이 있어서 전화를 했다는 느낌이 들었다. 위에서 지시를 받은 것이 분명했다.

나는 시 집행위원회의 아리뽀프를 찾아갔다.

"여기를 한 번 읽어보세요." 그가 모임이나 다른 대중 행사에 관한 시행령이 실린 신문을 보여주며 말했다. "폐쇄된 공간이나 울타리가 쳐진 장소에서 갖는 행사들은 예외라고 여기에 분명히 씌어있지 않소. 거기에도 울타리가 있잖소? 그러니 그냥 진행하면 되지요."

"하지만 전차관리부에서 허가증을 요구합니다. 허가증을 내주는 것이 어려운 일도 아니고 더구나 금지된 사항도 아니지 않습니까?"

"에-에, 이봐요. 이미 용인된 일을 우리가 왜 또 책임져야 합니까?"

"파이줄라예프는 지금 계십니까?"

"계시죠. 만나 보겠소? 그도 이 일을 알고 있다는 사실을 염두에 두시오"

파이줄라예프 동지는 내가 입을 열 기회도 주지 않았다. 그는 당장 제안을 하나 했다.

"'오월의 날' 행사를 연기하시오. 내가 개인적으로 부탁하는 것이오. 조금 나중에, 예를 들면 유월에 말이오. 시에서 제일 좋은 장소를 물색해서 행사를 치르는 것을 돕겠소. 그러니 지금은 연기해 주시오."

"하지만 이미 표까지 다 팔았는데요. 식사 제공과 서적 판매도 다 준비된 상황입니다." 나는 버럭 소리를 질렀다.

"사람들에게 설명을 하시오. 내가 이렇게 부탁하는 것처럼 사람들에게 부탁해 보십시오. 내 말을 듣고 행사를 연기하시오. 솔직하게 말하면 당신이 '오월의 날' 행사를 하도록 내버려두지 않을 거요. 너무 높은 분들이 불안해하고 있소. 이상이오. 시간이 없어서 이만 이야기를 끝내도록 해야겠소. 아리뽀프 동지, 어떤 통지서도 발급하지 마시오. 알겠소?"

이런 상황에서 내가 할 수 있는 일이 더 남아 있겠는가? 나는 인민의 정부를 저주하면서 전차관리부의 당위원장을 설득해볼 요량으로 전화를 걸었다. 그러나 공산주의자들이 뽑아 놓은 이 사람 역시 확고부동이었다. "허가증을 제출하시오, 그러면 됩니다."

"나도 이해를 좀 해주시오. 내게 전화를 해서 문서로 된 허가증이 있어야만 되고 아니면 내 개인의 책임으로 돌리겠다고 이야기합니다. 그런데 내가 그런 책임을 왜 집니까? 나도 그 시행령에 대해서 알고 있지요. 그런데 그렇게 전화를 하니 난들 무슨 일을 할 수 있겠습니까?" 그가 투덜대며 말했다.

"누가 전화를 했는지 말해주실 수 있습니까?"

"말하지요. 하지만 나를 난처한 입장에 처하게 만들지는 마시오. 시의 공산당위원회에서 전화가 왔습니다. 초청장이 한국어로 인쇄되었다고 말해주면서 무슨 내용이 적혀있는지 알게 무어냐고 합디다. 그리고 표 값을 '원'으로 표시했다는데 '원'이 무엇이냐고 묻습디다. 그런데 내가 무엇이라고 대답하겠소? 안됩니다. 안되지요. 제발 날 좀 봐 주시오. 허가증이 없으면 아무 것도 할 수 없습니다."

나는 비로소 이해할 수 있었다. 나는 누가 '원'이란 단어에 친절하게도 빨간 색 동그라미까지 둘러서 우리를 밀고했는지 백 퍼센트 확신이 갔다. 그러나 아무런 방도가 없었다. 막무가내로 나가는데 무슨 도리가 있겠는가? 전화기 옆에 앉아서 행사 취소를 알리는 수밖에 없다.

북한에서 손님들이 올 터이니 특히 더 난처하게 되었다. 나는 북한대사관에 미리 경고를 하려고 했으나 띠모뻬이와 이동철이 나를 말렸다.

"오게 내버려두는 것이 나을 것입니다. 와서 보면 더 쉽게 이해하고 상황을 받아들이겠지요." 띠모뻬이가 그렇게 말했다.

손님들은 세 사람이었는데 나이 많은 사람이 북한대사관 문화참사관인 이금철이었다. 외모로 보아 쉰 살 정도 되어 보이며 약간 빙빙 돌려서 말하는 감이 있지만 러시아말을 곧잘 했다. 그와 동행한 두 사람은 훨씬 젊게 보였는데 소련은 첫 방문이라고 했다. 둘 다 '만수대'라는 예술가협회를 대표해서 온 사람들이었다.

그들은 우리 문제를 듣고서 별로 놀라지도 않았다. 권력층의 변덕을 잘 아는 때문인지 아니면 명령이라면 절대적으로 수행해야하는 일에 익숙해있기 때문인지 잘 모르겠다.

"기념품은 그냥 두고 갈 수도 있습니다."라고 이 동지가 우리를 안심시켰다. "그런데 돈 문제는 해결해야 합니다."

우리는 상자들을 풀기 시작했다. 상자에는 온갖 물건이 다 있었다. 도자기들과 그림들, 부채와 짚으로 만든 기념품들, 레이스 등 일일이 다 열거할 수도 없을 정도였다. 비단 자수와 자개함, 식탁과 쟁반 등 매우 비싼 물건들도 있었다. 그러나 병풍을 보고 특히 감탄했다. 우리가 얼마나 넋을 잃고 물건들을 바라보았는지. 이 기념품들에서 마치 먼 조상의 나라로부터 온 섬세한 향기가 배어나는 것 같았다.

"전부 합해서 가격이 도대체 얼마나 됩니까?" 하고 띠모뻬이가 물었다.

"계산을 해봐야 됩니다." 문화참사관이 미소를 지으며 말했다. "겁내지 마십시오. 김동지와 신동지가 많이 요구하지는 않을 것입니다."

우리가 계산을 끝내고 협의를 보았다. "선불을 하려면 어디서 돈을 구할 것인가" 하는 문제가 제기되었다. 돈 외에도 또 한 가지 문제가 있었다. "기념품을 어떻게 팔 것인가?"하는 문제였다. 십중팔구는 어떤 관리도 허가를 내주는 책임을 지려고 하지 않을 것인데 그러면 이 기념품들은 공중에 떠버리는 것이 아닐까? 우리 사회는 정말 그랬다. "금지된 사항이 아닌데 할 수 없는 것이다."

우리는 해결책을 찾으려고 오랫동안 협의했다. 그런데 너무도 간단한 방책이 떠올라서 그것을 실현하는 것이 믿어지지 않았다. 기념품을 모두 협동조합에 기부하는 것이다. 그러면 기념품이 모두 협동조합의 소유로 넘어가게 되고 협동조합은 그것을 팔든 말든 마음대로 처리할 수 있는 것이다.

다음 날 띠모뻬이와 이동철이 기념품을 수령하는 동안 북한대사관의 이 동지가 해결할 문제가 있는데 좀 도와줄 수 있느냐고 내게 물었다. 나는 호기심이 생겼다.

"남조선에서 민속체전을 추진하는데 이에 대해 아는 것이 좀 있습니까?" 하고 그가 말을 꺼냈다.

"알지요."

"준비위원회가 이 일과 무슨 관계가 있습니까?"

"없습니다. 이 일은 공화국의 체육위원회가 담당하고 있습니다."

"편 동지가 체육위원회에 있지요. 그를 압니까?"

나는 공화국 체육위원회의 편 비딸리 니꼴라예비치 부위원장을 알기는 하지만 그렇게 가까운 사이는 아니었다.

"그와 만날 수 있도록 추진해주시겠습니까?"

"잘 모르겠습니다." 나는 솔직하게 이야기 한 다음 전화는 해 보겠다고 말했다.

이미 도와주겠다고 말한 뒤에 나는 갑자기 왜 이 동지가 편씨와 만나려고 하는지를 알아차렸다. 그리고 이 일에 말려든 것을 후회하기 시작했다.

"하지만 먼저 의전 상 외무성을 방문해야 하는 데 어렵지 않으시면 거기도 전화를 좀 해주시겠습니까?"라고 그가 부탁했다.

어렵지 않은 일이었다. 특히 외무성에 전화하는 것은 어렵지 않았다. 그러나 이 동지가 편씨와 만나는데 중개인이 되는 것은 싫었다. 비딸리 니꼴라예비치는 서울 올림픽 당시 소련대표단 부단장으로서 소련고려인들의 지위를 향상시키는데 정말 많은 공헌을 한 사람이었다.

서울올림픽으로 남한은 전 세계에 널리 알려지게 되었다. 조상의 나라에 대한 자부심이 우리들 가슴을 가득 채웠다. 특히 소련대표단을 과분한 친절로 맞아 주어서 기분이 좋았다. 소련대표단에는 의도적으로 수십 명의 고려인 선수들과 예술인들, 작가들이 포함되었었다. 나는 그 때 남한 신문을 볼 기회가 있었는데 몇 장의 지면이 오페라 가수인 류드밀라 남, 체조 선수인 넬리 김, 작가인 아나똘리 김 등 유명한 고려인들에게 할당되어 있었다. 그러나 가장 유명했던 고려인은 비딸리 니꼴라예비치였다. 남한 전체에서 수십 명의 편씨들이 (편씨 성을 가진 이들은 무척 드물기 때문에 이 성을 가진 이들은 전부 친척으로 생각한다.) 우즈베키스탄에서 온 먼 친척에게 공경을 표하기 위해서 모임을 가졌다고들 한다.

올림픽을 치르고 난 다음 해에 남한은 전 세계 동포들의 한민족체전을 추진하려고 결정했다. 2백 명의 소련고려인들도 초청되었다. 그런데 나는 이 행사를 방해하려는 북한의 이 동지를 도와야 하는 것이었다. 그러나 무슨 말을 할 수 있겠는가? 이미 동의한 것을…

먼저 우리는 외무성에 들렀는데 차관이 이 참사관을 맞이했다. 닳고 닳은 외교관 두 사람이 서로 상냥하게 포옹하며 빙빙 돌려서 이야기를 끌어 나가는 것을 보는 것도 재미있었다. 그러나 조금 후에 이 동지가 카드를 펴 보이기 시작했다. 그는 먼저 먼 곳에서부터 이야기를 시작했다. 양국 간의 역사적 정치적 관계에서 시작하여 1984년의 김일성의 소련방문에 대한 이야기를 거쳐서 강화된 양국관계에 대해서 말했다. 그리고 마침내 우즈베키스탄의 고려인들이 서울에 가는 것이 바람직하지 않은 것에 대해서 말을 꺼내었다.

이 참사관의 말을 조용히 다 듣고 나더니 차관도 똑같이 장황하게 우즈베키스탄 공화국이 고려인들과 제반 소수민족들을 존중하고 있으며 이들을 돕기 위해서 얼마나 노력하고 있는지에 대한 이야기를 장황하게 늘어놓았다. 결론적으로 말해서 서울에 가는 문제는 고려인 자신들이 결정할 문제라는 것이었다. 이 일은 외무성뿐만 아니라 KGB도 방해할 수 없는 일이라고 했다.

나는 소련고려인들이 한민족체전에 참가하도록 모스크바가 결정한 것을 알고 있었다. 뿐만 아니라 초청 받은 사람들의 수도 반으로 축소시켰다고 한다. 나는 북한 외교관이 아닌 남한대표가 차관을 찾아와서 체전에 고려인들을 보내주어야 한다고 주장할 경우에 그가 거절해야할 형편이라면 또 어떻게 대답할 것인지 궁금했다. 아마도 고려인들이 남북한 관계가 악화되는 것을 원치 않기 때문에 서울에 가는 것을 바람직하게 생각하지 않는다고 말하면서 우리들이 모든 책임을 지도록 정당한 구실을 찾아내겠지.

두 명의 외교관들은 마치 바다에 떠있는 배들처럼 할 이야기를 한 다음 아무렇지 않게 헤어졌다. 이 동지의 얼굴에서 불만스러운 표정이라곤 찾아볼 수도 없었으며 오히려 시종일관 의례적인 미소까지 지어 보였다.

비딸리 니꼴라예비치와의 대화는 다른 식으로 진행되었다. 그는 이전에 유명한 권투선수였는데 사무에 능한 덕분으로 공화국 체육위원회 부위원장 자리까지 오른 사람이었다. 그는 스포츠에서 그렇듯이 간략하고 신속하게 대답했다.

'스포츠는 정치와는 다르다. 스포츠는 평화와 우애를 전파하는 대사이다. 따라서 국제적인 스포츠 경기는 모두 다 환영해야만 한다. 물론 우리도 한국의 분단을 가슴아파하고 있다. 우리도 통일을 원하며 이를 위해서는 서로 접촉하는 것이 매우 중요하다. 게다가 한국인들이 전 세계에서 모이지 않는가? 소련 고려인들을 지지하기 위해서 도와주지는 못할망정 같은 사회주의국가의 일원으로서 어떻게 스포츠 경기에서 승리하기 위해서 없어서는 안 될 욕망과 사기를 빼앗아갈 수 있는가?' 대략 이런 이야기였다.

이 동지가 급하게 대화를 다른 방향으로 돌리는 것을 보아 그런 식의 공격을 전혀 예상하지 못했던 것 같았다.

이 동지는 다른 특별한 일이 없었던 관계로 고려인 집단 농장들을 둘러보자는 우리들 제안에 기꺼이 동의했다. 그리고 함께 세르게이 미하일로비치가 도착하기를 기다렸다.

외교관은 고려인들이 서울에 가는 문제를 나하고도 이야기하고 싶어 했다.

"남한사람들이 당신들을 이용하고 싶어 합니다."

이 말에 나는 정확하게 말해주었다.

"그러면 북한이 이 일을 막으려고 애쓰는 것은 어떤 목적을 이루려고 하는 것이 아닙니까?"

이 동지는 웃음을 터뜨리더니 더 이상 이 문제에 관해서 언급하지 않았다.

가무단 '청춘'이 4월 말일에 북한에서 돌아왔다. 가무단을 맞이하러 사람들이 많이 나왔다. 마음에서 우러나오는 환영과 포옹과 입맞춤들. 단원들은 마치 그렇게 긴 여정에서 돌아온 사람들 같지 않게 건강하고 씩씩하게 보였다. 그리고 그들의 얼굴에는 무언가 예전과 같지 않은 모습들이 느껴졌다. 마치 조상의 나라에서 여기 남은 우리들은 이해할 수 없는 무엇인가를 알게 된 것 같은 모습들이었다. 특히 세르게이 미하일로비치에게 이런 변화가 더 눈에 띄었다. 그의 말과 행동에서 이전에는 보지 못했던 위엄이 보였다.

북한에서 온 손님들도 우리와 함께 가무단을 맞이했다. 나는 손님들을 세르게이 미하일로비치에게 소개하면서 '오월의 날' 행사 계획이 무산된 것을 알려 주었다. 준비위원회의 위원장은 이 소식을 아무렇지 않게 받아들였다.

"아마 잘될 수도 있겠지. 허가해주는 것이 싫은 게지. 망할 놈들. 중요한 것은 북한이 우리를 돕기를 원한다는 점이네. 나는 북한의 도움이 중요하다고 생각하네. 내가 이미 원칙상으로는 타쉬켄트에 북한 가무단을 초청하고 전시회를 여는 일을 합의했네. 한국어 교사들을 파견하고 교과서를 보내는 일도 합의했네." 위원장이 말했다.

"대접은 잘 받았는지요?"

"최고 수준이었지. 내가 지역위원회에서도 일했고 총장도 해보았고 이미 오래 살았지 않은가? 그런데 어디서도 나를 북한에서처럼 그렇게 명예스럽게 대접해준 적이 없었네. 내가 이제야 사람처럼 느껴지더군."

그렇게 말하면서 그는 웃음을 터뜨렸다. 그러나 왠지 그의 웃음소리가 구슬프게 들렸다. 가난한 철학교수가 뜻밖에도 명령만 내리면 마치 황제처럼도 모시는 전제정권으로부터 엄청난 공대를 받은 것이다. 그러나 화살의 방향을 돌리기만 하면 거의 인민의 적으로 몰릴 수도 있는 그런 나라에서 말이다. 우리가 이것을 어찌 모르겠는가? 명령에 따라 제일 먼저 찬사와 비난을 퍼붓는 언론의 일꾼인 나는 더구나 더 잘 알고 있다.

그 날 우리는 준비위원회 업무에 대해서 논의했다. 기념품에 관해서 세르게이 미하일로비치가 이렇게 말했다.

"돈은 구해보지. 이는 문제가 아니네. 내일 생각해봄세."

마침내 이 동지가 또 자신의 난처한 문제인 고려인들의 서울행에 관한 이야기를 시작했다. 세르게이 미하일로비치는 그의 말을 주의 깊게 듣고 난 후 자신의 견해를 밝혔다.

"우리는 한민족체전을 방해하는 일은 할 수도 없으며 또 하지도 않을 것입니다. 사람들은 사회주의세계와 자본주의세계를 자신의 눈으로 보아야 합니다. 제 정신이라면 소련 고려인들에게 볼 기회까지 부인하지는 않겠지요. 만일 남한이 북한 신문에서 쓰는 것처럼 그렇게 나쁘다면 무엇을 두려워합니까? 그리고 만일 좋은 점이 있다면 배울 것이 있다는 말이겠지요."

나는 무산된 '오월의 날' 행사가 있을 예정이던 날에 반나절을 소년단 캠프 문 앞에 서 있었다. 모든 바람에도 불구하고 계획변경을 일일이 다 경고할 수 없었다. 다행히 소식을 못들은 사람들의 수가 많지 않았다. 모르고 온 사람들에게는 일일이 사과를 하고 정신적인 보상으로 작은 기념품을 나누어주었다. 그런데 그 중에 어느 누구도 놀라는 사람이 없었으며 권력의 전횡을 당연한 것으로 받아들였다.

며칠 후에 북한 대사관의 이 참사관이 출장을 마치고 떠났다. 그의 동행인들은 타쉬켄트 여행 그 자체로도 만족했으며 별 힘들이지 않고 물건들을 팔게 되어서 좋아했다.

아, 기념품들이여! 이 기념품들은 여전히 준비위원회의 골치 덩어리로 남을 것이다. 그러나 이 북한에서 보내온 '소포'가 항공기제작회사의 문화궁전에서 열린 축제를 화려하게 장식하는데 큰 도움이 되었다. 바로 이 궁전에서 연기되었던 오월 행사가 열렸다. 파이줄라예프가 직접 허가를 해주었으며 강당에는 천 명이 넘는 사람들이 모여서 발 디딜 틈도 없었다. 타쉬켄트의 고려인들이 그렇게 많이 모인 것은 처음이었.

그 전 날 이 행사를 문화센터 설립을 위한 모임으로 이용하면 되겠다는 생각이 불현듯 들었다. 단숨에 문화센터를 만들고 상임위원회를 선출해버리는 것이다. 나는 이 생각을 세르게이 미하일로비치에게 이야기했으나 그는 당장 반대했다. 내가 고집을 부리자 그는 버럭 화를 내었다.

"자네는 왜 남의 신임을 악용하려고 하나? 그리고 대체로 나는 자네의 극단적인 행동 때문에 당원증을 뺏기고 싶지는 않네!"

그리고 전화를 끊어버렸다.

그러나 나는 공공의 일을 위해서라면 당원증뿐만 아니라 목숨까지도 희생할 수 있다는 생각이 들었다.

이 대화로 우리 관계가 다소 서먹해졌다. 세르게이 미하일로비치가 나를 실수를 저지를 수 있는 사람이니까 조심해서 대해야겠다는 결론을 내렸을 수도 있다. 나도 그가 작은 위험부담도 원하지 않는다는 것을 확실히 알게 되었다.

그러나 이 작은 언쟁이 축제에는 아무런 영향도 미치지 않았으며 축제는 성대하게 거행되었다. '한국어과' 학생들이 한복을 입고 기념품을 팔던 아래층 홀에는 대 혼잡이 일어났다. 사람들은 먼 조상의 나라에서 온 '작은 소식들'에 입을 맞추며 울고 웃고 했다. 모든 사람들의 마음이 축제 분위기로 가득했다.

우리는 어떤 동기도 없이 단순히 그렇게 모이기만 했다. 그러나 정말 대단한 행사였다. 마치 오랫동안의 이별 후에 온 가족이 한 자리에 모인 것 같았다.

만일 전 세계의 한인들이...

많은 소련고려인들이 조상의 나라에 가고 싶어 한다. 그러나 최근까지 해도 그 꿈을 실현시키는 것이 쉽지 않았다. 양국 간의 여행업은 원시상태나 다름없었으며 문화예술 분야의 교환이 간간이 있었으나 평범한 사람들에게는 아무 상관이 없는 일이었다. 친척들의 초청으로 다녀오는 경우도 얼마 되지 않는 수였다. 그래서 1980년대 초에 우즈베키스탄의 고려인 그룹이 북한을 다녀오게 된 것은 예외적인 일에 속했다. 그러나 이 여행도 공산당이나 소비에트의 간부들이나 농장 위원장들처럼 매우 지위가 높은 사람들로 그룹이 구성되었다는 사실 덕분에 가능했던 일이었다.

그러나 이동철은 거의 매년 북한에 살고 있는 친척들을 방문하러 다녔다. 그처럼 영주권을 가진 고려인들이 공화국에 30명 정도 있었다. 그들은 서로 서로 잘 아는 사이였으며 함께 모여서 북한에 다녀오곤 했다.

북한대사관의 이참사관이 출장 왔을 때 우리는 북한여행 문제를 거론했으며 그는 생각해보겠다고 약속했다. 6월말에 이동철이 백지초청장을 가지고 왔으며 준비위원회는 신이 나서 여행단을 모집하기 시작했다.

여행 목적은 친지 방문이었다. 가기를 희망하는 사람들 모두 북한에 친지를 둔 것은 아니지만 이동철은 별 문제가 안 된다고 말했다. 초청장의 형식상 그럴 뿐이라고 말했다. 실제로는 모두가 여행객으로 다니며 숙식할 것이었다. 물론 친척들과 만나는 기회도 줄 것이다.

우리는 상당히 빨리 그룹을 모았다. 여행단은 문화운동에 열심인 사람들과 그들의 친지들로 구성되었다. 준비위원회에서는 나 말고도 황 띠모뻬이와 스테판 니끼포로비치가 가기를 원했다. 용돈까지 포함해서 경비는 모두 800루블이었다.(1)

형식상 사적인 초청이었기 때문에 각자가 알아서 비자등록부를 통해서 서류 작성을 시작했다. 이번에는 평양에서 7-8월에 개최하기로 되어 있는 제13회 국제 청소년 축제가 끝난 후인 가을에 여행을 떠나기로 했기 때문에 시간이 충분했다.

북한에 가서 가무단 초청과 공예품 전시회에 관한 구체적인 협상을 진행시키는 일은 준비위원회 부위원장인 내가 맡았다. 이미 세르게이 미하일로비치가 기반을 마련해놓은 상태였다. 나는 공식적인 서한을 전하고 실무적인 일들을 협상하면 되었다.

그런데 북한대사관에서 걸려온 전화 한 통화로 모든 일이 엉망이 되어버렸다. 이 참사관이 우리그룹이 청소년 축제의 초청명단에 포함되어 있다고 통지를 해온 것이다. 한 편으로 그런 변경이라면 기뻐해야 할 것이다. 여하튼 우리에게는 영광스러운 일로 보였으니까. 그러나 다른 면으로는 우리가 기간 내에 서류를 다 갖추지 못할 지도 모르는 위험이 있었다.

"왜 북한이 우리를 축제에 초청하려고 결정했을까요?" 하고 띠모뻬이가 이동철에게 물었다.

"내 생각으로는 다른 나라의 한인동포들이 축제에 참가하기 때문이 아닌가 합니다. 미국과 일본, 그리고 중국에서도 온다고 합니다. 그래서 소련고려인들도 초청하기로 결정했나 봅니다." 라고 이동철이 추측해서 말했다.

설명이 논리적이며 우리 마음에도 들었다. 사실, 우리와 운명이 비슷한 다른 여러 나라에서 온 동족들을 만나 보는 것이 어찌 흥미진진한 일이 아니겠는가? 그들이 어떻게 살고 있는지, 언어와 문화보존 문제를 어떻게 해결하고 있는지 알 수 있을 것이다. 그리고 아마 그들도 우리들과 이야기하는 것이 흥미 없지는 않을 것이다. 물론 우리의 한국어 실력이 보잘것없다는 차이점이 있기는 하지만 말이다. 부끄러운 일이다. 그러나 할 수 없지 않은가? 소련의 고려인들은 이민을 나온 지 제일 오래된 한인들이다. 우리 그룹에는 이민 제 5 세대도 있다.

나는 이참사관이 타쉬켄트에서 했던 활동과 이동철의 대답을 비교해 보았다. 저절로 판단이 내려졌다. 북한이 남한에게 선수를 치려고 하는 것이다. 축제를 이용해서 외국에 사는 한인들을 먼저 불러들이려고 하는 것이다. 물론 이 일이 나쁜 것은 아니다. 단지 우리가 북한의 정치적인 놀음에 걸린 판돈인 것 같아서 유감스러울 뿐이다. 그러나 우리가 거절한다고 무엇이 변하겠는가? 나는 이런 추측을 아무에게도 이야기하지 않았다. 단지 어떤 일에도 말려들지 않도록 귀를 곤두세우고 눈을 크게 떠야 할 것이다. 어쨌든 소련고려인들은 그렇게 만만하게 속지 않는다. 우리는 스탈린의 개인숭배 시기에도 살아남았으며 흐루시초프의 해빙기와 브레즈네프의 침체기, 그리고 어떻게 끝이 날지 아직 모르는 고르바초프의 페레스트로이카 시기에도 살아남은 경험이 있다. 은근히 목을 조르는 현 지도자에 대해서도 이미 기분이 나쁘다. 말, 말, 말뿐인 용암이며 실제로는 구질서를 진짜로 쓸어내 버리기에는 역부족인 식어버린 마그마에 불과하다. 그리고 출국서류를 작성하면서 겪은 온갖 불편한 일들이 아직 개혁이 이루어지지 않았다는 사실을 다시 한 번 확인시켜 주었다. 전화상의 대화가 서류는 아니었으므로 나는 이 참사관에게 우즈베키스탄의 외무성과 공산청년동맹 중앙위원회와 공화국의 국제교

류협회 앞으로 북한의 청소년축제위원회가 공식적으로 우즈베키스탄의 고려인들을 초청한다는 내용이 명기된 전보를 보내어 달라고 요청했다. 모든 명단과 초청기간도 명시해달라고 부탁했다. 그 다음날 전보가 도착했다고 청년동맹 중앙위원회에서 일하는 옛 친구가 연락을 해주었다. 초청장을 들고 나는 타쉬켄트시의 비자등록부로 가서 긴 줄에 서서 기다린 끝에 차례가 되었으나 그 자리에서 내쫓겼다. 공식적인 초청장을 받은 경우이기 때문에 외무성으로 가라는 말이었다. 거기서도 기다리는 줄이 길었다. 그리고 대체로 줄이 긴 곳에는 항상 불쾌한 일이 기다리고 있기 마련이다. 영사과에서 하는 말이 전보를 받기는 했으나 우리가 사비로 여행하는 것이기 때문에 본질적으로 사적인 여행이라는 것이다. 그렇기 때문에 미안하지만 비자등록부를 통해서 서류수속을 하라는 이야기였다.

어느 나라, 어느 시대이건 공무원들이 즐겨 쓰는 수법이란 다른 사람에게 일을 떠넘기는 것이다. 나는 비자등록부에서 다시 쫓겨났다. 다시 외무성으로 가라는 것이었다. 그렇게 해서 일주일이 지나버렸으며 시간적인 여유가 조금도 없었다. 이리저리 축구공처럼 '패스'를 당하는 동안에 평양행 비행기를 갈아타야 하는 하바로프스크로 가는 비행기 표를 놓치게 생긴 것이다. 특히 여름에는 매표소에도 사람들이 붐볐다. 어떻게 해볼 도리가 없었다. 비자등록부와 외무성 직원들이 고의로 일을 지연시켜서 마지막 순간에 수속을 해주더라도 어차피 우리가 표를 구하지 못해서 떠나지 못하게 하려고 결심한 것이 분명했다. 북한대사관에 전화를 해서 연방 외무성을 통해서 도와달라고 요청했다. 위에서 한 일인지 아닌지는 모르지만 누군가가 중간에 일을 그르치게 한 것이다. 영사과에서 전화가 왔다. 서류를 모두 갖추어서 영사과로 오라는 이야기였다.

영사과의 과장대리가 이런 저런 식으로 해결을 미루고 나를 잡아 놓았다. 유감스럽게도 나는 그가 무슨 뇌물을 바라는 것이 아닌가 하는 생각까지 했다. 나는 띠모뻬이와 함께 그런 경우도 미리 생각했었지만 누구에게 어떤 식으로 뇌물에 관해서 슬쩍 암시를 해야 하는지를 몰랐다. 이미 충분히 기다리게 했다고 생각했는지 과장대리가 갑자기 물었다.
"곽 미하일 시인을 아십니까?"
"압니다." 하고 머리를 끄덕였다. 그리고 나는 이 원수가 여기는 웬일인가 하고 조급하게 생각하기 시작했다. 도대체 그가 어떻게 여기까지 헤집고 들어왔단 말인가? 그 당시 나는 이미 '오월의 날' 행사를 그가 망쳐놓았다고 확신하고 있었다. 왜냐하면 당위원회에서 그의 훼방 놓는 글을 보았기 때문이다.
"대단히 잘되었습니다. 그래서 말인데 곽 시인이나 그의 부인을 당신의 그룹에 넣어주었으면 합니다." 과장대리가 아주 만족한 듯한 목소리로 말했다.
망연자실할 이유가 없지 않은가. 나는 아무 것도 모르는 척 하기로 결정했다.
"무슨 말씀인지 잘 모르겠습니다. 곽 미하일이 우리 여행과 무슨 상관이 있습니까? 그리고 무슨 이유로 그를 이미 다 충원이 된 우리 그룹에 포함시켜야 합니까?"
정원수에 관해서 이야기하지 말았어야 했다. 왜냐하면 상대방이 즉시 이 정원수를 물고 늘어졌기 때문이었다.
"그 문제는 염려하지 마십시오. 우리가 해결하도록 하겠습니다. 반대할 이유가 또 없지 않습니까? 미하일 이바노비치도 고려인이니 그도 북한에 가고 싶을 것 아닙니까? 더구나 그는 작가연맹의 멤버이고 상당히 알려진 시인입니다."

"그런데 말입니다." 하고 말을 시작했으나 나는 이내 우물거리고 말았다. 곽 미하일과의 관계를 어떻게 설명한단 말인가? 집안 망신이 아닌가? 하지만 같이 북한을 간다? 그가 옆에 나란히 있는 것을 상상만 해도 벌써 여행기분이 다 사라져버리는 것을 바로 몸으로 느낄 수가 있었다.

"그래서 무슨 일입니까?" 과장대리가 다시 물었다.

"그와 나 사이의 관계는 중요하지 않습니다. 만일 그가 우리와 함께 가면 아무도 같이 가려고 하지 않을 것입니다."

"왜 그렇습니까? 왜 그 사람 때문에 괴로워해야 합니까? 그를 명단에 넣으십시오. 그러면 바로 서류를 해드리겠습니다. 이해해 주십시오. 내 마음대로 하는 일이 아닙니다. 그렇게 해야만 합니다! 곽 시인이든 그의 부인이든 말입니다."

"도대체 이 이유 때문에 우리를 그렇게 오랫동안 골탕을 먹였단 말입니까?"

"반드시 그런 것만은 아닙니다. 그러나 이 일도 관련이 있지요. 당신들 사이의 관계에 대해서는 들어서 잘 알고 있습니다. 하지만 여행하시는 동안은 잊어버리도록 해보십시오."

과장 대리는 마치 곽 미하일을 그룹에 넣는 문제가 이미 결정된 것처럼 그렇게 말했다.

"사람들과 의논을 해보아야 하겠습니다."라고 말하면서 나는 결정적인 대답을 피했다.

"좋습니다. 내일 10시까지 기다리지요."

세르게이 미하일로비치는 나의 보고를 듣고 매우 침착하게 반응했다. 웃음을 터뜨리기까지 했다.

"가도록 내버려두게. 겁날 것 하나도 없네. 그가 우리에게 요청했다는 말은 우리를 인정한다는 말일세."

그는 그렇게 말할 수 있을지 모르지만 여행을 같이 가는 사람은 내가 아닌가?

띠모뻬이만 조용히 화를 내었는데 그가 화를 내는 것은 드문 일이었다. 이동철은 혹시 곽씨가 KGB의 밀고자가 아닌가 하는 문제에만 신경을 썼다.

"하지만 나는 왜 외무성에서 곽씨를 그렇게까지 배려하는지 도저히 알 수가 없군요." 띠모뻬이가 궁금해 했다.

"이해 못할 것도 없지요."라고 우리 옆에 있던 안또니가 말했다. "장관이 누구입니까? 바로 시인이고 작가이며 작가연맹의 멤버가 아닙니까? 보십시오. 어디서 미하일이 그를 알겠습니까?"

똑똑한 안또니. 모든 것이 다 명백해졌다. 그런데 나는 중앙위원회에서 압력이 오는 것이라고 생각했다. 그래, 하지만 장관의 요청을 존중하기는 하겠지만 곽 미하일, 너는 못 갈 것이다. 네 부인이면 몰라도.

그 다음날 나는 외무성에 우리의 결정을 통지했다.

"좋습니다." 과장대리가 웃으면서 말했다. "지금 미하일 이바노비치의 부인에게 오라고 전화하겠습니다. 그리고 기다리는 동안에 당신의 서류를 보도록 하지요."

이 외무부 직원이 서류를 뒤적이면서 지적하는 사항들을 기록하면서 이 집요한 곽씨 부부를 뿌리칠 수 있는 기회가 아직 남았다는 생각이 불현듯 들었다. 이 기회는 미하일의 부인이 결코 동의하지 않을 형식적인 문제에 관한 것이었다. 나는 그녀가 나타나자 매우 차갑게 그녀에게 말을 건넸다.

"당신을 그룹에 포함시키는 것에 관한 성명서를 준비위원회 위원장의 이름으로 작성해야 합니다."

"좋습니다." 라고 대답하더니 그녀는 곧 무엇인가 깨달았는지 "그런데 왜 그렇죠?"하고 물었다.

"왜냐하면 준비위원회가 여행을 주선했기 때문이고 우리도 다 그 성명서를 작성했습니다."

마지막 말은 물론 내가 지어낸 말이었다.

"나는 당신이름으로 작성하겠습니다. 당신이 이 그룹의 지도자가 아닙니까?" 라고 그녀가 선언했다.

"아닙니다. 한씨의 이름으로 쓰십시오."하고 나는 단호하게 잘라 말했다.

문제의 본질이 무엇인지 모르는 과장대리가 이렇게 물었다.

"누구 이름으로 성명서를 쓰는 것이 그렇게 중요한 일입니까?"

"중요하지요." 곽씨의 부인은 흥분해서 얼굴까지 새빨개져서 말했다. "이 사람은 내가 이 성명서를 작성함으로써 준비위원회를 인정하도록 만들려고 합니다. 하지만 나는 그 위원회를 인정할 수 없습니다. 내게는 비합법적인 단체입니다."

그래서 나는 이 여인이 자기 입장을 버리지 않을 것이라는 것을 알았다. 남편을 배신하느니 죽는 편이 낫다는 것이 아닌가? 이 점을 존중해서 내가 양보를 했다.

"좋습니다. 내 이름으로 쓰십시오."

다음 며칠 동안 서류작성을 하느라고 미친 듯이 바쁘게 돌아다녔다. 그러나 외무성이 마음만 먹으면 하루 만에 세계 어느 끝까지라도 사람을 보낼 수가 있다. 그러나 왜 그런 책임을 지려고 일부러 애쓰겠는가? 산더미 같이 많은 모든 허가증이 만일 해외에서 무슨 일이라도 생길 경우에 공무원들이 책임을 회피할 수 있는 구실이 되어주는 것이 아닌가? 그리고 전 세계가 소련에 대항하여 어떤 계략을 세울지 만을 생각하고 있는데 어떤 일인들 안 일어나겠는가?

우리가 서류 수속을 밟고 환전을 하는 사이에 정말 나쁜 일이 생겼다. 하바로프스크로 가는 비행기 표가 우리 눈에서 사라져버린 것이다. 이 일을 맡았던 띠모뻬이가 모든 일을 발렌찌나에게 일임했으며 발렌찌나는 또 누군가에게 이 일을 맡겼고 그런 식으로 해서 결과적으로는 울고불고 하게 된 것이다. 어떻게 하겠는가? 각자 알아서 북한으로 떠나는 비행기를 탈 수 있는 하바로프스크까지 가는 수밖에.

그런데 각자 개인적으로는 표를 구할 수가 있었으니 정말 시사하는 바가 없지 않다.

참으로 우리나라는 놀랍기만 하다. 외국인들이 이해를 못하는 것도 무리는 아니다. 상점은 텅 비어 있고 열악한데 사람들은 잘 차려입고 좋은 신발을 신고 냉장고에는 음식이 빽빽하게 들어 있으니 말이다. 비행기 표도 마찬가지이다. 표가 없는데도 표를 사는 것이 불가능하지 않다.

대사관으로부터 하바로프스크로 갈 필요가 없다는 통지를 받았을 때 우리는 한숨을 내쉬었을 뿐이었다. 소련 항공기 86편이 델리에서 인도대표단을 태우고 평양으로 가는 길에 타쉬켄트를 경유하는데 우리 대표단을 태울 자리가 있다는 것이다.

그래서 갑자기 중간에 갈아타는 비행기여행이 초래할 수 있는 그 많은 문제들이 사라져버렸다.

우리에게 이런 행운이 찾아온 이유는 간단했다. 소련공산당청년동맹 중앙위원회가 북한청년동맹과 형제의 단결성을 보여주려고 소련 영토를 지나가는 축제참가자들의 비행경비를 부담하게 된 것이었다. 그래서 인도대표단을 실은 비행기가 북한으로 곧장 날아가지를 못하고 빙빙 돌아가게 되었다.

알다시피 지난 번 축제는 1985년 모스크바에서 열렸는데 내가 통역

자격으로 그 행사에 참가했었다고 앞에서 이야기한 적이 있다. 당시 북한은 대단히 많은 숫자의 견실한 사람들이 참가하였는데 여행자 그룹만 하더라도 2백 명이 넘었다. 기본 대표단들은 모스크바의 통역들이 담당하고 여행자 그룹은 우즈베키스탄과 카자흐스탄에서 온 통역들이 담당하였다.

나는 그 때 처음으로 한꺼번에 그렇게 많은 숫자의 북한에서 온 동포들과 접촉하게 되었다. 나는 자연스럽게 그들을 주의 깊게 관찰하게 되었다. 그리고 처음으로 눈에 띄는 것이 그들 사이의 명백한 복종관계였다. 아마 사회주의국가의 국민들이 대체로 그런 것 같다. 우리는 축제시작 며칠 전에 '오스딴끼노' 호텔에 도착했는데 북한에서 방 배치를 위해 파견된 사람들이 벌써 와 있었다. 그들은 2주일 동안 앞으로 도착할 손님들의 방 배치 일을 하고 있었다. 누구를 좋은 방에, 누구는 조금 나쁜 방에, 누구와 누구를 한 방에, 누가 지도부와 가깝게, 아니면 더 멀리 두나... 대강 이런 일이었다. 이름을 기입한 각 층의 단면도까지 준비되어 있었다. 그러나 계획상으로는 모든 것이 순조로웠다. 밤에 비행기가 도착하자 정말 엄청난 대 혼란이 시작되었다. 누구는 오지 않았으며 누구는 여권을 내지 않았고 여기에다 통역을 하면서 성을 혼동하는 사태까지 벌어졌다. 아침 다섯 시까지 매달려 있었다. 호텔 직원이 거의 히스테리가 되어서 초과된 네 사람 문제를 해결하기 전에는 통역을 놓아주지 않았다.

하지만 놀랄 일은 아니다. 우리가 아무리 세세한 일까지 다 계획을 세우더라도 막상 일이 진행되면 무엇인가 제대로 되지 않는 일이 있기 마련이니까.

복종관계를 중심으로 일이 돌아가면 규율은 보이기 위한 것일 뿐이라는 인상이 강하게 느껴진다. 북한 사람들은 아침 여섯 시에 일어나서 똑같은 체육복을 입고 길에 나와서 아침체조를 했다. 그리고 아침식사를 하기 전 까지 거의 한 시간 반 동안 호텔 입구에서 무자비하게 담배를 피워댔다. 그런데 거의 모두가 담배를 피웠다. 북한 사람들이 일찍 일어나는 관계로 아침 식사시간이 30분 당겨졌는데 이 때문에 식당직원들이 분개하였다.

그런데 이왕 식당 문제를 건드렸으니 유럽 음식에 익숙하지 않은 북한 사람들의 입맛에 호텔음식이 전혀 맞지 않았다는 점을 짚고 넘어가야 하겠다. 주 요리와 함께 밥을 곁들인 것은 좋았다. 북한 사람들이 처음 식사를 했을 때 식당 지배인은 완전히 당황한 상태였다. 첫 번째 코스를 갖다 놓았으나 아무도 먹지 않고 무엇인가를 더 기다리고 있었다. 누군가가 두 번째 음식을 빨리 갖다 주라고 귀띔을 해주어서 다행이었다. 그러자 그 때서야 사람들이 움직이더니 밥을 국에다 부어서 말아먹는 것이었다. 큰 스테이크는 손도 대지 않고 남겼다. 고기에 익숙하지 않은 북한 사람들이 설사를 할까봐 겁을 낸 것이다. 수많은 연주회들과 전시회들, 그리고 박물관들을 보면서 여행객들은 공공연히 싫증을 내며 이런 것들은 한국 사람들에게는 맞지 않다고 말했다. 어느 날 유명한 빨루닌 극장에 판토마임 공연을 보러 갔다. 관객들이 모두 배꼽을 잡고 웃는데 내가 데리고 간 북한사람들은 마치 조각상처럼 앉아있는 것이었다. "무슨 이야기입니까? 통역을 좀 해주십시오." 그들이 요청했지만 무언극을 무슨 수로 통역한단 말인가? 예를 들어 "퍼즐 주사위"를 표현하는 배우의 몸짓을 이 장난감을 한 번도 눈으로 본 적이 없는 북한 사람들에게 어떻게 설명을 한단 말인가? 온 세상 사람들이 다 아는 장난감인데 북한 사람들은 본 적이 없었던 것이다.

한 가지 좋은 점은 북한 사람들이 성가신 일을 전혀 만들지 않았던 것이었다. 이 행사기간 동안에 술에 곤드레만드레 취하거나 싸우거나 제멋대로 없어지거나 하는 경우가 한 번도 없었다. 처음에는 우리 통역들을 경계하면서 대하고 우리 발음을 비웃었지만 나중에 보니 대체로 괜찮은 젊은이들이었다.

첫날부터 북한사람들은 아주 의미심장하게 북한이 곧 전 세계에 이름을 날릴 것이라는 암시를 여러 번 했다. 나중에 알고 보니 다음 번 축제가 평양에서 열리도록 결정이 된 것을 의미하는 말이었다.

망할 놈의 정치가들! 그들은 불행한 한국이 둘로 나뉘어지든 말든 상관도 하지 않으며 오로지 양쪽을 부추겨서 싸움질을 시키는 일만 하고 있다. 1950년부터 53년까지 있었던 동족상잔의 전쟁도, 수많은 이산가족들도 그들에게는 아무 것도 아니다. 축제를 평양에서 열기로 한 것도 1988년에 올림픽을 열기로 되어 있는 서울을 방해하려는 속셈으로 내린 결정이다. 서울올림픽은 전 세계를 경탄하게 했다. 이제 북한의 차례다. 일 년 후에는 서울이 전 세계에 흩어져 있는 한인 교포들을 불러들이는 행사를 계획하고 있다. 그래서 북한이 선수를 치려고 우리 여행을 축제기간에 맞추어 앞당긴 것이다.

이런 정치적인 이유 때문에 우리는 축제기간에 맞추어 북한을 가야 하는 것이다. 대표단의 자격으로 가지만 우리 자신이 힘들게 번 돈으로 여행하는 것이다.

두 번이나 연료보충을 위해서 착륙하면서 12시간을 비행하면 누구나 녹초가 된다. 내릴 때쯤에는 거의 모든 손님들이 지친 얼굴들이었다. 그러나 특히 인도사람들이 힘들어했다. 그들 중에서 많은 이들이 의자에 앉아 있을 힘도 없어서 복도에 아무렇게나 누워 있었다. 야위고 거무스레한 그들의 얼굴과 커다란 검은 눈동자는 영원한 겸손과 순종의 눈빛으로 굳어져 있었다.

평양 공항에 도착하자 문제가 생겼다. 우리 그룹이 어떤 명단에도 포함되어 있지 않은 것이다. 그러나 우리에게는 그런 상황에 어떻게 대처해야 하는지 잘 아는 이동철이 있었다. 그리고 무엇보다도 그는 북한사람들과 동등하게 말할 수 있었다. 그의 노력으로 우리는 공항을 통과해서 버스를 타고 광복촌으로 향했다.

"광복"이란 단어는 "부활"이란 뜻이다. 이 작은 도시는 남한과 함께 거행하기로 한 올림픽 경기를 위해 특별한 목적을 가지고 건설되었다. 올림픽촌으로 한 지역을 완전히 새로 지었던 모스크바의 경험을 생각하면서 이 도시를 건설했다. 그러나 남한사람들과의 대화가 교착상태에 빠지자 이 도시를 청소년축제용으로 사용하게 되었던 것이다.

1988년에 나는 이미 이곳을 다녀갔었다. 당시는 도시건설이 한창일 때였는데 수천 명의 민간인들과 군인들이 이른 새벽부터 늦은 밤까지 경기장과 실내 경기장, 서커스, 극장, 주거용 건물들을 짓느라고 비지땀을 흘리고 있었다. 도처에 경애하는 지도자 김정일 동지의 좌우명인 "200일 돌격을 달성합시다!"라고 적힌 플래카드가 걸려있었다. 즉 200일을 주말도 공휴일도 없이 연속하여 일하라는 말이다. 이런 주창은 사회주의건설 이론과 실현에 탁월한 공헌을 하는 것으로 간주되었다. 소련 지도자들의 슬로건과 좌우명들이 그대로 머리에 떠올랐다.

우리는 하바로프스크와 사할린에서 온 그룹들과 함께 12층짜리 건물에 투숙했다. 옆의 입구 두 개는 중국에서 온 한인들이 사용하게 되었다.

다시 일기의 내용에 의지하려고 한다. 체계적으로 쓰지는 않았지만 바로 바로 생각나는 것을 적었다.

1989년 7월 3일. 이틀 동안의 기나긴 여정이었다. 결국은 명단에 포함되어 숙소를 배분 받고 식사를 하고 침대에 누울 수가 있었다. 거의 완전히 녹초가 되었지만 기운을 차려서 모두 모여 성스러운 조상의 나라에 온 것을 기념하는 축배를 마셨다. 많은 사람들에게

이 여행은 오랫동안 기억에 남을 것이다. 머지않아 북한에 오는 것이 정말 어려워지는 시기가 올지도 모른다.

7월 4일. 7시에 일어나서 8시에 아침식사를 했다. 식당은 우리 숙소에서 걸어서 10분 거리에 있다. 뷔페로 차렸는데 한 쪽은 서양음식이고 다른 쪽은 한국음식이다.

축제에 참가하지 않은 나라가 없는 듯싶게 온갖 인종과 민족과 언어들이 뒤섞여 있다. 오로지 자기 민족에게만 익숙해있던 북한사람들에게는 아마도 경탄할 만한 일일 것이다. 그러나 우리 소련 고려인들은 여러 얼굴모양에 익숙해 있어서 아마 비슷한 사람들로만 모여 있으면 싫증이 날지도 모른다. 이미 도착한 첫 날 나는 이런 느낌이 들었다. 끊임없이 한국 사람들 얼굴만 눈에 띄니 정말 재미가 없다.

평양을 소개하는 시내관광이다. 나는 이미 도시를 한 번 본 적이 있었기 때문에 동행한 사람들을 관찰하는데 더 신경을 썼다. 담담한 사람은 하나도 없다. 모두들 열심히 둘러보면서 서로 인상을 이야기한다. "우즈베키스탄 공산청년동맹원"라는 신문의 기자인 김 막심은 무엇인가 수첩에 열심히 적고 있으며 노인들의 얼굴에는 흥분이 가득하다.

모든 손님들의 필수 코스인 만경대이다. 위대한 수령 동지 김일성이 태어난 곳이다. 내가 통역을 맡았다. 때때로 이동철이 통역을 하기도 했는데 그럴 때마다 그는 안내원의 얼굴을 마치 허튼 소리라도 하지 않을까 하는 것처럼 뚫어지게 쳐다보곤 했다.

저녁에 광복촌의 중앙대로는 전혀 다른 모습으로 변한다. 길 양편에 기념품이나 과일, 아이스크림, 음식들을 파는 간이매점들이 죽 늘어서 있다. 즉석에서 튀기고 삶아서 준다. 판매 대 뒤에는 전부 재일 동포들의 얼굴들이다. 깨끗하게 생기고 정확한 행동으로 연일 미소를 지으며 상냥한 목소리로 "어서 오십시오!"라고 인사한다. 글쎄, 완전한 일본사람들이다.

미소는 미소지만 가격이 너무 비싸다. 우리 돈 100루블을 바꾼 돈으로 튀긴 바나나나 다른 맛난 음식 하나도 못 사먹을 정도이다.

도시 중심에는 일본제 생활필수품으로 가득 차있는 상점들이 있다. 여기도 재일 동포들이 일하고 있다. 마치 축제기간 동안에 이들에게 전매권을 넘긴 것 같다. 이동철의 말에 의하면 이들 전부가 1950년대 말에 일본에서 조직된 한인단체인 조총련 단원들이라고 한다.

7월 5일. 제13회 세계청소년대회의 개회식 날이다. 이 축제를 위해서 특별히 지은 오월일일이라는 이름의 경기장에서 개회식이 거행되었다. 이 경기장은 유명한 브라질의 "마라카나" 경기장처럼 십오만 명의 관람객을 수용할 수 있는 규모로 대동강 한 가운데에 있는 섬에다가 지어 놓았다. 버스 정거장에서 경기장까지 환영하러 나온 평양시민들이 양쪽으로 늘어서 있다. 마치 모스크바처럼 말이다. 어쩌랴, 사회주의의 환영하는 모습은 소련이나 북한이나 똑같다. 먼저 그 나라 지도자의 환영연설이 있은 후에 각국 대표단들이 행진해서 들어오고 선수들과 예술인들의 대중공연과 카드섹션이 있다. 카드섹션에 관한 한 북한 사람들을 따를 자들은 이 세상 어디에도 없다. 만약 모스크바에서 일만 이천 명이 카드섹션에 참가했다면 평양에는 두 배 이상의 수가 참가했다.

각국의 대표단이 입장할 때마다 박수가 터져 나왔다. 갑자기 경기장의 사람들이 전부 한꺼번에 일어났다. 트랙에 흰 양복을 입은 여윈 소녀 하나가 "남한"이라는 플래카드를 들고 나타났다. "임수경!" 하는 소리가 연단 위에서 울려 퍼졌다. "만세"소리가 하늘을 찔렀다. 남한의 여대생인 임수경이 정부의 금지명령에도 불구하고 축제에 참가하러 왔던 것이다. 그렇다. 북한의 정권은 이 사건으로 가능한 것은 다 우려먹었다.

축제는 늦게까지 계속되었다. 여러 해 동안 준비해온 것을 지금 경기장의 푸른 양탄자 위에 다 쏟아 붓고 있는 것이다. 사람들로 만든 명료한 무늬들, 피라미드 모양, 위대한 수령의 작은 체구가 보이는 주요 단상에 부딪히는 파도모양들.

7월 6일. 광복촌에는 "재중"과 "재소"가 체류했다. 즉 소련의 고려인들과 중국의 조선족들을 일컫는 말이다. 재소한인들은 일 백 명 정도가 넘는데 재중한인들은 그 보다 몇 배는 더 많았다. 사실상 사람들은 같이 지내는 사람들을 닮아가기 마련이다. 맙소사, 중국에서 온 우리 동족들이 얼마나 중국 사람들을 그대로 닮았는지 모른다. 그들 중의 대부분이 특히 여자들이 정말 보기 싫게 옷을 입었는데 제대로 머리를 가꾸고 화장을 한 여자가 하나도 안 보인다. 남자들은 끝없이 담배를 피워댄다. 그리고 쉴 새 없이 계속 지껄여대며 기회만 있으면 쪼그리고 앉는다. 그렇다. 쪼그리고 앉은 한인여자들은 뒤에서 보아도 어디서 왔는지 알 수 있다. 우리도 그렇게 러시아 사람들을 닮았을까? 많이 먹고 마시고 느릿느릿 일하며 잘 싸우는 러시아 사람들처럼 말이다.

아마도 재중한인들이 재소한인들 보다 고난을 덜 겪지는 않았을 것이다. 문화혁명 하나만 보더라도 얼마나 엄청난 일인가? 파리와의 대 전쟁이 당시 북한에까지 전파되어 내가 오 학년이었을 때는 매일 파리를 잡아서 성냥 곽에 채워 넣어 가야 했었다. 그리고 정말 대단했던 참새사냥도 있었다. 그런데 이 참새 이야기가 나왔으니까 말인데 소련에서는 이 대중적인 바보짓이 어떻게 시작되었는지 파헤쳐 볼 만 하다. 미하일 깔쪼프의 유명한 칼럼에 살렸던 이야기이다. 어떤 무시무시한 윗사람이 공급을 강화하라고 쓴 전보를 어떤 지역에 보내면서 서명을 하였는데 그의 성이 "참새들"이라는 뜻이었다. 그런데 전보를 보내는 사람이 마침표를 찍는 것을 잊어버리는 바람에 "참새 공급을 강화할 것"이라는 내용으로 전보가 나갔다. 농민들은 이 전보를 받고도 전혀 당황해하지 않았으며 얼마의 시간이 지난 후에 중앙으로 답신이 오기를 "참새 준비됨. 어디로 보낼까요?"라고 했다고 한다. 이 칼럼을 쓴 해가 1936년이었으니 중국에서 참새사냥이 시작되기 훨씬 이전의 일이다.

광복촌에는 자본주의 국가에서 온 한인들은 보이지 않는다. 장사를 하던 한인들도 광복촌에 사는 것 같지 않았다. 하기야 그들에게는 온 세상에서 다 통용되는 외국돈이 있으니까 말해서 무엇 하겠는가. 그리고 우리의 루블이나 북한의 원은 사회주의국가에서도 인정하지 않는 돈이 아닌가.

주거 환경이나 식사가 우리들 마음에 전혀 들지 않는다. 하지만 대부분의 사람들이 여기에 의미를 두지 않으려고 노력하고 있다. 우리는 안락한 생활을 누리려고 온 것이 아니라 감동이 필요하다. 이미 더 신경을 썼지만 노인들이 걱정이다. 그러나 노인들도 전혀 내색을 하지 않는다. 나는 그룹의 지도자로서 내게 할당된 "메르세데즈"자동차를 그들에게 권유해 드렸지만 "우리는 버스를 타고 젊은 이들과 함께 다니는 것이 더 좋네 그려"하며 거절했다.

그러나 스테판 니끼포로비치는 달랐다. 오는 아침식사 후에 모두를 놀라게 한 일이 일어났다. 그는 자동차 옆에 있는 둥근 텐트 아래에 앉아서 큰 소리를 내며 한국말로 떠들기 시작했다. "이게 도대체 뭐냐? 교수인 나를 학생들처럼 불편한 기숙사에 집어넣다니. 그리고 식사는 또 어떻고? 도대체 이것이 음식인가? 이 때문에 내가 돈까지 지불했단 말인가?" 그런 식으로 계속 말하는 것이었다.

그의 부인이 말렸지만 아무 소용이 없었다. 오히려 부인에게 무시무시하게 소리를 냅다 지르는 것이었다. 15분 정도를 더 떠들어대었다.

아마 그가 옳은 지도 모른다. 그러나 주인들을 이해해야만 하는 것이 아닌가? 글쎄, 더 이상 잘 대접할 수 없는데 무엇을 어떻게 하란 말인가? 어디서 그런 러시아인의 모습을 보이는가? 나는 모르니 지금 당장 내놓아라! 하는 식으로 말이다.

하루가 일정으로 완전히 채워져 있었다. 경기장에서 체조선수들의 묘기를 다시 관람하고 전시회들을 돌아보고 저녁에는 축제 참가자들의 음악회가 있었다. 두 시 이전에는 잠들지 못했다.

7월 7일. 우리 그룹에 두 명의 북한사람들이 배당되었다. 한 명은 통역이고 다른 한 명은 수행인이다. 그들 위에는 소련에서 온 고려인들 전부를 책임지는 사람이 있고 또 그 위에 사회주의 국가에서 온 사람들을 다 책임지는 사람이 있다. 이 제일 높은 사람의 사무실이 일층에 있었는데 가끔씩 갑자기 그룹의 연장자들을 그리로 초대하곤 했다.

　북한의 지도층 인사들은 두 그룹으로 나누어진다. 한 그룹은 외모가 아버지 수령 동지를 닮았고 나머지 그룹은 아들 지도자 동지를 닮았다. 첫째 그룹이 반 군복 스타일의 상의를 입었다면 둘째 그룹은 기장이 짧은 윗도리를 입었다. 그러나 하는 행동들은 모두들 비슷했다. 손으로 등짐을 지거나 영도하신 지도자의 말씀이 나올 때는 손가락을 건 채 책상 위에 양손을 내려놓거나 하며 손바닥을 배나 무릎에 올려놓으며 그리고 윗사람 말에 주의를 기울일 때는 수첩을 들고 있을 때가 많다.

　소련 청년들의 클럽에 들렀다. 마치 고향집에 온 것 같았다. "우리 청년들이" 처음에는 눈을 동그랗게 뜨고 러시아말을 하는 한국인들이 어디서 온 걸까 하고 의아해하더니 나중에 알고서는 반가워했다. 소련에서는 고려인들의 존재가 잘 알려져 있으니까.

　우리는 그래도 대접을 훨씬 잘 받는 편이었다. 소련에서 온 예술단원들은 조립식 이동주택에서 지내고 있었다.

　소련 예술단의 공연을 보았는데 정말 우리 마음에 들지 않았다. 어디서 그런 재주 없는 예술인들을 구해 놓았을까? 게다가 일본 부부가 나와서 삼십 분 동안을 일본말로 노래를 불러서 관객들로부터 무언의 항의를 들었다. 도대체 36년 동안의 일본 식민지 지배의 상처가 한국에서는 아직 아물지 않았을 것이라는 생각을 하는 것이 그렇게 어려운 것일까? 아마 동양적인 것은 무조건 좋아할 것이라는 생각으로 그렇게 한 것 같다. 둔감한 러시아인들이여.

　저녁에 광복촌에는 밤늦게까지 춤과 음악으로 떠들썩했다. 손님들이 스스로 알아서 즐겼으며 일하는 사람들 외에는 북한사람들은 보이지 않는다.

　7월 8일. 극장에 갔다. 음악회가 끝난 후에 스테판 니끼포로비치가 무대 위로 올라갔다. 그는 신경통으로 다리를 약간 절었는데 이것이 오히려 그에게는 잘 어울렸다. 백발이 섞인 머리에 하얀색 양복을 입고 다리를 약간 저는 사람이 얼마나 감동적인 연설을 하는지 북한 사람들이 갈채를 보내었다. "만일 나더러 지금 죽을 시간이라고 해도 이제 조용히 눈을 감을 수가 있습니다. 왜냐하면 조상의 땅을 밟아보았고 이렇게 훌륭한 연주를 들었으니 말입니다.!" 그런데 하루 전만 해도 식사와 주거 때문에 불평을 털어놓던 사람이 아닌가. 정말 배우가 따로 없다!

7월 9일. 하루 종일 여러 군데를 다녔다. 전시회, 모임, 음악회. 저녁에는 이동식 무대장치가 있는 새 건물에서 서커스 관람을 했다. 이전에 건축공사장에서 일해 본 경험이 있는 사람으로서 말하는데 북한사람들은 정말 건물을 잘 짓는 것 같다. 12층에 있는 우리 그룹의 여자들이 수돗물 잠그는 것을 잊어버려서 물이 복사뼈까지 차올랐는데도 아래층에는 물이 한 방울도 새지 않았다고 한다. 놀랍지 않은가!

서커스단원들의 공연이 마음에 들었다. 공연내용이 대단히 독창적이었는데 공중곡예사들의 묘기가 특히 대단했다.

7월 10일. 저녁 식사 후에 지도자 동지의 이름을 가진 대 광장으로 우리들을 데리고 갔는데 거기서 횃불 행진이 있었다. 나는 그런 광경을 파시즘에 관한 기록영화에서나 보았을 뿐이다. 갈색 셔츠를 입은 사람들이 시커멓게 거대한 만(卍)자 모양으로 행렬을 지어 횃불을 들고 행진하는 장면이 생각나지 않는가? 여기서는 만(卍)자 모양은 없었지만 "주체 만세!"라는 말이 있었다. 기분 나쁘지만 흥미를 끄는 광경이다. 권력을 지닌 사람들은 어떻게 대중심리에 영향을 주어야하는지 잘 알고 있다.

7월 11일. 청소년 축제에 온 해외 한인들의 성대한 모임이 있었다. 강당에는 4천 명이 넘는 사람들이 모였다. 재소한인 그룹의 지도자들은 모두 의장단에 앉았으며 하바로프스크의 지도자는 연설까지 했다. 의장단에 앉은 내 옆 사람은 서른다섯 살의 일본에서 온 기자였다. 이 사람은 며칠 전에 여러 북한 신문에 사진이 실리고 TV 방송에도 나왔다. 인기의 원인은 이 재일 동포가 청소년축제를 기념하기 위해서 요트를 타고 바다를 건너 북한에 도착했기 때문이다. 이 이유 때문인지 아니면 다른 이유 때문인지 몰라도 이 사람에게 북한의 노동영웅 칭호를 수여했다.

이 모임에 참가한 사람들 중에서 오로지 소련에서 온 한인들만 무슨 말이 오가는지 알아듣지 못했다. 그런데 이야기는 여러 나라에서 활동 중인 한반도통일협의회에 관한 것이었다. 그런데 우리를 처음으로 이 모임에 초대했다는 사실은 유사한 조직이 소련에도 생길 수 있다는 것을 말해주는 것이다.

옆에 앉은 일본에서 온 영웅이 내게 "조총련"회장을 소개해주겠다고 약속했다.

7월 12일. 남한 학생 임수경을 둘러싼 떠들썩한 소동이 점점 더 커졌다. 이 학생은 여러 곳에 출연하였는데 그녀의 말은 종잡을 수 없이 횡설수설하였으며 때때로는 히스테리하기까지 했다. 그리고 대체로 그녀는 지나치게 흥분한 사람이란 인상을 주었다. 남한에 가면 옥살이가 그 여학생을 기다리고 있다고 한다. 안된 일이다. 그녀는 자기 조국이 민주주의가 없는 나라로 생각하는 듯 했으나 그럼에도 불구하고 축제에 참가하러 평양으로 올 수 있었다는 사실에 대해서는 한 번도 생각을 못해본 것이 분명한 듯했다. 서울 올림픽 때에는 북한 사람은 한 명도 없었는데 말이다. 그녀는 자신이 남북한의 거리를 좁히는데 한 몫을 했다고 생각하는 것 같지만 실제로는 북한 사람들의 마음속에 제국주의의 검은 힘에 대한 미움만 격화시킨 꼴이다. 무자비한 정치가들의 손에 놀아나는 불쌍한 장난감에 불과한 존재이다.

7월 13일. 해외 한인들을 위한 연회. 각 그룹마다 따로 식탁이 마련되었으나 분위기가 한창 무르익자 전부 섞여 버렸다. 주동자가 그룹들 사이에 나름대로 경쟁을 붙여놓았는데 우리 소련 고려인들도 전혀 뒤지지 않았다. 무대에 나가서 춤추고 노래하며 놀았다.

그 재일동포 기자를 만났다. 약속을 잊지 않고 나를 전설적인 안 선생님에게 소개시켜 주었다. 그는 여든 정도 된 나이에도 아직 건강하게 보였다. 5년 전쯤에 그가 우즈베키스탄에 와서 김평화 집단 농장에서 참전용사들과 사진을 찍은 적이 있었는데 내 매부도 그 자리에 있었다.

다른 상황에서 그와의 만남이 이루어지지 않은 것이 안타까웠다. 그랬더라면 그의 말을 훨씬 더 유익하게 들을 수 있었을 텐데. 그가 어떻게 조총련을 조직했으며 그 조직이 무슨 일을 하는지에 대해서 말이다. 일본에는 남한에 가까운 한인 단체가 하나 더 있다고들 하는데 서로 대립은 없는지에 대해서도 알고 싶었다.

7월 14일. 스테판 니끼포로비치는 극장에서의 연설 이후로 유명인사가 되어서 라디오와 TV 방송에도 출연하였다. 식당에 발길을 끊었으며 그의 부인이 식사를 날랐다. 그의 방에는 북한 사람들이 끊임없이 들락거렸다. 그래서 내 마음속에는 질투심까지 생기기 시작했다. 그룹의 지도자는 내가 아닌가?

가무단을 타쉬켄트로 초청하는 일은 전혀 진전이 없다. 내가 사회주의국가에서 온 한인들을 담당하는 사람에게 문화부 직원들과 만나기를 원한다고 이야기는 해놓았지만 아직 반응이 없다.

7월 15일. 축제의 마지막 날. 다시 5월 1일이란 이름의 경기장. 비가 와서 축제를 조금 망쳤지만 나름대로 눈물의 이별이라는 분위기를 만들어 주었다. 차가운 소나기를 맞으며 공연하는 매스게임의 참가자들이 안 되어 보였다.

이별의 불꽃놀이를 마지막으로 축제의 막을 내렸다. 반시간 동안 끊임없이 여러 색깔의 불꽃이 평양의 하늘을 빛나게 했다. 내 아이들이 언젠가 청소년 축제에 참가하게 될지는 모르지만 조상의 땅을 보게 될 것은 분명하다. 남북한의 대립이 영원한 것도 아닐 것이다. 이 대립이 정말 무의미한 것이라는 것을 모를 만큼 한국인들이 그렇게 바보들은 아니다.

7월 16일. 축제 후의 고요함. 호텔로 숙소를 옮기다. 행사도 적어지고 식사도 더 나빠졌다. 관광객으로서의 평범한 날이 시작된 듯하다.

7월 17일. 친척이 있는 재소, 재중 한인들에게는 친척들을 만나보라고 사흘의 여유를 주었다. 그리고 나중에 묘향산을 가보았다. 첫 번째 방문에서 이미 이 아름다운 곳에 관해서 이야기했으므로 여기서 반복하지는 않겠다. 이번에 다른 점이 있다면 재미한인들과 함께 간 점이다. 서로 소개를 하고 대화를 나누다. 나이든 한 여자가 완전히 감동하여 말했다. "그렇게도 소련을 한 번 가고 싶었는데 어떻게 가는지를 모를 뿐입니다. 하기는 타쉬켄트의 고려인 기자를 한 사람 알기는 하는데 초청장을 보내어 달라고 편지를 쓰려고 합니다." 그 기자의 이름이 무엇이냐고 물었다. 그녀는 내 이름을 말했다. 기절할 일이다! 어디서 내 이름을 알았느냐고 물었다. 그녀는 기쁨에 빛나는 얼굴로 신연자의 "소련의 고려인들"이란 책에서 읽었다고 했다.

그렇다. 세상은 좁다. 기꺼이 그녀를 초청하리라. 정말 괜찮은 여자였다. 그런데 대체로 미국에서 온 한인들은 보기 드물게 원만한 사람들이었다. 매우 조용하며 어떤 상황에서든 품위를 지키며 처신하는 사람들이다. 요즘 계속 식당에서 그들 근처에 앉았는데 우리 식탁은 언제나 시끄러운데 그들의 식탁에서는 말소리가 들리지 않는다. 작은 목소리로 말할 줄 아는 것이 교양의 상징이다. 내가 아는 에르낀 바띠로프 동지가 동독을 다녀왔는데 내가 그에게 거기는 어떻게들 사느냐고 물었더니 그는 거의 들릴까 말까한 소리로 대답했다. "거기 사람들은 모두 속삭이면서 이야기하더군요." 큰 목소리로 웃고 떠드는 우즈베키스탄의 매너에 익숙해 있는 그에게는 그 점이 가장 놀라운 사실이었으리라.

7월 21일. 새벽 두 시에 재소 한인 그룹을 담당하는 책임자가 내 방에 찾아와서는 다음 행사에 참석하는 것이 바람직하지 않은 네 사람의 이름을 명단에 표시하라고 부탁했다. 나는 당연히 무슨 행사냐고 물었다. 그랬더니 손을 내저으며 묻지 말라는 것이다…

이상한 일이다. 군사 기밀인가, 도대체 무엇인가? 어떻든 좋다. 그런데 이 네 사람은 왜 참석할 수 없냐고 물었다. 또 손을 내저으며 묻지 말라는 것이다.

울화통이 터지려고 했지만 참았다. 돈은 우리가 내었지만 음악은 그들이 신청한다. 조상의 나라에서 우리는 의붓자식들이 아닌가.

두 여자와 박씨 부부의 이름을 명단에 표시했다. 박씨 부부에 대해서는 이해가 간다. 박씨는 이전에 "북한 벌목촌"을 탈출한 사람인데 어떤 경로를 통해서 북한 정부로부터 사면을 받아내는데 성공한 사람이다. 그러나 러시아식 사고가 명백히 몸에 밴 여인들인 발렌찌나와 벨라는 왜 안 되는지 이해가 안 된다. 좋다. 아침에 알아보도록 하자.

아침에도 아무 것도 알아내지 못했다. 아침 식사 후에 우리는 열 시까지 무엇인가 알아내기를 기다렸다. 네 사람의 "변절자"들은 각양각색으로 "왜", "무엇 때문에"라고 물으면서 나를 귀찮게 했다.

마침내 출발이다. 커다란 광장, 수 십대의 버스들, 그리고 길게 줄을 선 사람들... 단층의 회색 건물이 이들을 천천히 삼키고 있다. 현관에서는 마치 공항에서처럼 아치 모양의 검문 시설을 통과해야만 했다. 엄청나게 큰 강당으로 들어갔는데 경기장인지 공연장인지 알 수가 없다. 벽을 따라 철로 만든 계단 모양의 축조물이 보인다. 도대체 무엇인가?

이제야 불현듯 생각이 나는 것이다. 영도자와 단체 사진을 찍기 위해 만들어 놓은 건물이다. 그런데 우리 의사는 물어보지도 않고 그와 함께 사진을 찍는 영광을 주기 위해서 여기에 데리고 온 것이다. 네 사람은 그러니까 그런 영광을 얻을 자격이 없다는 말이다.

사진기 앞에서 여러 번 반복해서 줄을 섰다. 첫 줄에는 의자가 있는데 거기는 지도자들이 앉고 나머지는 합창단원들처럼 계단 위에 서게 했다. 첫 줄 가운데 자리는 의자가 없이 비어 있었다. 영도자는 어디에 앉는다는 말인가?

강당이 얼마나 큰지 천 명 이상의 사람들이 들어갈 수 있다. 먼저 재일 한인들이 자리를 잡았다. 이들은 숫자가 많아서 계단 네 줄을 차지했다. 그 다음에는 중국 "교포"들이다. 우리는 거의 마지막에 섰는데 우리 뒤에는 미국에서 온 한인들과 북한 젊은이들뿐이었는데 십중팔구는 축제에 참가했던 공식대표단일 것이다.

만일 그런 행사라는 것을 미리 알려주었더라면 우리들 중에 많은 사람들이 오지 않았을 것이다. 영광은 영광이라고 하더라도 우리는 아직 소련으로 돌아가야 하는데 만일 거기서 이 단체사진을 그런 식으로 생각하지 않는다면 어떻게 한단 말인가? 그리고 KGB가 이에 대해서 알게 되리라는 사실은 의심할 여지가 없다. 도처에 밀고자들이 있다. 그래서 한 편으로 빼놓은 네 사람을 다시 한 번 더 부러워할 일이 있을지도 모르는 것이다.

스테판 니끼포로비치는 오지 않았는데 아마 이 여행이 쓸데없는 것이라고 생각했던 것 같다. 다리가 아프다는 핑계였다. 이동철도 보이지 않았다. 수상하게도 시간을 딱 맞추어서 귀가 아프다는 것이다.

한 시간 반을 기다렸다. 바로 옆에 있는 흡연실에 과일과 음료수를 차려놓은 식탁들이 눈에 띄었다. 막 그리로 갈려는 참에 "오십니다!"하는 소리가 강당 여기저기서 들렸다.

커다란 창문으로 번쩍이는 검은 색 자동차 네 대가 오는 것이 눈에 띄었다. 그러더니 곧 강당 앞부분에서 "만세"하는 소리가 들리기 시작했다. 이 만세 소리가 반복될 때마다 점점 우리 쪽으로 가깝게 들렸다. 소련고려인들은 비웃는 듯한 표정이었다. 적어도 우리는 그렇게 외치지 않겠다는 표정들이다.

우리 차례가 왔다. 먼저 삼발이를 든 사진사가 뛰어나오더니 그 뒤에 영도자의 의자를 든 젊은이가 숨을 헐떡이며 따라왔다. 그러더니 마침내 양쪽에서 부축을 받으며 영도자가 나타났다.

우리 연단이 조용해졌다. 나를 포함한 세 사람의 지도자들이 그를 둘러섰다. 사할린에서 온 여인이 미리 연습한 인사말을 외우면서 꽃다발을 드렸다. 그는 우리에게 악수를 청했다. 손바닥이 놀라울 정도로 부드럽고 따뜻했지만 얼굴에는 미소가 굳어 있었다. 눈동자는 마치 어린아이 같았으며 아무런 표정도 없었다. 조금 비틀거리면서 느릿느릿하게 걷는 걸음걸이에서 일흔 일곱인 영도자의 나이를 엿볼 수 있었다.

착석했다. 고요한 정적 속에서 사진기가 큰 소리를 내며 찰칵했다. 그는 부축을 받으면서 일어섰다. 그는 다시 우리와 악수를 하고 소련 한인들의 짧은 만세 삼창 소리를 들으며 다음으로 향했다. 진심으로 만세 소리를 외쳤다. 저항해야할 때에 노예는 말이 없는 법이다.

7월 22일. 마침내 문화부의 직원들이 나타났다. 우즈베키스탄으로 떠날 가무단이 이미 구성되었고 지도자도 임명되었다고 말했다. 우리는 공연 일정과 숙식, 경비, 광고 등의 문제에 관해서 의논했다. 전부 60명 정도가 올 예정이다. 엄청난 숫자이다. 우리가 과연 순회공연을 확실하게 조직하고 그들을 제대로 대접할 능력이 있는 것일까?

인민교육부 직원들과도 만났다. 그들은 선물로 교과서와 달력과 동화책들을 가지고 왔다.

"김정일" 국영농장을 방문했다. 영도자의 아들은 이미 열다섯 살에 이 집단농장에서 일을 하면서 선구적인 노동 방법을 정착시킴으로써 이 농장이 모범농장으로 지정되었다고 이야기했다. 그러나 "모범적"이라는 것이 무엇인지 우리 소련 한인들은 너무 잘 알고 있다. 벽돌로 지은 아파트 건물들, 상점들, 약국이 보였지만, 사람들은 없었다. 우리들을 누구의 아파트로 안내를 했다. 그러나 거기서도 아무도 만나지 못했다. 도대체 누가 사는 집인가, 아닌가? 치르칙에서 온 조 요시프가 벽난로에 손을 집어넣더니 모두에게 손가락이 깨끗한 것을 보여 주었다.

7월 23일. 이런 저런 이유 때문에 북한에 남았던 초등학교 동창들을 만났다. 그들이 어떻게 살아 왔는지 모르지만 나는 어쩐지 동창들이 부러웠다. 동창들은 세 사람이었는데 이미 오래 전부터 한국 이름을 쓰고 러시아말 발음은 액센트가 있었지만 그들이 이에 대해서 마음을 쓸 이유가 있겠는가? 오히려 거북하게 느껴야 할 사람은 조상의 나라를 떠나서 어렵게 모국어로 이야기하며 여기서 외국인처럼 느끼는 나 자신이다.

7월 24-25-26일. 금강산이다. 한국에 와서 금강산을 보지 않으면 아무 것도 보지 않은 것이나 마찬가지라고 누군가가 말했는데 정말 그렇다.

우리는 여섯 시간 걸려서 금강산에 도착했다. 우리는 중국에서 온 한인들과 같은 버스를 탔는데 그렇게 시끄러운 사람들은 처음 본다. 가는 도중에 내내 먹고 마시고 노래하고 싸우고 앞사람 의자의 팔 걸이에 발을 올려놓고 끊임없이 이야기를 해대는 것이다. 그들 중에 두 사람이 자진해서 오락 지도자의 역할을 맡아서 여섯 시간동안 마이크를 붙잡고 함경북도 사투리로 내내 떠들어대었다. 누군가 모든 사람들에게 중국 보드카를 돌리려고 했다. 나는 이 보다 더 추한 행위는 보지를 못했다...

그런데 내가 이런 이야기는 왜 하는가? 무엇이 금강산의 아름다움을 만끽하는 것을 방해한단 말인가? 비단 면사포처럼 떨어지는 형언할 수 없는 폭포 앞에 서보라. 금강산의 한 봉우리에 올라가서 하늘나라의 선녀들이 내려와서 목욕을 했다는 전설이 있는 여덟 갈래의 계곡에서 모여든 푸른 강물을 바라보라.

아 스테판 니끼포로비치의 말이 옳다. 이 모든 것을 보았으니 죽는 것도 두렵지 않다!

- 역주 -

(1) 당시에 상당한 수준의 한달 봉급이 200루블 정도였음.

고향의 가야금 소리

우즈베키스탄에 북한이 그렇게 큰 규모의 예술단을 보낸 것은 이번이 처음이었다. 예정된 순회공연으로 인한 기쁨과 열광도 있었지만 동시에 걱정과 위험도 있었고 처리해야할 일들도 많았다. 정부의 문화단체가 아닌 우리 준비위원회가 예술인들을 초청한 것이다. 그런데 준비위원회는 어디에도 공식적으로 등록한 적이 없기 때문에 인장이나 은행 구좌도 갖고 있지 못한 상태였다. 기념품을 팔아서 번 돈은 대부분이 빚을 갚는데 써버렸다. 그러나 우리는 의기소침하지 않았으며 우리의 가능성을 믿었다. 준비위원회가 성인이 된 것이다. 예술단은 삼십일 동안 스물여섯 차례의 공연을 갖기로 예정되었다. 나마간, 안지잔, 페르간, 우르겐치에서 전화를 걸어와서 순회공연 일정에 이 도시들도 포함시켜달라고 애원했다. 그러나 모든 요청을 다 들어주는 것은 불가능했다. 많은 사람들이 화를 내었다.

바로 이 기간 동안에 우리는 준비위원회의 권위가 얼마나 커졌는지를 눈으로 확인했다. 중앙아시아의 여러 공화국 수도의 문화센터 설립위원회의 지도자들과 우리 준비위원회와의 관계가 확립되었다. 소련의 여러 도시의 주소가 적힌 편지 봉투가 날아들기 시작했다.

레닌그라드에서 그 곳의 문화운동을 이끌고 있는 타스통신 기자인 오가이 뱌체슬라프가 다녀갔다. 마침내 모스크바도 대표를 보냄으로써 자신들의 존재를 알려왔다. 이 모든 것들이 타쉬켄트 사람들로 하여금 자신들이 지구의 중심인 것처럼 느끼게 만들었다. 준비위원회의 모임에서 소련고려인들의 전체 연합본부가 우즈베키스탄에 있어야한다는 생각이 여러 번 거론되었다.

물론 북한 예술단의 순회공연이 우즈베키스탄의 고려문화운동의 힘이 성장한 것을 보여주기는 하지만 어느 누구도 당국의 의사를 거슬러서까지 활동을 하려고 하지 않는 것은 종전과 마찬가지였다. 만일 내일 상부에서 설립위원회들을 다 해산시키자는 결정을 내린다 하더라도 이에 항의하는 사람은 거의 없을 것이다. 그렇다, 어떻게 항의할 것인가? 단식투쟁을 선언하겠는가, 플래카드를 들고 광장으로 나가겠는가, 신문에 집단 항의문을 내겠는가, 소송을 걸겠는가, 아니면 서명운동을 시작하겠는가? 언론은 방어해주기는커녕 오히려 비난할 것이며 법정도 우리를 유죄로 판정할 것이고 데모에 가담한 자들과 서명한 자들은 순식간에 감옥소나 정신병원으로 들어갈 수도 있다.

나는 살면서 딱 한 번 당국이 하는 일에 반항을 해보기로 결심했던 적이 있다. 1965년에 나는 열아홉 살의 학생이었는데 "여행증명서 없는 개인관광객"으로 카프카즈를 여행하였다. 크지 않은 요양 도시인 겔렌쥑 근처에서 불행하게도 서류와 돈을 잃어버렸다. 나는 자연히 경찰서로 갔다. 경찰서에서 기다리라고 해서 이틀 동안 벌을 받지 않고 공원에서 잤다. 그러나 나중에는 나를 유치장에 가두었다. 하루 지나서 나는 노보로시스크로 후송되어 거기서 재판을 받고 방랑죄로 열흘간의 구형을 받았다. 특별수용소에서 감옥살이를 하고 나자 내게 24시간 이내에 선원들과 시멘트 직공들의 도시인 영광스러운 이곳을 떠난다는 것을 약속하는 서류에 서명을 하도록 강요했다. 그러면서 내가 부랑자도 아니며 방해분자도 아니라는 것을 말해주는 증명서는 안 주겠다고 했다. 겔

렌쥑으로 돌아오자 또 똑같은 식으로 이제는 12시간 내에 그 곳을 떠나라는 것이었다. 나는 정말 난처한 상황에 빠졌다.

상상해 보라. 나라의 반대 쪽 끝에서 서류도 돈도 아는 이도 없이 외모는 일본 스파이와 비슷하고 근처에는 바로 해상 국경이며 해군 기지가 있다. 주의 깊은 경찰이면 누구나 나를 또 잡을 수가 있었다. 그래서 나는 어떤 대가를 치르더라도 증명서를 받아 내려고 작정했다.

담배꽁초를 모으면서 신문을 깔고 경찰서 맞은편에 자리를 잡고 앉았다. 말하자면 연좌농성을 시작했던 것이다.

사십 분쯤 지나자 서장이 세 번이나 창문을 통해서 나를 무섭게 쏘아보는 것이었다. 그러더니 경찰서에서 오토바이 한 대가 튀어 나왔다. 짐승 같이 생긴 중사가 짐차가 달린 오토바이 위에 앉아 있었다. "젊은이, 앉게. 태워주지." 그가 그루지아 액센트로 말했다. 나는 거부했지만 아무 소용이 없었다. 마치 양가죽 벗기는 사람처럼 잽싸게 내 목덜미를 잡더니 짐차에다 집어 던져버렸다.

겨우 가방은 집었지만 담배꽁초는 도로에 그대로 남겨두었다. 우리는 카프카즈의 바다 바람처럼이나 빠른 속도로 도시 바깥으로 빠져나갔다. 중사는 큰 도로의 갈림길에서 멈추더니 손을 흔들면서 "이제 가게" 하는 것이었다. 그래서 나는 온순하게 가리키는 방향으로 발걸음을 옮기기 시작했다. 권력에 대한 나의 첫 번째 공개적인 반항은 이렇게 막을 내렸다.

그런데 지금 등록도 안한 준비위원회가 그렇게 큰 규모의 해외예술단을 초청해서 공화국 전체에 순회공연을 주선했다는 사실이 그저 놀라울 뿐이다.

내 생각으로는 이 모든 것이 가능했던 이유는 단순히 정부에 있는 사람들이 감히 그런 일이 가능하다는 것을 생각조차 할 수 없었다는 사실에 있었던 것 같다. 독일 젊은이 루스트의 경비행기가 모스크바까지 날아와서 붉은 광장에 착륙하지 않았는가?

  손님들을 맞이할 준비를 하면서 제일 먼저 해야 할 일이 숙소문제해결이었다. 호텔은 처음부터 고려에 넣지 않았다. 호텔은 너무 비싸고 음식이 입맛에 맞지 않으며 연습할 장소도 없다. 고려인들이 살고 있는 시골에 예술인들을 숙박시키는 것이 제일 좋은 방편이었다. 그래서 우리는 집단농장 "쁘라브다"를 선택했다. 이 농장의 위원장은 두세노프라는 성을 가진 카자흐인이었다. 나는 그와 여러 번 만날 기회가 있었는데 침착하고 생각이 깊은 사람이었다. 이전에 그는 공산당 지역위원회 서기로 일했으나 서기장과 잘 맞지 않아서 집단농장으로 좌천되었다.

  우리가 농장의 여관을 사용할 수 있게 해달라고 부탁하자 두세노프는 다음과 같이 말했다. "나는 반대하지 않습니다만, 손님들이 우리 농장에서 편안하게 지낼 수 있을지 모르겠군요. 그래도 외국인들인데 우리 여관은 화장실이 마당에 있지 않습니까. 여하튼 아시는 그대로입니다. 지금 엄 알레그를 부르겠습니다. 그가 지금 우리 농장의 문화부분을 담당하고 있으니까 그와 모든 문제를 해결하시면 됩니다."

  알레그는 운동선수 같은 체격을 가진 젊은이였는데 우리 생각을 듣자마자 의욕이 넘치는 것 같았다. 우리는 이층짜리 여관을 둘러보고 어렵긴 하지만 60명을 수용할 수 있다는 결정을 내렸다.

  "여자들 세 사람을 구해서 식품을 사다주면 한국음식을 만들 것입니다. 우리 음식이 북한 음식과 그렇게 다르지는 않을 것입니다." 라고 알레그가 말했다.

  말하자면 북한 사람들이 고유의 음식을 숭배하는 바로 그 이유 때문에 준비위원회는 집단농장을 숙소로 정했다. 다른 사람들은 몰라도 북한사람들은 김치와 된장 없이 살 수 없다. 단일 민족이니 무슨 말이 필요하겠는가? 다른 민족들과 섞여 사는 소련 고려인들이 남의 음식을 받아들일 수 있었던 것은 또 다른 문제이다.

러일전쟁 당시 만주에 주둔했던 러시아 병사들이 쌀과 수수를 먹고 배가 아파서 괴로워했다고 한다. 율무죽이나 양배추 수프에 길들여져 있었으니 당연하다. 그러나 장교들은 식단이 다양했으므로 이국적인 곡물도 맛있게 먹었다고 한다.

그러나 가장 중요한 점은 예능인들이 동족들과 함께 지낸다는 것이다. 이 점이 시골 농장 여관의 불편한 점들을 저절로 보완해줄 것이다.

예술단이 모스크바에서 기차 편으로 도착했다. 그 전 날 조직위원회의 임원들이 전화통에 매달린 결과로 역에 만족할 만큼 사람들이 모였다. 환영 현수막이나 북한국기를 준비하지는 않았지만 많은 사람들이 꽃다발을 준비해왔다. 나는 북한예술단의 일본 순회공연에 관한 기록영화를 본 적이 있다. 수천 명의 재일 교포들이 기선을 마중하러 나오고 기선 주변에는 수십 척의 작은 배들이 호위하고 있었으며 하늘에는 환영인사를 적은 대형 현수막을 단 작은 비행기가 날아다니고 있었다. 아우성을 치는 환영인파 위에는 북한 국기들이 잔물결처럼 흔들리고 있었다. 그런데 이것이 모두 자본주의 국가인 일본에서 일어난 일이다. 그런데 평화와 민주주의의 보루인 소련에서 사는 우리들은 형제 사회주의국가인 북한에서 오는 동족들을 맞으면서 감히 그런 일은 생각조차 못하는 것이다.

기차가 덜커덩거리면서 귀를 뚫는 듯한 소리를 내며 플랫폼에 서자 갑자기 곽 미하일이 텔레비전방송국 카메라기사와 함께 나타났다. 세르게이 미하일로비치가 예술단 단장과 함께 악수를 하려는 순간에 곽 미하일이 사람들을 밀치며 다가와서 마이크를 들고는 흥분한 목소리로 예술단의 도착을 알리면서 손님에게 몇 마디 말을 부탁하는 것이었다. 손님은 아무런 의심 없이 기꺼이 부탁을 들어주었다.

　준비위원회 임원들은 마치 코앞에서 맛있는 음식을 빼앗겨 버린 양 어처구니없는 표정들이었다. 그러나 아무도 이에 대해 말하지 않았다. 마치 영국 귀족들처럼 일부러 이 무례한 행동을 전혀 못 알아챈 듯이 행동하면서 말이다.

　예능인들은 젊고 아름다워서 모두 다 비슷하게 생긴 것처럼 보였다. 그들은 아직 명예 때문에 타락하지도 않았고 자연스럽게 행동했으며 어떤 상황에서든 마음껏 잘 웃었다.

　힘을 모아서 짐을 버스에 싣고 "쁘라브다" 집단농장으로 향했다.

　동쪽에서 타쉬켄트를 끼고 도는 치르칙강을 건널 때마다 나는 손님들에게 이 강이 우리 부모세대의 운명에 어떤 역할을 했는지 이야기해 준다. 바로 이 강가의 침수지에 많은 이주민들이 흩어져 살았다. 치르칙강의 갈대밭이 움막집의 재료가 되었고 치르칙강이 논에 대는 물을 공급해주었다. 나는 기회가 닿으면 이런 이야기를 지금의 손님들에게 하기로 생각하고 우선 호기심을 가지고 그들을 관찰했다. 그들이 수만 명의 동족에게 안식처를 찾아준 우즈베키스탄의 땅을 바라보면서 무슨 생각을 하는지가 궁금했다. 그들이 느끼는 생각이 연민일까, 동정일까, 아니면 부러움일까?

　외국 땅에서 태어나서 자란 사람들은 조국에 대한 향수를 느끼지 못한다고들 한다. 그렇다, 어떻게 알지도 못하는 세계를 그리워할 수 있겠는가? 그러나 우리들 모두의 마음에는 우리가 어디서 왔는지, 조상의 나라는 어떠한지, 거기에 남은 동족들은 누구인지를 알고 싶어하는 끊어버릴 수 없는 동경이 있다. 이런 것을 모르고야 자신을 알고자 하는 우리의 영원한 노력이 무슨 가치가 있겠는가?

　밤이 늦어서야 손님들에게 숙소를 배정해주었다. 여관이 마음에 든다고 했지만 우리는 매번 무엇인가 마음에 들지 않을 것 같으면 용서를 구했다. 주인과 손님 사이에 그런 인사치레를 하는 것은 한국인들도 예외가 아니다.

당시는 8월 초였는데 무슬림 달력에 의하면 40일간의 폭염 기간인 "칠랴"가 막 끝났을 때였다. 물론 금방 날씨가 시원해지는 것은 아니지만 여름이 한 풀 꺾이기 시작했다는 생각만으로도 무더위를 넘기기가 쉬웠다. 우리는 손님들이 완전히 기운을 잃을까봐 걱정을 많이 했으나 다행히 기후 변화를 잘 견디어 주었다.

평양예술단이 우즈베키스탄의 도시와 시골을 성공적으로 순회하는 데 더위만이 유일한 장애물이었다. 만일 우리가 기록영화를 찍는다면 나는 이런 화면들을 구성해볼 것이다. 화면에 장소 이름과 관객 수가 천천히 나오는 것이다. 그리고 예술단공연 일부와 관객들의 얼굴이 보이면서 연주곡목들의 멜로디가 흐른다. 그리고 꽃다발이 쌓인다. 마지막 화면들 중의 하나로 예술단 단장인 김선힐이 심금을 울리는 말을 한다. "우리가 한국예술의 필요성을 이렇게 절실하게 느껴본 적은 오늘이 처음입니다. 우리들에게 한국예술은 밥과 공기나 다름없는 것입니다. 그리고 이런 느낌이 언제나 우리의 영감을 불러일으켜 줄 것입니다."

가장 기억에 남는 공연은 물론 항공기제작소 극장에서 열린 첫 번 공연이었다. 우리는 이 공연에 대해서 라디오와 "타쉬켄트 석간"을 통해서 일찌감치 광고를 했다. 처음에 준비위원회는 공연을 두 번만 하려고 계획했으나 원하는 사람들이 너무 많아서 두 차례의 공연을 더 마련했어야만 했다.

아, 그 첫 번째 공연이여. 공연 첫 날 아침 공연장비와 악기들이 아직도 모스크바 공항에 묶여 있었다. 우리는 하루 전 날 짐을 받을 것이라고 생각했는데 공연 시작 불과 네 시간 전에야 짐을 찾을 수가 있었다.

공연 직전의 혼란스러운 상황에 지칠 줄 모르는 곽 미하일이 또 작은 사건을 만들었다. 출입증도 없이 직원 전용 입구를 통과해서 무대로 기어 들어왔다. 다행히 누군가가 나에게 귀띔을 해주어서 나는 곧장 무대 뒤로 달려갔더니 눈에 익은 뚱뚱한 시인의 체구가 보였다. 그는 극장의 행정직원인 따냐에게 무엇인가 열심히 설명하고 있었다. 맙소사, 나는 얼마나 이 사람이 지겨웠는지 마치 내 둔한 동작으로는 결코 때려잡을 수 없는 파리 같은 존재처럼 느껴졌다. 따냐가 나를 보자 급히 달려왔다. 알고 본즉 곽 미하일이 바로 연주회를 여는 개회사를 하기를 원한다는 것이었다.

"문화부 장관이 이 분에게 개회사를 하라고 부탁했다는데요." 라며 따냐가 흥분해서 말했다.

"새빨간 거짓말입니다. 세르게이 미하일로비치가 문화부 차관과 함께 곧 도착할 것입니다. 그리고 이 사람은 약간 정신 나간 사람입니다. 저 사람은 조심해서 대해야 합니다."

"그러나 자기가 시인이라고 하던데요!" 따냐가 소리쳤다.

"거 보십시오. 시인인 체까지 하는 것입니다." 라고 내가 자신 있게 말해주었다.

"그래요, 이런 책략이 우리한테 먹혀들지 않을 거예요." 라고 말하더니 그녀는 이미 예술단 단장의 귀에 대고 무엇이라고 앵앵거리고 있는 미하일에게 다가갔다.

김선힐은 우리를 보자 안도의 숨을 내쉬었다.

"이 사람이 무슨 말을 하는지 잘 모르겠지만 아마 그가 개회사를 하도록 해주지 않으면 홀 안에 있는 사람들의 반 이상은 일어나서 나가도록 해주겠다고 하는군요. 그래서 내가 만일 그런 일이 생기면 공연을 아예 하지 않겠다고 대답했습니다."

나는 그의 말을 따냐에게 통역해주었다. 그녀가 미하일을 얼마나 쏘아보는지 시인이 뒤로 움찔 물러섰다.

"이것 보세요. 훌륭한 시민! 지금 당장 당신이 여기서 나가든지 아니면 내가 경찰을 부르든지 하겠습니다. 그리고 장관에 대한 거짓말로 족합니다. 지금 차관이 곧 오실 것입니다. 그러니 지체 말고 당장 나가세요!"

미하일은 우리를 증오에 찬 눈초리로 쳐다보더니 무대에서 사라졌다. 그런 불명예스러운 일을 겪은 후에 그가 다시는 연주회장에 나타나지 못할 것이라고 생각했다. 그러나 그가 어떤 사람이라는 것을 내가 아직도 잘 몰랐던 것 같다. 관중들이 조국의 음악과 노래와 춤을 만나면서 흥분과 박수갈채, 앙코르 요청으로 힘이 빠진 상태에서, 눈물을 흘리고 발갛게 달아오른 얼굴로 일층의 홀로 빠져 나오고 있는데 거기에 곽 미하일이 나타나서 큰 소리로 외치는 것이었다. "동지들! 내가 선언할 말이 있습니다. 세르게이 미하일로비치는 남의 자리를 사칭하는 사람이지 결코 준비위원회 위원장이 아닙니다. 처음으로 문화센터를 설립하고 신문에 기사를 쓴 사람은 바로 나입니다."

그는 그 순간에 정말 미친 사람 같았다. 사람들은 신경을 잔뜩 곤두세운 이 사람이 도대체 무슨 말을 하고자 하는지도 모르는 채 그를 피해서 지나갔다.

누군가가 입을 다물라고 그에게 소리쳤다. 그리고 몇 사람이 그를 출구 쪽으로 떼밀고 갔다. 그러자 미하일은 새로운 독설을 퍼붓기 시작했다.

"여기 보십시오. 보라고요, 내 입을 어떻게 틀어막는지 말입니다! 이들이 다 세르게이 미하일로비치의 패거리들입니다!"

그는 길에서도 계속 소리를 질렀다. 그러나 길거리는 깜깜했고 사람들은 오로지 빨리 집에 돌아갈 생각뿐이었다.

불미한 일은 여기서 끝나지 않았다. 공연 중에 미하일이 수십 장의 벽보를 홀의 기둥과 벽, 창문에 온통 발라 놓았던 것이다. 이 벽보는 시인이며 작가인 미하일이 회장으로 있는 문화계몽단체의 정관과 프로그램을 소련고려인들에게 알리는 내용이었다. 이 사건 때문에 준비위원회가 행정사무실로 불려갔다. 세르게이 미하일로비치와 띠모뻬이와 내가 사무실에 들어가자 이미 경찰이 와 있었다. 우리는 기소장에 목격자로서 서명을 해야만 되었다.

물론 시인이며 작가인 그가 이제야 걸려들었다. 그러나 나는 그의 불운을 보고 기뻐할 기분이 아니었다. 단지 관공서 사람들이 고려인들에 대해서 왜곡된 생각을 할까봐 난처할 뿐이었다.

항공기제작소의 극장에서 네 번의 공연을 마친 후에 지방 순회공연이 시작되었다. 매 연주회가 사람들에게 고려문화운동의 과업과 목적을 이야기하고 운동의 지도자들을 소개할 수 있는 좋은 기회가 되었다. 북한에서 예술단이 온 사실 그 자체가 준비위원회의 활동을 명백하게 보여주는 예가 아닌가? 그래서 거의 모든 연주회가 세르게이 미하일로비치의 개회사로 시작되었으며 그 지역의 소비에트정부 대표와 고려문화운동 지도자들이 소개되었다. 짧은 기간 동안에 문화운동 지도자들이 수천 명의 사람들에게 알려지고 한 교수의 이름이 모두에게 알려졌다. 지금도 기억한다. 초만원인 연주회장의 흥분된 정적 속에 조명이 찬란한 무대 위로 공연을 주최한 사람들이 장엄하게 걸어 나온다. 세르게이 미하일로비치가 보통 가운데 자리에 섰다. 조금 흰 머리카락이 섞인 머리를 뒤로 빗어 넘겨, 튀어나온 이마가 훤하게 보이는 55세의 키 큰 남자인 그의 외모는 고상함과 지성의 화신이었다.

공산주의 정부는 우리에게 의붓아버지나 다름없기 때문에 만일 상황이 바뀌면 고려인들은 어떻게 될지 모른다. 그러나 무엇보다 의미 있는 일은 다른 민족들과 더불어 세계문화의 보물창고에 참여할 기회가 우리에게 주어졌다는 사실이다.

정말 지독하게 힘들었던 한 달이었다. 준비위원회 임원들은 대부분 수면부족이었다. 연주회가 끝난 후 연회가 열렸으므로 자정이 훨씬 지나서야 일이 끝나곤 했다. 이렇게 순회공연이 한창일 때 고려문화운동을 단숨에 분열시킬 사건이 생겼다.

8월 15일 광복절을 기념해서 준비위원회는 타쉬켄트 쩰만공원에서 고려문화예술의 날 행사를 계획하였다. 우리는 여름극장에서 개회식과 아마추어예술인들로 구성된 음악회를 열기로 했다. 모국의 말과 역사에 관한 퀴즈게임과 태권도선수들의 시범을 준비했으며 "레닌 기치" 신문의 토론장과 씨름경기와 줄다리기시합도 준비했다. 이 날 프로그램의 중심은 무엇보다도 북한예술단 공연이었다.

우리는 이미 봄에 이 행사를 기안했으며 당시 스테판 니끼포로비치가 이 행사의 책임자로 임명되었다. 그러나 그는 북한방문 이후로 지국에 모습을 나타내지 않았다. 대신 앞에서 이야기했던 실패했던 모임을 주선했던 바로 그 꾸일륙의 창립위원회 멤버들과 함께 있는 모습이 자주 눈에 띄었다.

평양예술단에는 어떤 일을 하는 지 도통 알 수 없는 사람이 있었다. 당원이거나 북한 보안사 직원이라면 우리가 당장 알아챌 텐데 이 사람은 어떤 일로 따라왔는지 짐작할 수가 없었다. 나중에야 밝혀졌는데 그는 한반도통일협의회를 조직하기 위해서 특별히 파견된 사람이었다. 광복절행사 전 날 밤에 꾸일륙에서 모임을 가지고 한반도통일협의회가 결성되었으며 회장으로는 스테판 니끼포로비치가 선정되었다.

그 다음날 준비위원회의 귀에 그 소식이 들어왔다. 수천 명의 고려인들이 공원에서 즐기고 있을 때 고려문화운동의 지도자들은 카페에 앉아서 이 북한사람의 말을 듣고 있었다. 그는 한반도통일협의회가 어떤 단체이며 어떤 나라들에 지부가 있는지를 열심히 설명했다. 이야기의 핵심은 바로 이 단체가 문화, 언어, 전통의 문제도 담당한다는 것이었다. 스테판 니끼포로비치는 바로 옆에 앉아서 조금 당혹스러운 듯이 웃음을 지으며 '여보게들, 내 잘못이 아니네. 원하지 않는데 나를 시키니 어쩌겠는가' 라고 말하는 듯한 표정을 짓고 있었다. 우리는 모두 그의 시선을 피하려고 노력했다.

세르게이 미하일로비치가 말했다. "잘 알겠습니다. 한반도통일을 돕기를 원하는 이들을 환영해마지 않습니다. 한인이라면 모두 통일을 꿈꾸고 있을 것입니다. 그러나 우리 문화단체의 설립이 한반도정세나 남한과 북한의 우리 고려인에 대한 관계와는 상관없는 일입니다. 우리 자신들의 문제를 해결하기 위해서 이 단체를 만들었습니다. 그리고 우리 문제는 아무도 대신 해결해주지 못합니다."

그의 말에는 비애감마저 느껴졌다. 준비위원회의 초청을 받아 타쉬켄트에 온 이 북한 사람은 우리에게 의논도 없이 자기 임무를 수행했던 것이다. 아마도 애초에 우리가 사회주의국가인 북한의 열렬한 지지자들이 아니라는 것을 알아차렸기 때문인지도 모른다. 준비위원회는 예술단 공연내용에서 북한국가 연주나 북한국기 사용을 허락하지 않고 김일성과 김정일에 대한 노래도 제외시켜버렸다. 그 날 우리는 물론 이 새로운 단체가 소련의 고려문화운동에 어떤 분열을 가지고 올지 완전히 알지는 못했지만 일본에서처럼 한 단체는 북한을 지지하고 다른 단체는 남한을 향하게 될지도 모른다는 것을 어렴풋이 느낄 수 있었다.

그러나 나는 그들이 왜 스테판 니끼포로비치를 회장으로 선택했을까 하는 생각이 계속 들었다. 평양의 한 극장에서 공연이 끝난 후 감동적인 연설을 한 이후에 여러 차례에 걸쳐 인터뷰를 하고 북한에 대한 자신의 충성심을 증명해 보인 것이 그를 선택한 이유일까? 그러나 조상의 땅에

발을 들여놓자마자 서비스와 음식이 나쁘다고 소동을 피운 사람이 바로 스테판 니끼포로비치가 아닌가? 그런데 북한이 필요해서 손에 넣었다는 사람이 바로 이 이란 말인가? 이런 노래 가사가 있다. "만일 신부가 다른 사람에게 가버린다 해도 결국 누가 운이 좋은 사람인지는 모르는 법이네."

그 와중에도 순회공연은 계속되었다. 지방 중심도시들인 쥐작, 사마르칸트, 부하르에서도 공연을 했다. 어디서든 초만원이었다.

평양예술단의 마지막 공연은 민족친선궁전에서 열렸다. 가무단 '청춘'과 '쇼들릭'이 합동공연을 했다. 일 년 전에 북한에서 보았던 공연과 똑 같은 내용이었다. 관객들이 4420석을 꽉 메웠다.

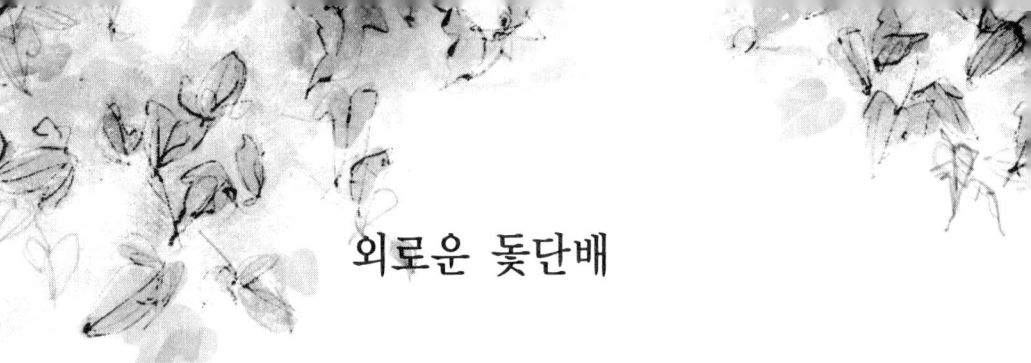

외로운 돛단배

1989년 후반기는 "끊임없는 흥분의 날들"로 내 기억에 남아 있다. 평양예술단을 돌려보내기도 전에 민속공예품전시회 요원들이 도착했다. 전시회는 물론 순회공연 같이 어렵지는 않았지만 신경 쓸 일이 한 두 가지가 아니었다. 연이어 9월말에는 북한 어린이 예술단을 맞이하도록 되어있었다. 바로 이때부터 준비위원회는 실패의 시대를 맞기 시작했다.

우즈베키스탄의 가을은 목화수확기라고 할 수 있다. 왜냐하면 우즈베키스탄 경제의 많은 부분이 목화수확에 달려있기 때문이다. 수백 개의 방직업과 경공업이 우즈베키스탄에서 생산되는 목화원료에 의존하고 있다. 우즈베키스탄의 "하얀 황금"이 소련 목화 총생산의 80퍼센트를 차지한다고 말하면 이해가 될 것이다. 목화는 공화국의 자랑이자 동시에 재앙이기도 했다. 소련의 목화자급자족을 위해서 우즈벡 공화국이 많은 것을 희생한 셈이었다. 옛날부터 발달된 농경기술로 축복을 입은 우즈베키스탄 같은 나라가 곡물이나 야채, 고기와 우유를 자급자족하지 못하는 형편이다. 목화생산계획을 달성하기 위해서 해당구역이 아닌 땅에도 목화를 재배하고 생산량을 부풀려서 보고하는 등 온갖 수법을 동원하였다.

예를 들어, 어떤 집단농장에 천 헥타르가 목화재배에 할당되었다고 하자. 이에 따라 생산계획이 하달된다. 경험 많은 농장위원장은 어떻게 하느냐? 곡물이나 야채 생산계획을 달성하지 못해서 목이 달아나는 일은 없다는 것을 잘 아는 위원장은 다른 작물에 배당된 땅에 목화를 심게 하는 것이다. "하얀 황금"의 부족에 대해서는 용서가 없기 때문이다. 또 다른 재앙은 생산량을 부풀려 보고하는 것이다. 피라미드식 권력구조를 가진 전제정권에서 일을 열심히 하고 있다는 것을 보여주는 가장 중요한 방법은 상부에 보내는 보고서이다. 생산계획과 사회주의의무를 달성했다는 것을 제때에 보고하거나 또는 기한을 앞당겨서 보고하면 칭찬을 얻게 되고 승진을 할 기회가 생기는 것이다. 그래서 보통 경축일이나 정치적인 사건을 겨냥해서 노동과업을 달성하는 것이다. 당 기관원들은 의무를 달성한다는 슬로건의 인질이 되어 합리성을 망각해버리고 오로지 한 가지, 기한 내 계획달성에만 몰두한다. 봄에는 제일 먼저 파종을 끝낸 보고를 올리며 여름에는 작물을 가꾸고 물을 주고 제엽제를 뿌렸다는 보고를 한다. 그리고 가을의 고난이 시작되는 것이다. 전체 공화국이 온통 왁자지껄한 고함소리이다. 신문에는 매일 목화수확운동 성과보고가 게재된다. 상부에서 교묘하게 채찍질을 해서 지역 간, 구역 간, 농장들과 작업반들 간에, 그리고 기계를 다루는 기술자들 간에 경쟁을 부추긴다. 목화수확에 대한 신문기사들은 마치 전쟁터의 상황보고를 방불케 하는 것이다. "목화투쟁", "노동전선 승리", "마지막 한 송이의 목화까지" 등과 같은 전투적인 용어들이 끊임없이 다채롭게 등장한다. 생각해낼 수 있는 모든 곳에 목화운동본부가 설치되어 매일 밤늦게까지 회의를 연다. 이 회의에서는 '당근과 채찍'의 수단이 총동원된다. 그런 식으로 몰아세울 때 사람들은 속임수에 의존하게 되는 것이다. 그래서 허위보고가 나온다. 작업반이 약간 수치를 보태고 농장위원장이 또 조금 고치고 지역위원회의 서기가 적당히 숫자를 정리하다 보면 나중에는 눈과 마음을 즐겁게 해주는 전혀 다른 수치가 나오는 것이다. 얼마나 뻔뻔스럽게 수치를 불렸는지 5년이 지나자 통계수치상으로 공화국이 일 년 치 생산량이나 초과 달성한 것으로 나타났다.

또 다른 잔재주는 목화재배지가 아닌 땅에서 생산된 목화를 물자조달창고에 공급하는 것이다. 몇몇 기계제작소가 목화원료의 품질을 정확하게 분석하는 기계를 만들어 주었지만, 조달창고직원들은 기계를 무시하고 습도와 순도와 품질 등을 대충 "눈짐작"으로 정하는 고질적인 습관을 버리지 않았다. 교활한 창고지기라면 누가 물건이 건조해서 줄어들고 썩으며 쥐들이 먹어치우는 것을 기계를 사용해 정확하게 기록하기를 원하겠는가?

어떤 목화조달창고에 최신식 일본제 기계를 들여놓았다. 그랬더니 낮에 기술자가 기계를 조립해 놓으면 밤마다 창고직원들이 기계를 망가뜨려 놓았다고 한다. 남는 목화는 나중에 생산량이 모자라는 집단농장이나 국영농장에 판다. 이 과정에서 농장간부들이 여러 가지 방법으로 사리사욕을 채우는 것이다. 가장 원시적인 방법은 가짜 목화 지급 명령서를 작성하면서 농장 주민들의 서명을 위조하는 것이다. 많은 사람들이 이런 사기가 횡행하고 있는 것을 알지만 다들 침묵하고 있다. 이런 술책은 시실리의 마피아들도 꿈꾸지 못하는 일일 것이다.

가을에는 수 만 명의 시민들이 목화수확에 동원된다. 대학생들과 농촌의 중 고등학교 학생들은 몇 달씩 수업을 안 한다. 그러나 가장 재미 있는 점은 당시 목화가격을 손노동에 지불되는 임금과 식사와 교통편 제공 비용과 대비해볼 때 시민들을 동원하는 것이 어떤 농장에도 수지가 맞지 않는다는 사실이다. 그러나 아무도 농민들의 의향을 물어보지 않는다. 당기구가 중요하게 여기는 것은 정말로 금값이 되어버린 "하얀 황금"의 마지막 한 송이까지 모두 수확하려고 "동원하고", "힘을 강화하고", "조직하고", "투쟁하는" 것이다. 만일 인력동원과 수송에 드는 비용과 노동력을 목화밭에 빼앗겨버린 기업과 건설현장의 손해를 합친 돈을 모두 집단농장에 투자한다면 아마 농민들은 어떻게 해서든 직접 목화수확을 해낼 것이다.

이런 자발적인 참여를 장려하는 풍조 때문에 수백만 명의 사람들이 경제적, 재정적 질서를 교란시키거나 아니면 말없이 이런 상황을 방관해왔다. 우즈베키스탄에 사는 사람이면 누구나 일 헥타르의 땅에서 6톤의 목화를 수확하는 것이 불가능하다는 것을 잘 알고 있다. 가장 이상적인 조건을 가진 재배경험이 많은 땅에서나 가능한 이야기이다. 그러나 이런 식의 사회주의 의무를 자발적으로 자원해서 수행하겠다고 약속하는 것이다. 특히 "10월 혁명 60주년에 6톤의 수확을!"이라는 슬로건이 유행했었다. 이 의무를 달성하겠다고 선봉에 나선 작업반을 뒤따라 다른 작업반들도 자연스럽게 같은 약속을 하는 것이다. 타쉬켄트에서 성대하게 거행된 공화국의 목화재배 지도자 회의에서 아꾸르간 공산당지역위원회 서기장인 따이로프 동지가 브레즈네프에게 아꾸르간 지역이 정부에 십만 톤의 목화를 공급하겠노라고 약속했다. 그는 당연히 이 약속을 지켰으며 사회주의 노동영웅 훈장까지 받았다. 그러나 목격자들의 기억에 의하면 당시에 이웃 지역들이 아꾸르간의 목화창고에 열심히 목화를 실어 날랐다는 것이다.

사람들이 안드로뽀프에게 "생선은 대가리부터 썩지요?"라고 물었다고 한다. 이 질문에 연로한 총서기장이 "맞습니다. 하지만 생선은 꼬리부터 다듬지요."라고 대답했다고 한다. 우즈베키스탄의 수확량 허위보고가 전례 없는 수준까지 이르자 "목화 스캔들"이 발생하였으며 이 때문에 수천 명의 평범한 사람들이 재판을 받게 되었다. 모스크바에서 파견된 조사단이 얼마나 지독하게 수사를 했는지 수십 명의 사람들이 스스로 목숨을 끊는 일이 발생했다. 그러나 나중에 가서 어느 날 갑자기 조사를 중단해버렸다. 죄 있는 사람들을 모두 감옥에 집어넣었는지, 아니면 조사를 하다 보니 그 규모에 크렘린까지 겁을 먹었는지도 모른다. 여하튼 결과적으로 "목화스캔들"은 우즈베키스탄으로서는 민족적인 모욕이었으며 동시에 민족적인 성찰의 계기가 되었다.

1989년 가을은 몹시 춥고 비가 많이 왔다. 준비위원회는 북한 어린이 예술단의 순회공연을 취소해야만 옳았다. 관객들에게 비슷한 공연을 연달아 보여주는 것이 별로 좋지 않다는 핑계를 대어서라도 말이다. 그러나 공연을 취소하기에는 첫 번 순회공연이 가져다준 희열이 너무 강했었다.

처음부터 일이 잘 안되기 시작했다. 집단농장 "쁘라브다"의 여관은 이미 건축 노동자들이 사용하고 있었으며 농장위원장도 이들을 딴 곳으로 옮길 생각이 전혀 없었다. 그래서 우리는 교육부에 건의를 하기로 했는데 거기서 제공한 기숙사는 "집 없는 거지들"조차도 거절할 형편이었다. 스포츠 시설과 100명까지 수용할 수 있는 여관을 가진 집단농장 "뽈리또쁘젤"이 남았다. 그러나 김 뱌체슬라브 위원장은 한 마디로 거절하며 흥분해서 말했다. "어린애들 아닙니까! 만에 하나라도 아이들에게 무슨 일이 생기면 어떻게 하라고요! 안됩니다. 저는 그런 책임은 질 수가 없습니다."

공산당 지역위원회를 동원하여 어렵사리 위원장을 설득하는 데 성공했다. 그는 이 때문에 준비위원회에 나쁜 감정을 가졌었다. 그러나 예술단이 도착해서 남자아이들과 여자아이들을 보는 순간 그의 가슴이 녹아버렸다. 제일 어린아이가 여섯 살이었으며 열네 살까지 있었다. 예술단 단원 모두로부터 우리는 깊은 인상을 받았다. 북한의 어린이들은 정말 순수하고 본능적이며 재능이 많았다. 순회공연의 긴장감을 꿋꿋하게 이겨내고 여행의 온갖 어려움을 불평 없이 잘 견디었다. 그러나 불행하게도 공연이 예상한 수입의 절반도 벌어들이지 못했다. 그런데 아이들이 너무 얇은 옷을 준비해 왔기 때문에 의복과 신발을 급하게 구입해야만 했었다. 게다가 스포츠 시설과 여관이 난방 준비가 채 안되어서 밤에는 몹시 추웠다. 이런 상황에서 "쁘라브다"와 "뽈리또쁘젤"의 주민들로부터 도움의 손길이 왔다. 주민들이 아이들을 나누어서 집으로 데려다가 따뜻하게 보살펴 주었던 것이다.

어린이예술단은 형제공화국의 공산당청년동맹 중앙위원회의 초청을 받아서 타쉬켄트에서 투르크메니아로 떠났다. 거기서 예술단은 타쉬켄트를 경유해서 알마아타로 갈 예정이었다. 그런데 여기서 예기치 못한 일이 생겼다. 투르크메니아의 공산당청년동맹 중앙위원회가 일정표를 어기고 예술단을 이틀이나 먼저 보내버린 것이다. 정말 곤란한 상황이었다. 알마아타의 고려문화센터는 일정보다 빨리 예술단을 맞을 준비가 되어있지 않았다. 그러나 우리도 더 이상 돈이 없었으므로 아이들에게 안식처를 제공해줄 수가 없었다. 예술단을 카자흐스탄의 알마아타로 보내는 것 외에는 다른 방도가 없었다. 알마아타의 문화운동지도자들의 격렬한 반대에도 불구하고 우리는 이 방법을 선택했다.

지금도 기억이 난다. 가랑비와 소낙비가 오락가락 하는 음산한 날씨였다. 비에 젖은 플랫폼에 이별인사를 하면서 손을 흔드는 아이들의 창백한 얼굴을 보면서 얼마나 큰 죄책감과 슬픔을 느꼈는지 모른다.

이렇게 해서 북한에서 온 두 예술단의 순회공연을 마쳤다. 그 동안에 문화센터 설립에 관한 일은 정지 상태였다. 우즈베키스탄공화국 최고위원회의 가을회의에서 사회단체법률이 제정될 것이라는 기대는 무산되었다. 소연방 전체에서 고려문화운동에 관한 좋은 소식들이 들려왔지만 우리만 아직도 상부의 결정을 기다리고 있었다. 시작은 타쉬켄트 준비위원회가 제일 먼저 했다. 그러나 모스크바의 고려인들은 이미 소연방

규모로 창립회의를 준비하고 있었다. 그런데 우리는 아직도 곽 미하일과의 문제도 해결하지 못하는 형편이었다.

그렇지만 고려인들 사이의 싸움과 분열은 다른 공화국들에서도 일어났다. 예를 들어 알마아타의 경우에 한 그룹은 한국어문학에 일가견이 있는 일흔 살의 손일이라는 분이 한 그룹을 이끌었으며 다른 그룹은 전에 공산당청년동맹과 체육관계 일을 했던 조 블라디슬라프라는 젊은 사업가의 주도하에 있었다. 나는 알마아타 창립회의에 참석했는데 대다수가 젊은 블라디슬라프를 지지하였다. 그러나 두 달이 채 지나지 않아서 그는 알마아타 고려문화센터 회장직을 사임하였다. 대신에 서른다섯 살의 천 발렌찐이란 기자가 회장으로 선출되었다. 말이 나온 김에 하는 말인데 북한 어린이 예술단이 왔을 때 모든 일을 맡아서 했던 이가 바로 이 사람이었다. 그는 꼭 하루 만에 다른 활동 요원들과 함께 고려인 가정 삼십 가구를 설득해서 이틀 동안 북한 어린이들에게 안식처를 제공하게 했다. 보통 기자들이 문화운동에 적극적으로 참여했다. 이미 레닌그라드의 타스통신 기자인 오가이 뱌체슬라프에 대해서 앞에서 이야기한 적이 있다. 침켄트의 고려센터 부회장은 카자흐스탄공화국 텔레비전방송국기자인 김 블라디미르이며 베까바드의 지도자는 여러 사람을 거친 후에 그 시의 신문 편집장인 반 알레그가 선출되었다.

이미 봄에 세르게이 미하일로비치는 사회단체법률의 부재로 공화국 문화센터설립이 지연되자 각 지방의 활동에 더 관심을 기울이자고 결정한 바 있다. 가을에는 공화국의 거의 모든 지역과 주요 도시에 이미 발기인그룹과 문화센터까지 활동을 하고 있었다. 예를 들어 안지잔 지역에는 이 아무르가 처음에 운동을 주도하다가 곧 조 블라디미르가 대신 일을 맡았다. 그러나 그도 오래 가지 못했다. 페르간 골짜기의 유명한 사건(투르크-메스헤찐 족의 대량 학살 사건)이 일어난 후에 그가 다른 고려인 가족 열 가구와 함께 극동으로 떠나기로 결정했기 때문이었다. 마침내 그 곳의 문화운동 지도자로 소방대 소령인 안 블라디미르가 선출되었다.

부하르 지역에는 "본도" 협동조합 회장인 전 비딸리가 처음에 나섰다가 나중에 호텔사장인 다른 비딸리라는 사람으로 바뀌었는데 이 사람의 성은 천씨였다.

쥐작 지역에는 처음부터 법률가인 엄 니꼴라이로 확정되었다.

까쉬까다르 지역은 오랫동안 지도자가 없다가 평양예술단의 순회공연 때에 김만길이라는 소작농 반장이 근사하게 등장하였다.

나만간 지역도 지도자가 금방 나오지 않았지만 결국에는 사범대학 교수인 박 드미뜨리가 발기인그룹을 이끌게 되었다.

사마르칸트 지역에도 여러 작은 그룹들이 생겨났지만 결국에는 건축자재공장 사장인 민 그리고리가 회장직을 맡았다.

페르간 지역은 가장 권위 있는 고려인중의 한 사람인 양 레브미르라는 그 지역의 인민통제위원회 부위원장이 책임을 맡게 되었다.

하레즘 지역에는 경찰 대령으로 은퇴한 장 레보미르가 나섰다.

고려인들이 서로 잘 알고 지내는 작은 도시들은 지도자가 금방 결정되고 또 오랫동안 그 자리에 남아 있었다. 그래서 알말리끄에는 전에 검찰청 직원이었던 전 표드르가, 아쿠르간에는 변호사 김 블라디미르가, 치르칙에는 엔지니어 조 요셉이 지도자가 되었다. 다 합해서 수십 가구 정도의 고려인들이 살고 있는 나보이의 경우는 제일 먼저 문화센터가 생긴 도시 중의 하나이며 지질학자이며 엔지니어인 김 아나똘리가 지도자로 뽑혔다. 안그렌, 시르다랴, 또이-쩨빠, 얀기바자르처럼 고려인들이 수백 명씩 모여 사는 도시들은 타쉬켄트에서와 같이 서로 서로를 인정하지 않는 작은 그룹들이 너무 많이 생겨나서 일이 잘 진전되지 않았다.

준비위원회와 곽 미하일 그룹 사이의 반목은 다 아는 사실이며 많은 사람들이 우리 일이 제자리걸음하는 이유가 바로 이 때문이라고 생각하였다. 결국에는 준비위원회 임원들인 우리 생각에도 화해만 하면 상부에서 곧 반응이 있을 것 같았다. 그러나 그 많은 충돌과 싸움 끝에 어떻게 앞으로 나가서 악수를 청한단 말인가?

우리는 곽 미하일을 공정하게 평가해야 한다. 그렇게 싫은 점이 많은 사람이지만 구체적인 행동을 보여주고 여러 번 우리를 앞지르기도 하는 능력이 있었다. 이번에도 우리가 지방 문화센터 창립과 순회공연 등으로 정신이 없는 동안에 곽 미하일 그룹이 타쉬켄트에서는 최초로 한국어강좌를 개설했다. 그래서 또 한 번 준비위원회가 뒤를 따라가는 격이 되었다. 경쟁은 그 자체가 나쁜 것은 아니다. 왜냐하면 더 빨리 더 잘하려고 노력하는 마음이 생기도록 만들기 때문이다. 단지 상호비방과 적대 행위만 없다면 말이다.

준비위원회는 생긴 첫 날부터 한국어 강좌를 개설하려는 생각을 가지고 있었다. 그러나 공식적으로 문화센터가 창립될 때를 기다리며 모든 일을 나중으로 미루어 왔던 것이다. 그 동안에 준비위원회에는 북한과 남한에서 보내온 500권의 교재가 쌓이게 되었다. 교사를 구하는 문제는 훨씬 어려웠다. 곽 미하일은 사범대학의 조 스베뜰라나, 엄 바짐, 그리고 주 소피아의 지도하에 세 그룹을 조직했다. 두 사람은 중국에서 온 사람들인데 한국말을 잘 구사했다. 말이 나온 김에 엄 바짐은 내가 이미 반 년 전에 알게 된 사람인데 당시 수첩에다가 그를 한국어교사 자격으로 초청할 만한 사람이라고 적어 놓았었다. 그러나 그와 만날 여유가 없었던 것이다. 준비위원회의 관심을 받지 못한 사람들은 자연히 곽 미하일 그룹으로 넘어갔다.

지금 지나고 보니 우리가 나라의 정치싸움과 음모들을 꼭 그대로 반복하고 있는 꼴이었다. 어떡하랴, 어떤 일도 꺼리지 않으며 권력을 잡은 스탈린, 흐루시초프, 브레즈네프와 같은 사람들이 만들어 놓은 그런 체제의 자식들이 바로 우리인 것을.

준비위원회는 한국어를 배우는 그룹을 열 개로 나누었다. 교사들은 모두 내가 잘 아는 사람들이다. 이 중에서 고려 신문사에서 일했던 명월봉, 은퇴한 심수철, 1960년대에 한국어과를 졸업한 이 나졔즈다와 문 갈리나, 이 네 사람은 사범대학에서 일했었다. 그리고 이동철, 박건식, 김선익, 이 세 사람은 북한과 남한 출신이었는데 러시아어는 잘 구사하지 못했지만 한국말 실력은 탁월했다. 나머지 그룹은 타쉬켄트에서 공부하는 북한 유학생들인 대학원생들이 가르치기로 했다. 한국어를 가르칠 수 있는 사람들이라고 모두 그 제안을 받아들인 것은 아니다. 예를 들어 "인뚜리스뜨(국제관광사무국)"의 반 일라리온 같은 이는 보수가 첫 관심사였으며 액수를 알고 난 다음에는 우리 제안을 거절했다. 그리고 자랑스럽게 "나는 일본어를 가르치면서 열 배 이상은 받습니다."라고 선언했다. 그는 유일한 "물질주의자"였다. 나머지 사람들은 보수에는 관심이 없었으며 많은 이들이 무보수로도 일할 태세였다.

한국어 수강생을 모집하는 날에 그렇게 많은 인파가 몰려들 줄은 아무도 예상하지 못했다. 300석인 사범대학 강당이 꽉 찼다. 다양한 연령층이 모였으나 30대와 40대가 압도적으로 많았다.

수업은 11월 1일부터 시작되었다. 모든 수강생들에게 교재를 나누어 주면서 공부가 끝나면 돌려달라고 부탁했다. 그러나 누구도 우리의 요청을 듣지 않았다. 바로 이 때문에 나중에 준비위원회가 남북한에서 공짜로 받은 교재를 돈을 받고 팔았다는 비난을 듣게 되었다. 무슨 말을 할 필요가 있겠는가? 대상의 행렬이 지나가는데 강아지 짖는 소리에 귀 기울일 필요가 있는가...

성년이 되어서 새로운 언어를 배우는 것이 쉽지 않다는 것은 나 자신이 잘 알고 있다. 하지만 이 어려운 길에도 나름대로의 기쁨과 매력이 있다. 소련의 탐정소설 장르의 창시자 중의 한 사람인 김 로만이 쓴 "다리를 뱀에게"라는 에세이에 보면 두 개의 글자를 비교해 놓은 구절이 있다. 중국 글자는 예술가와 철학자를 낳게 하고 라틴 글자는 상인들과 무사들을 기른다는 것이다. 물론, 모든 문자 체계는 그들의 언어를 확인하고 재생하기 적합하도록 만들어졌다. 그러나 상형문자를 보라. 그 속에 얼마나 많은 예술적인 미와 신비함, 그리고 철학적인 오묘함까지 담겨 있는가. 그에 반하여 라틴 글자는 얼마나 편리한가, 특히 이 바쁜 시대에 말이다. 한글은 이것도 저것도 아니다. 자모로 이루어져 있지만 어느 자모 하나도 독립적으로 사용할 수는 없다. 자모가 모여서 음절을 이루지만 글자 모양은 상형문자와 비슷한 것이 한글에만 유일하게 있는 특징이다. 알파벳을 차례로 나열하는 식에 익숙해 있는 사람이나 한 상형문자가 그 자체로 완전한 의미를 지니는 것에 익숙해 있는 사람에게는 두 개, 세 개, 또는 네 개까지의 알파벳을 수평, 또는 수직으로 포개어야 하는 한글의 음절원칙에 기절을 할 판국이다. 그런데 여기에 또 발음상의 엄청난 어려움이 있다. 일곱 개의 다른 자음이 받침으로 쓰일 때는 똑 같이 "t" 발음이 난다는 것을 상상할 수 있겠는가? 여기에다가 한 문장에서 술어는 꼭 마지막에 와야 하며 각 성분마다 반드시 문장 내의 위치가 정해져 있다는 점을 보태어 보라. 그러면 내가 모국어를 처음 배우기 시작하면서 왜 조상을 원망했는지 이해가 될 것이다. 글쎄, 왜 이렇게 복잡한 문자 체계를 만들었을까? 중국문자를 간단하게 하려는 의도였는데 결과는... 라틴 문자를 복잡하게 만들어 놓은 격이 되었다. 그러나 모든 언어의 신비는 그 언어를 잘 알면 알수록 더 매력을 느끼게 된다는 점이다.

다른 언어로 쓰인 두 시에 놀라우리만큼 흡사한 구절이 있다. 레르몬또프의 시에 "안개 낀 푸른 바다에 희미하게 보이는 돛단배 하나"라는 구절과 유명한 한국 노래 가사 중에 나오는 "두만강 푸른 물에 노 젓는 뱃사공"이라는 표현을 보라. 둘 다 이별의 슬픔을 노래한 것이다. 그러나 이 감정을 느끼기 위해서는 이 한국노래의 문맥을 이해해야 한다. 두만강을 중심으로 국경이 나누어지며 강을 건너면 바로 타국이다. 더 잘 살아 보려고 북쪽으로 떠났던 한국인들은 모두 이 강을 건넜다. 한국의 뱃사공들은 하얀 바지저고리를 입고 배의 뒷머리에 우뚝 서서 한 개의 노로 저어간다. 이 모습이야말로 바로 고향을 떠나는 외로운 돛단배가 아닌가? 바로 이 때문에 이 노래의 제목이 "눈물 젖은 두만강"인 것이다.

이 두 노래의 구절이 얼마나 유사한 지를 이해할 수 있어서 나는 정말 행복했다.

타쉬켄트시의 한국어강좌개설은 일대사건이었다. 그리고 이 일을 추진하기 위해서 문화센터나 다른 공적인 단체가 전혀 필요하지 않았다는 것은 놀라운 사실이었다. 자그마한 열성으로 귀찮은 일을 조금 처리하고 나니까 곧 모국어를 배울 수가 있게 된 것이다. 원하기만 하면 말이다.

여러 민족이 공유하는 속담으로 다음과 같은 표현이 있다. "돛이 하나 보이기 시작하면 다른 돛들도 연이어 나타난다."

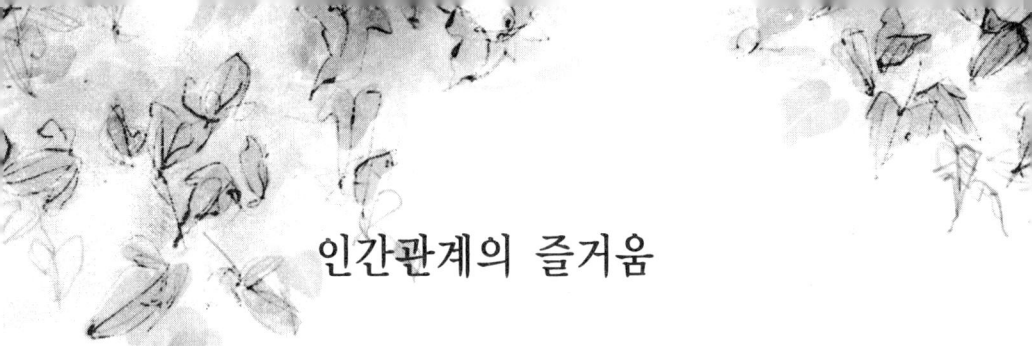

인간관계의 즐거움

　아들아, 언젠가 "민족 간의 관계"라는 말이 무슨 의미인지 내게 물었던 적이 있었지. 내가 그때 이렇게 대답했지. 여러 다른 민족들이 서로서로를 어떻게 대하는가 하는 뜻이라고. 그 이후에도 나는 여러 차례 네 질문을 다시 생각해보곤 했다. 사실 내가 쓴 이 책 전부가 네 질문에 대한 답이라고 할 수 있다.

　여러 다른 부족과 민족, 인종이 함께 존재하는 한에는 언제나 그들 사이의 관계에서 문제가 발생하기 마련이다. 원인은 간단하다. "그들"이 "우리"와 같지 않으며 그렇기 때문에 "우리"가 "그들"에 대해서 무엇이든지 좋을 대로 생각하는 것이다. 게다가 "그들"도 "우리"와 마찬가지이다. 인류역사에서 전쟁이 중요한 자리를 차지해왔으며 많은 분쟁의 원인이 민족들 간의 반목이었다. 서로 죽이는 슬픔을 겪고 나서야 악의의 평화가 선의의 전쟁보다 낫다는 사실을 깨닫는 것이다. 피부색이나 언어, 관습이나 풍속이 서로 다른 사람들도 본성은 다 같은 것이며 우호적인 관계와 교역이 어떻게 끝날지 모르는 침략전쟁보다는 훨씬 더 많은 이득을 가져다준다.

　교역은 사람들 사이의 교류 중에서 가장 오래된 형태중의 하나이다. 여기서 우리는 수천 년 전에 생긴 실크로드를 생각하지 않을 수 없다. 실크로드란 중국과 동남아시아의 국가들을 다른 중동지역과 지중해 지역의 국가들과 연결시키며 산과 사막을 가로지르는 수 천 킬로미터에 달하는 교역로였다. 한 번의 여행에 수년이 걸렸다. 그러나 그 대신에 얼마나 많은 것을 보고 듣는지 상상할 수 있겠는가? 군인이든 상인이든 물론 자연스러운 호기심을 피할 수가 없었다. 다른 나라에서는 사람들이 어떻게 사는지, 우리들과 얼마나 다른지 또는 어떻게 비슷한지를 알고 싶은 것이다. 자신들과 같이 생긴 다른 사람들에 대해 아는 것이 가장 호기심을 끄는 일일 것이다. 위대한 여행가인 마르코폴로는 여러 해 동안 중국을 여행하고 돌아온 이후에 오랜 세월 동안 제 정신을 차리지 못하고 계속 이야기만 했다고 한다. 자연히 거짓말도 상당히 섞어서 말이다. 그런데 이 이야기들이 사람들의 호기심에 불을 질러서 직접 가서 보고 싶다는 욕망을 불러 일으켰다.

최신식의 교통 통신수단이 교류를 촉진시키고 표준적인 생활과 문화가 전 세계에 널리 퍼져 있는 오늘날에도 가장 가까운 이웃 민족의 생활에서조차도 너무나 많은 차이점이 있는 것이다. 그러니 중세와 그 이전의 시대에는 오죽했겠는가? 모든 것이 다르고 이해할 수 없고 낯설었을 것이다. 손짓과 머리 끄덕이는 것도 서로 다르다. 민족에 따라 똑같은 몸짓이나 손짓이 정반대를 의미할 수도 있다. 그러나 이보다 이해하기가 더 어려운 관습들도 있다. 예를 들어서 많은 민족들의 경우에 찻잔에 차를 가득 따르는 것이 존경과 환영의 표시로 받아들인다. 그러나 우즈베키스탄에서는 귀중한 손님일수록 차를 조금씩만 따른다. 오랫동안 머물러 달라는 의미이다. 만일 차를 찻잔 가득 따르면 빨리 마시고 가라는 뜻이다.

이해하기 어려운 것에 대해서는 모두 의심과 두려움과 적의를 품는 것이 자연의 비밀스러운 힘이다. 정복자들이 피정복자들을 자기들과 비슷하게 만들려고 애쓰는 것도 우연이 아니다. 언어, 전통과 관습, 역사와 문화 등과 같이 한 민족을 내적으로 연결해주는 고리를 끊어버릴 때만 비로소 그 민족의 반항을 오랫동안 막을 수가 있다. 징기스 아이뜨마또프의 "한 세기보다도 긴 하루"라는 소설에 보면 견딜 수 없을 정도의 처절한 육체적 고통을 가함으로써 과거의 기억을 상실하게 만든 다음 이 사람들을 노예로 부리는 풍습이 있었던 만꾸르뜨족에 대한 이야기가 나온다. 이렇게 과거의 기억을 잃어버린 사람들이 바로 질 좋은 노예들이 되었다.

그러나 아들아, 이런 경우도 있다. 강한 압박을 받을수록 더욱 세게 반항하는 경우이다. 한국인들은 오백년 전에 한글을 창제했지만 20세기에 이르기까지 널리 사용하지는 않았다. 대다수의 양반들은 새로 만든 글이 너무 쉬워서 여자들이나 쓰는 글이라고 생각하고 예전처럼 한문을 사용했다. 그러나 일본이 한국을 침략하여 한국인들이 모국어를 사용하는 것을 금지시켜버리자 한글이 독립운동세력을 규합하는데 결정적인 역할을 하기 시작했던 것이다.

피정복자들이 정복자들을 닮으려고 노력하는 경우도 적지 않다. 그러나 이런 경우는 언제나 경멸의 대상이 되었으며 결국에는 정복자들에게조차도 멸시를 받게 된다. 아들아, 반역행위는 결코 자유나 존경을 가져다주지 못한다. 그러나 무력침공으로는 절대 얻을 수 없는 것을 교환으로, 다른 말로 하자면 교역으로 얻을 수가 있다. 본질적으로 인간관계란 교환이다. 시선이나 미소, 생각이나 감정의 교환인 것이다. 지금까지도 아마존의 밀림이나 동남아시아의 정글에는 원시적인 형태로 생활하는 부족들이 있다. 왜 그럴까? 고립이 이런 부족의 모든 불운의 원인인 것이다.

여기서 중화제국이 주변의 적국들과 경계를 지으려고 쌓았던 만리장성을 기억하지 않을 수가 없구나. 이 만리장성이 평화와 안정을 지켜준 반면에 학문과 기술과 문화의 발달을 수세기 동안 정지시켜 버렸다.

　모든 독재 정권들이 한 가지 공통점을 가지고 있다. 즉, 국민들을 "철의 장막"으로 고립시켜서 다른 나라들에 관한 소식을 듣지 못하게 하는 것이다. 예를 들어 북한에서 "우리는 아무도 부러워하지 않는다!"는 슬로건이 대단히 유행하고 있는 것도 우연이 아니다. 그러나 모든 공식적인 선전이 현재의 체제를 찬양하고 외국에서는 사람들이 어떻게 살고 있는지 알 수 있는 가능성이 전혀 없는 상황에서 무엇을 부러워한단 말인가.

　그러나 고립될 수밖에 없는 또 다른 객관적인 이유들도 있었다. 네가 역사를 배우게 되면 왜 이탈리아나 영국, 네덜란드 같은 작은 나라들이 전 인류의 발전에 그처럼 지대한 영향력을 미쳤을까 하는 질문을 갖게 될 것이다. 대답은 간단하다. 그 나라들은 바다로 나가는 출구, 즉 당시로는 모든 세계로 향하는 가장 쉬운 길이었던 해로를 가지고 있었다. 그리고 조선용 소나무가 많았기 때문에 강력한 범선을 만들 수 있는 가능성이 있었다. 예를 들어 일본이나 한국과 같이 나쁘지 않은 지리적인 조건을 가진 나라들이 갖고 있지 못했던 것이 바로 이 목재들이었다.

　물론 논쟁의 여지가 있는 문제이다. 투르 하이네르달이 훌륭하게 증명해 보인 것처럼 파피루스나무로 만든 작은 배를 타고도 대양을 건널 수 있었으니 말이다.

　자연은 사람들을 다 다르게 창조했으며 바로 이것이 인류가 가진 행운인 것이다. 모든 사람을 동일한 척도로 다루는 것이 모든 독재정권의 목적이며 이 과업은 자연의 섭리 자체를 거슬러 가는 힘이므로 언젠가는 붕괴하여 이미 멸망하도록 운명 지어져 있다.

　사람들은 모두 다르며 바로 이 때문에 사는 것이 재미있는 것이다. 생 떽쥐베리가 "어린 왕자"에서 지구가 가진 가장 큰 행운은 바로 인간관계의 즐거움이라고 말했던 의미심장한 구절이 생각나느냐.

아들아, 살면서 많은 사람들을 만나게 될 것이다. 사랑하고 미워하기도 하며 존경하고 경멸하기도 할 것이다. 명령하기도 하고 복종하기도 하며 기뻐하기도 하고 슬퍼하기도 할 것이다. 그런데 내가 여기서 네게 하고 싶은 충고는 모든 사람을 자기 자신을 대하듯이 대하라는 것이다.

만일 네가 조상의 나라에서 태어나서 자란다면 민족들 사이에서 오는 문제를 겪지 않을지도 모른다. 그리고 너는 터무니없이 한국인들이 세상에서 가장 뛰어난 민족이라고 생각할지도 모른다. 다른 민족들과 섞여 지내보아야만 비로소 어떤 인종에 속하느냐 하는 것이 우월성의 기준이 될 수 없다는 사실을 깨달을 수 있다. 모든 민족은 다양한 사람들로 구성되어 있고 사람들은 제각기 다 다른 것이다. 지금 세상에는 가장 발달한 두 국가 사이에 재미있는 경쟁현상이 일어나고 있다. 수백 개의 부족과 인종이 살고 있는 미국과 대다수의 국민이 일본인종에 속하는 일본이라는 나라 사이의 경쟁이다. 만일 미국이 여러 나라의 문화를 합성해서 자기문화를 만들어 내고 있다면 일본은 그 반대로 고유의 단일문화에 세상에서 만들어 놓은 더 나은 문화들을 섞어 놓는다. 방법은 다르지만 목적은 하나이다. 서로 서로 끊임없이 교류하는 속에 새로운 창조를 하는 것이다.

그렇다. 사람들은 모두 자기 민족을 사랑하고 자랑스럽게 여길 권리가 있다. 그러나 그와 동시에 원시상태에서 우주시대에 이르기까지 위대한 길을 걸어올 수 있었던 인류 전체를 자랑스럽게 여길 수 있어야 한다. 그리고 매번 발자국을 옮길 때마다 쓴 경험과 고통을 그 대가로 지불해왔다는 점을 유념해야 한다. 네가 이 모든 것을 깊이 생각해보면 민족주의라는 것이 인류의 특성 중에서 가장 나쁜 점이라는 것을 이해하게 될 것이다. 네가 어떤 민족에 속한다는 것을 떠벌리고 네 민족의 언어와 문화, 그리고 풍습이 다른 민족의 것보다 우월하다고 자랑하는 것은 어리석은 짓이다. 그러나 가장 문명화된 사람조차 의식의 혼돈을 가져올 수 있다. 예를 들어서 독일과 이탈리아, 일본의 나치즘을 생각해 보라. 인종과 민족의 우월성에 대한 생각은 오늘날에도 여러 나라에 살아있다. 그러나 파시즘의 지독한 폐해를 겪어보았기 때문에 인류는 이 위험한 전염병을 막으려 노력하고 있다.

양심이 없는 정치가들은 언제나 인간의 민족주의적인 감정을 이용하려고 애써 왔다. 왜냐하면 무엇보다도 민족에 관련된 일이 사람들을 잘 단결시키기 때문이다. 그래서 민족주의가 자주 유태인 대학살이나 아르메니아인 학살, 또는 kkk단의 잔혹한 예식의 형태로 변형되는 것이다. 일본에서 일어났던 참혹한 한국인 학살도 민족주의의 수치스러운 형태의 하나였다. 1923년에 도쿄에서 대지진이 일어났다. 수 만 명의 사람들이 목숨을 잃었으며 수십만 명이 집을 잃었다. 슬픔으로 분별력을 잃어버린 일본인들의 머릿속에 한국인들이 미신의 힘으로 자연의 분노를 일으켰으며 한국인들이 그들의 불행의 원인이라는 생각이 들기 시작했다. 이렇게 해서 이십만 명이 넘는 너의 동족들의 목숨을 빼앗아 간 대 격전이 시작되었던 것이다.

사람들은 자신의 불행을 남의 탓으로 돌리는 천성을 타고났다. 특히 다른 사람들이 낯선 혈통과 신앙을 가졌을 경우에는 더욱 그렇다.

내가 젊었을 때 정말 야만적인 사건을 목격한 적이 있었다. 타쉬켄트의 칠란자르라는 구역에서 일어난 일인데 이 지역은 당시 막 건물들이 들어서는 새 동네였다. 이 구역에는 대다수가 러시아말을 하는 사람들이 살고 있었다. 퇴근길에 나는 작은 버스 옆에 흥분한 군중들이 모여 있는 것을 보았다. 버스 안에는 공포에 질려서 거의 죽을 지경인 남자가 하나 있었다. 그 남자는 날아드는 토마토와 계란을 피하느라고 필사적으로 몸부림치고 있었다. 협박과 욕설이 오갔다. 군중들은 모두 러시아인들이었고 이들이 우즈벡 사람 하나를 짓밟고 있었다.

도대체 무슨 일이 있었는가? 건장한 남자들은 주먹을 불끈 쥐고 이 가련한 사람을 갈기갈기 찢어버릴 태세였으며 나이 든 노인들은 적의에 불타서 간질병 환자처럼 떨고 있었으며 온순한 노파들은 마치 시장바구니를 빼앗긴 것처럼 울부짖고 있었다. 우아하게 생긴 여인들의 입에서 상스러운 욕설이 튀어나왔다.

사건의 전말은 이런 것이었다. 어떤 이바노프라는 사람이 일용품 상점에서 셔츠를 하나 구입했다. 며칠 후에 이 사람이 좀 더 싼 셔츠로 바꾸려고 상점에 왔다. 점원은 이 셔츠가 이미 입었던 것임을 알아채고 바꾸어 주지 않겠다고 말했다. 이바노프는 바꾸어 달라고 부탁하면서 비열하게 행동하기 시작했다. 근무시간이 끝나고 이미 상점 문을 닫으려고 하는데도 이바노프는 계속 점원 옆에 서서 성가시게 조르고 있었다. 결국은 우즈벡인 점원을 짐승 같은 놈이라고 말해버렸다. 그러자 이 점원은 참지 못하고 이 집요한 러시아인의 머리를 자물쇠로 내리쳤다. 그러자 이 러시아인이 의식을 잃고 쓰러져버린 것이다. 지나가던 사람들이 그냥 지나치지 않았다. "우즈벡인이 러시아사람을 죽였다!"는 말에 순식간에 군중이 모여들었다. 점원이 통근버스에 올라탔으나 불행하게도 기사가 자리를 뜨고 없었다. 겁에 질린 승객들이 버스에서 내려 버렸으며 이 가련한 점원만이 미친 듯이 날뛰는 군중들 앞에 남게 되었다.

방어할 힘이 없는 개를 물어 죽일 때는 어떤 개도 옆으로 비켜서지 않는다. 사람들도 마찬가지이다. 격노한 군중이 우즈벡 사람을 버스에서 끌어내려 때리기 시작했다. 순경들이 뛰어 왔다. 순경들이 이 불행한 사람을 겨우 떼어 내어서 호송차량에 집어넣었다. 그러나 사람들은 이 차량이 못 가도록 막았으며 누군가가 바퀴에 바람을 빼놓았다. 순경들을 밀어젖히고 사람들은 다시 이 점원을 끌어내려 다리 위로 데리고 갔다.

맙소사, 얼마나 때렸는지! 손과 발로, 막대기로, 가방으로, 손에 닿는 대로 아무거나 들고 마구 때렸다. 아파서 정신이 없는 이 사람이 가끔씩 사람들 사이를 뛰쳐나와서 도망을 갔지만 부러진 늑골에 머리의 상처에서 흘러내리는 피로 눈이 안 보이는 상태에서 얼마나 멀리 도망 갈 수 있겠는가?

결국은 사관학교 생도들이 와서 군중들 사이를 헤집고 들어가서 이 불쌍한 사람을 끄집어내었다. 이 사람을 태운 자동차는 바로 그 자리를 떠났다.

정말 이상했던 것은 짐승처럼 마구 사람을 때려주던 사람들이 "이 짐승 같은 놈, 우리가 본때를 보여 주마"라고 소리치던 모습이었다.

바로 이 말에 이상하기는 하지만 이 사건을 이해할 수 있는 열쇠가 들어 있다. 물론 전체가 다 그런 것은 아니지만 러시아인들이 우즈벡인들을 대하는 태도는 바로 모스크바의 강력한 정부가 과거의 식민지역을 대하는 태도를 반영한다. 그리고 이 식민지역에 거주하는 다른 민족 출신의 사람들이 이 지역 언어를 한 번도 명료하게 습득한 적이 없었으며 대신 러시아말을 습득한다. 우즈베키스탄에서 뿐만이 아니라 소비에트 연방 전역에서 러시아말이 우선적이며 우즈벡인들 조차도 -특히 고위직 사람들- 자녀들을 러시아학교에 보내는데 어떻게 다른 상황이 가능하겠는가? 그리고 겨우 한 세대 동안에 두 번이나 우즈벡 문자의 알파벳을 바꾸기까지 했다.

만일 갑자기 소비에트 연방이 붕괴하는 날에는 러시아말을 하는 사람들이 매우 달갑지 않은 상황에 놓일 것이다. 왜냐하면 모든 독립국가의 생성과정에는 반드시 민족주의적인 단결의 분위기가 고조되기 때문이다. 그런 상황에서 이민족에 대한 동정이나 반감의 많은 부분이 이민족이 그 지역의 언어를 아는 정도에 달려 있다.

그렇다, 언어나 교육이나 문화적인 면에서 나는 러시아인이다. 아니면 더 정확하게 말해서 러시아의 국민이다. 그러나 러시아인들에게는 내가 러시아인이 아니다. 러시아의 국수주의 또한 간단한 문제가 아니다. 내가 평양에서 모스크바로 이사 와서 러시아학교에 다니기 시작했을 때 나는 외톨이였다. 그러나 나중에 성이 미르만이며 이름이 사샤인 아이와 친하게 되었다. 왠지 모르게 그 아이도 반에서 외톨이였다. 우리는 친구가 되었다. 그러나 어느 날 모든 것이 허물어졌다. 누군가가 내게 귓속말로 "왜 미르만과 친구로 지내니?"라고 말했으며 그 말에 내가 놀라자 "저 애는 유태인이야"라고 설명해주었다.

그때까지 나는 한 번도 유태인과 부딪쳐본 적이 없었으며 단지 소문으로 그들에 대한 이야기를 들었을 뿐이었다. 마치 아무 일도 없었던 것처럼 사샤에 대한 내 감정에는 변화가 없었다. 그러나 그 아이는 어떻게 모든 일을 알아채고 자기가 먼저 내게서 멀어졌다. 그리고 나는 그 아이를 구태여 붙잡으려 하지 않았다. 세월이 많이 흘렀지만 지금까지도 나의 배신을 생각하면 수치스러울 뿐이다.

아들아, 절대로 친구들과 네가 살고 있는 나라를 배신하지 말아라.

나는 여러 민족의 사람들, 러시아인, 우즈벡인, 유태인, 타타르인, 카자흐인, 일일이 다 열거할 수도 없이 많은 민족의 사람들을 사귀었으며 지금도 사귀고 있다. 나는 언제나 그들과 사이가 좋았으며 우리들 사이에 민족성에 관한 문제가 대두된 적이 한 번도 없었다. 오히려 반대로 우리가 여러 민족 출신이란 점이 우리들의 관계에 특별한 매력을 부여해 주었다. 그리고 어떤 일이 일어나더라도 나는 이 우정을 믿을 것이다.

네 삶에 있어서도 다른 여러 민족 출신의 친구들이 많을 것이다. 절대로 너의 가치와 명예를 포기해서는 안 되며 남을 멸시하거나 네 자신을 비하해서도 안 된다. 다른 사람의 자존심을 존중해야 하며 너의 신념을 함부로 바꾸어서도 안 된다. 인내해야 하며 침묵해야 하는 순간들이 올 수도 있다. 하지만 침묵이 항상 동의를 뜻하는 것은 아니다. 노예는 말이 없다. 그러나 그들의 침묵에는 영원한 저항의 소리가 있다.

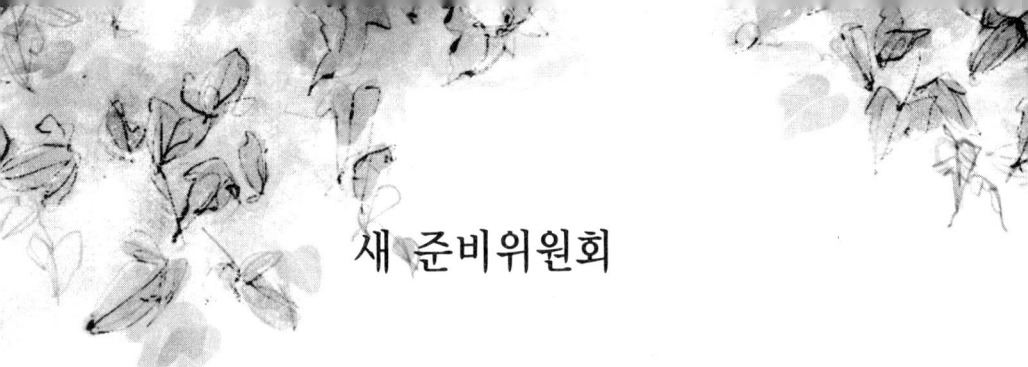

새 준비위원회

1989년 12월에 모스크바로부터 고려문화단체 설립을 위한 소연방 준비위원회의 허웅배 부위원장이 도착했다. 이미 앞에서 이야기했지만 그는 북한에서 소련으로 유학 온 학생신분으로 정치적인 망명을 요청했던 사람이다. 나중에 알게 된 사실을 덧붙이면 허웅배는 양반출신으로 조부가 황실친위대 장교였다고 한다. 1910년에 일본이 조선을 합병하자 이 용감한 무사는 식민주의자들에게 복종하지 않고 무장 항쟁에 가담했으며 이 때문에 사무라이들에게 참형을 당했다.

서울에는 허웅배의 조부의 이름을 딴 거리가 있다고 한다. 그 길을 걸으면서 손자가 어떤 체험을 했는지 궁금하지 않은가? 이 고귀한 양반의 후손이 살아온 길도 정말 평탄하지 않았다. 젊은 시절의 허웅배는 북한에서 사회주의국가를 건설했으며 "침략자"인 남조선에 대항하는 전쟁에 참여했다. 그 이후에 장교가 되고 북한 내무부 예술단 단장을 지냈으며 모스크바 국립대학의 학생이 되었다. 그 후에는 정치 망명가, 한국어와 일본어 선생, 기자, 작가, 사회 활동가, 그리고 열렬한 반 김일성주의자였다.

나는 그와 알고 지내기 전에 이미 그의 이야기를 많이 들었다. 그리고 곧 그를 좋아하게 되었다. 허웅배는 언제 어디서나 모임에 활기를 불어넣어 주는 그런 사람이었다. 이야기도 잘하고 노래도 잘 부르며 사람들과의 교제를 즐길 줄 아는 사람이었다.

　모스크바를 다녀가면서 허웅배의 따스한 집에서 몸을 녹이고 간 고려인들이 수백 명에 달한다. 나도 1985년 8월 청소년축제 기간 동안에 그의 안락한 아파트를 방문하게 되었다. 그는 이정희 기자와 나를 초대해서 "불고기"를 대접해주었다. 식탁 위에 큰 전기 프라이팬을 놓고 즉석에서 바로 고기를 구워주었다. 실컷 먹고 마시며 마음껏 이야기를 나눈 후에 자리에서 일어서려고 하자 그는 동그랗게 생긴 귀한 안주로 유혹을 하며 "마지막 술 한 잔"을 권하는 것이었다. 이 안주는 달고 매콤하며 입안에서 사르르 녹는 맛이 황홀하였다. 주인은 금방 그 비밀을 밝히지 않고 술 한 잔을 더 권하였다. 이 진귀한 안주는 보통 명태의 어린 알을 통째로 특별한 양념으로 절여서 만든 것이었다.

　이 사소한 일에 허웅배의 모든 것이 들어 있다. 그런 작은 일로도 흥미를 일으키게 하는 능력이 있는 사람이었다.

　한 때 허웅배는 자발적인 의사로 정치 망명객이 되어 모스크바에서 추방되었을 때 타쉬켄트의 여러 집을 유랑하던 시절이 있었다. 그러나 이번 방문에는 국영호텔에 묵게 되었다. 준비위원회의 간부들인 우리가 그를 만나러 호텔로 찾아갔다.

　허웅배는 오랜 지기인 세르게이 미하일로비치와 포옹을 하고 나서 띠모뻬이와 나에게는 악수를 청했다. 세월이 흘렀지만 그는 별로 변하지 않았다. 바하처럼 생긴 얼굴에 가느다란 눈매가 예전처럼 유머로 반짝이고 있었으며 목소리도 시냇물이 흐르는 소리처럼 여전히 유창하게 들렸다. 생활에 대한 일반적인 질문들이 오간 후에 허웅배는 가을 한민족민속체전 때 다녀온 남한에 대한 이야기를 시작했다. 우리는 이미 한민족민속체전에 대한 이야기를 많이 들었지만 소련고려인대표단의 지도자들 중의 한사람이며 모든 모임과 행사의 주요 통역으로 일했던 사람의 의견을 듣고 싶었다.

"한 가지 사건만 빼면 소련 '동포'에 대해서 전반적으로 우호적인 분위기였습니다." 그는 담배를 피우면서 천천히 이야기를 시작했다. "우리 대표단 중에 한 참전용사가 소련 훈장들과 함께 한국의 훈장도 달고 있었습니다. 기자들이 그에게 어디서 그 훈장을 받았느냐고 물었지요. 단순한 사람이었던 이 참전용사는 뜻밖에도 한국전쟁에 참전한 공헌으로 받은 훈장이라고 대답해버렸습니다. 당연히 '북한'측에서 싸운 사람이지요. 이 대화가 텔레비전에 생중계로 나갔는데 나중에 무슨 일이 일어났겠습니까! 수십 명의 상이용사들이 항의의 표시로 우리 호텔 앞에 모였습니다. 겨우 문제를 해결했지요. 그런 오해들은 분명히 또 있을 것입니다. 여하튼 우리는 다른 쪽 진영에서 살아오지 않았습니까? 중요한 것은 남한사람들이 우리를 기억하고 민족문화부흥에 도울 준비가 되어있다는 사실입니다."

허웅배의 이야기는 세르게이 미하일로비치의 의견과 공통점이 있었다. 후자는 북한에 대해서 이야기했지만 말이다. 얼마나 오랫동안 우리가 이쪽저쪽의 도움을 다 받을 수 있을지가 궁금했다. 아마 곧 줄다리기가 시작되고 그때는 소련의 고려인들이 양쪽 진영으로 나뉘게 되지나 않을까?

허웅배가 이야기를 계속했다. "지금 노태우 대통령이 십중팔구는 정부수반의 자리에 앉는 마지막 군인 출신이 될 것입니다. 노대통령이 다른 입후보자들 보다 더 똑똑하거나 나은 인물이라서 대통령이 된 것은 아닙니다. 단지 확실한 세력이 그를 밀어주었기 때문이지요. 거기다가 민주주의 진영의 입후보자 두 사람이 서로 합의를 못 본 덕분도 있었지요. 글쎄, 조금도 틀림없이 꼭 한국인들이지요." 이 말을 하면서 그가 가볍게 미소를 지으면서 세르게이 미하일로비치를 능청맞게 쳐다보았다.

"다른 면에서 볼 때, 노태우 대통령이 개방정책을 표방한 데에는 그의 공적이 큽니다. 이 면에서 올림픽이 탁월한 역할을 했습니다. 한민족축제도 이 방향으로 한 걸음 더 나아가는 것이었지요. 전 세계에 한민족 동포의 수가 6백만이 넘습니다. 실로 큰 힘이지요. 특히 남한은 소비에트연방과의 친밀한 관계에 중요한 비중을 두고 있으며 이는 이해할 만한 것입니다. 소련은 가까운 이웃이며 방대한 자원을 보유하고 상품판매의 시장도 될 수 있는 나라입니다. 그리고 이러한 양국관계를 돈독하게 하는데 우리 고려인들이 적극적인 역할을 할 수 있을 것입니다.

남한에서는 우리들의 문화운동을 환영하고 모든 도움을 줄 채비를 갖추고 있습니다. 우리는 이번에 한국사회와 정부 측에 우리의 활동에 대한 정보를 자세히 알려주었습니다. 지금 전체 소연방차원의 창립회의 준비가 진행 중입니다. 거의 모든 공화국에 문화센터가 설립되었는데 우즈베키스탄에서만 일이 지연되고 있습니다. 왜 그렇습니까?"

그는 주의 깊게 세르게이 미하일로비치를 바라보았다.

"우리 공화국에는 사회단체조직법이 없는 상태입니다." 세르게이 미하일로비치가 한숨을 쉬며 대답했다. "여기 상황은 상당히 복잡합니다. 당신도 아시다시피 우즈베키스탄처럼 많은 소수민족들이 이주해 와서 사는 곳이 없지 않습니까? 정부 측이 매번 위태로운 조치를 취할 때마다 예기치 않은 결과들이 많이 생깁니다. 바로 이 때문에 정부에서는 관망하는 쪽으로 정책을 펴고 있는 것입니다. 또 다른 면에서 보면 "비르릭"과 같은 비공식적인 운동의 모습으로 민족주의적인 경향이 증대되고 있기 때문에 당국이 더 조심스럽게 이 문제에 접근하고 있는 것입니다."

"내 생각에는 시장경제가 많은 면에서 민족 간의 열기를 가라앉힐 것입니다." 허웅배가 깊이 생각에 잠겨서 말했다. "사람들이 인간적으로 살 수 있는 기회를 부여받으면 서로 질투할 겨를이 없을 것입니다. 남한이 어떤 성공을 거두었는지 당신들이 직접 볼 수만 있다면! 그러나... 이 성공도 독재정권을 거쳐서 이룬 것이지요." 허웅배가 이 부분에서 손가락을 들면서 말했다. "중국이 지금 그런 식으로 나아가고 있고 베트남도... 내 생각에는 소련 사람들도 바보가 아닙니다. 물론 우리는 많은 면에서 다른 식으로 나가겠지만 말입니다. 중요한 것은 피를 흘리지 않고 내란이 일어나지 않아야 하며 소비에트 연방이 순식간에 산산조각으로 공중분해 되는 일이 일어나서는 안 된다는 사실입니다."

"그런 일이 가능하다고 생각하십니까?"라고 내가 물었다.

"어떤 경우도 배제할 수 없습니다. 모스크바 시민들은 말이 많은 고르바초프가 국민들과 소비에트와 당의 특권층들 사이에서 허우적거리는데 이미 지쳐 있습니다. 여기에 대해서 더 말해서 무엇 하겠습니까? 그런데 여기 일은 어떻게 되어가고 있습니까? 왜 곽 미하일과 합의를 보지 않습니까?"

단도직입적인 질문에는 직설적인 대답을 해야 했다.

"바보와 함께 일을 처리하는 것이 쉽지 않기 때문이지요." 세르게이 미하일로비치가 웃음을 터뜨리며 말했다. "몇 번 그와 만나서 합의를 보았지만 매번 그 쪽에서 불쾌한 일들을 만들었습니다. 하지만 현재로는 그가 특별한 역할을 하지는 않습니다."

"그가 하는 역할은 없지만 그를 이용하고 있습니다. 결정을 내리고 싶지 않을 때는 언제나 이유를 대는 것이 편안하지요. 이미 이데올로기부의 살라후지노프 부장을 만나 보았습니다. 고려인들이 두 진영으로 나뉘어져 있는 상황에서는 어느 쪽에 편중을 해야 할지 모르겠다는 이야기입니다."

"글쎄요, 이것이 그렇게 심각한 문제는 아닙니다." 세르게이 미하일로비치가 다시 웃으며 말했다. "그룹은 항상 있어왔으며 앞으로도 있을 것입니다. 각자 다 자기 견해가 있는 법이니까요. 타타르인이나 카자흐인, 그리고 유태인들의 경우에도 상황은 마찬가지입니다."

"유태인들과 독일인들은 분명히 대대적으로 떠날 것입니다. 그리고 나머지 민족들은... 그들은 자기 민족들이 사는 공화국들이 있습니다. 세르게이 미하일로비치, 우리가 모스크바와 여기에서 의논한 결과 다음과 같은 안을 당신에게 제안하고자 합니다. 우즈베키스탄공화국 고려문화센터 창립회의를 소집할 때까지만 임시로 당신과 곽 미하일이 한 편으로 물러서는 것이 어떻겠습니까? 새 준비위원회를 만드는 것입니다. 그리고 회의에서 누군가를 뽑을 것이 아닙니까? 이렇게 하면 중앙위원회가 더 이상 논쟁할 근거를 잃어버리는 것입니다."

"나는 준비가 되어 있습니다. 내일이라도 자리를 내놓을 것입니다." 라고 단호하게 세르게이 미하일로비치가 말했다.

"좋습니다." 허웅배가 찬성했다. "합쳐진 새 준비위원회위원장 후보로는 두 사람을 추천하고 싶습니다. 강 미론 뻬뜨로비치와 차 니꼴라이 보리소비치입니다. 두 사람 다 여러분들이 잘 아시는 분들입니다. 누가 더 낫겠습니까?"

"내 생각으로는 니꼴라이 보리소비치가 좋겠습니다. 두 사람 모두 우리 일에 특별히 관여한 것은 아니지만, 차 교수가 좀 더 사람들에게 호감을 주고 사무적입니다. 평양 예술단이 와서 순회공연을 할 때 우리들을 두 번 정도 도와준 적이 있습니다."

"좋습니다. 북한예술단의 순회공연이 성황리에 끝났다는 말을 들었습니다. 그러나 북한사람들에게 편중할 가치가 없는 것 같습니다. 북한이 형식적으로는 소련의 동맹국으로 남아 있지만 그 곳에서 무슨 일이 일어나고 있는지는 당신들도 잘 알고 있지 않습니까? 여기 보다 더 나쁜 상황입니다. 그리고 한국이 곧 통일되리라고 바라는 것도 근시안적인 생각입니다. 양측이 합의를 한다 하더라도 그 과정은 오랜 기간을 요할 것입니다. 그렇지 않으면 한반도에는 경제적인 대 혼란이 올 것입니다. 남한 사람들은 그렇게 될까봐 무척 걱정하고 있습니다. 그런데 북한 사람들이 매 순간마다 시급한 통일을 외치면서 한반도통일협의회라는 단체를 만드는 것도 단순히 정치적인 술수에 불과할 뿐입니다.

"타쉬켄트에도 그런 단체를 만들었습니다. 알고 계시지요?"

"네, 물론입니다. 그러나 나는 우리 고려인들이 바보들이 아니며 상황의 본질을 잘 이해하리라고 생각합니다. 게다가 지금 현재 남한과 소련 간에 급격한 관계개선이 이루어지고 있습니다. 모스크바에 이미 대사관이 개설되었으며 고르바초프와 노태우 대통령의 정상회담도 가까운 시일 내에 이루어질 것입니다."

우리는 반시간 정도 더 이야기를 나눈 후에 헤어졌다.

띠모뻬이가 여느 때와 마찬가지로 우리들을 차에 태워 주었다. 가는 길에 모두들 말이 없었다. 마치 앞으로 있을 준비위원회의 해체가 이미 우리들을 분리시켜놓은 것처럼 말이다. 거의 집에 다 와서야 세르게이 미하일로비치가 미소를 지으면서 입을 열었다.

"물론 결승점에 다 도착해서 다른 사람에게 양보하려니 속상하지만 별 다른 도리가 없는 것 같네. 중요한 것은 우리가 할 수 있는 일은 모두 다 했다는 사실일세."

일주일 후에 시 집행위원회의 회의실에서 50명 정도의 사람들이 모였다. 준비위원회의 임원들은 배신자인 스테판 니끼포로비치를 제외한 전원이 참석하였으며 곽 미하일의 그룹과 니꼴라이 보리소비치를 위시한 새 보충인원들도 참석하였다. 강 미론 뻬뜨로비치도 와 있었다.

변함없이 파이줄라예프가 회의를 이끌어갔다. 그는 간단하게 회의의 목적을 설명했다. 두 개의 그룹이 합류했으며 세르게이 미하일로비치와 곽 미하일이 자신의 권한을 내어놓았기 때문에 새 준비위원회를 선출하기 위하여 모였다는 내용이었다. 모든 것이 허웅배가 제안한 그대로였다. 한 가지 면에서 수정이 있었는데 공화국 문화센터가 아닌 타쉬켄트 시 문화센터의 창립에 관해서 논의가 있을 것이라고 파이줄라예프가 강조했다.

이 통보를 듣고 세르게이 미하일로비치는 보일 듯 말 듯 미소를 지었다. 나는 일 년 이상 그와 지내 오는 동안 거의 매일 만나다시피 했기 때문에 그를 잘 이해할 수 있었다. 그는 논쟁할 여지없이 지혜롭고 교육을 잘 받은 사람이었다. 다른 사람은 어떤지 모르지만 나는 물불을 가리지 않고 그를 따를 준비가 되어 있었다. 그러나 문제는 그 자신이 동족의 문화부흥을 위해서 그런 각오가 되어 있는가 하는 점이었다. 내 마음 깊은 곳에는 이미 오래 전에 아니라는 대답이 자리 잡고 있었다. 그는 장애를 재치 있게 피해가고 타협을 하며 자신의 권한을 포기할 수는 있지만 권력에 순종하지 않고 그들의 나태함을 비난하며 공개적으로 대립하는 길은 결코 가지 않을 것이다. 어쩌겠는가? 우리가 그런 소련의 고려인들이니 지도자도 그런 사람을 만날 수밖에 없는 것을.

1960년대 초에 "해빙" 시기에 저명한 고려인들이 모여 서한을 통해서 흐루시초프에게 고려인 자치공화국 설립에 관해 언급을 한 적이 있었다. 어떤 "자치권" 말이냐고 얼마나 엄하게 말했는지 그 이후로는 아무도 이 일에 대해서 입도 떼지 않았다.

파이줄라예프가 두 그룹의 지도자들에게 직접 무대에서 물러나는 것을 동의하느냐고 물어보는 순간이 왔다. 세르게이 미하일로비치가 먼저 일어나서 고개를 끄덕이며 동의한다고 말했다.

"그리고 미하일 이바노비치, 당신은 어떻습니까?"

"그런데 말입니다..."라고 그가 무엇인가 말하려고 하자 파이쥴라예프가 말을 막았다.

"동의하십니까?"

"이것은 강제 압력입니다. 알겠습니까?"라고 곽 미하일이 다시 말을 시작했다.

"예, 아니오, 둘 중에서 대답하십시오."

"예, 하지만 나는 선언해야..."

"앉으십시오, 미하일 이바노비치." 파이쥴라예프가 의미심장하게 말했다. "나는 우리 모두가 고려문화센터 창립에 크게 기여한 두 동지에게 깊은 감사를 드려야 한다고 생각합니다."

모두들 이 두 사람에게 박수를 보내었다.

"우리는 지금 새 준비위원회를 선출해야합니다. 5명, 10명, 15명... 여러분들이 결정하십시오. 그러나 나는 여러분들 전원이 임원이 되었으면 하고 제안하는 바입니다. 내 생각으로는 여기에 모이신 분들이 그냥 오신 것이 아니라 여러분들 모두가 민족문화부흥을 애타게 염원하고 계신다고 생각합니다. 그리고 여러분들께서는 이 일에 대해서 권위자들이십니다."

"한 가지 조건이 있습니다. 당신이 위원장이 되십시오." 유가이 게오르기가 농담을 했다. 그러나 이 말을 하는 그의 표정은 정말 심각하였다.

"벌써 고려인들 일에 관계하는 것이 싫습니까?"라며 파이쥴라예프가 웃음을 터뜨렸다. "왜 내가 위원장이 됩니까? 여기에 차 니꼴라이 보리소비치 교수가 와 계십니다. 여러분들 중에서 많은 분들이 차 교수를 알고 계실 것입니다. 차 교수는 중립적인 분이고 모두의 존경을 받을 것입니다. 그의 입후보에 반대하시는 분이 계십니까?"

"자기소개를 하도록 합시다. 나는 그를 잘 모릅니다." 멜스 미하일로비치가 말했다.

"좋습니다. 니꼴라이 보리소비치, 자신에 대해서 이야기를 좀 해주십시오."

차 교수가 일어서자 키가 크고 등이 굽은 것이 눈에 확 들어왔다. 벗겨진 이마 때문에 얼굴이 길게 보였다. 작은 눈의 시선은 재빠르면서 불안하게 보였다.

"나는 연해주 지역에서 1934년에 태어났습니다. 부모님은 농민이었습니다." 그는 처음에는 장중한 어조로 이야기를 시작했으나 곧 그만 두었다. "사범대학을 졸업했으며 역사학 박사이며 교수입니다. 자동차도로연구소에서 사회학과 부학과장으로 일하고 있습니다. 처와 자식이 둘 있고 당원입니다."

그런 형식적인 소개로 그 사람에 대해 무엇을 알 수 있겠습니까? 융통성 없는 학자인지 상상력이 풍부한 사람인지, 강건한 사람인지 무력한 사람이지, 추진력이 있는 사람이지 허풍쟁이인지 어떻게 알겠는가? 그러나 우리 사회에서는 이미 그렇게 고정관념처럼 정해져 있다. 농민 출신이면 우리 사람이며 박사학위를 받았으면 목적을 가진 사람이며 교수는 매우 현명한 사람이며 당원이면 이미 좋은 수식어들은 다 붙게 마련이다.

"감사합니다. 앉으십시오. 또 질문이 있습니까? 차 동지를 새 준비위원회 위원장으로 선출하는데 동의하시는 분이 있습니까? 반대하시는 분은? 만장일치입니다." 파이줄라예프는 숨을 돌리고 나서 뜨거울 때 금속을 마저 다듬으려는 듯이 다시 말을 시작했다. "그리고 부위원장으로 역시 교수이신 강 미론 뻬뜨로비치와 역사학박사이신 신 발레리 유리예비치를 추천하는 바입니다."

그렇게 해서 세 사람의 영웅으로 모두 역사학자가 뽑혔다. 바로 그들이 레닌의 민족정책을 실제 삶에서 어떻게 실현해야 하는지 알고 있는 사람들이다. 그러나 당국의 명령 없이는 모국어를 배우고 전통을 복구하기 위한 문화센터조차도 마음대로 설립할 수 없는 이런 나라에서 과연 사회주의국가를 건설해야 할 필요가 있는지 알 수 없는 노릇이다.

이상한 소외감이 내 마음을 사로잡았다. 마치 앞으로만 보고 달리다가 갑자기 주변에 아무도 없는 것을 깨달은 것 같은 느낌이었다. 무력감과 모욕감에 비탄한 감정까지 들었다. 직접 뛰어 보라, 앞서 달리는 것이 얼마나 어려운지 알게 될 것이다.

갑자기 파이줄라예프가 말했다.

"그리고 새 준비위원회의 총무로는 여러분들 모두가 다 잘 알고 계시는 고려신문 지국장을 추천합니다. 어떻습니까?"

그래서 다시 모든 것이 변해버렸다. '그래, 마음대로 해. 이미 내게는 아무 상관도 없는 일이야'라고 방금 마음을 먹었는데 나는 다시 나팔 소리를 들은 말처럼 가슴이 뛰었다. 글쎄, 만일 나를 뽑지 않았다고 한들, 도대체 내가 책임과 근심을 떠맡은 사람들을 돕지 않고 모르는 체 할 수 있겠는가? 내가 이 일에서 중심적인 자리를 차지하든 못하든 그것이 정말 무슨 문제란 말인가?

시간이 말해 줄 것이다. 시간이 모든 사람들을 제 자리에 배치해줄 것이다. 결단을 내리고 비난하기도 하며 공적에 따라 보답도 할 것이다. 시간과 사람들.

회의가 끝난 후에 새 위원장과 두 명의 부위원장들, 그리고 나 이렇게 네 사람이 강당에 남았다.

"이제야 정말 곽 미하일을 제압했군요." 라고 니꼴라이 보리소비치가 내게 음모하는 듯한 눈짓을 보내며 말했다. "이제 다시는 불평하지 못할 것입니다. 그가 창립회의에도 발을 들여놓지 못하게 만들 것입니다."

그의 말에 나는 조금도 고무되지 않았다. 반대로 그 엄한 억양에 오히려 마음이 움츠러들었다. 나는 미하일이 불쌍하게 느껴졌다. 그와의 관계에서 모든 일을 다 겪지 않았는가? 우리는 한 해 동안 줄곧 서로 돕지는 않았지만 서로에게 채찍질을 하면서 나란히 달려 왔다. 그리고 니꼴라이 보리소비치에게는 미하일을 비난할 자격이 없다. 그와 동등하게 싸워온 나라면 그를 비난할 수 있다. 그러나 이 신참내기는 싸움의 마지막 판에 기어 들어와서 전리품을 움켜쥐고는 이전의 경쟁자들이 자기를 상대로 뭉칠까봐 두려워서 짖어대고 있는 격이 아닌가.

처음으로 무슨 대가를 치르더라도 미하일과 화해를 했어야만 했다는 생각이 들었다. 그의 조건을 거의 다 들어주는 한이 있더라도 말이다. 반목이 우리에게 무엇을 주었단 말인가?

나는 구 준비위원회와 신 준비위원회를 연결하는 유일한 사람이었기 때문에 많은 것이 내게 달렸다. 나는 유태인처럼 자신 외에는 아무도 일을 이해하지 못하도록 혼란스럽게 일을 처리할 수도 있었다. 그래서 곧장 가장 필요로 하는 사람이 되는 것이다. 그러나 곽 미하일과의 관계에서 얻은 교훈이 헛된 것은 아니었다. 나는 어떤 음모도 허용하지 않을 것이며 모든 일을 정직하고 공개적으로 처리하기로 결심했다.

우리는 며칠 후에 준비위원회 모임을 갖기로 합의했다. 그때까지 나는 새 지도부에게 서류를 전달하고 상황의 전말을 알려주어야 했다. 대화 끝에 니꼴라이 보리소비치는 다시 나의 심중을 떠보았다.

"우선 시 단위의 문화센터를 만들고 그 다음에 공화국 수준으로 일을 추진해 나갑시다. 물론 그때는 세르게이 미하일로비치 없이는 안 되지요."

차 교수는 내가 한 교수에게 모든 이야기를 전할 것을 알고 있었기 때문에 그런 이야기를 함으로써 미리 한 교수의 환심을 사려고 했다. 물론 전해야지, 좋은 말들을 전하지 않을 이유가 어디 있는가?

새 준비위원회의 활동에 특별히 독창적인 면은 없었다. 다시 임무를 정하고 계획을 세웠다. 단지 신문사지국 대신에 니꼴라이 보리소비치가 일하는 연구소에서 모였을 뿐이다. 임원들의 수가 더 많아졌으며 그래서 많은 사람들이 구체적인 일을 할당받지 못한 채로 남았다. 그러나 회의는 언제나 공허한 이야기들로 넘쳤다. 대다수의 임원들이 학계에 종사하는 사람들인 덕분으로 다들 이야기를 잘했고 또 말하기를 즐겼다.

첫 회의는 네 시간이나 계속되었다. 모든 사항에 대해서 이야기를 나누었고 매 사안마다 보통 두세 가지의 반론이 곧장 제기되었다. 그런 식으로 이야기가 끝이 나지 않는 것이었다. 니꼴라이 보리소비치는 칠판에 커다란 도표를 걸었는데 거기에는 미래의 문화센터 조직체계가 그려져 있었다. 누가 누구에게 종속되고 누가 누구를 지휘하며 누가 무엇에 대해 책임을 진다는 등등의 내용이었다. 마치 민간단체가 아닌 어떤 군대조직 같았다. 상사에 대한 불복종이 죽음의 징벌을 가져오는 그런 군대조직 말이다. 명칭을 두고 격렬한 토론이 벌어졌다. 니꼴라이 보리소비치가 "문화센터"가 이미 자신의 위신을 실추시켰기 때문에 이름을 다른 것으로 바꾸자고 제안하였다. 어떤 사람들은 "문화협회"라는 명칭을 제안하였고 또 다른 사람들은 "문화단체"라는 말을 제안하였으며 또 다른 사람들은 이 말이나 저 말이나 마찬가지 뜻이라고 말했다.

빵으로만 살지 못하고 싸워야만 직성이 풀리는 멜스 미하일로비치는 누구보다도 더 난리였다. 그는 입에 거품을 물고 문화 없는 단체란 존재하지 않는다는 것을 입증하면서 "문화"라는 말을 아예 빼버리자고 제안했다.

발언하는 사람들은 끊임없이 서로 상대방이 러시아어를 모른다고 비난했지만 한국말을 모르는 데에 대해서 스스로를 비난하는 것이 더 나을 뻔했다. 미리 말해 두지만 세르게이 미하일로비치는 준비위원회의 모임에 몇 번만 참석했으며 곽 미하일은 딱 한 번 참석했을 뿐이었다. 전자가 주로 침묵으로 일관했던 반면에 시인은 어떤 논쟁에 가담하려고 시도했다가 모두들 얼마나 그를 공격했는지 그 이후로는 모습을 나타내지 않았다.

유태인이 셋 모이면 네 가지 의견이 나온다고들 한다. 고려인들에게는 오로지 한 가지 의견이 있을 뿐이며 그 의견만 옳은 것이다. 지나치게 외고집이다. 마침내 오랫동안 기다리던 창립회의가 멀리 보이기 시작하자 누가 그 회의에 참석할 것인가에 대한 문제가 제기되었다. 나는 두 가지 안을 제안했다. 첫째 안은 원하는 사람은 누구나 다 초청하자는 것이며 두 번째는 타쉬켄트시의 모든 구역마다 회의를 소집해서 대표단을 선출하자는 안이었다.

"두 번째 안대로 추진할 것입니다. 모든 일은 민주적인 기반 위에서 이루어져야 하며 공정하게 모두가 다 참여하도록 해야 합니다."라고 니꼴라이 보리소비치가 선언했다.

물론 둘째 안이 모든 사람들을 참여시키는 것처럼 보인다. 그러나 이는 언뜻 보기에 그럴 뿐이다. 각 구역의 모임을 어떻게 실현하려고 하는가? 타쉬켄트시의 각 구역에 거주하는 고려인 수에 대한 정보가 우리에게 있긴 했지만 어떻게 이들에게 통지할 것인가? 통지했다고 하자. 만일 모든 사람이 다 참여할 의사를 표명하면 모임을 가질 장소는? 좋다. 모였다고 치자. 만일 대다수가 서로 잘 모르는 사람들이라면 어떤 기준으로 대표단을 선출한단 말인가? 또는 뽑아야하는 대표단의 숫자만큼만 모이는 정말 곤란한 상황에는 어떻게 한단 말인가?

이제 첫째 안에 대해서 생각해 보자. 창립회의 날짜를 발표한다. 원하는 사람은 누구나 다 참석할 수 있다. 유일한 조건은 각자 특정한 액수의 돈을 내고 대표단 표를 구입해야 하는 것이다. 그러면 진정한 참여의사가 없는 구경꾼들은 곧장 떨어져 나갈 것이며 문화운동 기금에는 돈이 들어올 것이다.

그러나 나는 이 주장을 내세우지 않았다. 우리 모두 어릴 때부터 이런 선거에 익숙해 있기 때문에 항상 미리 입후보자 선정을 하고 회의를 소집한다는 것을 잘 알고 있다. 연단에서 그들의 이름을 호명하면 마치 규정처럼 만장일치로 통과되는 것이다.

좋다. 민주주의는 민주주의니까. 하지만 어떻게 고려인들에게 다 통지한단 말인가? 여기 모인 사람들은 다 교수들이어서 모르는 것이 없었다. 한 사람은 신문에 광고를 내자고 했고 다른 사람은 안내문을 붙이자고 했으며 또 다른 사람은 전화로 통보를 하자고 했다. 그리고 어떤 사람은 타쉬켄트시의 주택관리사무소를 다 돌면서 주소를 알아내어 초청장을 발송하자는 의견까지도 말했다. 현실성에서 완전히 벗어난 생각이다. 주택관리사무소의 직원이 고려인 주민을 가려내는 일을 과연 꿈이나 꿀 지 생각해보면 알 수 있는 일이다.

내가 발언을 요청했다.

"현실성을 염두에 두면서 출발합시다. 우리는 가령 2백 석 정도 되는 강당을 빌릴 것입니다. 왜 더 큰 강당은 안 되냐고요? 왜냐하면 그 이상의 사람들은 오지 않을 것이기 때문입니다. 제 말과 경험을 믿으십시오. 좋습니다. 제가 틀렸고 사람들이 더 많이 모인다고 칩시다. 가령 2천 명이나 3천 명 정도로... 그렇다 하더라도 우리는 그 정도의 사람들을 수용할 수 있는 강당을 빌릴 수가 없습니다. 돈이 없습니다. 그래서 강당은 2백 석 정도의 크기가 될 것입니다. 예를 들어서 칠란자르스키 구역에 약 8천 명 정도의 고려인들이 살고 있습니다. 이들 중에서 절반이라도 참여할 수 있도록 하려면 여기서 만도 스무 번의 회의를 소집해야한다는 말입니다. 아시겠습니까?"

"그래서요?"

"그런데 우리는 절반은커녕 결코 5분의 1도 못 모을 것입니다. 그리고 과연 2백 명의 사람들이 8천 명의 의견을 표현할 수 있다고 생각하십니까?"

"그러면 어떻게 해야 합니까?" 잠시 동안 당황하더니 누군가가 물었다.

"보십시오, 이 경우에는 반드시 다수의견이 필요하지 않습니다. 다수의견은 아마 문화센터 설립에 반대할지도 모릅니다. 아니면 다수에게는 문화센터가 있든 없든 별 상관이 없는지도 모릅니다. 그렇기 때문에 문화센터가 고려인들에게 필요하다는 사실은 자명한 것으로 전제하고 일을 시작합시다. 그리고 각 구역마다 준비위원회 임원 중 두 사람이 책임을 지고 회의를 이끌어 나가도록 합시다. 준비위원회 임원들이 각자 자기가 아는 사람들의 주소, 성명, 전화번호를 적어내고 이 정보를 구역별로 분류해서 통지 책임을 맡은 사람에게 전하는 것입니다. 시 중심지에 강당을 하나 빌려서 신문에 구역별 회의일정을 발표하는 것입니다. 이런 식으로 추진하면 열흘 만에 모든 구역의 회의를 다 끝낼 수 있습니다."

내 의견에 따르기로 결정했다.

한 평생 살아오는 동안 공산당이 "모든 사람에게 다가가자"라는 구호를 끊임없이 외쳤다. 그리고 다가와서 강요했다. 자의적이지만 강제적으로 문화행사나 토요일 대청소, 경축일의 집회, 선거 등에 참석해왔다. 민주주의란 무엇보다도 먼저 각자 결정을 내릴 수 있는 권한이란 사실을 잊어버리고 말이다.

준비위원회는 각 구역에 대표단 수를 할당하는 문제와 원로회의의 소집, 그리고 손님명단 작성에 대해 더 의논했다. 하지만 나는 이 논의는 건성으로 들으면서 다른 문제를 골똘히 생각하고 있었다. 강당임대,

정관과 프로그램 복사, 그리고 신문광고에 드는 돈을 어디서 구할 것인가가 문제였다. 그 전 날 나는 띠모뻬이와 함께 여러 가능성을 계산해보았다. "삼천리" 협동조합은 비용의 반만 부담할 수 있다고 한다. 준비위원회에 이를 보고하고 각자 공공의 일을 위해서 불입금을 내라고 제안하는 길 외에는 다른 도리가 없다. 하지만 내가 이 이야기를 하고 싶지는 않았다. 니꼴라이 보리소비치가 이야기하도록 하자. 그러나 나는 곧 그의 반응을 상상해보았다. "쌀이 없는데 밥을 어떻게 짓느냐?"라고 할 것이다. 물론 그는 부족한 돈을 구해낼 것이다. 하지만 얼마나 많은 질책의 말들이 내게 돌아오겠는가?

항상 아무 일도 안 하는 사람이 가장 잘못이 없는 것으로 판명된다. 하지만 나는 이 무거운 짐을 결코 벗어버리지 못할 것이다. 내가 그 짐을 떠맡았으니 아무리 어렵더라도 내가 지어야 한다.

돈 문제는 띠모뻬이가 해결책을 강구해내었다. 그는 매 회의가 끝난 후에 영화 상영을 하자는 제안을 했다. 다행히 우리한테 영화가 한 편 있었다. 이전에 평양예술단이 가지고 와서 우리에게 선물한 것이다. 영화는 그저 그런 신파극이었지만 재일 교포들의 삶을 보여주기 때문에 이런 경우에는 흥미를 유발할 것이 틀림없다. 영화 줄거리는 다음과 같다. "남녀가 사랑에 빠진다. 아무 것도 문제될 것이 없는데 단지 한 가지 불행이 있다. 청년의 부모가 친북 단체인 조총련의 멤버인데 처녀의 부모는 친 남한 단체인 민주당의 지지자이다. 거의 로미오 줄리엣처럼 바로 여기서 비극은 시작된다." 말이 나온 김에 나는 이 영화를 보고 처음으로 재일 교포들이 두 개의 진영으로 나뉘어져 있다는 사실을 알게 되었다. 우리들처럼 말이다.

내가 가정했던 바대로 각 지역마다 150명 내지 200명이 참석했다. 준비위원회 임원들 중에서 아는 사람들의 명단을 제출한 이는 아무도 없었다. 그래서 지국 특파원들의 수첩과 여러 모임들과 행사들의 기록들을 샅샅이 뒤져서 초대받았던 사람들에 대한 기록을 확인하고 수 백 명의 이름을 찾기 위해서 낡은 전화번호부를 뒤져야만 했다.

회의는 동일한 시나리오에 따라 진행되었다. 책임자 중의 한 사람이 회의를 개최하고 니꼴라이 보리소비치가 문화센터의 목적과 임무에 대해서 간단하게 말하고 나서 창립회의에 참가할 사람들의 명단을 죽 읽어 내려갔다. 만일 그 중에서 출석하지 않은 사람이 있으면 그 이름은 지우고 대신에 다른 사람의 이름을 적어 넣었다. 가끔씩은 니꼴라이 보리소비치 대신에 그의 차석인 신씨가 연단에 나갔다. 미론 뻬뜨로비치는 찬란하게도 모든 회의에 줄곧 불참했는데 아무도 이를 주목하는 사람이 없었다.

첫 구역회의 후에 띠모뻬이가 각 구역마다 하급조직을 만들어 나중에 시 전체조직을 운영할 때 그 기반으로 활용하자는 제안을 했다. 니꼴라이 보리소비치가 이 제안을 금방 받아들였다. 나중에는 이 아이디어를 낸 사람이 마치 니꼴라이 보리소비치인 것처럼 되어버렸는데 그도 이를 애써 부인하려고 하지 않았다.

'선거운동'은 한 가지 사건만 제외하고는 대체로 조용하게 끝났다. 곽 미하일이 꾸이비셰프스키 구역에 살고 있었기 때문에 이 구역회의를 책임질 사람을 지정할 때 누군가가 미하일의 부인을 추천하자고 제안했다. 그녀도 준비위원회의 임원이었기 때문에 잘된 일이었다. 그래서 바로 그 안또니나 안또노브나가 회의를 진행하였다. 그녀가 창립회의에 대의원으로 참석할 사람들의 후보명단을 읽어 내려가자 많은 사람들이 불참한 것으로 나타났으며 이 때문에 참석자들이 불만을 나타내었다. 그러나 그녀가 남편의 이름은 포함시키면서 역시 이 구역에 거주하는 세르게이 미하일로비치를 '깜박 잊어버린' 사실은 특히 소동을 일으키게 했다. 내가 어떻게 곽 미하일의 부인이 음모를 꾸미도록 허용하겠는가? 준비위원회의 임원들은 준비위원회의 결정에 따라 자동으로 대의원 후보명단에 포함되어 있었으며 이미 각 구역 책임자들에게 이 명단을 나누어준 상태였다. 그래서 그녀가 단순히 잊어버렸다는 것은 있을 수 없는 일이었다. 한 마디로 말해서 회의 분위기가 부글부글 끓기 시작했으며 각 후보 개개인에 대해서 투표를 하는 순간이 되자 절대다수가 곽 미하일을 대의원으로 선정하는 것을 반대하고 나섰다. 이 가련한 시인이 무엇이라고 발언을 하려고 했으나 사람들이 들으려고 하지 않았다. 그래도 그는 계속 이야기를 했는데 그의 말은 종잡을 수 없었으며 거의 히스테리에 가까웠다. "당신들 - 이 xx들, 무슨 짓을 하는지도 모르면서, 세르게이 미하일로비치의 졸개들, 그가 당신들을 선동하는 것도 모르고 그의 말을 듣고 기뻐하다니..."

갑자기 말을 멈추더니 시인이 가슴을 움켜잡았다. 마치 마이크를 꺼버린 것처럼 조용해졌다. 그러더니 손을 저으면서 연단에서 내려갔다. 만일 내 마음에 아직도 곽 미하일에 대한 증오심이 남아 있었다면 이 날 저녁에 모든 미움이 사라졌다. 이미 쓰러진 사람을 짓밟는다면 얼마나 잔혹한 일인가. 이 날 일어난 일에 내가 아무런 관련이 없었다는 사실 하나 만이 위안이 되었다. 그는 자신이 뿌린 씨앗을 거두어들인 것이었다. 그러나 아직도 이것이 그 시인에게 가장 쓴 수확은 아니었다.

타쉬켄트시 문화단체를 만드는 것인 만큼 위원장직 후보에 세르게이 미하일로비치가 나가지 않으리라는 것은 자명한 사실이었다. "시" 위원장의 후보는 니꼴라이 보리소비치 혼자라는 것이 명백했다. 장례위원회와 임시정부조직위원회 위원장이 나중에 어김없이 정식 위원장이 되는 것은 옛적부터 그래왔던 일이다. 임시적인 것 보다 더 영구적인 것은 없다.

내가 무슨 반대를 할 수 있겠는가? 그러나 니꼴라이 보리소비치와 일하면서 나는 점점 더 이 사람은 우연히 문화운동의 궤도에 날아 들어온 것이라는 확신을 갖게 되었다. 세르게이 미하일로비치는 많은 점이 사람의 마음을 사로잡게 하는 인물이었다. 이미 충분히 알고 있는 한국어를 더 완벽하게 구사하려는 노력과 자기 민족문화에 대한 관심, 선견지명과 사람을 민주적으로 대하는 점이 그의 매력이다. 그는 언제나 남의 말을 듣고 동의하거나 침묵하기도 하며 진지한 충고를 하기도 하는 사람이다.

준비위원회 새 위원장은 그렇지 못했다. 첫날부터 참을성 없이 강요하는 듯한 그의 말투에 당황했다. 마치 학생들을 다루는 듯했다. 이 사람은 문화운동에 참여해서 일하고 있는 사람들 모두가 공익을 위해서 자발적으로 일하고 있다는 사실을 확실히 이해하지 못했다. 우리 모두가 원칙적으로는 허물없이 그에게 반대하고 불복할 수도 있으며 완전히 그를 거부할 수도 있는 것이다.

그의 차석인 신 발레리 유리예비치도 니꼴라이 보리소비치 밑에서 같은 과에서 일하는 교수였는데 그의 상관과 다를 바가 거의 없는 사람이다. 다음 예가 이 두 사람의 성격을 적나라하게 보여준다. 언젠가 그들이 신문사 지국에 와 있을 때 가가린이란 작은 도시에서 손님이 찾아왔다. 그 곳의 고려인들이 사람을 보내어 공화국내의 문화운동에 대한 소식들을 알아보고 또 그들이 무슨 일부터 시작해야 하며 어떻게 조직을 구성해야하는지에 대해 알아보려고 했던 것이다. 나는 당연히 손님을 준비위원회 위원장과 부위원장에게 소개시켜 주었다. 그런데 이 새 지도자들은 손님이 입도 벙끗하지 못하게 하면서 그를 가르치기 시작하는데 정말 들어볼 만했다. 의기소침해진 손님이 북한 측에서 만든 한반도통일협의회에 대해서 물어보자 이 둘이 정말 화를 내면서 이 조직에 관심이 있는 사람들을 모두 바보들이며 무뢰한들이라고 몰아 부치기 시작했다.

그 때 처음으로 나는 니꼴라이 보리소비치가 과연 타쉬켄트시 고려문화센터 위원장 자리를 탐내는 사람으로서 후보자격이 있는지 의문을 갖기 시작했다. 도대체 우리가 일 년을 넘게 힘써 일해 온 것이 바로 이 이방인이 들어와서 마구 곤봉을 휘두르게 하려는 것이었던가? 나는 이 문제에 관하여 세르게이 미하일로비치와 이야기해보려고 애썼으나 그는 매번 내 시도를 꺾어버리면서 약간 질책까지 했다. 나는 입장이 곤란해졌다. 마치 내가 사람을 중상하고 비방하는 것처럼 말이다. 그러나 시간이 흐를수록 나라도 이 이방인의 길을 막아야 한다는 확신이 생겼다. 방법은 하나였다. 시의 창립회의에서 니꼴라이 보리소비치의 대안으로 다른 후보를 내세우는 것이다.

내가 세르게이 미하일로비치에게 터놓고 내 의도를 말하자 그는 눈살을 찌푸리며 "왜 자네가 이 일에 관여해야 하나?"라고 말했다. "이미 처음부터 결정된 대로 우리 목적은 공화국전체의 문화센터를 만드는 것이 아닌가?"

"바로 그 때문에 시의 단체를 다른 사람 손에 넘겨서는 안 된다고 저는 생각합니다." 이렇게 선언하고서는 나는 갑자기 당혹스러웠다. 당 요원의 말투를 아무나 흉내 낼 수 있는 것이 아니다.

"무엇 때문에 자네가 차 교수를 반대하나? 내가 오랫동안 알고 지내던 사람이고 내가 직접 후보로 선정하지 않았는가? 그리고 그가 시의 문화단체의 장을 맡는 다는 사실은 이미 결정된 것이네."

"나는 누가 그런 결정을 내렸는지 모릅니다. 하지만 당신은 양자택일이 정말 마음에 들지 않는다는 말씀이십니까?"

"정말 그것이 이유란 말인가?"하며 세르게이 미하일로비치가 웃음을 터뜨렸다.

결국 그들이 이미 결정을 내린 상태였다. 나는 처음으로 이 "그들" 때문에 세르게이 미하일로비치로부터 자신을 분리시켰다.

대신에 띠모뻬이가 서슴지 않고 나를 지지해주었다.

"올바른 결정이야. 내 말을 잘 기억하게. 세르게이 미하일로비치는 자기와 가깝게 일하던 사람들을 한 번도 애석하지 않을 것이네."라고 그가 말했다.

세르게이 미하일로비치가 내 말을 니꼴라이 보리소비치에게 전한 것이 분명했다. 왜냐하면 며칠 후에 그가 신씨와 함께 지국으로 찾아와서 단도직입적으로 이렇게 물었기 때문이다.

"당신이 창립회의에서 후보로 출마하기를 원하는 것이 사실입니까?"

이 순간까지 사실 나는 아직 망설이고 있는 중이었다. 그러나 직접적인 질문은 똑같이 직접적인 대답을 요구한다.

"그렇습니다." 라고 나는 대답했다.

"그런데 내가 입후보한다는 말을 누가 합디까?" 라고 말하면서 나는 그의 눈을 주의 깊게 응시했다. 그의 얼굴이 빨개졌다.

"글쎄, 좋습니다." 라고 그가 우물거리더니 화제를 바꾸었다.

결국 일이 시작된 것이다. 나는 한 번도 선거운동에 관여해본 적이 없었으나 창립회의 이전에 대의원들과 만나서 내 계획을 설명할 준비는 되어 있었다. 게다가 니꼴라이 보리소비치와 함께 만나도 좋다.

다소 시간이 자유로운 띠모뻬이가 대의원들과의 만남을 주선해 주었다. 우선 세르겔린스끼 구역의 대의원들을 불러 모았지만 내 경쟁자는 그 자리에 나타나지 않았다. 끼로프스끼 구역에서 열린 두 번째 모임에도 그는 나타나지 않았다.

창립회의가 열리기 전 보름동안 나는 내가 사건의 중심에 있지 않다는 느낌을 받았다. 준비위원회 총무로서 내가 모든 일을 다 파악하고 있어야 하는데 이미 여러 번 내가 알지 못하는 일에 대한 질문을 받았던 것이다. 그래서 고의적으로 내게 정보를 주지 않는다는 것을 알게 되었다.

니꼴라이 보리소비치와 그의 차석은 내게 전혀 전화도 하지 않았으며 그들 주변에 새로운 인물들이 등장하기 시작했다. 동시에 준비위원회의 옛 임원들 중에서 많은 이들이 뒤로 물러서게 되었다.

각 구역 하급조직의 서기로 뽑힌 사람들은 모두 내가 잘 아는 이들이었다. 열 명중에 여섯 명은 확실히 나를 지지할 것이다. 당연히 이동철도 그 중의 한 사람이었는데 그는 타쉬켄트에서 가장 큰 지역이며 대략 9천 명 정도의 고려인들이 거주하는 끼로프스키 지역의 서기였다. 창립회의에 참가하는 대의원 수도 이 지역이 가장 많았다.

이동철을 서기로 뽑을 때 처음에는 격렬하고 자극적인 연설을 하는 멜스 미하일로비치 쪽으로 저울이 기우는 것이 확실했다. 그 순간 나는 개입해야겠다고 생각했다. 나는 일 년 동안 이 두 사람이 일하는 것을 지켜보았다. 이동철은 다른 허풍쟁이나 선동가들과는 달리 말을 민첩하게 잘 하지는 못하지만 한국말과 한국의 역사, 문화에 대해서 일가견이 있었다. 어디에도 그만큼 자격을 갖춘 서기는 찾아보기 힘들며 앞으로도 마찬가지일 것이다.

내 논거가 참석자들의 생각에 영향을 미쳐서 이동철이 서기로 선출되었다. 그때부터 멜스 미하일로비치는 '삼류작가' 즉 나에게 본때를 보여주겠노라고 여기저기 외치고 다녔다. 그러더니 곧 니꼴라이 보리소비치 무리들 속에 끼어 있었다.

창립회의 며칠 전에 나는 시몬 띠모뻬예비치에게 전화를 했다. 무엇을 숨기랴. 나는 고려인들 사이에 권위를 가진 이 사람의 지지를 확보하고 싶었다. 아니면 나쁜 결과이더라도 그의 의견을 알고 싶었다. 물론 선거에서의 패배가 그렇게 엄청난 비극은 아니지만 그래도 칼을 뽑았으면 전력을 다해서 싸워야하는 것이 아닌가? 나는 승리를 위해서 모든 수단을 다 사용하는 것이 좋다고 생각하지는 않지만 허가된 방법들을 이용하지 않는 것은 어리석은 것이라고 생각한다. 여하튼 시몬 띠모뻬예비치가 회의를 이끌어 갈 것이며 그것이 준비위원회의 결정이었다. 그리고 그의 배후에는 영향력 있는 고려인들이 많이 있었다.

노련한 시몬은 내가 찾아온 이유를 즉각 알아 차렸다. 그리고 다소 거칠 정도로 단도직입적인 말을 했다.

"자네가 이럴 필요가 있는가? 니꼴라이 보리소비치가 타쉬켄트시 문화협회 위원장이 될 것이라는 것은 이미 기정사실이네. 그리고 자네는 아직 젊지 않은가? 공화국 문화협회에서 세르게이 미하일로비치의 차석으로 자네를 뽑겠네. 그때 마음껏 일하도록 하게나. 그러니 양자후보를 내려는 무모한 기도는 그만두게. 창립회의에 주요고관들이 올 텐데 그들이 상황을 왜곡되게 파악하면 어떡하나. 고려인들이 무엇인가 또 합의하지 못하고 분열되는 모양이라고 말할 걸세. 그러니 내 충고를 듣게나."

그렇다. 자기 생각대로 일하는 것과 누군가에게 조종당해서 일하는 것은 완전히 다른 것이다.

나는 굴복하기로 결심했다. 게다가 세르게이 미하일로비치가 다시 한 번 내가 창립회의에서 위원장후보로 나서는 것에 동의하지 않는다는 사실을 명백하게 밝혔다. 그는 마침 그때 병원에 입원했는데 띠모뻬예이가 그를 찾아갔을 때 나에 대한 이야기를 했다고 한다.

"어떻게 내가 그를 지지하겠나. 병원에 누워있는 형편에."라고 세르게이 미하일로비치가 말했다.

"창립회의에 보내는 메모를 쓰시면 되지 않습니까?" 라고 띠모뻬예이가 제안했다.

"내가 레닌이라도 되나. 회의에 편지를 써서 보내게." 라고 그가 농담으로 받아넘겼다고 한다.

나는 세르게이 미하일로비치가 일부러 중립을 지키려고 병원에 입원했다고는 생각하지 않는다. 하지만 만약 그랬다면 그의 세심한 마음 씀에 감사할 따름이다.

창립회의 전날에 신 교수가 내게 도로교통연구소의 사회학과로 급히 오라는 연락을 했다. 사무실에는 니꼴라이 보리소비치도 있었다.

신 교수가 이야기를 시작했다.

"의논 결과 당신에게 입후보를 포기하라고 제안하기로 결정했습니다."

만일 그의 말투가 그렇게 명령적이지만 않았어도 나는 그 제안에 금방 동의 했을 것이다.

"왜요?"

"우리는 니꼴라이 보리소비치를 추천할 것입니다."

"좋습니다. 우리 운동이 민주주의 원칙에 따르며 선거가 양자택일로 이루어진다는 것을 만천하에 알리도록 합시다."

"농담하지 맙시다. 입후보를 철회하겠습니까, 아닙니까?"

"나는 아직 입후보를 한 것도 아닙니다. 이는 대의원들이 결정할 것입니다."

"더 정확하게 질문하겠습니다. 만일 대의원들이 당신을 후보로 추천하면 자진철회를 하시겠습니까?"

나는 정말 화가 났다.

"대체 무엇을 원하시는 겁니까? 그리고 왜 그렇게 명령적인 어조로 말씀하십니까?"

"그런데 문제는 만일 당신이 입후보를 철회하지 않는 경우에는 북한에서 준 기념품과 교재에 관해서 대단히 불쾌한 질문을 받게 될 것이라는 사실입니다."

"맙소사, 이게 무슨 일인가!

"잘 들어 두십시오. 만일 당신들이 공갈로 나를 협박하려고 작정하셨다면 헛수고를 하시는 것입니다. 당신들 말을 듣고 나니 더욱 원칙상 내가 선거에 나가야만 하겠군요."

"글쎄요, 우리는 당신이 수치스러운 일을 당하지 않게 하려고 말씀드리는 것뿐입니다."

"감사합니다만 제 문제는 제가 알아서 하지요."

발레리 유리예비치는 나를 쏘아보아서 지치게 만들려고 했지만 아무 소용이 없으니까 옆에 앉은 이를 향해 말했다.

"명백하군요, 니꼴라이 보리소비치. 이 젊은이가 자신에게 무슨 일이 닥칠 것인지 이해를 못하는군요."

"좋아, 나중에 스스로 책망하게 내버려두자고." 니꼴라이 보리소비치는 나를 쳐다보지도 않고 이렇게 투덜댔다.

여기서 우리의 대화는 끝났다. 나는 격렬한 분노에 사로잡혔다. 그들은 내게 공갈협박을 했기 때문에 나를 무서워하고 있었다.

한 가지 사실은 명백했다. 선거결과에 상관없이 더 이상 그들과 함께 일하지 않을 것이다.

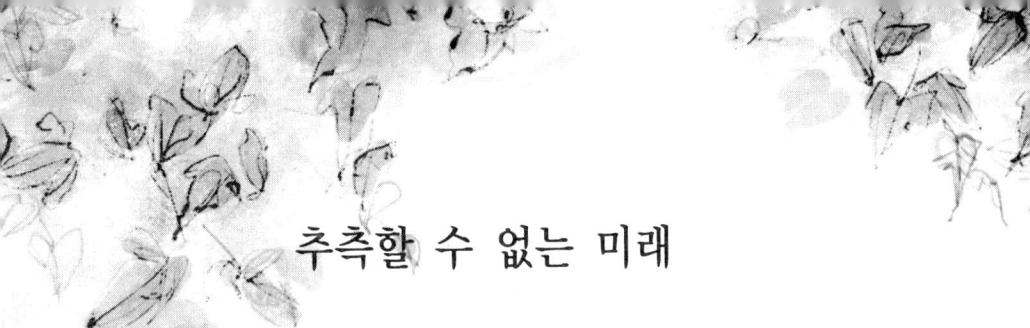

추측할 수 없는 미래

 마침내 오랫동안 기다리던 창립회의 날이다. 우리는 일부러 회의 날짜를 음력설에 맞추었다. 낮에는 축제행사를 열고 밤에는 시에서 제일 좋은 축에 속하는 식당에서 성대한 연회를 가질 예정이다.
 따스하고 습한 2월의 아침 날씨로 보아 오늘은 매혹적인 맑은 날씨가 될 것이다. 창립회의가 열리는 "인뚜리스트" 문화정보센터의 큰 홀에는 이른 아침부터 한국음악을 틀어놓았다. 내게 선거위원회 위원장을 시켰기 때문에 나는 한복을 입은 아가씨들과 함께 입구에서 대의원들을 맞이하고 있었다. 특별히 사회적 지위가 높은 사람들은 내가 직접 등록하는 곳으로 안내했다. 모든 참석자들에게 노트와 펜이 포함된 서류철을 나누어주었다. 다른 어느 사회단체의 모임에 비교해도 뒤지지 않는 수준으로 준비했다. 탁자 위에도 필요한 정보가 포함된 보고서가 차곡차곡 쌓여 있었다. 이 보고서는 모두 내가 직접 작성했는데 이 일을 하면서 나는 남이 당할 재액에 은근히 기분이 좋았다. 여기에 니꼴라이 보리소비치와 그 도당들을 놀라게 할 선물이 포함되어 있었기 때문이다. 왜냐하면 이 보고서에 나는 세르게이 미하일로비치를 중심으로 하는 구 준비위원회가 한 일을 모두 열거해놓았기 때문이다. 오늘 우리 사업이 이렇게 싹을 피우기 위해서 그 토양을 가꾸어 온 사람들이 과연 누구인지 모두 알게 될 것이다.

니꼴라이 보리소비치는 제일 먼저 나타났는데도 전혀 눈에 띄지 않았다. 그 대신에 비밀리에 발레리 유리예비치와 멜스 미하일로비치가 대의원들 사이를 이리저리 분주하게 뛰어다니고 있는 모습이 보였다. 그러나 곧 모두들 어디론가 사라졌다.

띠모뻬이가 내게 다가왔다.

"소강당에서 지금 노인회를 만들고 있는데 자네 알고 있나?"

나는 이에 대해 전혀 아는 바가 없었지만 마치 잘 알고 있는 듯이 그를 보았다.

"이 회의를 왜 만들고 있는지는 아나? 니꼴라이 보리소비치를 입후보로 내세우기 위해서야!"

"진정하게, 띠모뻬이. 노인들이 후보를 추천할 수 있을지 모르지만 그들에게 선거권은 없지 않은가. 대의원들이 결정할 걸세."라고 말하면서 나는 머리를 끄덕이며 홀을 가득 메운 사람들을 가리켰다.

나는 모든 일에 각오가 되어 있었으므로 니꼴라이 보리소비치가 취한 행동에 조금도 놀라지 않았다. 바로 이 일 때문에 그들이 선거위원회 일을 내게 맡겼던 것이다. 노인회를 만드는 동안 내가 홀에서 정신을 빼앗기고 있도록 말이다. 그러나 우리도 그렇게 호락호락 넘어갈 사람들은 아니지. 보고서를 본 니꼴라이 보리소비치의 얼굴이 창백하게 될 것이다. 그리고 내게는 집에서 준비해 온 무기가 하나 더 있었다.

이런 생각에 사로잡혀서 나는 꽉 미하일이 온 것을 금방 눈치 채지 못했다. 그런데 이상한 것은 그를 보고도 경악이나 동요나 분노 같은 감정을 전혀 느끼지 못했다는 점이다. 오히려 반대로 무엇인가 존경심에 가까운 것을 느꼈다. 이 지칠 줄 모르는 방랑자는 전날의 그런 불명예스러운 일에도 불구하고 또 모습을 나타낸 것이다. 글쎄, 그렇다면 하고 싶은 대로 내버려두어야지. 무슨 일이 있더라도 이 날만은 그가 무슨 수를 써서라도 회의장에 들어오려고 할 것이다. 여하튼 입구에서는 아무도 들어오지 못하게 막지 않을 것이며 손님들은 누구나 방청석에 앉을 수 있도록 되어 있었다.

그러나 시인은 방청객 역할만 할 것 같지 않았다. 어떤 방법을 썼는지 그는 창립회의 대의원 표를 손에 넣었으며 입구에서 자기 이름을 등록하려고 했다. 그러나 그의 마음대로 되지 않았다. 그의 이름이 명단에 나와 있지 않았던 것이다. 미하일이 강경하게 나가자 말다툼이 일어났으며 거기서 곧 나를 불렀다.

나는 대의원등록 책상으로 다가가서 "진정하시오, 진정하시오."라고 말했다. 그리고 미하일의 눈을 똑 바로 쳐다보면서 "초청장을 보여 주시겠습니까?"라고 물었다.

우리들 사이에 충돌이 시작된 이후로 처음 시인이 당황해하며 표를 쥔 손을 등 뒤로 감추었다.

"좋습니다. 등록은 안 됩니다만, 강당에는 들여보내십시오."라고 말하면서 나는 등을 돌려서 나왔다. 이 오래된 적의 쫓기는 듯한 얼굴을 도저히 쳐다볼 수가 없었다. 지금 내 뜻대로 할 수 있다면 그를 의장단에 앉히고 그의 공적에 상당한 대접을 해주고 싶었다. 우리는 그와 동시에 고려문화운동을 시작했기 때문에 한 길을 걸어온 것이나 마찬가지이다. 하지만 인생이란 정말 놀라운 것이다. 삶은 사람들을 적과 친구로 나눈다. 종종 무슨 이유인지도 잘 모르면서 말이다.

내가 같은 날 이렇게 많은 사람들과 악수를 나누어본 적은 한 번도 없었다. 많은 사람들이 인사를 나누면서 나를 격려하는 것이 의무인 양 생각했다. 그리고 자신들이 상황을 잘 파악하고 있으며 내게 표를 던질 것이라는 것을 암시했다. 나는 그들에게 감사하는 마음이었으며 패배할지도 모른다는 생각 때문에 더 이상 마음을 졸이지 않았다. 이렇게 많은 친구들을 얻었으니 그 자체가 바로 이긴 것이나 마찬가지 아닌가?

10시였다. 4백 석짜리 강당이 사람들로 꽉 메워졌다. 의장단에는 준비위원회 임원들과 각 구역 서기들과 초청된 손님들이 앉아 있었다. 손님들 중에 시 집행위원회의 파이줄라예프 위원장이 와 있었다.

의장단이 앉은 탁자 중앙에는 천 시몬 띠모뻬예비치가 자리를 잡고 확신에 찬 목소리로 회의 참석자들에게 인사를 한 후에 타쉬켄트시 고려문화협회 설립에 관한 연설을 준비위원회위원장 니꼴라이 보리소비치에게 넘겼다.

그의 연설은 간결하고 절제된 것이었다. 37년의 강제이주, 중앙아시아 민족들의 우정 어린 도움들, 페레스트로이카, 당과 정부의 노고...

의례적인 순서가 끝난 후에 선거위원회위원장이 보고할 차례가 되었다.

전 날 나는 늦게까지 이 연설을 준비했다. 단순한 보고가 아닌 진짜 연설을 준비했다. 내가 발언할 기회가 더 이상 주어지지 않을 지도 모르기 때문에 이 기회를 공허한 숫자와 사실들을 열거하는 것으로 제한할 수가 없었다.

나는 강당을 한 번 둘러보았다. 우리는 살면서 이런 순간들을 맞이하게 된다. 너와 청중들. 무슨 말을 할 것이며 네 말이 어떤 결과를 가지고 올 것인가?

"존경하는 동지 여러분!

신, 구 준비위원회의 이름으로 창립회의 대의원 여러분께 인사를 올리는 바입니다. 그리고 여러분의 결정이 소련고려인의 운명에 지대한 의미를 가지며 민족문화와 언어의 부흥을 위해 강한 추진력으로 작용할 것이라는 점을 저는 조금도 의심치 않는 바입니다."

내가 이 말을 한국어로 거의 거침없이 말하자 청중들이 박수를 쳤다. 박수갈채에 기운을 내어서 러시아말로 다음 말을 계속 이어 나갔다.

"이 보고서를 준비하면서 저는 우리 회의가 얼마나 특별한가 하는 생각을 했습니다. 그래서 이런 회의에서는 평범한 선거위원회의 보고서가 아닌 아마도 무엇인가 특별한 내용이 필요하다고 생각했습니다. 그래서 저는 보통 형식과는 다른 개념을 도입하여 대의원 여러분들께 관련 수치와 사실들을 말씀드리는 동시에 여러분들과 저의 생각을 함께 나누고자 합니다. 이 자리에 모인 사람들은 누구이며 우리가 고려인 민족 집단으로서 어떤 모습을 지니고 있으며 또 무엇이 우리를 통일시키며 분열시키는지에 대하여 말씀드리고자 합니다.

타쉬켄트시의 10개 구역과 나리마노프시와 수도권의 깔리닌스키 지역에서 251명의 대의원들이 이 창립회의에 참가하고 계십니다. 그 수만큼의 임시증명서를 배부해 드렸으며 202명의 대의원들이 오늘 등록을 마치셨습니다. 이 자리에 오지 못하신 49명의 대의원들께서는 필히 그만한 이유가 있을 것입니다.

일 년 전만 해도 우리 고려인들은 함께 모여서 이렇게 우리 문제를 의논하는 것이 꿈에서나 가능한 일이라고 생각했습니다. 제가 이 강당에 타쉬켄트 고려인 사회의 지적인 꽃들이 모였다고 말씀드린다고 해서 이 말을 아부로 생각하지 않으시기를 바랍니다. 수십 명의 박사들과 기술자들, 교사들과 의사들이 이 자리에 계시며 일일이 다 열거하지 못할 정도로 많은 각 분야의 전문가들이 와 계십니다. 대의원들의 90퍼센트가 고등교육을 받으신 분들입니다. 그리고 여기 계신 몇 분의 동지들에 대해서는 따로 말씀드리고자 합니다.

우리 창립회의 의장은 천 시몬 띠모뻬예비치입니다. 이 분은 우리 공화국의 저명인사이며 얼마 전까지 장관을 지내셨으며 공산당중앙위원회 위원이시자 우즈베키스탄 공화국 최고회의 대의원이십니다. 그러나 높은 직위 때문에 이분을 존경하는 것은 아닙니다. 페레스트로이카가 겨우 시작된 1985년에 장관과 대의원이시던 이 분은 우리 고려인의 정치적인 복권에 대하여 떳떳하게 말씀하셨습니다. 오늘날 이 분이 우리 창립회의를 맡아서 주관하시는 것이 우연한 일은 아닙니다.

또 여기에 남 펠릭스 블라디미로비치가 와 계십니다. 그는 러시아어와 한국어 교수이시며, 혼자서, 다시 강조하지만 단신으로 사범대학에 '한국어문학과'를 재개설하신 분입니다. 그리고 그의 노력의 대가로 생긴 이 한국어문학과가 중앙아시아에서는 유일하게 한국어 교사를 양성하는 곳입니다.

화가 김 베냐민 사무일로비치께서도 우리 회의의 대의원이십니다. 이 분은 자신의 전 작품을 통해서 1937년의 아픔과 비극적인 고려인 강제이주의 고통을 표현해왔습니다. 상황에 편승하여 노래하는 다른 작가, 화가들과는 다르게 베냐민 사무일로비치의 작품을 구입하는 사람들은 정말 적었으며 개인 전시회도 겨우 49세에나 열 수 있었습니다. 그러나 저는 그의 작품이 정당한 대접을 받을 날이 곧 오리라고 생각합니다. 그리고 그 시간이 정말 도래한 것입니다.

우리 모두 다른 민족 사람들이 우리 고려인들을 근면하고 정직한 사람들이라고 평가하는 것에 대해서 상당한 자부심을 느끼고 있을 것입니다. 대의원의 40퍼센트가 정부로부터 훈장을 받은 바 있으며 여덟 분은 공로노동자의 칭호를 갖고 계시며 두 분은 사회주의노동영웅 금메달을 받으셨습니다.

대의원 여러분들의 이력서를 보면 인간의 활동분야 중에서 거의 빠진 것이 없을 정도로 직업이 다양합니다. 여러분들은 핵물리학, 서비스업, 컴퓨터 프로그래밍, 화학공학, 법률학, 교직, 의료계, 건설업 등에 종사하고 있습니다. 게다가 대의원들의 평균연령층을 보면 40세에서 45세까지입니다. 바로 이 세대가 고려인들을 소비에트 연방 인구 천 명당 고등학교와 대학생 졸업자의 비율을 두 번째로 끌어올린 장본인들입니다. 바로 이 세대가 우리 자식들의 앞날의 운명에 대해 특히 심각하게 생각하고 있습니다.

우리 모두 민족의 장점과 가치라는 말에 익숙해있습니다. 그러나 민족의 비하라는 말도 남아 있습니다. 이는 민족의 전통과 관습을 보전할 기회를 빼앗을 때 해당되는 말입니다. 시간과 장소를 불문하고 모든 독재정권이 사람들의 개성을 빼앗고 민족의 기억을 지우려고 노력했던 데는 다 그만한 이유가 있는 것입니다.

이 강당에는 지금 공산당중앙위원회, 타쉬켄트시 공산당지역위원회, 그리고 시 집행위원회를 대표해서 여러 손님들이 나와 계십니다. 이 분들이 우리 창립회의의 비중과 의미에 무게를 더해 주고 계십니다. 저는 이 분들이 단순히 자리를 빛내기 위해서 초대된 '결혼식의 장교'로 여기에 오신 것이라고 생각하지 않습니다. 그러므로 우리는 이 분들에게 언제 우리 공화국에 사회단체법이 제정될 것인지를 묻고 싶습니다. 전반적으로 그런 법이 준비되고 있는지, 그리고 미래의 문화센터와 협회들에게 도움이 되는 프로그램에는 어떤 것이 있는지 알고 싶습니다.

준비위원회는 유태인, 타타르인, 위구르인, 아르메니아인, 아제르바이잔, 그리고 카자흐인들의 문화센터와 협회를 대표하는 분들도 저희 창립회의에 초대했습니다. 이분들은 우리들과 운명을 같이 하는 형제들입니다. 작년 말에 우리들은 한 자리에 모여서 경험과 정보의 교환, 공동 행사와 상호원조를 위해 조정센터를 만든 바 있습니다. 우리의 좌우명은 단결입니다. 결국 우리들이 원하는 것은 오직 한 가지입니다. 우리 문제를 우리 스스로 해결할 수 있는 기회를 가지는 것입니다.

마지막으로 한 가지 더 말씀드리고자 합니다. 오랫동안 고대해왔던 창립회의를 개최하면서 잠시 묵념의 시간을 가지는 것이 우리 모두의 의무라고 생각합니다. 스탈린의 탄압의 희생양으로 쓰러진 사람들을 모두 추모하면서 말입니다. 그 중에는 고려인들도 포함되어 있었습니다.

저는 창립회의가 선거위원회의 보고를 승인해주시고 202명 대의원들의 실질적인 권한을 인준해주시기를 부탁드립니다."

참석한 사람들의 반응을 기다리면서 시몬 띠모뻬예비치가 전형적인 발언을 했다.

"선거위원회의 보고를 만장일치로 승인한다는 의미에서 박수를 보내주시기 바랍니다."

그러나 그가 두 번째 문제로 채 넘어가기 전에 곽 미하일이 무대로 기어 올라왔다.

"무슨 일입니까?"라고 시몬 띠모뻬예비치가 그에게 물었다.

"몇 마디 하려고 합니다." 시인은 조금도 당황하는 기색 없이 호주머니에서 종이 몇 장을 꺼내었다.

"몇 마디라뇨?" 의장이 놀라서 되물었다. "우리는 지금 회의 중입니다, 젊은 양반. 순서가 있는 법입니다. 먼저 의장단에 노트를 써서 신청을 하고 아무쪼록 나중에 발언을 하기 바랍니다."

"나는 딱 몇 마디, 축사를 하려는 것뿐입니다. 아시겠습니까..."

"아, 글쎄 연단에서 내려가시오." 시몬 띠모뻬예비치가 버럭 소리를 질렀다. 이 때 그의 귀에다 대고 니꼴라이 보리소비치가 무엇이라고 잠시 속삭였다.

"당신은 창립회의 대의원도 아니지 않소. 당장 연단에서 내려가시오!"라고 의장이 다시 말했다.

그러나 미하일은 무슨 일이 있어도 발언을 하고야 말 기색이었다. 미하일이 이미 마이크를 자기 앞으로 당기자 시몬 띠모뻬예비치가 회의장을 향해서 말했다.

"이 동지가 회의 질서를 교란시키려고 합니다. 우리 모두 박수를 쳐서 이 사람을 연단에서 내려가도록 합시다."

사람들이 일제히 박수를 치고 발을 구르며 야유를 보내기 시작했다. 그러자 나는 다시 미하일이 딱하게 느껴졌다. 그가 준비위원회와 반목하긴 했지만 그가 오늘 열린 이 창립회의에 기여한 공로는 다른 사람들 보다 훨씬 컸다. 갑자기 공화국의 공산당회의에서 같은 방법으로 교묘하게 장내의 도움을 빌어 내게 발언할 기회를 주지 않았던 일이 머리에 떠올랐다.

곽 미하일은 비통한 얼굴로 소음을 내고 있는 대의원들을 쳐다보더니 손을 내저으며 연단을 내려가 출구 쪽으로 걸어갔다.

실망하지 말게, 시인이여. 중요한 시험은 아직 남았네. 우리들 각자가 문화운동에 지도자이건 아니건 간에 상관없이 각자 조그만 기여라도 해야 할 때가 올 것이네. 그 때 만일 당신이 낙담하여 더 이상 일을 하지 않는다면 그 동안의 모든 일이 위선이었으며 우리 민족사회를 부흥시키려는 열망과 의지로 일을 해온 것이 아니라 이 파도를 타고 전면에 나서려고 일을 한 것이라는 이야기가 될 것이네. 만일 당신이 진실한 애국자라면 우리는 다시 만날 것이며 서로 서로 손을 잡고 나아갈 수도 있는 것이네.

정관과 강령에 대해서는 천 빅또르 니꼴라예비치가 연설했다. 각자 본문을 갖고 있었기 때문에 전부 읽어 내려가지 않고 단지 설명이 필요한 부문들만 짚고 넘어갔다. 노련한 법률가인 빅또르 니꼴라예비치는 이 일을 정확하고 분명하게 해내었다. 대의원들도 별다른 지적은 하지 않았다. "타쉬켄트시 고려문화협회"라는 새 조직의 이름에 대해서도 별 이의 없이 동의가 이루어졌다.

잠시 휴식을 가진 후에 대의원들은 자신들의 초청장을 선거용지로 교환해서 문화협회의 임원들을 선출하기 시작했다. 지국에 자주 들르는 젊은 법률가인 황 레오니드가 이끄는 개표위원회가 선출되었다. 그는 예기치 않게 개표위원장으로 발탁되었다. 회의장의 앞줄에 앉은 레오니드는 시몬 띠모뻬예비치의 회의진행방식에 대해 몇 번 지적을 했다. 사실 옛날식대로 회의를 진행하는데 익숙해진 이 나이 많은 당 간부가 때때로 절차상의 규범을 어겼던 것이다. 레오니드의 지적 때문에 시몬 띠모뻬예비치는 신경이 곤두섰지만 내색을 하지 않으려고 애썼다. 그런데 개표위원들을 뽑는 문제가 논의될 때 파이줄라예프가 갑자기 이 젊은 원칙주의자를 개표위원회에 포함시키자고 제안했다. 그래서 레오니드가 개표위원장으로 뽑히게 되었으며 나는 이에 무척 흡족하였다. 대신 니꼴라이 보리소비치와 발레리 유리예비치는 서로 눈짓을 했다. 아마 개표위원장으로 생각해놓은 인물이 있었던 듯했다.

그러나 곧 상황이 바뀌었다. 공개투표로 다수결에 의해 위원장을 선출하도록 결정했을 때 레오니드가 다시 의장단에 이의를 제기했다.

"어떤 다수결을 말씀하시는 겁니까? 단순한 다수를 말씀하시는 겁니까, 아니면 어떤 제한 조건이 있는 다수를 말씀하시는 겁니까?"

시몬 띠모뻬예비치는 이 질문의 핵심을 확실히 파악하지 못하고 화를 버럭 내었다.

"젊은 양반, 왜 그렇게 매사에 똑똑한 척 하나!"

레오니드는 이 말에 당황하는 기색 없이 장내를 향해 말했다.

"동지 여러분, 이것은 중요한 문제입니다! 단순한 다수는 한 표 차이만으로도 선출되는 것이며 제한적인 다수결은 4분의 2나 4분의 3의 득표를 얻어야만 선출이 되는 것입니다. 육안으로 보고 그 자리에서 수를 세어야 하는 경우에 이는 매우..."

"앉으시오!" 시몬 띠모뻬예비치가 마침내 참지 못하고 말했다. "그만

똑똑한 척 하시오. 우리는 단순 다수결로 선출합니다."

"그러면 저는 개표위원회 위원장으로 일할 수 없습니다."

"마음대로 하시오."

그러자 당장 발레리 유리예비치가 레오니드 대신에 멜스 미하일로비치를 개표위원장으로 뽑자고 제안했다. 반대의견이 없었다.

먼저 니꼴라이 보리소비치를 후보로 추천했다. 존경하는 노인회가 니꼴라이를 후보로 추천하기로 결정했다는 사실을 강조했다. 그 다음에 내 이름이 호명되었다. 순서대로 후보추천이 시작되었고 토의가 이루어졌다.

자신에 대한 다른 사람들의 의견을 듣는 것은 언제나 흥분되는 일이다. 그런데 조금 이상한 것은 마치 남의 이야기를 듣는 것처럼 여겨졌다.

토론이 한창일 때 신 교수가 연단으로 나왔다. 그는 니꼴라이 보리소비치를 대단히 칭찬했다. 얼마나 오랫동안 이 후보와 일해 왔으며 이 사람이 얼마나 훌륭하고 원칙적인 사람인지를 정확하게 안다고 말했다. 어떡하겠는가? 부하직원은 원래 상사에 대해서 무슨 말을 해야 하는지 잘 알지 않은가?

그리고 나중에 신 교수는 창립회의를 앞두고 병원에 입원해 있는 세르게이 미하일로비치를 찾아가서 미래의 문화협회위원장 후보에 대한 이야기를 나누었노라고 덧붙여 말했다. 그리고 고려문화운동의 지도자인 세르게이 미하일로비치가 오직 니꼴라이 보리소비치만이 이 자리에 적합한 인물이라고 생각하고 있다고 말했다.

이상하게도 회의 참석자들은 이 말을 듣고도 으레 보이는 반응을 보이지 않았다. 소련사람들에게는 아마 위에서 지정한 후보에 대해 본능적으로 반대하는 감정이 마음속에 살아 있는 지도 모른다.

솔직하게 말해서 칭찬을 들으면 기분이 좋다. 펠릭스 블라디미로비치가 일어났다. 나는 그가 반드시 발언을 하리라는 것을 알고 있었다. 하지만 내가 그의 공적을 상기시키는 말을 한 것이 맹세컨대 나에 대한 호감을 불러일으키게 하려는 것은 아니었다. 화려한 수식어를 써가며 연설을 한 후에 펠릭스 블라디미로비치는 젊은 후보, 즉 내가 직업상 많은 사람들을 알고 널리 알려져 있는 사람이지만, 나의 한국말 실력이란 것이 중급에도 못 미치는데 끈기 있게 더 공부는 안 하고 자신의 제한된 지식을 자랑삼아 남에게 보이려고 애쓰는 사람이라고 말했다.

그리고 나의 공명심과 모험적인 성향에 대해서 무엇인가 더 말했지만 나는 더 이상 듣지 않았다. 울분으로 가슴이 터지는 것 같았다. 아마 내게 그런 점이 있을지도 모른다. 그러나 나와 어릴 적부터 알고 지냈으며 내가 얼마나 어렵게 인생을 살아왔는지 잘 아는 바로 그 펠릭스 블라디미로비치가 그런 말을 하다니. 아버지 없이 자라서 열다섯 살의 나이에 건축공사장에서 일하기 시작했고 군대에 다녀온 뒤에는 일하면서 공부해야 했던 나에 대해서 말이다. 그 자신이 내게 사범대학 한국어과에서 가르칠 것을 제안했으며 불충분한 지식을 이유로 내가 그 제안을 거절하자 내게 애국심이 부족하다고 혹독하게 나무랐었다. 그가 나에 대해 한 말이 옳은 지도 모른다. 하지만 여기 모인 사람들이 모르는 나에 대한 이야기들을 그라면 단 한마디라도 해줄 수 있지 않은가?

우리 지국의 운전기사로 일하는 타타르인인 미샤 아저씨가 항상 하는 말이 있다. "만일 누군가가 내게 화를 내면 나는 언제나 그 사람에게 감사한다. 왜냐하면 그가 내게 무관심하지 않다는 것을 말해주기 때문이다." 미샤 아저씨의 입에서 참으로 진실된 말이 나왔다. 그러나 왜 이렇게 속이 상하고 비통한 심정인가!

그때 갑자기 멜스 미하일로비치의 목소리가 들렸다.

"질문을 한 가지 하려고 하는데 대의원 여러분들께서도 저와 같은 의

견일 것이라도 생각합니다. 기념품을 둘러싼 소문에 대해서 젊은 후보의 설명을 들어보도록 합시다. 북한이 준비위원회에 선물로 기증한 기념품들을 이 사람이 돈을 받고 팔았습니다."

나는 니꼴라이 보리소비치와 발레리 유리예비치가 내게 경고했던 순간이 왔다는 것을 알았다.

나는 단지 차석일 뿐이며 이에 대한 대답은 세르게이 미하일로비치가 하는 편이 더 나을 것이라고 대답하면서 이 공격을 쉽게 받아넘길 수도 있었다. 그러나 그는 이 자리에 없었다. 그들은 출석하지 않은 사람의 말을 인용할 수 있는지 모르지만 나는 그럴 수가 없었다.

그리고 나는 사실대로 있었던 일을 모두 설명했다. 기념품을 선물로 받은 것으로 처리했지만 사실은 적지 않은 돈을 지불할 수밖에 다른 방도가 없었다고 해명했다.

이 설명에 다들 만족한 것 같았지만 멜스 미하일로비치는 아니었다. 그의 목소리가 다시 죄과를 폭로하는 듯한 말투로 울려 퍼지기 시작했다. 그는 보고서와 수치를 요구했다. 그리고 이제는 기념품만이 아니라 평양예술단의 순회공연까지 들먹였다. 나는 정말 대답하고 싶었지만 사실을 정확하게 몰랐기 때문에 답변을 할 수가 없었다. '삼천리'협동조합이 이 일을 담당했다고 말했다. '협동조합'이라는 말에 장내가 웅성거리기 시작했다. 많은 사람들이 새로운 형태의 경제활동에 부정적인 생각을 가지고 있었기 때문이다. 멜스는 '삼천리'협동조합 위원장을 연단으로 불러내었다.

황 띠모뻬이가 나와 나란히 서게 되었다. 그는 놀라울 정도로 침착했으며 협동조합 위원장 자격으로는 이 회의에 보고할 의무가 없노라고 말했다. 만일 '삼천리'가 법을 어겼다면 상응하는 기관이 이를 처리할 것이라고 말했다. 그러나 준비위원회 부위원장 자격으로는 해명할 준비가 되어 있노라고 말했다. 그리고 서두르지 않고 또박또박 설명하기 시작했다. 어떤 식으로 기념품을 받게 되었으며 그 양이 그렇게 엄청날 것이라는 것은 그 누구도 기대하지 못했으며 왜 협동조합에 기증하는 형식으로 처리하자고 결정을 내렸는지 그리고 준비위원회는 왜 직접 그런 역할을 수행할 수 없었는지에 대해서 설명했다.

"평양예술단의 순회공연에 관한 일도 똑 같은 식이었습니다. 다시 반복하지만 준비위원회는 법적 지위가 없는 상태이므로 물질적인 문제에 대한 책임을 질 수가 없습니다. 몇몇 분들이 아마도 우리가 이 일로 얼마나 돈을 벌었는지 궁금하신 모양입니다. 첫째, 어떤 협동조합도 손해를 보면서 일하지는 않습니다. 둘째, 누진세라는 것이 있습니다. 그래서 이익금의 많은 부분이 국고로 들어갔으며 이는 즉 당신들과 우리들의 호주머니로 돈이 들어갔다는 이야기입니다."

"그러나 당신들이 기념품 대금을 실제로 지불했다는 것을 누가 입증할 수 있습니까? 그리고 기념품이 준비위원회에 기증된 선물이 아니라는 것은 누가 증명할 수 있습니까?"

"아무도 없습니다. 하지만 여러분들 중에서 누구라도 이 문제에 대해 북한 대사관에 조회하실 수 있습니다"라고 띠모뻬이가 웃으며 대답했다.

장내의 사람들은 만족한 듯이 보였다. 시몬 띠모뻬예비치가 다음과 같이 선언했다.

"후보들에게 더 이상 질문이 없으면 투표를 시작하도록 하겠습니다."

각 줄마다 개표요원들이 지나갔다. 먼저 니꼴라이 보리소비치의 이름을 호명하였다. 회의장을 둘러보았다. 많은가, 적은가? 어떤 계산이 나올 것인가?

의장단은 거의 전원이 손을 들었다. 니꼴라이 보리소비치조차도 자기 자신에게 손을 들었다.

그 다음에 내 이름이 호명되었다. 마음을 굳게 먹고 다시 회의장을 둘러보았다. 순간적으로 내게 더 손을 많이 든 것으로 보였지만 희망하는 바를 현실화시켜 생각하는 것이 사람의 본능이 아닌가?

숫자를 발표했다. 니꼴라이 보리소비치가 여섯 표 차이로 선출되었다.

그 순간 마음이 텅 비고 가벼워졌다. 목에 치밀어 오르던 작은 돌덩어리 같은 것이 사라져버렸다. 개표위원회가 실수했을 수도 있었다. 그러나 이제 더 이상 아무런 의미도 없다. 나는 내가 진 짐을 정해진 장소까지 지고 왔다. 그리고 더 이상 어떻게 할 것인지는 내 의지에 달렸다. 다시 이 일에 매달릴 것인지 아니면 물러날 것인지.

의사일정이 모두 끝났으며 창립회의가 임무를 완수했다. 웃는 얼굴들과 격려하는 말들이 오갔다. 많은 사람들이 보는 가운데 나는 니꼴라이 보리소비치에게 다가가서 악수를 하면서 당선을 축하해 주었다. 그는 이런 상황을 예기치 못했는지 조금 당황해했다.

창립회의장에서 대의원들은 바로 설날 연회장으로 향했다. 나도 그들 모두와 함께 가면서 보통 때와는 달리 이 사람들 각자에게 친근감을 느꼈다. 그리고 동시에 어떤 고독감도 느꼈다.

물론 우리를 기다리고 있는 운명을 내가 알 리가 없었다. 한 달도 채 지나지 않아서 니꼴라이 보리소비치와 미론 뻬뜨로비치가 중앙위원회에 편지를 보냈는데 거기에 다음과 같은 구절이 있었다. "... 당과 정부의 노고 덕분으로 만들어진 타쉬켄트시 고려문화협회가 계획한 대로 공화국 차원의 창립회의를 준비하고 있는 이 때에 세르게이 미하일로비치를 중심으로 하는 구 준비위원회가 고려문화운동에 분열을 조장하고 있습니다." 상부에서 한 세르게이 교수를 불러 구 공화국 준비위원회를 해산하고 새 준비위원회를 만들라고 제안했다. 그래서 각 도시와 지역의 고려인 사회의 대표들이 모였는데 이들은 다시 한 교수를 지도자로 선출했다. 그러나 나는 이미 새 준비위원회에는 들어가지 않았다. 왜냐하면 기념품과 순회공연을 둘러싼 복잡한 문제들을 회피하기 위해서는 내가 빠지는 것이 좋겠다고 내 자신이 제안했기 때문이다. 그리고 세르게이 미하일로비치는 이 제안에 쉽게 동의했다.

어떻게 하겠는가? 장군들은 승리를 위해서는 가장 신봉하는 장교들도 자주 희생시키는 것을.

그러나 세르게이 미하일로비치도 신 준비위원회가 겨우 2주일만 존재하다가 상부의 명령으로 다시 해산되고 막후공작의 결과로 니꼴라이 보리소비치가 공화국 고려문화협회 위원장 자리에 앉으리라는 것은 미처 알지 못했으리라.

그리고 대의원들 중에서 어느 누구도 반년이 채 지나지 않아서 니꼴라이 보리소비치가 추한 일에 연루되어 불명예스럽게 쫓겨나고 그 자리에 미론 뻬뜨로비치가 앉게 되리라고는 생각지도 못했을 것이다. 고려문화운동에서 빠져나가려고 손발을 다 버둥거리던 바로 그 미론 뻬뜨로비치 말이다.

그러나 위대한 소비에트 국민의 작은 일부인 우리가 겨우 일 년 후에 소비에트연방 사회주의공화국이란 이름 하의 거대한 국가가 이렇게 산산조각나리라고 생각이나 했겠는가? 우리는 모두 공포에 질려 망연자실하며 고통스러워하고 … 그리고 마침내는 안도의 숨을 내쉬었다. 마치 앓던 이를 뽑은 것처럼.

그리고 앞으로 내가 한국어 교사협회를 만들고 세미나를 조직하며 교과서를 준비하고 발행하는 일에 열성적으로 매달리게 되리라고는 그 때는 생각도 못했다. 그리고 내가 내딛는 걸음마다 우리가 오늘 선출한 고려문화협회 지도자들이 질투심으로 나를 주시하게 될 것이라는 것도 알지 못했다.

그 해 2월 음력설 전야에 나는 투표에서 졌지만 시작한 일은 계속하리라는 결의와 고려인 사회의 밝은 앞날에 대한 믿음을 가지고 다른 사람들과 함께 회의장을 걸어 나올 그 때에는 일이 이렇게 진전되리라는 것을 상상도 하지 못했던 것이다.

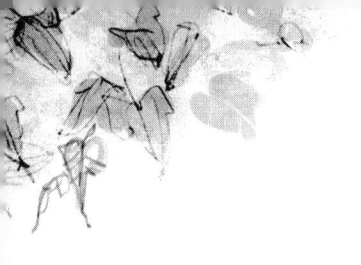

백 년 후의 만남

(어떤 신문에도 실리지 않은 글)

수 년 전에 나는 통역자격으로 남한 텔레비전방송국 사람들을 동행한 적이 있었다. 남한에서 제일 큰 방송사인 "한국방송공사"가 소비에트 연방과 페레스트로이카에 대한 기록영화를 제작하면서 소련고려인들에 대한 이야기를 넣기로 한 것이다.

당시에는 남한사람들을 만날 기회가 드물었으며 매 번 만남이 거의 잊혀진 내 조상의 나라에 대해 좀 더 잘 알 수 있는 기회를 제공해주는 큰 사건이었다. 다섯 명으로 구성된 촬영 팀을 지휘하는 사람은 이인호 교수였는데 그녀는 서울대학에서 얼마 전에 개설된 러시아사를 가르치는 분이었다. 자그마한 키에 야위고 안경을 쓴 이인호 교수는 작은 목소리로 이야기하며 따스한 마음을 지니고 세련된 매너를 가진 사람이었다. 그녀는 한국여자들의 몸에 밴 조심스러움으로 젊은 방송기자들을 대했으며 동양남자들의 자존심을 배려할 줄 알았다.

도처에서 정말 친절하게 우리 일행을 맞이해 주었다. '오, 한국인들입니까? 얼마나 근면한 민족입니까!' 소련에서 성장한 나는 그런 인사말을 들으면 갑절로 기분이 좋아졌다. 누구든지 자기의 동족들이 진심으로 환영받기를 바란다. 모든 박물관들과 사원들이 우리들에게 언제든지 문을 열어주었으며 기꺼이 인터뷰에 응해주었다. 그런데 이상하게도 촬영이 성공적으로 진행될수록 젊은 기자들의 태도가 점점 더 자신만만해지는 것이었다. 점점 더 빈번하게 내가 있는데도 거리낌 없이 우리 제도와 풍습을 큰 소리로 비판하기 시작했다. 러시아 예술의 여러 보물들을 공짜로 촬영하게 해주는 것조차도 조롱거리가 되었다. "정말 바보 나라이군, 돈을 어떻게 벌어야 하는지 도통 모른단 말이야."

분하기도 하고 불쾌하기도 했다! 우리의 무질서에 화가 나고 우리 동족의 무절제에 화가 났다.

어느 날 저녁 "모스꼬프스끼 노보스찌"라는 신문사 앞에 있는 작은 광장에서 촬영을 할 때 사람들이 언론의 자유에 도취된 정도가 극을 달했다. 우리들이 비디오카메라를 가지고 나타나자 불만스러운 삶에 변화를 가져다주는 격이 되어 사람들이 더욱 흥분하였다. "한국사람들 만세, 멋진 청년들이야." 라며 사진 모델도 되어주고 카메라 앞에서 나쁜 말들을 거침없이 해대었다. 비난 일색이었다. 어떤 나이 든 여자는 마이크를 잡고 "글쎄, 왜 나는 운도 없이 스위스가 아닌 러시아에 태어났단 말인가?"라는 말까지도 서슴없이 하였다.

방송기자들이 만족스럽게 촬영을 마치고 돌아가는 길이었다. "맥도날드"를 지나가면서 그 중 한 사람이 기다랗게 줄을 서서 차례를 기다리는 사람들을 손가락으로 가리키며 조롱하는 것이었다. "저까짓 것 때문에 줄을 서다니." 그러자 또 한 사람이 러시아 사람들이 과식하는 것에 대해서 무슨 말을 덧붙였다. 또 다른 사람은 소련에서 남한사람들을 높이 평가하는 것에 대해서 말했다. 여기서 나는 드디어 화가 폭발했다. "당신들이 만일 러시아인들 사이에 한국인들이 좋은 평가를 받는 것이 남한의 공적이라고 생각하신다면 정말 큰 오산입니다. 이는 무엇보다도 피와 땀으로 권위를 얻어낸 앞 세대 소련 고려인들의 공적입니다."

좌석버스 안이 잠시 조용해졌다. 이인호 교수가 좁은 눈을 더 가늘게 뜨고 작은 소리로 젊은이들을 무섭게 꾸짖었다. 나도 무서울 정도였다.

그때부터 이들의 무례한 행동이 씻은 듯이 사라졌다. 그러나 장시간 버스를 타고 가면서 이들은 소련 사람들의 삶에 관해서 내게 한 번도 물어보지 않았다. 정말 기꺼이 대답해 주었을 텐데.

모스크바에서의 그 며칠 동안 나는 내가 고려인이라는 사실을 절감했다. 하지만 소련의 모든 점이 내게는 남의 것이 아니다. 소련의 나쁜 점들조차도 바로 내 것이다.

강제이주를 당한 소련의 여러 민족들의 운명에 관해서는 적지 않게 거론되어왔고 책도 씌어졌다. 고려인들의 운명에는 동일한 불행을 겪은 여러 민족들과는 다른 점이 한 가지 있다. 우리들은 한 번도 자치공화국을 소련 영토 내에 가져본 적이 없었다. 우리와 또 투르크-메스헤찐인들만이 그런 경우이다. 바로 그래서 자신들의 유린된 권리에 대해 선언할 기회가 주어지자 많은 민족들이 바로 강제이주에 관한 문제를 제기했던 것이다. 크리미아의 타타르인, 독일인, 잉구쉬인 등 다른 민족들은 고향으로 돌아갈 희망과 기대에 얼마나 가슴이 부풀었던가.

민족문제를 다루면서 "사람들이 없으면 문제도 없다"고 했던 스탈린 방식의 첫 희생양이 된 고려인들은 그런 문제를 제기하지 않았다. 새로운 땅에서 반세기를 살아 내면서 생존을 위한 호된 고생 끝에 두발로 서서 교육을 받고 원래 지역 주민들과 정부에게 인정을 받고 포상도 받으며 물질적으로도 유복하게 살게 되었다. 이 모든 사정이 고려인들로 하여금 극동으로 돌아가려는 절실한 희망을 갖지 않게 했다. 무엇 때문에? 누가 우리를 기다린단 말인가? 우리는 정말 거의 불가능하게 보이는 것을 이룩해내지 않았는가? 1937년의 특별이주민이며 "일본의 공범자"들인 민족이 소련의 소수민족들 중에서 두 번째로 교육수준이 높은 민족으로 부상했으며 근면하고 준법정신이 강한 민족으로 높이 평가받게 되었다.

그런데 갑자기 페레스트로이카의 소리가 요란하게 울려 펴졌다. 오랜 세월동안 민족적인 이해관계에 있어서 압박을 받아왔던 사람들이 일제히 민족의 기원에 눈을 돌리면서 소비에트의 문화와 교육, 예술이 그들에게 부여해 주었던 많은 정신적인 가치들은 부인하거나 부인하는 척했다. 독립을 획득한 공화국들을 위해 우리는 기뻐하고 또 그래야만 한다. 민족자치권을 위해 아직도 투쟁하고 있는 자들을 동정해야하며 그들이 평화스러운 결말을 맞이하도록 희망해야 한다. 그러나 자기 몸에 맞는 자기 옷이 있는 법이라는 속담처럼 우리 육친들을 먼저 생각해야만 한다. 만일 극단적인 민족주의가 공화국 주민들의 의식을 혼란하게 할 때는 전 소연방의 고려인인 우리들은 어디로 가야 하는가? 조상의 나라에서는 우리에 대해서 생각하고 있는가? 우리가 조상의 나라를 알아볼 수 있을까? 더 중요한 것은 그 많은 세월을 멀리 떨어져 지낸 후에 거기서 우리를 인정해줄 것인가라는 점이다.

역사는 한 민족, 한 나라인 한국에 두 체제, 즉 자본주의와 사회주의 체제를 경쟁시켜서 얻은 실질적인 교훈을 인류에게 바치도록 했다. 1945년에 분단되어 1950년부터 53년까지 잔혹한 동족상잔의 비극을 겪고 난 후 이 날까지도 한국은 신경을 곤두서게 하는 무장방어 상태에 있다. 어떤 이해할 수 있는 이유 때문에 우리에게 조선인민공화국은 언제나 조용한 아침의 나라로 대우를 받았으며 그 경쟁자는 대한민국이란 공식명칭이 있는데도 단순히 남한으로 지칭될 뿐이었다. 따라서 북한은 언제나 무지개 색으로 그려졌으며 남한은 미국 군사기지의 도움으로 지탱되는 독재정권에 시달리는 암흑의 세상으로 생각되었다. 그리고 물론 한반도의 전쟁도 남한의 괴뢰정권이 기도한 것이지만 유엔이 북한의 침공으로 결정했는데 이는 제국주의자들의 음모에 의한 것이라고 믿었다. 그리고 미국의 군사기지가 평화통일을 방해하는 것으로 믿었다. 남한에 대한 정보는 사회계층간의 갈등과 경제적인 붕괴에 관한 것이 전부였다. 그런데 갑자기 서울에서 올림픽이 열린다는 것이었다. 그러나 소련 사람들에게 가장 놀라웠던 일은 남한사람들이 소비에트 국가에 보여준 전혀 예기치 못했던 호감이었다. 소련이 수백만의 생명을 앗아간 한국 동란에서 운명적인 역할을 했다는 것이 비밀이 아닌데, 그리고 미국이 베트남에서 실행하기 훨씬 전에 이미 소련의 야간공습으로 실행했던 무시무시한 융단폭격에 시달렸던 희생자들이 아직 살아 있는데, 정말 이상한 일이다.

이 우애는 한국인들이 옛날부터 갖고 있던 러시아에 대한 동경과 양국의 미래가 선린관계에 달려 있다는 생각에서 비롯된 것이다. 역사상 인접하는 두 국가가 한 번도 칼을 맞대지 않았던 경우는 매우 드물다. 올림픽 경기가 있기 일 년 전에 이미 남한의 영리한 지도자들이 "대한항공 격추사건"으로 심하게 망가진 소련의 이미지를 바꾸기 위해서 호의적인 사회여론을 형성하는 작업을 시작했다. 그러자 소련 고려인들이 정말 좋은 재료가 되었다. 1987년에 미국에서 영화감독 리챠드 김이 이끄는 기록영화 제작팀이 사할린에서 중앙아시아까지 여행하면서 타국에서 살고 있는 교포들의 삶에 대한 영화를 만들었다. 올림픽 경기가 열리기 직전에 남한은 이 영화를 국영방송에서 여러 차례 방영하였으며 수많은 사람들이 소비에트 고려인들의 생활을 보고 눈물을 흘리고 기뻐했다. 남한사람들은 소련고려인들이 이등국민으로 살고 있다고 생각했던 것이다.

소련의 올림픽위원회도 이 카드를 이용했다. 소련대표단에 문학, 예술, 체육 부문의 저명한 고려인들을 포함시켰던 것이다. 예를 들어 작가인 아나똘리 김, 오페라가수인 류드밀라 남, 체조선수 넬리 김 등이 이런 사람들이다. 자, 바로 이 사람들이 소련에서 고려인들의 성공을 보여

주는 살아있는 보기들인 것이다. 의붓자식을 그토록 배려해줄 수 있는 나라에 대해 어떻게 존경과 감사의 느낌을 갖지 않을 수 있겠는가?

그렇다, 배려도 했지만 경계도 했다. 비운의 37년과 스탈린 시기의 탄압, 모든 고려인 학교에서의 강제적인 러시아어 교육, 굴욕적인 이주제한, 고등교육기관의 입학제한, 이력서의 출신민족기록, 이 외에도 많은 일들이 있었다. 그리고 현재 민족주의적인 경향이 강화되면서 우리들의 위치가 불안정해진 것도 그 중의 하나이다.

남한과는 별 문제가 없다. 그러나 북한은 지금 어떤 행로로 나아가고 있는가? 오랜 기간 동안 러시아화된 동족들을 죽음과도 같은 정적으로 바라보던 조용한 아침의 나라가 갑자기 잠에서 깨어났다. 큰 형님인 소련과의 정치적인 동맹은 붕괴되었지만 경제적인 관계는 유지해야 할 것이다. 그리고 이런 점에서 소비에트 고려인들이 기여할 수 있는 바가 있을 것이다.

북한이 소련동포들을 대하는 태도는 일률적이지가 않다. 해방 이후에 대부분이 고등교육을 받은 수백 명의 고려인들이 동남아시아에서는 최초인 사회주의국가의 건설을 돕기 위해서 북한으로 들어갔다. 이들이 1941년부터 45년까지 소련에 머문 것으로 알려진 김일성의 측근들이 되었다. 그러나 한국동란이 불명예스럽게 종결되고 스탈린의 죽음과 함께 개인숭배에 대한 비판이 시작되자 거의 모든 소련출신 고려인들이 탄압되거나 또는 추방되었다. 그때부터 북한은 우리의 존재에 대해서 잊어버리려고 노력해왔다. 어느 기간 동안만 말이다.

삶이 우리들을 기억하게 만들고 또 서두르게 한다. 올림픽 경기 이후에 서울은 다시 한민족 민속체전이란 행사를 거행하기로 결정했다. 처음으로 소비에트 고려인들이 전 세계의 동포들을 만나볼 수 있도록 초청을 받은 것이다. 우리는 끝없이 기뻐했다.

이 행사에 대한 계획을 알게 된 평양이 선수를 쳐서 여러 나라에 흩어져 사는 동포들을 북한에서 거행되는 세계청소년축제에 초청을 했다. 여행자들 중에는 소련 고려인들도 끼어 있었다. 그리고 바로 그 시기에 타쉬켄트에 본부를 둔 '한반도통일협의회'가 만들어졌다.

북한사람들이 그렇게 서두른 데는 그만한 까닭이 있었다. 소련 고려인들 사이에 이미 문화운동이 확대되고 있었으며 전반적으로 남한 쪽으로 기울어지는 경향이 명백해졌기 때문이다. 처음에는 평양이 타쉬켄트와 알마아타에 문화센터를 세우는데 도움을 주었지만 나중에 가서는 아무 소용이 없는 일이라고 결론을 내린 듯했다. 북한은 미국, 캐나다, 중국의 교포사회에서 활동 중인 조직들과 비슷한 새 조직을 만들기로 결정했다. 한반도 통일이라는 선의의 명분을 가진 조직이었다.

북한은 해외에 거주하는 동포들과의 관계에 있어서 특별한 경험을 갖고 있다는 점에 주목할 필요가 있다. 한 때 북한은 명백하게 친북 단체인 "조총련"에 속한 재일 동포들에게 정신적 물질적 지원을 해주었다. 조총련의 학교들은 북한의 교재와 교과과정에 따라 가르쳤으며 회원들은 자유롭게 북한을 방문할 수 있었다. 이 날까지도 떠오르는 태양의 나라, 일본에서 이등 국민으로서 국가 공무원으로 취직할 때나 선거권 등의 분야에서 차별대우를 받고 있는 재일 동포들에게 이러한 대우는 커다란 성과로 여겨졌다. 조총련 회원인 사업가들을 통하여 북한은 자본주의 국가로 진출할 수 있는 합자회사들을 만들었다. 그 중에 한 예를 들면 청소년 축제 기간 동안 바로 이 조총련사람들이 상업분야를 맡아서 손님들에게 수입품을 공급판매하고 이국적인 음식과 음료수들을 대접했던 것이다.

이리하여 소련 고려인들의 문화운동은 거의 동시에 생긴 '한반도통일협의회'와 '소연방고려인협회'라는 양 진영으로 나뉘어졌다. 그리고 마치 소규모의 38선을 방불하게 하는 상호 비방 전쟁이 시작되었다. 우즈베키스탄에서는 예를 들어 거의 '한반도통일협의회'를 없애버리는 지경까지 사태가 진전되었다. 나중에는 제대로 해명이 되어 이 조직을 더 이상 상관하지 않고 내버려두었지만 말이다.

현재도 여기저기서 아직 반목이 느껴지지만 대체로 보아 이 두 조직은 서로의 존재에 대해 익숙해졌다. 그래, 왜 서로 구분한단 말인가? 명칭은 다르지만 목적은 하나, 언어와 문화를 부흥하자는 것이 아닌가. 게다가 시간이 지나면서 '한반도통일협의회'가 북한에만 편중하는 게 전혀 아니라는 것이 밝혀졌다. 그렇다. 이 조직이 소련고려인들의 북한여행을 조직하고 거기서 한글인쇄 시설을 들여왔으며 일련의 합자기업들을 만들었다. 그러나 이런 일들이 나쁘다는 이유가 어디 있는가? 오히려 그 반대이다. '한반도통일협의회'는 놀라우리만큼 일관성이 없는 우리 당국의 압력을 견디어 내고 오늘날 여러 나라의 –남한도 포함해서– 한국 교포들과 활발하게 협력하고 있다. '소연방고려인협회'는 소련이 연합체로 붕괴된 이후에 아직 중심역할을 하려고 애쓰는 독립국가연합(CIS)의 사회조직을 모방한 형태로 조직 재편성을 했다.

같은 시기에 어떻게 소리 소문 없이 생겨난 "부흥"이란 한 지역단체가 현재 점점 더 중요한 비중을 차지하며 백제미르와 꾸일륙 뿐만 아니라 보드니끄에 사는 고려인들 사이에서 대단히 큰 권위와 인정을 받고 있다. "오월 단오"나 "추석" 명절과 같은 고려인 사회의 행사가 이미 오래 전에 대중화되었고 이 행사들에는 수천 명의 타쉬켄트 사람들이 모인다. 진실로 중요한 것은 이름이 아니라 실적인 것이다.

민족 집단을 정치, 경제, 문화, 군사적인 목적으로 이용하는 예가 적지 않다. 전체적으로 양 국가 간의 친근 관계에 동포들이 어떤 역할을 한다는 것에는 논쟁의 여지가 없다. 이국땅에 살고 있는 동포들을 다시 불러들이는 것이 물론 고결한 일이지만 대단히 성가신 일이며 훌륭한 일이지만 비극을 완전히 배제할 수 없는 일이다. 예를 들어, 1960년대 초에 북한은 성공적으로 재일동포들에게 영향을 미칠 수 있다는 사실에 분발하여 그들을 조국으로 불러들이기 위한 대규모 운동을 시작했다. 눈물과 포옹, 감격의 외침이 전 세계에 울려 펴졌다. 그러나 초기의 귀환자들이 이미 쓰디쓴 환멸을 경험했다. 냉혹한 정권과 단단히 졸라맨 사회주의 진영의 허리띠가 환희를 흔적도 없이 사라지게 했다. 그리고 한결같이 연필로 쓴, 딸의 출산을 알리는 편지들이 일본으로 쏟아져 들어왔다. 북한 검열기관의 엄격한 단속을 알고 있었던 재일동포들이 그런 단순한 방법으로 나쁜 소식을 알리자고 미리 약속을 했던 것이다. 재일동포를 다른 식으로 이용하는 것이 더 낫겠다는 것을 깨닫고 북한은 이들의 조국귀환운동을 즉시 중단시켰다.

소연방의 학문, 문화예술과 경제에 커다란 공헌을 해온 유태인과 독일인, 그리고 다른 소수민족 사람들이 독립국가연합(CIS)을 떠나고 있다. 말이 나온 김에 하는 말인데 많은 사람들이 비애와 원한과 국가에 대한 무력한 분노를 가슴에 품고 떠나고 있다. 이 나라는 결국은 치를 떨게 할 정도로 절차를 지연시킴으로써 정당한 전송조차도 할 능력이 없는 것이다. 그러나 악이 없으면 선도 없다. 그들이 여기를 떠나가지만 자기 나라에서는 위대한 애국자들이 될 것이다.

CIS에 거주하는 고려인들의 귀환문제는 북한에서도 남한에서도 일절 언급이 없다. 그러나 설혹 내일 국경을 열어 놓는다 하더라도 우리 고려인들이 당장 짐을 꾸리지는 않을 것이다. 언어도 모르고 다른 교육배경과 문화를 가지고 자본도 없이 우리들이 거기서 무엇을 한단 말인가? 그래서 가까운 미래에 두만강 너머에 우리를 위한 땅은 당분간 없을 것이다. 고등교육을 받은 고려인들이 전문지식과 경험, 그리고 힘들게 획득한 권위를 이용하여 오늘날 경제협력관계가 절실히 필요한 한국과 전 소연방 공화국들의 관계에 훌륭하게 봉사할 수 있는 것은 또 다른 문제이다. 그러나 남한 비즈니스맨들과의 첫 교류가 이미 실망과 의혹과 두려움마저 안겨주었다. 처음에는 항상 바로 그 어두운 환경이 필요한 사람들이 나타나서 정말 보잘 것 없는 일들로 우리를 향해 달려들어 눈물이 날 정도로 조상의 나라를 원망하게 만든다. 한결같이 자만심으로 가득 찬, 소심하고 무식하며 약속을 안 지키고, 한민족의 우월성이라는 헛소리를 지껄이는 사람들이 대부분이다. "나는 단지 돈을 벌려고 온 것이 아니라 우리 동포들을 도우려고 여기에 온 것입니다."라는 말을 얼마나 자주 들었던가? 그러나 얼마나 자주 이 말이 숭고한 느낌을 이용하는 것에 불과했던가? 솔직하게 말해서 그들 중 많은 이들이 우리들을 얕보았다. 기꺼이 우리들의 지식과 권위, 돕고 싶은 바람을 이용한다. 그리고 일을 그르치면 언제나 우리가 희생양이 되어 고려인은 모두 도둑놈들이고 사기꾼들이라는 나쁜 소문을 퍼뜨린다. 만일 성공할 경우에는 고려인들은 하루빨리 그 손에서 벗어나야하는 위험한 경쟁자로 둔갑한다. 적나라한 예를 하나 들겠다.

비쉬켁이란 도시에서 여러 나라에서 온 사업가들 사이에 끼르기즈스탄의 제일 좋은 호텔을 임대하려는 경쟁이 붙었다. 남한에서 온 어떤 회사주인이 이 좋은 기회를 얻게 되었다. 끼르기즈스탄 공화국에서 권위와 존경을 받고 있던 지역 고려인들이 이 일에서 큰 역할을 했다. 생각조차 할 수 없이 좋은 조건으로 원하는 바를 얻어내자 돈과 성공을 긁어모으는 이 사장이 제일 먼저 한 일은 그를 도와준 이들과 결별하는 것이었다. 새 고려인 동업자들도 마찬가지 운명을 맞이했다. 지금까지도 고려인들을 갈아치우는 일이 계속되고 있다. 게다가 사람들의 가치나 공화국의 노동법도 무시하며 온갖 방법을 다 동원해서 고려인들을 해고시킨다.

그렇다. 자기들끼리도 서로 늑대와 상어나 마찬가지인 남한의 비즈니스맨들에게 고려인들이야 무슨 대단한 존재이겠는가? 타쉬켄트에서 어떤 미스터리라는 사람이 문화운동의 후원자로 명성을 얻었다. 한국어 강좌들과 그의 후원 하에 있는 예술단들의 무료 연주회들, 저녁 초대, 신문의 인터뷰 등이 있었다. 그러나 이 모든 활동들이 눈을 속이기 위한 것에 지나지 않았다. 우리가 아닌 남한 사람들이 미스터리가 거의 매일 공화국 대통령과 식사를 같이 하는 사람이라는 풍문을 듣고 타쉬켄트로 다발로 쏟아져 들어왔다. 물론 교활한 수완가들도 벌써 그 자리에 있었다. 그는 전문가이며 중개인이기도 하고 대리인이기도 했다. 푼돈들을 빌려주고 투자한 뒤에 나중에 '청산'이 시작된다. 식당에서 주먹질이 오가며 말이다. 최근의 '합작 사업'인 피혁공장이 가동되지 못한 것도 남한 기업가들 사이의 싸움 때문이었다. 서로 배당을 받으려고 일을 질질 끄는 선명한 예이다. 건물 문 앞에는 네 명의 신경을 곤두세운 자본가들이 서있고 그 맞은편에 모두 고등교육을 받은 이십 명 정도의 타쉬켄트 고려인들로 구성된 관리국 사람들이 누구 명령을 따라야 하며 누구 편을 따라가야 하는지 모르는 채 서 있다.

이런 판국에서는 얼마 전에 알마아타 신문에 보도된 남한에서 온 미스터 민이 러시아인 동업자를 때린 사건 정도는 위험하지 않은 농담 정도로밖에 보이지 않는다.

한국과 그 민족의 자만심을 당연히 불러일으키게 하는 합작기업들이 – 생산의 전 공정을 가동시키는 기업들이나 무역과 상업 활동을 훌륭하게 해내는 기업들이든 간에– 어떻게 수십 년을 바라보는 프로그램 하나 갖고 있지 못하단 말인가? 내 조상의 나라에서 온 비즈니스맨들이 도대체 중국 상품처럼 나쁜 평판을 받아야한단 말인가?

의 생각이었다. 마치 표절 당한 것 같은 느낌이었다. 마치 누군가 우리 대화를 듣고 그대로 베껴 쓴 듯 했다. 무엇보다 어처구니없는 사실은 그 기사를 쓴 인물이었다. 우선 완곡한 표현으로 나와 별로 만족스럽지 못한 관계인 그 저자가 문제였고 그 다음은 바로 그 사람이 우리 뒤통수를 한 대 휘갈겼다는 점이었다.

어쩌면 단순한 우연의 일치가 아닐까? 하지만 나는 금방 한국말로 시를 쓰시는 강대석 선생을 의심하기 시작했다. 연금생활자인 강 선생은 우리 지국에 자주 들르시는 분으로 우리들은 연세가 많고 모국어를 잘 아는 이 분을 반갑게 맞이하곤 했다. 선생님이 계시는 자리에서, 혹은 선생님과 함께 민족문화센터 설립에 관한 문제를 한두 번 의논한 것이 아니었다. 그런데 이 이야기가 누구의 귀로 흘러 들어갔다는 말인가? 바로 그 곽 미하일 시인에게! 그는 그렇게 많은 시를 썼지만 단 한 편도 한국을 주제로 하는 시를 쓴 적이 없는 인물이었다. 그런데 우리 몰래 선수를 친 것이다.

정말 울화가 치밀었다. 사실 내가 처음 곽 미하일을 보고 그의 시를 들었을 때, 나는 기쁨에 넘쳐 거의 울음을 터뜨릴 뻔했었다. 이미 오래 전 이야기이지만 당시에 나는 집에서 천 킬로미터나 떨어진 곳에서 군복무를 하고 있었다. 그 때 타쉬켄트에서 지진이 났는데, 그 때문에 중앙텔레비전방송국에서 자주 우즈베키스탄에 대한 보도를 내보낸 적이 있었다. 그런데 한 번은 "갈루보이 아가뇩 (푸른 불꽃)"(2)이란 프로그램에 곽 미하일이 출연했다. 젊고 잘 생긴 고려인이 일어나서 러시아말로 시를 낭송했다. 무엇인가 초원, 모닥불, 말발굽 소리, 화살 등에 대한 시였는데, 한 마디로 블록(3)을 연상하게 하는 작품들이었다. 나는 환희에 넘쳤다. 나는 이전에 한 번도 중앙텔레비전방송에 출연한 고려인 시인을 본 적이 없었으며, 그 부대에서는 내가 유일한 고려인이었으니 내

기분이 어땠는지 아마 짐작이 갈 것이다.

그로부터 십 년 후에 직접 그를 만날 기회가 있었다. 그 때부터 곽 미하일을 비추던 후광이 내 눈앞에서 점점 희미해지기 시작했으며 나중에는 완전히 그 빛이 사라져버렸다. 남을 대할 때 이익을 계산해서 대하는 사람들이 있다. 곽 미하일은 자기에게 필요한 사람이면 그 주위를 맴돌고, 필요하지 않은 사람들에게는 대체로 관용을 베푸는 척 할 뿐이었다. 내가 마치 작은 벌레나 되는 듯이 나를 대했다. 물론 시인은 그 재능을 보아서 많은 것을 용서받을 수 있다. 푸쉬킨도 정말 대하기 어려운 사람이었다고 한다. 그러나 푸쉬킨은 사람들을 "이익이 되는 사람들"과 "아닌 사람들"로 나누지는 않았다. 그는 필요하면 황제를 풍자하는 시도 쓸 수 있었던 시인이었다.

곽 미하일도 위대한 시인이다. 그러나 그의 시에서는 기회주의의 냄새가 난다. 브레즈네프가 쓴 "말라야 지믈랴 (작은 땅)"(4)라는 책에 헌정한 시들이 특히 그렇다. 기회주의적인 생각을 가지면 결코 명작을 산출해내지 못한다. 그래서 진정한 재능을 지닌 이들은 이익과 상관없는 작품을 쓰는 지도 모른다.

얼마 전에 곽 미하일은 오십 세 생일을 맞았다. 누구나 온 세상의 축하를 받고 싶다는 것은 이해할 수 있다. 그러나 희망과 현실성을 균형 있게 조정하는 것은 또 다른 문제이다. 곽 미하일은 신중하게 생각하지 않고 작가 연맹의 저명인사들의 도움을 빌어 자신의 생일축하연에 집단농장을 연루시키려고 결심했다. 마치 자신의 시 없이는 살아갈 수 없는 사람들이 시인의 축하연을 열어주는 것처럼 말이다. 곽 미하일은 스스로 대단히 높은 명성을 가지고 있다고 생각했기 때문에 가장 유명한, 따라서 가장 부유한 집단농장인 "뽈리또쁘젤"을 선택하였다.

전설적인 인물인 황만금이 이 집단농장의 위원장이었다. 그는 사회며 상실과 고통 끝에 얻어낸 우리의 자랑스러운 가치이자 다른 민족들과 함께 살 수 있는 능력인 것이다. 이는 단숨에 경제기적을 이룩하여 한동안 자신의 우월성과 비상함을 지나치게 믿었던 한민족 전체의 자질이기도 하다.

...언젠가 젊은 시절에 나는 소연방의 끝없는 영토를 헤매고 다닌 적이 있다! 그리고 모든 곳에서 여러 민족의 사람들이 고려인인 나를 반겨주고 따뜻하게 대해 주었다. 이렇게 인정받은 경험이 내가 의욕을 가지고 살아가는데 도움을 주었다. 나는 한반도를 걸어서 횡단해보고 싶다, 제주도에서 백두산까지. 한국을 이해하고 고향에서 떨어져 나온 우리 동족들에게 한국을 알리기 위하여 그리고 한국이 전 세계에 흩어져 있는 동족들을 잊지 않았으며 우리들과의 만남을 절실히 고대하고 있다는 것을 알려주고 싶다.

정말이지 어머니는 영원히 기다리시는 분이 아닌가?

맺는말

안녕, 내 아들아!
네 아버지가 진심으로 갈망하던 바를 드디어 끝내었구나. 결말은 종종 서글픔과 함께 어떤 해방감을 느끼게 한다. 왜냐하면 삶은 결코 꿈을 쫓아가지 못하는 법이며 꿈이 아름다운 것은 아마도 그것을 완전히 실현하는 것이 결코 가능하지 않기 때문일 것이다.
너도 기억하겠지만 내가 얼마나 급하게 조상의 나라를 보러 떠났니? 내 동족들은 참지 못하는 민족이다. 그래서 일단 마차에 말을 매고 나면 부리나케 달린다. 하루 밤사이에 나는 이미 네게서 수천 킬로미터 떨어진 곳에 도착했다. 그리고 겨우 삼일 후에는 륙색을 매고 사진기를 목에 걸고 한반도에서 가장 동쪽에 위치한 땅을 밟았다. 이 기간 동안 사람들이 내게 여러 번 여정을 확인하고 만날 장소와 라디오 인터뷰 시간과 리포트의 주제를 알려주었다. 공연한 소동을 피우며 서둘러서 나는 그 지방 사투리로 인사하는 법과 다른 표현들을 암기했다. '한국일보'의 편집부가 그런 탐방을 기획한 적이 여러 번 있었겠지만, 한국말을 그렇게 썩 잘하지 못하는 외국에서 온 동포가 이 일을 맡은 것은 아마 내가 처음이었을 것이다. 이 모든 기획에 있어서 나의 한국어 실력이 유일한 약점이 되었다. 내 한국말은 내가 외국인이라는 사실을 금방 알게 해버리고, 그럴 경우 너도 알겠지만, 한국인들은 외국인을 이미 다르게 대하게 된다. 그러나 나는 내 동족들의 가장 내밀한 본질을 알고 싶었다. 나쁜 것이 없으면 좋은 것도 없는 법이다. 내가 누구인지 짐작하게 내버려두자. 그 대신에 나는 해외동포들에 대한 한국인들의 진정한 태도를 알게 될 것이다.

식사를 해결하는 것은 전혀 문제가 없었다. 값싼 간이음식점과 카페들이 도처에 있다. 그러나 숙소 해결은 달랐다. 오직 특별한 경우에만 호텔에서 묵게 되어 있었다. 내가 아무 대문이나 두드리면 금방 문을 활짝 열고 나를 환영해줄 것이라고 상상해도 좋다. 하지만 실제로는 어떻게 보일까? 대문 앞에 모르는 사람이 륙색을 등에 매고 이상한 액센트로 말하면서 하루 밤 재워달라고 부탁하는 모습을 생각해 보아라.

5월 15일 아침 10시. 혼자 남았다. 내 주변에는 삶의 현장이 부글부글 끓고 있었다. 차들이 다니고 밭을 매고 집을 짓고 아이들이 장난치며 떠들고 있다. 그러나 이 세계는 아직 낯설었다. 이 세계에 몰두하여 그 속에 섞이지 않으면 안 되었다. 고대 그리스 신화에 나오는 안테이처럼 어머니의 땅에 떨어져서 부모의 품에서 생명의 힘을 느끼기 위해서 말이다.

나는 결코 나의 첫 숙소를 잊지 못할 것이다. 내가 큰 마을을 향해 걸어가고 있는데 소형 화물자동차가 근처에 섰다. 운전을 하던 마흔 살쯤 되어 보이는 남자가 자동차 문을 활짝 열었다. 나는 차에 타서 그와 함께 담배를 피우며 대화를 나누었다. 그가 자기 집으로 나를 초대해 주었다. 집을 보아 짐작하건대 아마 그 촌에서 가장 부유한 집들 중의 하나인 것 같았다. 어렸을 적부터 우리는 부자는 구두쇠라는 확신을 키워왔다. 논리적으로 생각해보면 모순되지만 말이다. 마지막 빵 한 조각보다는 빵 두 개가 더 나누어 먹기 쉽지 않을까.

그 이후로 길에서, 식당에서, 시골과 도시에서 많은 이들을 만났다. 농민들과 어부들, 노동자들과 사무원들, 비즈니스맨과 교사들을 알게 되었다. 나를 밀쳐내는 이는 아무도 어디서도 없었으며 내게 갖는 그들의 관심은 정말 진정한 것이었다. 러시아의 광활한 공간에서 살다가 한국에 와보니 그 작은 규모에 놀랍기만 하다. 한 번도 끝없이 펼쳐지는 지평선을 응시해본 적이 없다. 어디를 가든지 근처에는 산이 있고 언덕이 있으며 숲이 있다. 한 조각의 땅도 놀리지 않고 개간한 것이 놀라운 일이 아니다. 이제서야 우리들의 땅을 숭배하는 유전자가 어디서 왔는지 알겠다.

중간층의 한국인들은 도시나 농촌이나 생활양식이 비슷하다. 방바닥에서 자고 밥과 국, 각종 나물들과 필수적인 김치를 먹는다. 음식에 대한 숭배가 대단하다. 아마도 식민지 시절과 전쟁, 전후의 복구기간동안 굶주림의 고통이 컸을 것이다. 서울에서조차 누구를 처음 만나면 "아, 같이 식사를 한 번 해야지요."가 제일 먼저 하는 말이다. 아이들을 지나치게 먹이는 것도 배고픈 시기의 유산이다. 그러나 사람이 밥만으로 사는 것이 아니라는 것도 알고 있다. 도처에 서점들이 보이며 연극과 전시회 광고들이 붙어 있고 가벼운 책을 읽고 있는 사람들이 많이 눈에 띈다. 한국에서 가장 존경받는 직업중의 하나가 교직이라고 한다. 대학에서 가르치는 것이 인생을 설계하는 수많은 젊은 남녀들의 꿈이라고 한다.

특히 나의 관심을 끌었던 것은 가족의 전통이다. 부부와 부모 자식 간의 관계 말이다. 한 집에서는 70대의 노파와 이미 초로인 아들이 나를 맞아주었다. 노파는 방에 음식상을 차려 놓고 자신은 부엌에 남았다. 우리는 이미 가족을 부양하는 사람에게 따로 상을 차리는 풍습을 잊어버렸다. 이곳에서도 이 풍습이 이미 사라지고 있으며 손님 때문에 이를 일부러 기억했는지도 모른다. 그러나 겉으로 보면 모든 면에서 아들에게 경의를 표하는 어머니지만 아들에게 명령받는 입장은 아닌 것 같았다.

아침에 어머니가 50대인 아들을 무엇인가 불만스러운 듯이 질책하는 것을 우연히 엿들었다.

물론 외견상 언뜻 보면 남자가 가정의 우두머리처럼 보이나 한국의 가정에는 그래도 역시 여자가 최고 지휘권을 쥐고 있다고 해도 나는 놀라지 않을 것이다. 그럴 수 있으며 언제나 그래 왔다. 그렇다. 아내의 부정을 목격한 남편의 반응이 다음과 같은 나라에서 어떻게 다른 식이 가능하겠는가?

> 동경(東京) 밝은 달에
> 밤들이 노니다가
> 들어 자리를 보니
> 다리가 넷이러라
> 둘은 내해였고
> 둘은 누구핸고
> 본디 내해다마는
> 빼앗은 것을 어찌하리오.

어떤 화가가 내게 이 시를 읽어주면서 수백 년 전에 매우 유명한 시인이 쓴 시라고 말했다. 그리고 이 시가 한국 남자들의 본질을 정확하게 표현한 것이라고 했다.

실제로 이탈리아 남자가 그런 상황에 처했다면 당장 총을 쏘아 두 사람 다 죽여버렸을 것이다. 프랑스 남자는 결투 신청을 했을 것이며 러시아 남자는 곧 바로 주먹을 날렸을 것이다. 그런데 한국 남자는?... 네게 들려주었던 "춘향전" 이야기를 기억하느냐? 한국 판소리의 걸작으로 치는 춘향이란 아가씨에 대한 이야기 말이다. 사랑하는 연인이 감옥에 갇혀 있는데 젊은이는 당장 간수를 쫓아내고 연인을 구해내는 대신에,

갑자기 거지에서 고관으로 변신하여 낙심한 관리들을 꾸짖으며 뽐내기 위해서 옷을 갈아입으며 싸구려 익살극을 벌인다.

내 생각으로는 이 모든 것이 한국이 낭만주의 시대를 전혀 겪어보지 못한 때문인 것 같다. 여성을 높여줄 때에야 비로소 훌륭한 남성을 길러 낼 수 있는 것이다.

그러나 내가 이 시를 듣고 가만히 있었지만 내 마음 속 깊은 곳에는 왜곡된 삶과 사랑에 대한 그 화가의 생각을 이해할 수 있었다.

지방에서 수도로 가까이 가면 갈수록 자연히 옷차림, 말씨, 행동이 점점 더 달라진다. 외진 곳에서도 옛날의 전통과 관습을 보존하고 있을 날이 얼마 남지 않았다. 현대문명과 서구문화가 청바지와 껌과 록 뮤직과 베스트셀러를 가지고 들어와서 옛날부터 내려오는 풍습을 공격하고 있다. 이 맹렬한 공격에 살아남는 것은 아마 가장 민족적이며 가장 본질적인 것뿐일 것이다. 과거의 잔재가 사라져 가는 것을 그토록 슬퍼할 필요가 있겠는가? 이런 점에서는 외국에서 살아온 사람들에게서 배울 점이 있을 것이다. 동화하면서 우리는 더 열심히 자신의 얼굴을 지킨다. 왜냐하면 잃을 것이 있기 때문에.

엄청난 수의 교회들! 이것으로 판단하면 한국이 진실로 이 세계에서 제일 믿음이 깊은 나라이다. 게다가 얼마나 많은 종류의 신앙이 섞여 있는가? 부자나 가난한 자나, 상관이나 부하나, 건강한 자나 쇠약한 자나 신 앞에서는 모두 평등하다. 모두 행복을 기원한다. 멋진 "롯데"호텔에서 나이든 청소부가 난간을 닦고 있었다. 그에게 젊은 수위가 다가오더니 하얀 장갑을 낀 손가락으로 대리석을 만져보더니 거기를 고갯짓으로 가리키는 것이었다. 그리고는 아주 위엄스럽게 뒷걸음질을 했다. 청소부의 머리가 더 숙여지고 손의 동작이 더 빨라졌다. 무엇이라고 중얼거리면서. 무슨 말을 했을까? 성경의 한 구절이었을까? 마음이 가난한 자는 행복하나니…

그래, 여기는 일본이 아니다. 굴욕을 당한 자가 모욕을 준 사람의 집 앞에서 할복자살을 할 수 있는 나라가 아니다. 그리고 신사는 자기보다 낮은 위치에 있는 이를 모욕할 정도로 자신을 낮추지 않는 영국도 아니다.

내가 문자 그대로 "빠른 눈길"이라고 번역했던 "눈치 빠르다"라는 표현을 기억하느냐? 한국인들은 이를 완성의 경지에까지 발달시켜 놓았다. 그렇게 서열을 엄격하게 지키는 나라는 이 세상에 더 없을 것이다. 사람을 부를 때 반드시 직업상의 지위를 이름에 붙여서 부르는 나라는 어디에도 없을 것이다. "김 감독님", "박 이사님", "이 부장님",…하는 식으로 말이다. 그리고 그 서열상의 위치에 따라 말을 건네는 법과 몸을 숙이는 정도가 달라진다.

예를 들어 우리 아르메니아에는 "당신"이란 표현이 아예 존재하지도 않는다는 사실을 여기서 어떻게 기억하지 않을 수 있겠는가? 나이와 지위에 상관없이 모두가 서로를 부를 때는 단순히 마음에서 우러나오는 "너"라는 말을 사용한다. 그런데 아르메니아사람들이 지구상에 살고 있는 가장 오래된 민족이 아닌가?

한국에 머무는 기간 동안 나는 미국 병사를 한 번도 만나지 못했다. 그래도 나는 한국인들이 미군들을 어떻게 생각하는지 알아내려고 애썼다. 매우 상반된 견해들이었다. 많은 사람들이 단순히 양키들의 존재에 대해서 신경을 쓰지 않는다고 말하는 반면에 미군에 대한 격렬한 증오심을 갖고 있는 사람들도 있었다. 왜 그런지 이해하기 어렵겠지? 정말 남한은 미국과 다양한 관계를 갖고 있는 나라다. 한국에는 트루먼과 다른 미국인들의 동상들이 있으며 참전미군들을 위한 기념탑이 있다. 그런데 동시에 한 택시기사는 다음과 같이 말한다. "미국인이 손님으로 타면 냄새 때문에 창문을 열어 놓습니다." 그리고 덧붙여서 "이들이 한국에서 빨리 나가 주어야 나라 전체를 환기를 시킬 텐데 말입니다"라고 말하는 것이었다. 도대체 무슨 말이냐? 배은망덕인가? 아니면 영구적인 보호로부터 벗어나고 싶은 것인가? 미국 생활방식의 보급을 물리치겠다는 말인가?

반면에 비밀스러운 것이든 공공연한 것이든 간에 일본 것이면 무엇이나 좋게 생각하고 믿는 경향이 놀랍다. 그리고 일본을 상대로 경쟁하는 것이다. 라디오방송에서 언젠가 "우리 아내들이 일본 아내들보다 더 못해서는 안 됩니다."라는 말을 들은 적이 있다.

내가 실망했다고는 생각하지 마라. 단지 나로 하여금 잠시 멈추어서 생각하게 만든 순간들만 언급한 것이다. 여기에 살고 있는 우리 동족들을 이해해보려고 애쓴 것은 사실이다. 하지만 내가 더 이해하고 싶었던 것은 멀리 떨어져 살고 있는 우리들이었다. 내가 듣고 본 것들 중에 많은 부분을 내가 이해하지 못했거나 잘못 이해했는지도 모른다. 그러나 가슴으로는 모든 것을 받아들였다. 예를 들면 6월 6일의 현충일에 한국 전체가 조국의 독립과 해방을 위해서 목숨을 바친 이들에게 경의를 표하는데 내가 무심할 수 있었겠느냐? 대구의 한 광장에는 수천 개의 촛불을 피우고 사람들이 향불을 피워놓고 아스팔트 위에 옹기종기 모여 앉아있었다. 그리고 끊임없이 버스들이 행렬을 지어 교외로 나가고 있었다. 한반도 전역에 군인묘지들이 있다. 아마 북한에서도 똑 같은 것을 보았던 것 같다.

한명희 교수의 "비목"이라는 노래를 여러 번 들은 적이 있다. 어제는 이 유명한 교수를 만났는데 그의 따뜻한 마음과 겸손함에 또 한 번 놀랐다.

"무엇이 제일 기억에 남습니까?"라는 질문을 지칠 정도로 받았다. 물론 나는 대통령을 만난 기억이라고 대답했다. 우즈베키스탄에서 온 순례자에게 보여준 그 관심과 성대한 의식을 어떻게 잊을 수 있단 말인가? 검은색 연미복과 번쩍이는 리무진, 아름다운 궁전, 그리고 마침내 대통령을 만난 것이다. 그는 사진에서 본대로 순진한 아이와 같은 미소를 짓고 있었다. 모든 정치인들은 인기에 편승하는 사람들이라는 생각을 떨쳐버리려고 애썼지만 나도 모르게 2년 전에 이 대통령이 타쉬켄트의 고려인들과 만났던 일이 머리에 떠올랐다. 그 때 그는 관심을 가지고 이것저것 캐묻고는 많은 약속들을 했다. 우리는 오랫동안 그 약속들이 이행되기를 기다려왔다. 더 기다리겠습니다, 대통령 각하.

여하튼 우리가 대통령에게서 바라는 것이 무엇인가? 대통령이 내게 바로 이 질문을 했다. 그 순간까지도 나는 내가 무슨 말을 해야 하는지 알고 있었다. 그런데 갑자기 엉뚱하게도 생각했던 것과는 정반대의 말이 입에서 튀어나와 버렸다. 당치도 않게 나는 대통령에게 CIS의 고려인들이 모두 조상의 나라로 돌아올 수 있도록 허가하는 법을 제정해달라고 말해버린 것이다. 그리고 대통령이 놀라지 않도록 "그렇게 해 주시면 각하께서 우리 고려인들로부터 가장 찬란하고 커다란 꿈을 앗아가시는 겁니다."라고 덧붙였다.

그런데 알겠니? 아들아. 대통령이 내 말을 이해하고 웃음을 터뜨리고는 내 손을 가볍게 쥐고 머리를 끄덕였단다.

이 만남이 당연히 주목할 만한 사건이었음을 말할 필요가 있을까? 한국인들 중에서 공산주의 북한과 민주주의 남한의 지도자들과 악수를 해 본 사람은 드물 것이다. 누가 알겠는가? 네 아버지에게 미래의 통일된 한국의 지도자를 만나게 될 일이 아직 남았는지...

그리고 내가 너에게 이야기해주고 싶은 만남이 하나 더 있다. 해가 질 무렵 논두렁을 걸어가고 있는데 허리를 굽힌 농부 한 사람이 이미 파란 묘목들을 죽 심어놓아 평평한 논에 줄기차게 묘목을 더 심고 있었다. 옛날부터 내려오는 동양의 관습이 있다. 묘목을 심는 이의 옆을 지나가는 사람이면 누구나 묘목 한 개라도 심어주고 지나가야 한다. 나는 구두를 벗고 바지를 걷어 올리고 묘목을 한 줌 손에 쥐고 그 농부 옆에 나란히 섰다. 그는 나의 행동을 당연시하고 전혀 놀라지 않았다. 아마 자기도 그런 상황에서 똑같이 했을 것이기 때문이리라.

　내 아들아, 말없이 그냥 도움을 주어야 하는 순간들이 있다.

　한국은 우리 조상들의 나라이며 우즈베키스탄은 우리 후손들의 나라이다. 이 두 나라가 서로를 향해 손을 뻗칠 때 우리의 도움이 필요할 것이다.

　아들아, 그 때가 오면 힘을 다해 도와야 한다.

타쉬켄트-서울-타쉬켄트.
1993-1996년.

지은이 　김 용 택　(김 블라지미르 나우모비취)

1946년 우즈베키스탄 수도 타쉬켄트 근교 촌락인 '꾸일로크'에서 출생
출생한 해에 부모와 함께 북한으로 가서 12세 까지 살았다. 당시 소련한인을 위해 평양에 개교한 학교에 들어가 러시아어로 공부했다. 한국전쟁 동안에는 중국에서 살았고, 15세 때에 타쉬켄트로 돌아와 석공, 미장공, 판석공 등 건설노동자로 일했다. 그동안 야간학교를 마치고 종합기술학교 산업 및 민간 건축공학과에 들어가 공부했는데, 1년 후 학업을 뒤로하고 군에 입대했다. 그곳에서 지역 군사 신문에 기사를 쓰기도 했다. 제대 후 타쉬켄트 국립대학 언론학부에서 공부했고, 이후 학생 및 청년 신문사에서 일해 책임비서까지 승진했다. 1979년 한국어로 발행되는 '레닌기치' 신문의 책임자가 되었으며, 이후 타쉬켄트 통신사의 소장이 되었다. 타쉬켄트 국립대학에서 언론학을 강의했으며, 사범대학에서는 한국어를 가르치기도 했다. 한인으로는 처음으로 우즈베키스탄 공화국 '공로언론인'의 칭호를 받았다. 80년대 말에서 90년대 초에는 한국문화원 설립에 적극 참여하였다.

번역자 　최 선 하
　　　　서울대학교 인문대학 서양사학과에서 학사, 석사 취득
　　　　London School of Economics & Political Science에서 러시아 역사 연구

숭실대학교 한국문예연구소
문예총서 ⑦

멀리 떠나온 사람들

초판 1쇄 인쇄 2010년 9월 20일
초판 1쇄 발행 2010년 9월 30일

지은이 | 블라디미르 김(김용택)
옮긴이 | 최 선 하
펴낸이 | 김 미 화
펴낸곳 | 인터북스
주　소 | 서울시 은평구 대조동 221-4 우편번호 122-844
전　화 | (02)356-9903
팩　스 | (02)386-8308
전자우편 | interbooks@chol.com
등록번호 | 제311-2008-000040호

ISBN 978-89-94138-10-7 04810
　　　978-89-94138-09-1 (세트)

값 : 20,000원

※파본은 교환해 드립니다.